耶鲁写作课

[美] 亨利·塞德尔·坎比 等◎著
范斌珍　祝　欣◎译

ENGLISH
COMPOSITION IN THEORY AND
PRACTICE

江苏凤凰科学技术出版社

图书在版编目（CIP）数据

耶鲁写作课 /（美）亨利·塞德尔·坎比等著；范斌珍，祝欣译. —南京：江苏凤凰科学技术出版社，2019.6

ISBN 978-7-5713-0193-4

Ⅰ. ①耶… Ⅱ. ①亨… ②范… ③祝… Ⅲ. ①写作－教材 Ⅳ. ①H05

中国版本图书馆CIP数据核字（2019）第052835号

耶鲁写作课

著　　者　[美]亨利·塞德尔·坎比 等
译　　者　范斌珍　祝　欣
责任编辑　陈　艺
责任校对　郝慧华
责任监制　曹叶平　方　晨

出版发行　江苏凤凰科学技术出版社
出版社地址　南京市湖南路1号A楼　邮编：210009
出版社网址　http://www.pspress.cn
印　　刷　北京文昌阁彩色印刷有限责任公司

开　　本　880 mm × 1230 mm　1/32
印　　张　12.5
插　　页　1
版　　次　2019年6月第1版
印　　次　2019年6月第1次印刷

标准书号　ISBN 978-7-5713-0193-4
定　　价　49.80元

序

作者并未声称本书的全部内容纯属原创，但本书的总体规划及某些原则的应用方法除外。我们的目的是，在本书整合一系列良好的写作方法，这些方法适用于学习写作的学生。我们撷取了所有文体的多种范例，包括简要的摘录和完整的散文、议论文和故事。我们还在附录中补充了一些材料，推荐了适合同本书一起学习，或者能够为本书讨论的话题释疑解惑的书单。说明文（Exposition）、议论文（Argument）、描写文（Description）和记叙文（Narrative）具有截然不同的英语写作指导方法，它们对于不同人、课程和机构的实用性也不尽相同。我们已尽量用足够的篇幅展现各个文体的写作要求，以及提供一般学生所需要的解决方法。我们讨论了文章、段落、句子、字词与说明文的关系，因为对于一般学生而言，清楚地说明情况才是重中之重，所以本书重点介绍说明文的写作方法。我们在“句子”章节中细致入微地介绍了相关方法，因为目前的一般学生对句子的结构还不甚了解；“记叙文”章节则主要处理文章构造的问题，因为只有学会构造故事的方法，才能更好地运用叙述来增强自己的表达能力；“描写文”章节涉及文学与审美问题，因为描写文只能用这种方法来传授写作技巧。我们根据多个课堂的实验结果，在本书中针对不同话题进行了先后排序。不过，除了“说明文”必须居首之外，本书其余部分均允许教师根据自己的个人经验，灵活安排课程。我们在本书所列的注脚中，向许多人提供的帮助致敬。我们万分感谢修辞学理论权威为我们提供了大量的参考资料。感谢本领域早期工作者的杰出贡献，附录八的文献仅体现了他们的部分研究成果。

本书的“句子”章节由梅先生完成；“议论文”“说明文”和“全文写作的‘统一性’‘连贯性’‘突出性’”章节内容由皮尔斯博士供稿；有关“记叙文”和“段落”章节由坎比教授撰写；“描写文”和“准确用词”为麦克拉肯博士所作；赖特先生负责为本书补充附录，选择摘录内容，并统筹出版的手稿。所有作者均参与了本书每个章节的考证、润色和修订过程。

引言

良好的写作能力要求作者能够以文字表达思想，与他人达成灵魂上的交流。写作需要解决三个层次的问题，即清晰的思路、恰当的表达、规范的书写，而成功之道在于作者对此的把控。

清晰的思路是重中之重，自然该排在首位。在落笔之前，你得先想清楚自己要表达什么，想通过这些表达实现什么目的，否则就很难写好文章。即使是深谙写作之道的英国作家卡莱尔，也并非时时都能发挥自如，他曾有言："优秀的文学创作，主要是深思熟虑的结果。若能佐以平素阅读时细致的观察，创作就会更成功。"德国哲学家叔本华在其谈写作与风格的文章中，以更有力的笔触点出了这个真理："从古至今，词不达意和含糊其辞都是非常糟糕的问题，百分之九十九是因为作者脑中一片混沌造成的……如果思路够清晰，表达就会很准确，很快就能进入佳境，因为只要思路清晰，就很容易做出恰当的表达。善于思考的人总能以浅显易懂的文字来表达自己的思想。而那些遣词造句晦涩难懂的作家，大多都没想明白自己究竟要表达什么——他们对此只是略知一二，根本没有成熟的想法。"所以在你动笔之前，得先有清晰的思路，做到心中有数。

写作的第二个步骤是恰当的表达，传授这种技巧正是本书的宗旨。托马斯·格雷在《墓园挽歌》①中提到的"缄口的弥尔顿"，就是一个

①译者注：《墓园挽歌》是英国18世纪重要诗人托马斯·格雷（1716—1771）的著名诗作。

有思想却不擅长表达的人物典型。表达理论很简单，难点在于如何将此理论运用于那些值得写出来的思维、想法和感受。当然，任何一位用功的人都能掌握得体又适合自己的表达方法，因为这些表达方法都是基于逻辑和常识的。另外，人们可以“无师自通”，甚至无须参考教材，就能学会速记法、拉丁语、绘画或者土木工程。但我们都很清楚，这种靠自己琢磨的方法费时费力，却没有效率。后面的章节为你提供了一系列指导方法，并精选了一些说明、论证、描述和叙述的范例，若使用得当，应该能够帮助诸位节省自学写作的时间。

规范的书写好比得体的着装。法兰绒衬衫搭配一袭燕尾服，或者普通的西装配上白色细亚麻布领带，都是很糟糕的搭配。滥用标点符号、拼写或者语法错误，这些即使没有严重影响文字表达的清晰度，也有碍观瞻。实际上，拼写和语法错误，还有滥用标点符号，通常会影响文意的清晰度，有时候甚至会彻底改变时态。无论从哪个角度看，这些问题都是写作的致命伤。作家在足够清楚如何表达复杂和宏大的想法之前，就应该让这种“文盲”的“余毒”（或许没有更温和的说法了）在自己笔下绝迹。但由于种种原因，这种理想的局面未能实现。为此，我们在本书中有关标点符号的章节和有关字词用法的附录中，特意收录了一些实用的建议，以供所有正在学习英文写作的读者参考和借鉴。

作者的写作风格会为优秀的创作锦上添花，正所谓“凡有的，还要加给他，叫他有余”。尽管这是文人才子必不可少的一项本领，却并非普通写作者最重要的素质。以清晰的思路和最有效的方式来表达你的思想，以规范的书写形式呈现书籍、文章、报告或主题才是写作的根本。只有在具备了这些能力之后，你才有资格去考虑写作风格的问题。

CONTENTS | 目录

第一部分　说明文

第二部分　议论文

第三部分　描写文

第四部分 记叙文

附录

第一部分　说明文

说明文是最为实际的一种写作形式。清晰表达的能力是各行各业的人都应具备的一种能力。除了演讲稿和杂志文章，这还是撰写报告和说明书必不可少的体裁；甚至在向新手解释机械原理，或者向朋友说明自己的计划时，也会派上大用场。与多数实用技巧一样，这并非绝大多数人与生俱来的，而是必须通过后天练习才能掌握的本领。

第一章　说明文的性质和原则

写作文体大体可以划分为四大类：说明文、议论文、记叙文、描写文。我们在此先从说明文入手，之后再讨论其他几种文体。说明文是一种清晰阐述事实的文体，其目的是让读者理解事实。它可以用来解释一些晦涩的观点，或者阐述一些读者之前从未听说过的简单事件，但无论哪一种情况，它的主要特征都在于清楚地阐述事实。其目的并不在于讲述生动有趣的故事，也不是创造栩栩如生的画面，亦非说服读者去做某事——只不过是让读者了解事件的经过而已。如果你需要描述一辆疾驰的汽车的外观，那么你的写作文体就是“描写文”。而如果你要描述这辆汽车运行的机械原理，那么你写的就是“说明文”。在前一种情况下，你只需要生动地描绘出这辆汽车在你眼中的形象；而在后一种情况中，你得解释清楚这辆车的实际运行原理。如果你将任何一本教材（如本书）同任何一本小说相比较，就会马上发现说明文与记叙文之间的区别。正如本书所示，说明文的一大目的是清晰地表述内容，而以小说为例的记叙文更重视生动有趣的描写。说明文能让你长知识，记叙文照顾你的感受。

说明文是最为实际的一种写作形式。清晰表达的能力是各行各业的人都应具备的一种能力。除了演讲稿和杂志文章，这还是撰写报告和说明书必不可少的体裁，甚至在向新手解释机械原理，或者向朋友说明自己的计划时，也能派上大用场。与多数实用技巧一样，这并非绝大多数人与生俱来的，而是必须通过后天练习才能掌握的本领。

这种说明文的写作能力，即向他人清楚说明自己希望对方了解的情况，很大程度上要求作者遵守修辞学的“三性”，即通常所说的统一性、连贯性和突出性。若要将这些原则运用于特定的主题，有时会要求作者掌握很多技能，但从根本上说它们都非常简单。“统一性”的要求是“坚持同一个主题”，始终说明同一件事，而不漫谈其他内容。“连贯性”原则意味着以明确的顺序说清事件的来龙去脉，也就是不要“本末倒置”。“突出性”是让读者分清事情的主次。这些指导方法听起来似乎是老生常谈，不少学生可能会不屑一顾，或者认为自己早就知道这些原则了。实际上，这三点蕴含了清晰表达的所有秘诀，但每十个写作者中未必有一人能够在写作过程中正确运用这些原则。“统一性”和“突出性”原则可以运用在整个主题，主题中的各个段落，或者段落中的单个句子之中。我们不可能马上在文章的所有部分都做到这一点，但我们可以先从整篇文章的主题开始，然后再推及段落和句子。

第二章　全文写作的统一性

当你动笔写一篇文章时，一开始就要意识到你得说一些读者想知道的内容。你需要清晰地表达出这些内容，否则读者就无法了解情况。你还要直接切入要点，不能离题，因为读者的时间就是金钱，他们不想轻易浪费。因此，在你落笔之前，心中就要很清楚自己究竟想写什么。换句话说，你得像建造楼房那样来写文章。你得先确定自己需要用到什么材料，然后在开始写作之前列出提纲，就像建筑师要先确定建哪种楼房，并在动工之前画出图纸一样。

假设你正准备写一篇文章，第一件事就是要选择主题。这个步骤要始终从小处入手，这样才能在所需篇幅（如四五百字）的文章中拿捏好主题。像“我的预备学校”这种主题，对于简短的文章来说，它涉及的内容过于庞大。它可能包含了建筑数量、学习课程、体育项目、多个教员、学校历史、图书馆藏书，以及其他一系列事物。像《拉格比的汤姆·布朗》这么长篇幅的一本书，可能是从这个主题的一小个片段中延伸出来的结果；另一方面，像“我在罗杰斯学校最喜欢的运动”这种主题就比较小，在简短的主题文章中容易操作。

就算是写自己的随笔，你也应该着眼于自己已经了解和感兴趣的事件。“肚子里有货才能脱口而出”。我们不应该假设所有的写作都很枯燥，这种想法是错的。相信每个聪明的男孩都有自己想聊的话题，而写作不过就是将心里话搬到纸面上的行为而已。枯燥的主题与你感兴趣的主题之间的天差地别，就好比抽水机之于自流井。若是枯燥的主题，任你搜肠刮肚、绞尽脑汁却依然会不得要领，不知如何下笔；而对于你感兴趣的主题，只要开了个头，后面就自然文思泉涌，水到渠成了。

选定主题之后，下一步就是列出提纲，大致描述你想说的内容。这一步非常重要。如果你没有列提纲就开始写正文，后面难免会下笔千言，离题万里。如果你事先列出提纲，在后面开始动笔时，就清楚自己究竟要写什么，并且能直奔主题。

假设你的写作主题是“我进入圣奥斯瓦德学校的原因”。你为它设定的篇幅不满三页纸——写太长只会浪费你和读者的时间。你打算让某人知道你进入这所学校的原因，因为此人迫切想知道这些情况。为此，你必须将自己所知道的有关该主题的情况一五一十地告诉他。同时你也不能在其中掺入其他主题的内容，因为这只会让他感到困惑和浪费时间。将所有与该主题相关的内容纳入其中，并排除所有无关的内容，这就遵循了“统一性”原则，这一点正是前文提到的“三大重要原则”之一。你的首个提纲可以类似以下这种：

1. 教育的价值。

2. 初中生活。

3. 对圣奥斯瓦德学校的第一印象。

4. 以前在此就学的朋友。

5. 优秀的老师。

6. 在班级里结识的好伙伴。

7. 宜人的环境。

在你列出这个提纲之后，就可以仔细考虑每个项目的内容，根据“统一性”原则来判断它们是否从属于这个主题。你在说明自己进入圣奥斯瓦德学校的原因时，如果有任何一个标题不能表述出这些原因，就应该把它删掉，毕竟它不包含你的读者想知道的主要内容，它的存在只是徒增困惑而已。很显然，你在文法学校的生活并不是你来圣奥斯瓦德学校的原因，所以应该把它去掉。它的存在无异于滥竽充数。教育的价值这个理由也同此理。因为你可以通过多种途径，在多个机构接受教育。它可能是你要上某所高中的一个原因，但在你还有其他五十所学校可选的情况下，它不应该是你特意想考入圣奥斯瓦德这所学校的原因。如果你是因为圣奥斯瓦德学校给你的第一印象而受到的影响，那么这个标题就可以保留。但如果你早在来这里之前，就下定决心要进入圣奥斯瓦德学校，那么你对这所学校的第一印象就跟你来到这所学校就读没有什么瓜葛了，你可以根据自己的情况删除或者保留这个条目。

接下来，当你确定这个提纲保留的内容与自己进入圣奥斯瓦德学校的原因有关时，还要自问究竟是不是列出了所有的原因。如果还有所欠缺，需要补充完整。主题要有“统一性”，这一点需要反复强调。如果你仔细想想，可能会发现自己去这所学校的部分原因是，它的多数毕业生后来都去了亚特华德学院，而亚特华德学院正好是你心仪的大学。如果是这种情况，那就应该把这一点也加入提纲。现在，你的提纲应该是这样的：

1. 以前在此就学的朋友。
2. 优秀的老师。
3. 在班级里结识的好伙伴。
4. 宜人的环境。
5. 多数同学毕业后都会成为亚特华德学院的校友。

现在你准备动笔了。在此，我必须给所有初学者提个醒。多数年轻的作者认为自己一开始就得先写一个“引言”这种主题隐晦不清的东西。而对于什么是引言，引言有什么作用，这些年轻的作者通常和他们的读者一样，对此一头雾水，不明所以。但出于一种神圣的使命感，他们还是坚持把引言写出来了。结果是使他们的作品一开始就暴露出违逆“统一性”原则的缺陷。你撰写一篇文章的主题的唯一目的是清楚地表达一件事；如果够开门见山地点出主题，效果会更好。的确，在某些情况下，有了引言可以让你更清晰地为读者介绍内容。在这种情况下，凡是有助于读者理解内容的做法都值得被提倡，但多数写作者的写作内容根本不需要这样的东西。一般文章的正确开场方式是，开篇第一句话就要和你的首个主题相关。例如，关于圣奥斯瓦德学校的主题，应该以这类方式开场："我进入圣奥斯瓦德学校的一个原因是，我有许多朋友之前在这里就学。我大哥就毕业于这所学校。"同理，如果你要描写捕捉鳟鱼的不同方法，就该先提到捕鱼的第一个步骤，或者捕鱼的第一个注意事项。不传授捕鱼方法，却总是写不知所云的引言，并不算是个好的开头。如果你要教读者做某事，那最好是越早开篇点题越好。

在开了个好头之后，接下来写作的方法就是针对每个标题写一个段落，做到这一步后，文章的主题就算是交待清楚了。我们之后再详述要怎样写各段落的内容。在你写整篇文章的过程中，你写的一切内容都要遵循"统一性"原则。要坚决摒弃任何一个无法说明你为什么要进入圣奥斯瓦德学校的句子，或者是句子中的某个部分。这个原则乍一看似乎太严苛了，但根据笔者可靠的常识和多年的经验，这种做法不无道理。正如外面有噪音干扰，你就很难集中精力听老师讲课一样；如果一篇文章的作者总在顾左右而言他，你当然就无法抓住文章的主旨。

以上概括的"统一性"原则在理论上很简单，在实践中有时候却很难遵从。作者经常会发现，自己开始写一些与主题相关的内容时，又会接二连三地冒出其他与此相关的想法，由此逐渐偏离主题，就连他自己都没有察觉。例如，如果一位作者在写上述关于圣奥斯瓦德学校的文章时，选择以"宜人的环境"作为自己入学的一个原因，那么除非他十分谨慎，否则很容易写出类似下面这样的内容：

我来圣奥斯瓦德学校就读的另一个原因是它的环境十分优美，坐落于青山碧岭之间。这种美景对我来说极具吸引力，因为我过去一直住在大草原上。*那里是一望无际的平地，一片空荡，十分无趣，容易让人产生视觉疲劳。***住在那样的地方让人很抑郁，现在我终于可以摆脱那个地方了。**

前两句还算贴近主题，但从斜体字部分就开始偏离正轨，而黑体字部分则完全跑题了。要避免这种离题的情况，唯一的方法是始终牢记自己的主题，在刚刚察觉到自己可能跑题时就要立即停笔。

针对“统一性”这个可能最为关键，但也最容易被年轻作者忽略的原则，我们还需要注意另外一种情况，那就是你不但要让自己所写的内容紧扣主题，*更要向读者展示它们的确与主题相关。*你要始终牢记，读者是不懂“读心术”的，他们根本看不到你在想什么，他们只能看到你写了什么。你写作时可能会时常把自己想到的一些话题写在文章里，这些话题也的确与文章的主题相关，但语言组织却很糟糕，在读者看来就像是跑题。比如某个小标题的确与文章的主题相关，你自己清楚地了解，但因为你没有在写作过程中呈现这种相关性，就导致读者无法看到其中的关联。假设你写作的主题是“我更喜欢踢足球，而不是当船员的原因”，其中你写的一个原因是你初中的学校附近并没有什么可以划船的水域。现在假设你写了以下这个段落：

我曾经就读于迪恩中学。它坐落在佛蒙特州的崇山峻岭之间，附近没有任何水域。它十几千米范围内最大的水体就是一条鳟鱼溪。

这种表述会让读者觉得很突兀，因为他们会认为这与你更喜欢踢足球是风马牛不相及的两回事。而你写作的时候，心里想的却是：“那附近没有水，*所以我当然不会划船了；这样我当然就不可能像喜欢踢足球一样喜欢划船了”。*但在你讨论其他内容的时候，你的读者看到的却不过是一些关于迪恩中学的无用陈述。斜体字所表述的思想，实际上是这个小标题与全文主题之间的联系，但读者却看不出这一点。这个段落实际上可以这样写：

*我这么说的另一个原因*与我在初中时的训练经历有关。迪恩中学有一个很棒的足球场，我们每天都在那里踢球，*自然而然地就逐渐喜欢上了这项运动。另一方面，*学校十几千米内都没有湖泊或可以通航的水体，*所以我们没有机会学习划船，更谈不上会喜欢上这种运动了。我少年时期在中学培养的兴趣是这样延续下来的。*

这里的斜体字措辞可以让读者明白，这些是你更喜欢足球运动的其中一个原因。这种措辞的技巧能够让读者看出某些“可疑”的话题的确与你的文章主题相关。但这种技巧还没有公认的说法，为了方便起见，我们姑且将其称为“统一性证据（Evidence of Unity）”或“统一性指示（Indication of Unity）”。这种“统一性证据”在实际运用中的作用不容小觑。对于聪明人来说，他们有可能经常写下没有呈现关联性，看起来像是离题，但并非跑题的段落。当然，缺点再怎么粉饰也还是缺点，因为这两种情况在读者看来没什么区别。一个主题唯一的价值就在于它能够让读者清晰地明白文章讲述的内容。

现在如果你已经确信自己文章中的一切内容都符合主题，读者也能看出其关联性，你的整篇文章就达到了“统一性”的要求，接下来就可以考虑“连贯性”和“突出性”了。但在此之前，最好先看看以下两则摘录，它们既满足了“统一性”要求，又呈现了“统一性”的价值。

英语方言的未来

T. R. 劳恩斯伯里

这直接会引发一个讨论，而纵观英语通史也可以总结出来一个问题：英语方言的未来何去何从？它会像那些不遗余力地捍卫英语纯洁性的人所称的那样不断衰落吗？有一点不可否认，这种语言在一定范围内，经常会偏离已成规则的用法。英语语言史是一部不断传讹的历史。讲最纯正英语的人士每天使用的有完美规则、词汇和形式的英语。从过去的角度来看，他们今天的这种英语用法不说是可耻的，至少也是不妥当的。某个时代的错误用法被后世沿用，成为一种恰当的用法；并随着时间的推移，逐渐成为约定俗成的惯例，以至于我们再回头去实践理论上的正确用法时，就不免显得粗俗鄙陋。虽然这并不能成为懒散和马虎表达方式的借口，但却成了某些人滥用这些表达，或者所有人采用这种表达方式的“保证书”，所以人们未必会注意到此类用法会对英语方言造成严重的破坏。粗陋庸俗、矫揉造作及其他多种在讲英语的人士使用语言的过程中体现的特点本身，已经够糟糕了。更不幸的是，人们经常误认为它们就是导致地道的英语方言受到永久性破坏的罪魁祸首。但它们只是不良教育造成的后果，况且人们依然会欣赏、阅读和学习杰出大师的作品，所以这类错误的表达只不过是一时的现象。

英语方言的衰弱，实际上另有原因。破坏英语方言的纯洁性并非特定的词语或惯用语所致，也并非人们采纳的罕见修辞手法所致，这两种情况对任何语言都可能有利有弊。它们只不过是偶然兴起的事件，属于“昙花一现”的现象。语言败坏的真正源由远非这些现象所能解释。语言本身并无对错，只有使用语言的人才有好坏之分。语言所构造的语句，本身并没有生命力，使用语言的人为其赋予的含义，成为语言的力量之源。语言本身并不会衰弱或败坏，只有当那些使用语言的人衰弱或败坏时，语言才会随之退化。我们当然必须尊重和承认某些人对语言纯洁性的追求和热忱，但如果没有深入了解语言的历史，只是全面了解语言发展的一系列规则，那么这种“语言保护行动”势必困难重重，很难看到什么成果。现代英语方言的发展过程始终伴随着人们对英语方言走向衰落的担忧。从 16 世纪到 19 世纪，我们的文学作品只要一提及英语方言的特征，就难免对它大加鞭笞，字里行间总是充斥着无谓的抗争，反对引进一些现在我们根本无法回避的外来词，不无悲悯地哀叹当今英语方言的衰退，忧心忡忡地预测英语方言的未来。这种现象一直存在，未来也很可能延续下去。而事实上，只要说这种语言的人能够自重，语言的发展就不会脱离正轨。因为它们的发展、培育和个性，会始终保持绝对的和谐。

实际上，我们说出的话语所遭遇的问题的根源，并不在于那些通常被认为具有腐化性的因素，而在于力图保护语言纯洁性的无知之举，这种行为对语言发展的危害更不容忽视。人们仍然在维护和设立英语方言的使用规则，而这些除语法学家和文字评论者会较真之外，并没有多少人在意。就目前来看，运用这些规则会让自由的表达处处受限，破坏惯用的语言特点，让为纠错而存在的不合理的考试大行其道，使某些人获得了堂而皇之为他人“挑错”的优越感，却不知真正的错误在于他们自己对最佳用法的一知半解。这种情况不胜枚举，我们在此只举其中一例。拉丁语的文法中有一个规则是，当两个或更多个名词性实词用一个连词连在一起时，动词要采用复数形式。这一规则也在不知不觉中演变成了英语的语法规则。现代德语的情况也大抵如此。从一开始，人们对这种用法就没有什么认同的根据，而除了它本身承认这种惯例的规则，现在人们对这种用法也没有什么评判的标准。正如最出色的作家和演说家的作品所示，英语的语法从早期开始，就允许人们宽容地判断在这种情况下的单复数用法。强行灌输类似上文提到的这种外来语法规则，对语言的自由发展、自由表达危害更甚，它的破坏力超过盛行的马虎表达或者矫情的文风。毕竟后者终究是暂时的现象，必定会被流行趋势所抛弃，又或者在大众品味的变化中被遗忘。

观察事物的艺术[①]

约翰·伯勒斯

人与人之间的巨大差距莫过于观察力。有些人对自己身边发生的事情处于半懵懂的状态，而另外一些人却总能明察秋毫——他们“眼观四路，耳听八方”，时刻关注着周围的世界。他们将身边的一切看在眼里，记在心上，无论这些事物是否与自己有关。他们走在街上时，从来不会对熟悉的面孔视而不见，也从来不会对大地、天空中任何有趣的特征、声音或物体毫无察觉。他们的注意力始终处于警觉状态，这并非刻意为之，而是天性使然。可以说，他们的感知能力从未衰减，对外界的敏感性远超其他人。他们可以立即捕捉到眼前发生的事物，并锁定其特征。每到一个新国家，他们都能马上看出其国民性和风光特色，从来不会混淆脑海中的印象。他们的观察能力使人想起野兽的视觉和嗅觉。只不过，野兽敏锐的知觉是因为恐惧，而人的敏锐却往往源于热爱和好奇心。老鹰划过天际时，带着雏鸡的母火鸡就会发现不妙，因为它担心孩子的安危，要保护它们。恐惧让它的目光变得锐利。猎人看不到老鹰，他只能通过火鸡的反应察觉到老鹰的存在，因为他的利益并没有受到威胁；但他老远就能看到平原和山区的野生动物——麋鹿、羚羊、大角羊，找到

①摘自约翰·伯勒斯的《叶与蔓》。经波士顿发行商霍顿·米夫林出版公司（Houghton Mifflin Company）同意采用。

这些动物才是他关心的事情，所以他的眼睛可以比这些动物看得更远。

我们可能像大多数人那样，只能粗略、模糊地看到大量不同寻常的表象；或者在多加观察时，才能发现事物的细微差异。前几天，我看到一批鸟类标本，观察到一只画眉鸟被摆出唱歌的姿态，它的嘴直接上扬到最高处。这个标本制作师其实没有看过画眉鸟真正唱歌的样子，实际上它的嘴在唱歌时只是稍稍抬高而已。谁没有看过红松鼠或灰松鼠在一棵树的树干上跑上跑下？然而，可能只有少数人会注意到松鼠的后腿在这个时候是与其他时候相反的。在降落的时候，它们的后腿会伸向尾巴，用脚趾钩住树皮，控制着身体下降的过程。但在人们所画的多数图片中，我们却看到松鼠的后腿在这两种情况下都在身体下方垂着。

那些愉快而准确地谈论花鸟虫鱼及大自然的人通常并不是优秀的观察者。他们散步时，真的看到了那些潜藏在表象之下的东西吗？他们看到了什么不请自来或偶然出现的事物吗？他们可有什么发现？如果你用心发现，就能找到任何鸟儿或生物，任何鸟巢都能尽收眼底。但发现你并没有刻意寻找的东西，在任意角度都能捕捉到的羞涩眼神或举止，观察到你身边所有不经意的行为，不落下任何一个重要的信号或动作，洞悉任何一个映入眼帘的画面——这才算是一个真正的观察者。也就是说，你得拥有“训练得堪比盲人的触觉一样的眼睛”——一双能分辨白马和黑马，能够读出最微弱信号的敏锐之眼。梭罗在美国科德角的时候，注意到那儿的马的臀部有某处肌肉异常发达，因为它们经常走在柔软的沙子上，重心不稳，所以才会如此。梭罗经常近距离地观察事物。在巴黎的某次盛宴上，欧仁妮皇后（拿破仑的妻子）与维多利亚女王同时到场。一名记者注意到，当这些皇室要人就座的时候，欧仁妮皇后会先看一下后面，确认自己身后真的有椅子了再就座；而维多利亚女王则直接落座，没有往后看的动作，她知道椅子肯定准备好了；对她而言，椅子一直就在那儿，没有什么好顾虑的。这名记者由此推测，这个小插曲显示了天生的王室成员和“草根加冕”的王室成员之间的区别。我不知道有多少人在这样盛大的场合会有如此细致的观察力，这样的人可能非常少。这体现出了一种观察事情的天赋。

如果我们的观察能力足够快速而准确，当然就能够看穿大多数使用障眼法的人。他们之所以能够瞒骗我们，是因为他们的手臂比我们的眼睛更敏捷。他们“俘获”了我们的注意力，然后控制我们的视觉，让我们只看得到他们想让我们看的东西。

在博物学领域，我们之所以无法察觉某些事物，是因为这些东西很小，而它们所在的环境又过于庞大，并且或多或少被遮掩或阻挡。它们运动迅速，其所在的背景往往容易隐藏事物，而非展现事物。在打印好的纸上，白纸的存在感与字体、墨迹不相上下。但在大自然这本“书”上的情况却截然不同——它的页面不会呈现黑白分明的对比色，甚至不会呈现黑色与棕色这两种更接近一点的配色；而只会显示相似的色彩：灰色配灰色，绿色配绿色，或者浅褐色配棕色。

我所说的“近距离观察者”，并不是指那种紧盯细节，冷漠无情的专业人士——

“一个用手指勘探的奴隶，
乐于窥探和研究母亲坟头的野草。”

而是指那些不断密切地观察自然的人士。他会注意到树木、岩石、平地的特点，不会错过日夜交替、四时变化的那种微妙的“情愫”。他有细致入微的感知能力，夜间步行时可以感觉到空气中的温暖或凉爽，他的鼻子能捕捉最容易消逝的气息，他的耳朵能追寻最隐秘的声响。他站在四月的黎明中沉思时，可以听到蚯蚓出洞时爬过树叶和草丛的那种细微窸窣的动静；天色微暝时，他又能听到丘鹬迅速拂过头顶时轻扑翅膀的声音；他能听到小水鸟在三月天中的叫唤；能听到清晨的乌鸫向北飞翔时发出的咯咯脆响；他也能听到小猫头鹰在早春的曙光中站在雪松枝头的那种轻柔绵长、催人欲睡的低鸣；他还能听到远处的瀑布在夜间的咆哮，火车过境时在“空洞无物”的空气中发出的隆隆声；暴风雨来临前，他会注意到远处的物体变得更显眼了，他更能发现这些物体在我们所谓的“暴风雨前的宁静”中变得分外清晰；温度降为零度或零下的温度时，他会注意到列车经过时的嘶嘶作响，似乎铁轨或车轮都在发热；他能读懂天气变化的微弱信号；他夜观星象就能预测次日的天气，看早晚的云朵就能判断天气情况；他知道潮湿和干旱的天气都有什么征兆，能够据此识别气象；他对所有外在的印象都很敏感。当他在秋日的黄昏下山时，就会注意到山谷的空气变得更凉，仿佛置身于一片湖泽；他也会注意到在其他季节时，有时候这种冷冽的空气会沉淀在山峦之间，就像是一片浩荡的水域，而枝头的雾或霜是它的水平线。

现代人常用爱怜的眼光看待大自然，而早期人类看待大自然的眼神中却常有敬畏之色。因此，现代人会更亲近而准确地观察事物。科学让他的目光更坚定，视觉更清晰。对于匆匆赶路的旅人来说，一路上的农场和田野屋舍都没什么两样；但对于土生土长的本地人来说，这其中的差别可大了！他们能够看出其中饱含深意的细微之处，这远非他人草草掠过的一瞥所能洞悉。每条地平线，山丘或山谷的每条曲线，每棵树，每块石头，每条径流，路面上的每个转弯，每个地形的景观，都有自己的特色，都有值得人们铭记的形象。

英国作家斯科特在其日记中写道："世上再也没有比跟一位细心的哲学家、植物学家，或者集石爱好者一起在美景中散步更疲惫的事情了；他们只会不停地影响你的注意力，不让你欣赏自然风光，却要你关注草丛和石头。"毫无疑问，斯科特这种磅礴大气的观察力，要比追求细节的专家更能激发人们的想象力和触动情感。斯科特为我们呈现的大自然，就像是空气和水一样，是所有人都可以吸收的东西；而专家眼中的大自然却更像是一些特定的元素或物质，只有少数人才能够欣赏。但斯科特也有自己的特长，也就是运动家的特长：他是首个在野兔坐下时观察到了它的眼睛的人，而且他对松鸡、野鸡和鳟鱼也很了解。完美的观察者能将运动家的激情运用于博物学，他带回家的东西也可能会比猎人的收获更胜一筹。他还很善于观察狐狸、兔子和迁徙的水鸟，只不过他是用充满爱意而非捕猎的眼光来看待这些动物的。

第三章 全文写作的连贯性

假设你现在正在写一篇关于“如何玩棒球”的文章。你已经大致记下了多个小标题，并根据统一性的原则，删除了那些不相关的内容。我们可以假设最终的大纲与此类似：

1. 出局规则。

2. 球员出局的多种情况。

3. 游戏目标，如得分方法。

4. 每局的玩法。

5. 棒球场的阵型和细节。

6. 球员的数量和位置。

7. 裁判的职责。

现在你如果按照这个顺序写下七个段落，你的文章就会十分清晰明了。你的确遵从了统一性原则，但除了统一性之外，你还有其他需要注意的地方。对于你，或者任何像你一样了解棒球的人来说，要理解按以上顺序撰写的一篇文章或许并不困难；但你得始终假设，你是在为那些不了解这个题材的读者写作。在现实生活中，你写的文章基本上不会解释那些人们已经了解的情况。如果人们已经知情了，那你就无须撰文赘述了。你在现实生活中的写作，往往需要向想了解情况却不知情的人，以及向你求助的人说明情况。现在假设你在向对棒球一无所知，但需要获取这些知识的人（比如没有接触过这项运动的外国人）解释棒球的概念，你马上就会发现，上述大纲只会让他一头雾水。

你讲解“出界规则”，他却困惑不解，因为他并不知道“出界”是什么概念。但这些是你准备在第二个话题再谈的内容，所以你没有在“出界规则”里提到这一点。结果，这位外国读者并没有从第一个话题中获得什么有效信息。如果你接下去说球员出局的情况，这位读者依旧会一脸困惑。你想解释一名球员击打出去的球被守备队员接住，并及时传回一垒，那么该球员就算出局了。那么，问题又来了，什么是“一垒”？这位外国读者还是大惑不解，因为你本来准备在第五个话题解释这一点，而此时你还没有写到那里。在提到第三个话题——“得分方法”时，你又遇到了相同的麻烦。你想解释“攻方跑垒并回到本垒就算得到一分”。那么究竟什么是“跑垒”？哪里是“本垒”？这些概念都是你在第五个话题要讨论的内容，因为你还没有写到那里，所以这位外国读者依旧一脸茫然。此时他的脑中大概在想象三四十个人在大看台上进行两米赛跑，冲向自家大本营那一头的画面。

很显然，这里最根本的问题在于，你写的这些话题搞错了顺序。从它们现在的排序来看，前一个话题都得靠后面的话题来解释。如果你更改一下顺序，用以下方式来排列，这篇文章从头到尾的次序就会很明了，因为现在每个话题都在为后面的话题做铺垫：

1. 棒球场的阵型和细节。

2. 游戏目标，如得分方法。

3. 球员数量和位置。

4. 每局的玩法。

5. 球员出局的多种情况。

6. 裁判的职责。

7. 出局规则。

统一性原则要求文章只能写符合主题的内容，连贯性原则则要求以最容易让读者理解的顺序来安排文章话题或标题。你必须站在读者的角度，尽量了解读者清楚和不清楚哪些情况，循序渐进地引导他从一个话题过渡到另一个话题。

但这里并不存在为体现连贯性而安排文章顺序的“铁律”。唯一的检验方法是，看看你的文章的编排顺序究竟能不能让读者理解。不过，有三种编排形式比较常用，作者应该选择其中一种给文章布局。

按时间顺序排列

按照事件发生的时间顺序来写文章是最简单的一种方法，如果运用得当，效果最好。例如，你在向他人讲述如何制造一艘独木舟时，可能会在文章中根据自己制造独木舟的过程依次写下各个步骤。另外，优秀的作家经常会在追溯某些事件的历史发展进程时，指出其重要意义。比如，我们很难让一位外国人理解美国的黑人问题，除非我们追溯它的历史起源，指出当前情况的前因后果。以下是摘自英国作家以萨克·沃尔顿和约翰·亨利·纽曼所写的文章的片断，它们以不同形式运用了这种布局方法。

投饵

以萨克·沃尔顿

你应该根据自己打算去钓鱼的溪流的大小和水深，来决定是拿九升左右还是十三升左右的甜粗磨大麦芽；把它们放在壶里煮一下，热一会儿就够了，再通过一个袋子把它们滤到桶里（喝这种酒对我的马儿很有好处）。当袋子和麦芽快冷却时，在晚上八九点把它们拿到水边，记住时间不可提前。将你的诱饵分成两份，用双手用力挤压，它会立刻沉到溪流底部，要确保它落在你准备钓鱼的地方。如果水流湍急或者泛起微波，可将一小撮诱饵投放在溪流较上游的位置。你可以用双手快速将麦芽搓成团，以免将其投入水中时被水流打散。

待你投放好水底诱饵，固定了装备，留下你袋子中的其余装备及饵料，将其整夜放在钓鱼的位置附近，并在次日凌晨三四点时去水边看看。但不可靠得过近，因为这些鱼都有狡黠的“警卫”，而且它们本身就很警觉。

之后再轻轻提起三根鱼竿中的一根，将诱饵挂在鱼钩上。把它投掷在水底诱饵边上，并悄悄地将它拉向你所在的位置，直到铅坠落在水底诱饵的中央为止。

然后再拿起第二根鱼竿，将其投掷在离前一根鱼竿一米以上的位置。再拿起第三根鱼竿，令其居于第一根鱼竿一米以下的位置，并将鱼竿置于地面。这时你要远离水边，但要走到能看到浮标表面出现动静的地方去，还得密切关注水面的情况。如果有鱼儿上钩了，你就会看到浮标突然下沉——但你不可操之过急，不要马上跑向鱼竿；要等到你确认钓绳被拉直时才可以悄悄走到水边，并尽力拉起钓绳。如果上钩的是一尾鲤鱼或鲷鱼，它们会扯着钓绳游向远处，之后轻拍水面，让你的鱼竿微微弯曲；但如果你同时拎起两根鱼竿，一定会让鱼儿逃掉，因为其中必定有一根钓绳，一个鱼钩，或一根鱼竿会被扯断；待你将它们制服之后，它们会“宁死不屈”，挣扎着不肯上岸。鲤鱼的力气和精力要比鲷鱼更足，更难对付。

钓这种鱼时还需要观察更多情况，但比起参考书面说明，自己亲自体会和与他人交流经验的效果更佳。只有这样，你才会去注意和小心河里是不是有梭子鱼或鲈鱼；这两种鱼会最先上钩，也必须最先把它们钓起来。它们通常个头很大，并且会游到你的水底诱饵那里；但它们并不吃这些鱼饵，而是吃在鱼饵附近逗留的那些小鱼，或者干扰这些小鱼，影响它们上钩。

如果你觉得自己的鲷鱼钩不太可靠（我就有好几次用鲷鱼钩钓起过一米长的梭子鱼，有时候还被它扯断了钓绳），不妨用这种方法来识别梭子鱼，并将其捕获：

拿一条小银鲤，或斜齿鳊，或者白杨鱼，用它做饵。在你的鱼竿之间，距离软木塞六十厘米左右的水里放生；把一只小活赤虫挂在鱼钩上，然后取一些白面包屑，或者一些水底鱼饵，将其轻撒在鱼竿之间。如果水中有梭子鱼，那么你放生的小鱼一见到梭子鱼就会跃出水面，但那只小鱼肯定会被梭子鱼吃掉。

这样你就可以从清晨四点持续钓到早上八点，如果是阴沉有风的天气，可以垂钓一整天。但这样长时间把鱼竿固定在同一个位置并非良策，而且还会破坏你当天晚上的钓鱼计划，也就是下面这种操作：

在下午四点左右去你投饵的地方看看，你一走到水边就得撒下剩下的水底诱饵中的一半，然后就离开。当鱼儿在此聚集时（它们这个时候肯定要出来吃“晚餐”），你可以抽根烟缓缓神。之后你就会发现自己的三根鱼竿和早晨时的一样收获颇丰，这种盛况可能会持续到晚上八点。之后再投入余下的诱饵，次日清晨四点时再去查看；这时你又可以持续钓上四个小时了，而且此时是一天当中最好的收获的时刻。之后可以先收竿歇一会儿，等你和鱼儿都“缓口气了”再继续下饵。

从圣詹姆斯潮一直到巴塞罗缪潮，这个时期收获的鱼儿最佳，因为此时的鱼儿已经享用过“夏天的盛宴”，正值最肥美的时期。

最后要注意，经过连续三四天的垂钓之后，鱼儿就提高了警惕性，不那么容易上钩了，所以待到那时，你投一次饵也未必能钓到一条鱼。此时唯一的选择就是暂时收竿，休息两三天。同时，你还应该在最后一次投饵,并且打算再次投饵的地方放一块绿色的短草皮,像木盘一般大小，或者比它更大即可。在这块草皮的上方，也就是绿草的那一面，用一根针和一条绿线，一只只地系上许多小活赤虫，直到它们快要覆盖整块草皮为止。然后取一块圆盘或木盘，在中间穿一个孔，将草皮放置在圆盘或木盘上，用一根绳子或粗线，穿过这个孔，把它们绑在一起，令其沉入水底，让鱼儿痛快地吃两三天。之后你再把它拿走，就可以再次放钩，享受钓鱼的乐趣了。

古代文明的没落和庇护所

约翰·亨利·纽曼

在这个动荡喧嚣的世界中，人类历史上或许从来没有哪个时期会像耶稣降临人世时的罗马帝国这般繁荣兴盛，幅员辽阔，经久不衰。不可思议的是，罗马早期诸帝的暴政并没有殃及人民大众，其后相继的“五贤帝[①]”时代政治清明，百姓安居。这段“太平盛世”中唯一不和谐的插曲就是对基督徒的残酷迫害。那时整个世界所受的苦难集中向基督徒们倾泻。这些“上帝的子民”饱受酷刑，就是为了让“人类之子”能够享受狂欢。上帝虽然让和平降临大地，却预言耶稣的到来“并不是叫人间太平，乃是叫人间动刀兵”，并让他自己的子民最先“挨刀”。“审判从神殿开始”，虽然随着时间的推移，唯有耶路撒冷被上帝遗忘，和

① 译者注：五贤帝（5 Good Emperors），又称五贤君，是在公元 96 年至 180 年期间统治罗马帝国的五位皇帝。

平之光开始席卷大地上的各国。但仿佛天意难测那般，乍一看，天下似乎出现了真理和不幸共存，罪恶与繁荣并行的矛盾局面。异教徒越是放纵享乐，就越蔑视、憎恨和迫害其自身拥有的真正的光明与和平。他们迫害耶稣，只不过是因为无事可做；他们扬扬自得，只看到他的缺点，将他视为普天之下唯一的异类，唯一的障碍；他们将他称为“人类的死敌”：他们觉得为了忠于先祖光荣而不朽的记忆，为了遵从国家传统，为了向自己的子女尽职，他们必须努力摧毁和扼杀基督教义，他们认为这是重塑新世界的必由之路。

但我们在此讨论的直接对象却并非基督教，而是已经逝去的世界。不得不说，在上述世界消逝之前，它的确曾经出现过与之前的骚乱大不相同的“太平盛世”。乱世已在两个世纪的和平中终结。当前的地表据称就是经过无数种元素彼此之间进行漫长斗争后形成的结果。因为自然变化的规律，在地震、雷电、山洪、火海的相互作用下，呈现出一派美丽多元、丰富且对人类有益的景观。同理，在人类走向“大同”的路上，在人类打造出大罗马帝国之前，必然需要经过两千多年的历史铺垫，进行过多种部落和族群命运的交织，还经历过帝王更替、列国纷争、殖民扩散、沧海桑田和荣辱兴衰，以及无数不和谐的理念和利益的调和，最终直至尘埃落定。

而当这些笨重的材料被融合在一起时，又是什么人的力量将其再次打散的？究竟是什么样的“地球之锤”能够给这个历经沧桑才成形的统一体致命一击？谁能够预测一个历尽艰辛才建立的政体究竟有多强大？又有哪个国家能够与异教徒建立的罗马帝国相匹敌？所以才有了如今的这句谚语：“罗马不是一天建成的。”——它超乎寻常的坚固令人心生敬畏，这一点让凝视该帝国建立者稍稍觉得有点心理安慰，否则他就无法解释这个奇迹了。当罗马终于建成的时候，它就成了“不朽的罗马”——它一步到位地建成了一切。之前人们根本无法想象它的存在，而之后人们也无法想象它的湮灭。它生来就是一个奇迹，它的毁灭则可被看作是第二个奇迹，把它从地面上“抹掉”就好像把一座大山投入深海。看看帕拉蒂尼山[①]，它全身上下都被砖堆砌，成了一个人类的工程，不再是自然的产物。如果你的目光逡巡着掠过从奥斯提亚古城到泰拉奇纳城的山崖，就会发现它们遍布石造建筑的遗迹。凝望巴亚古城的海湾，可以看到它的巨石被当成了宫殿的地基和城墙。从这些延续至今的遗址中，你能够感受到古人建造罗马的精神和政治力量。想想他们为建造皇城，在平原上挖掘的数米沟渠，再想想从一个地球中心绵延至天涯海角的笔直大路，还可想想它遗留了无数废墟的巨大疆域。你还能尽情想象它的城郊，它向某个方向延长了至少六十千米的大道；还有它庞大的人口，据称其人口将近六百万。然后请回答这些问题：罗马究竟为什么覆灭？它为什么没有继续发展下去？它为什么不能长存？古代文明的尽头在哪里？这些都是善于思考的大脑会产生的疑问和期望，它们并不只是以罗马为荣的人会产生的困惑。神学家德尔图良说：“这个世界每天都在被耕种，被装点得比原始时代更美好。现在所有的地方都已向人类开放，人们了解了世间的一切，一切都成了人类活动的场所。农场取代了荒原，耕作‘驯服’了林地；人们饲养家禽，赶跑了野兽。人们在沙地播种，将巨石凿刻成形，排干湿地的流水。现在地球上的城市数量已超越了古代的房舍。岛屿不再是无人之地，峭壁也不再令人望而却步。只要有人类足迹的地方，就必有人群、国家和生计。”这就是亚述、波斯国、古希腊、马其顿征服者所终结的繁荣、进步和永恒的希望。

教育也经历了类似的波折，最终迎来了繁荣的结局。最开始，知识要“乘着”天才人物的“翅膀”，借助个人的思想能量，或者通过个别城市的殖民进行传播。它通常以非常规的方式从地中海这个腹地出发，穿越千山万水。知识曾一度与政治权力关系密切，在亚历山大及其继任者掌权时期，它就是通过这种途径得到的培养和传播。它最开始在托勒密王朝[①]时期得到承认和资助，最终在恺撒统治时期成为政府直接管辖的事务。罗马帝国的每个大城市都很重视施行教育。教育成了政治权力统治人民的辅助

---

① 译者注：帕拉蒂尼山是罗马七座山丘中位处中央的一座，也是罗马市里所保存的最古老的地区之一。

工具，教化了被征服的野蛮人，逐渐调和了志趣不相投的群体之间的矛盾，也让遥远的地区互相往来。它曾经被用于辅助艺术推广，现在则主要被用来传授实用的知识。它推动了世界的宗教改革，让彼此之间有冲突的宗教信仰能够和谐共处；通过让神话成为一种文化符号，这门学科得到了净化。它通过解释神话，赋予它精神力量，让神话摆脱了盲目崇拜的弊病。它还开发了一种伦理体系，编纂出法律条文。若不是那些偏执且不可理喻，狂热又可憎的加利利人，教育终会随着时间的推移释放出更大的能量。如果让这群人登台掌权，又会发生什么情况？基督徒会再次被哲学家和政治家所憎。但事实上，文明的危机并非来源于此，它从一个截然不同的方向而来。它来自帝国的北部和东北方向，起源于一群不知疲倦的人。当风暴在头顶翻腾，侵袭大地时，那些被蔑视和厌恶的加利利人，那些憎恨人类和上帝的人，以德报怨，不计前嫌，收容了旧世界智慧的剩余结晶，勇敢地站出来对抗野蛮的破坏者。他们不用武器就征服了对方，成了更高级的新文明的创始人。现在没有一个欧洲人在大胆发表反对教会的言论时会否认他的这项权利也是为教会所赐。

但他们究竟经历了什么过程，采用了什么方法，使用了什么工具，在什么地方，于动荡时期庇护了这些古代的智慧宝藏，让它们免于堕入深渊，从而将新旧世界连接在一起？尽管罗马帝国统一了政权，罗马终究还是成为了历史，所有人和事也成了过眼云烟。用灵光一现的话来说：“大巴比伦在神面前成为了记忆，所有的岛屿都已‘逃逸’，山峦也消失不见了。”所有愤怒的元素向罗马倾轧而来，正如水滴石穿一样。它在历史的风吹雨打中经历了世事沉浮，往日的帝国分崩离析，不复昔日的荣光。哥特人、匈奴人、巴伦第人先后入侵。掌权的哥特人生性高贵，很快就摆脱了野蛮人的特征。匈奴人接踵而至，但他们不能被教化，也没有长留。巴伦第人

---

① 译者注：公元前 305 年至公元前 30 年，马其顿帝国君主亚历山大大帝死后，埃及总督托勒密一世所开创的一个王朝，统治埃及和其周围地区。亚历山大港是托勒密王朝的首都，当时也是希腊化世界的重要文明中心及贸易枢纽。托勒密王朝被公认为是古埃及历史上最后一个王朝，它的诸位君主也被埃及历史公认为是法老。

则同时保留了其残暴和贪婪的一面，他们垂涎意大利的领土，而不是这里的文明，他们像匈奴人一样凶狠，也像哥特人一样强大，简直就是天下最可怕的祸害。在巴伦第人的黑暗统治下，希腊和罗马遗民大批死亡，世界迅速走向倾颓，物质和精神加剧沦丧，速度远超德尔图良时期取得的一个又一个成就。可悲可叹，罗马全盛时期的荣光切换到遭遇审判时的痛苦，一切仿佛发生在须臾之间！德尔图良创作它的时期，它还被世人尊崇；但教皇格里高利时期，它却不幸蒙羞。教皇格里高利在传播先知以西结的训诫时，罗马就传来了巴伦第人大军压境的噩耗。他因为听到这个不幸的消息而数次痛哭，最终让他泣不成声，无法布道。

他说："战争的场景和声音从四面向我们袭来。城市被毁，哨所受损，大地满目疮痍，人民流离失所。人们远走他乡，城中几乎人去楼空，但即使是最穷困的贫民也难逃此劫，饱受欺凌。我们亲眼看到有些人沦为俘虏，有些被残害，有些被杀害。我们亲眼看着罗马这个昔日的"贵妇"如何落难。它被不计其数的灾难所蹂躏，人民经历丧亲之痛，它亦遭遇敌人的袭击和政权更迭。它的元老院究竟在哪里？它的人民在哪里？而我们这些少数的幸存者，每天都有人成为刀下的亡魂，或者饱受其他难以计数的苦难。那些在罗马昔日的荣光中纵情狂欢的人都到哪去了呢？他们的华丽、骄傲、肆意的欢乐又到哪里去了？从四面八方而来的年轻人曾经云集此地，立志在这里一展宏图。现在没有人会把罗马当成求学的首选之地，这个国家的其他城市也同样如此。有些地方已经被遗弃，沦为空城；有些地方的人口早已被赶尽杀绝；有些地方遍地饿殍；还有些地方已被地震吞噬。"

这些文字绝非哀伤的修辞语言，而是在贫乏地陈述一些凄凉的场景。据格里高利教皇所述，这些本身就和野蛮人一样，是罗马沦陷的一大因素。在这位伟大的教皇经历的黑暗岁月中，有一场瘟疫从埃及的低地侵袭至印度，从非洲席卷至西班牙；最终又反向回溯，传播到了欧洲最东部的地区。这场瘟疫持续了二十二年，在君士坦丁堡，仅三个月时间就有五千人丧命。据称，最终每天的死亡人数达到了一万人。许多东部城市因此沦为空城，在意大利的某些地区甚至都找不到收割庄稼或采摘葡萄的劳动力。数年间接二连三的地震更是让人们的生活雪上加霜。君士坦丁堡地震的日子超过了四十天。据称，有二十五万人在安提俄克（古叙利亚首都）的地震中丧生，在此之前，这座城市挤满了前来庆祝耶稣升天日的外地人。贝鲁特古城（因文学和科学地位而被罗马法学的东方学派称为“腓尼基之眼”）也惨遭同样的噩运。然而，这些还不过是一些本地的景象。城市的确是文明的家园，但广袤的大地，因其山川河流、平原谷地而成了文明的庇护所。野蛮的入侵者在这个国家四处洗劫，就像一群蝗虫一样，无所不用其极地摧毁每一片旧世界的痕迹，每一个复兴的元素。人们在罗马发现了二十九个公共图书馆，但若不是因为被地震或大火所破坏，可能就会有大量藏书得到保存。这些藏书曾经是帝国时代后期的流行风尚和奢侈品，每个殖民地和自治市，每个大型庙宇，每个总督府、澡堂、私人别墅都会有自己的图书馆。在灭顶之灾席卷这个国家时，这些图书馆都遭到了破坏，而耐心的僧侣们在自己幽静的寓所中，又开始一点一滴地收集、整理、抄写和编纂这些书籍。但之后巴伦第人建立的政权又倒下了，本笃会修士心中的圣城卡西诺山遭到了洗劫和破坏，其他不知名的修道院则更不能幸免。

这一古文明的确因为对基督教的迫害而遭到了报复。当人们撒手离世时，他们的作品也随风而去，生活、建筑、工程、农业等艺术也都化为乌有。任凭洪水泛滥，可耕种和放牧的土地被水湮没，地标建筑就这样消失在地平线。池塘和湖泊阻塞了道路，整个地区变成了瘟疫的沼泽；汹涌的河流，或者持续的沼泽让城市遗址逐渐退化。山脉的急流在平原上冲出了一条沟渠，它抬升了那里的山脊，磨平了大量的岩石，冲刷了土壤，裹挟着它们一路向前，又任由它们变成洪水中的孤岛。遍布大地的森林与洪水形成了对抗之势，成了野生动物、狼和熊栖息的乐园。人口数量急剧直下，人们居住在零零落落的泥土棚屋中，他们在此可以避开猛虎、鼠疫和洪水，或者在城市中携手，抵御外敌入侵。尽管这里的破屋、宫殿废墟的数量，早就因为频频出现的火灾而超过了安全的住所。

在这种情况下，大家食不果腹，连生存都成了一种奢望，如果还有人提教育就只会招来嘲笑。教会的首领只能哀叹世风日下、人民愚昧，但他们却无计可施。学校仍可提供充分的教士教育，这已经是不幸中的万幸。教宗佳德告诉我们，这种教育仅仅能够满足他们继承神父的传统，没有科学的释义或答辩风气。在这位教宗所在的时期，罗马大议会在写给（需要得到深谙经文的科学知识和正确生活的主教使者的）东罗马帝国皇帝的回信中写道，如果对方所说的科学是指揭示真理的知识，那就可以满足这个要求；如果还包含其他知识，那就恕难从命。神父继续表示："因为这些领域的知识，总被我们各种野蛮的敌人所破坏，不是被战争所毁，就是被侵略和劫掠。所以，我们的生活只不过是由灵魂上的焦虑与肉体上的劳役组成。焦虑是因为我们总是被野蛮人所困，肉体上的劳役是因为维持生计所需，这是我们神职人员要承担的责任。所以信仰是我们唯一的本质，我们要为自己最崇高的精神而生活，为得到这种不朽而死亡。"教士唯一的财产就是知识。如果连他们都保不住这些东西，其他处于苦难之中，又没有义务保护这些东西的人，还会把它当一回事吗？那么我们的后代还有什么希望可言呢？

"未来会出现什么变故？何时才是尽头？"这些就是压在教皇们心头的问题，他们关心"所有教会都操心的问题"，但又为无法在悲惨时期保全古代学问，以及新文明迟迟未现身的情况而感到愤懑。如果城市被烧毁，国家被蹂躏，他们还能为艺术、科学和哲学做些什么？在这些不幸中，人们普遍隐退至岛屿、沙漠或者山顶，并在那里保存人类的希望。第四世纪的僧侣们就是这样在埃及的沙漠中保存天主教的信仰，以免它遭到阿里乌斯教[①]的迫害；伦巴第的居民逃到亚得里亚海，以躲避匈奴人的"铁蹄"；信仰基督的哥特人遁入阿斯图里亚斯的深山，等候向萨拉森人复仇的时机。皇家的内务府大臣又应该在何处藏匿他的前任们从犹太人和异教徒那里继承来的宝藏？这些新旧时期的珍宝，在每个世纪都会遭遇比之前的世纪更残酷的"威胁"！每一代教皇都要在皇宫的废墟上寻找一个风水宝地，好

① 译者注：亚历山大神学家阿里乌斯的教义。他认为耶稣不是神，但比凡人高超。

让自己得到不朽的宝座。如果能够找到更清幽的地方，那就有了在未来安身立命的希望。他们在大地上四处搜寻，在大城市和偏远的省份都留下了自己的足迹。无论是格里高利、维塔利安、佳德，还是利奥，他们的目光始终都在为同一个目的锁定一个方向——他们并非望向东方这个“知识之光”升起的地方，也不是西方这个知识传播的方向，而是北方。

由简入繁的安排

上述关于棒球的大纲，使用的就是这种方法。在这种情况下，你要从最简单和最明显的事件入手，以此为铺垫，然后逐渐过渡到文章主题更复杂的部分。例如，如果说明一艘现代战舰的机械装置，你会先从船身的大小和形状入手，因为这是相对简单的内容；下一步你就会提到火炮和装甲的位置，这方面的内容比较难理解一点，但还不是太困难；而复杂的引擎等可能是最难理解的内容，自然要放到最后才说。根据这种安排方式给文章布局，你的读者就会在阅读的过程中逐渐增长知识。所以，他们虽然一开始只能理解一些简单的情况，但到最后就能掌握困难的知识点了。这种“由简入繁”的顺序也有一种微调的方法，就是“从已知到未知”。你可以时常从一个读者已经知晓，但并非十分清楚的话题入手，这样你就可以自然而然地从他们已经相对了解的情况切入，然后进入他们只了解一点的情况，最后再提及他们一无所知的情况。在解说一种游戏的细节时，如果读者看过这种游戏的玩法，但并不精通此道，那你就可以采用这种排序。以下的摘录内容就示范了“由简入繁”的多种变化形式。

科学调查的方法

T. H. 赫胥黎

科学调查的方法无非就是对人脑必要的工作模式的一种表达。它是人类推断所有现象，追求精确性和准确性的一种方式。科学工作者与普罗大众之间心理活动的差异，就好比烘焙师和屠夫在通用的天平上称量商品，而化学家则利用刻度精细的计量秤来执行既困难又复杂的分析。

他们在操作原理或工作方法上出现的差别，并非两者使用的计量秤不同所致；而在于后者使用的秤杆刻度比前者更精细，只要稍微增加一点重量，结果就会大相径庭。

如果我举个类似的例子，可能你们就会更容易理解这一点。我敢说，你们都常听到这种说法：科学工作者靠“归纳”和“推演”来行事。他们会通过这些方式，以一种严谨的态度，从自然中推断出其他事物，也就是所谓的“自然法则”和“因果”；并在这个基础上，靠自己的巧妙技巧，创建出“假说”和“理论”。许多人会认为，普通人的心理活动绝对无法和科学工作者的思维相提并论，他们必须通过一种特殊的训练才能掌握这些技巧。听了这些“夸张言论”后，你也许会以为，科学家的思维结构与普通人大不相同。但你可能会惊讶地发现，这种想法真是大错特错，实际上你自己每时每刻都在使用这些看似令人望而生畏的思维过程。

莫里哀戏剧中有一个著名的片段，其中的主角听到有人说他每天过的生活都像吟诗写意一般，他为此欢欣鼓舞、喜不自禁。同理，我相信，如果你发现自己在日常生活中也在运用归纳和推演的方法，你也会为自己感到欣慰和欢喜。也许这世上没有一个人在一天当中从来不会运用一系列复杂的推理，他们的这种推理行为与科学工作者追溯自然现象起源的方式并没有什么本质上的差别，只不过是程度深浅不同罢了。

让我们以一种非常细致的情况来示例。假设你走进一家水果店，想买一个苹果。你拿起一个苹果咬了一口，发现它很酸。你看了看这个苹果，发现它又硬又青。你又拿起另一个苹果，而它也是个又硬又酸的青苹果。店主就给你再拿了一个，但你这次没有咬下去，而是仔细地将它端详了一番，发现它还是又硬又青；所以你马上说不想要这一个，因为它肯定也和前面试吃的两个苹果一样是酸的。

你认为这是个再简单不过的道理。但如果你愿意花点精力去分析和追溯自己内心活动的逻辑，就会大吃一惊。首先，你采用的是“归纳法”。你通过前两次的经历发现，又硬又青的苹果必然是酸的。第一个苹果是这样，第二个苹果又印证了这一点。没错，这只是个极细微的依据，但仍然足够归纳出一个现象。你总结事实后，认为又硬又青的苹果吃起来是酸的。你根据这个一般原则，得出“所有又青又硬的苹果都是酸的”的结论，而这就是一种完美的“归纳法”。得出这个结论之后，如果再给你一个又青又硬的苹果，你就会说：“所有又青又硬的苹果都是酸的。这个苹果又青又硬，所以它也是酸的。”这一系列推理就是逻辑学家所谓的“推论”，它具备推论的要素和术语——主要的假定前提、次要前提，以及结论。通过进一步推理，可能还会出现两三轮其他的推论，然后你就会做出最终决策——“我不想要那个苹果了”。如此，你首先通过“归纳”确立了一个法则，然后据此进行推论，最终推论出具体事例的特殊结论。现在，假设你根据自己发现的这个规律，在不久之后与朋友讨论苹果的品质时，你可能会对他说：“好奇怪啊，但我真的发现所有又硬又青的苹果都是酸的！”你的朋友会说：“可你是怎么知道的呢？”你马上回答：“哦，因为我不断地试吃了，就得到了这个结论。”如果我们刚才谈的是科学而不是常识，那么这个过程就可以被称为“实验验证”。现在再假设，你深入展开这个话题，并表示：“我听索美塞特夏郡和德文郡这两个苹果产地的人说过，他们发现了相同的现象。诺曼底和北美也有同样的情况。简而言之，我发现这是注意到这个问题的人的共同经历。”所以，除非你的朋友是个极不讲理的人，一般都会同意你的观点，并且被你说服，认为你的这个结论非常正确。他相信（不过他可能没有意识到自己信了）更广泛的验证（进行更多实验，并且都得到了相同的结果）——即在不同条件下取得相同的结果，可以得到更可靠的最终结论。所以他就不再质疑这个观点了。他知道人们已经在各种条件下进行实验，在不同时间、地点和人物等情况下，都取得了相同的结果。于是他就同意你的说法，认为你找到的这个规律肯定没错。他对此深信不疑。

在科学领域，我们的行事原则亦同此理——哲学家也在发挥完全相同的才能，只不过他们的方式更加微妙而已。在科学调查的过程中，科学家的天职就是让一个假定的规律接受各种可能的检验，此外还要注意避免主观倾向，而且要回避巧合，正如以上的“苹果事例”一样。在科学领域，也正如在日常生活中那样，我们对某个规律的确信程度与其通过实验检验出的结果的一致性完全成正比。例如，你松手丢下一件物品，它就会立即掉到地上。这可以验证一种最可靠的自然规律——重力。科学家用于确定重力存在的方法，与我们确立“又青又硬的苹果是酸的。”这种琐碎命题的方法完全相同。但我们之所以会如此广泛、彻底和毫不犹豫地相信它，是因为人类的普遍经历已验证过这一点；我们自己也可以在任何时候对之加以检验，而这正是任何自然规律之所以能够立足的最可靠保障。

地下隧道施工①

本杰明·布鲁克斯

当法国工程师马克·布鲁内尔先生于上个世纪初出现在伦敦市时，大大小小的桥梁已经在这座城市的河流上横亘了好几个时代。他提出了一个在泰晤士河底，利用相对较软的泥土开凿出一条隧道的方案。当时人们都明白，根本不可能在河底挖掘出一个像隧道这么大，并且没有封顶的窟窿。但如果能够用一节可搬运的、已竣工的隧道，持续从后面向前推进，这种方案是否可行呢？他构思了一个比隧道略大的钢制盾构，按照发酵粉罐的比例塑形，无底无盖，中间只有一个隔板或分割板。将这个盾构沉落水底，沿着隧道线路开工时，前面一部分的盾构足以拦截悬伸出来的泥土，以便隔间中的工人通过小小的通道挖掘前面的泥土，并将其装载到车厢，从后面运输出去。同时，在后面一截盾构内部，其余人会合力将隧道衬砖中的钢架或铁架装配在一起。

一截短隧道就此完工，整台机器只需要推一推就能前进——也即利用大功率的液压起重机向前推动已完工的隧道。想象一下，将一个大型空心的糖桶从水平方向推入一堆土里的情景。首先要敲空“糖桶”两端的头，而爬进这个桶的人，要忍受极大的不适和浑身热汗，挖掉这个桶前面一小段距离的泥土，然后依靠一些推力，将自己和这个桶推向已经挖开的洞穴深处。现在，如果另有一个人递给他必要的棍棒和内箍，他

① 选自《蹼足工程师》。

还可以在第一个桶内的部分位置再造出一个略小一点的桶。这样他就可以挖掘出更多泥土，继续向前推进，直到他进入再造的第二个小桶，并将其紧贴第一个小桶的末端为止。这样，由于小桶总是部分裹在工人作业的大桶内部，泥土永远不会塌落，并可阻隔光线。只要他有棍棒、箍圈、食物、水和空气，就可以一直挖下去。

简单地说，这就是“蹼足工程师[①]”在1824年的施工理念——这是工程师们寻觅多年得到的最简单、最出色和“最天才”的理念。各大城市迫切需要这种施工方法，所以它很快就在各个城市盛行。泰晤士河、塞纳河和哈德逊河均依此理念挖掘了河底隧道。之前未采用这种施工方法，并且因为工程进度缓慢（一周只能开凿数厘米）而宣告破产的旧隧道，仿佛重获新生，再次开工后，每天都能打通好几十厘米。工程师们对它们进行夜以继日、有条不紊、孜孜不倦的施工，但这一切都发生在河底，没有“惊扰”地面上的城市。

当然，这个初始理念必须根据具体的隧道和每种土壤类型进行调整。如果泥土中富含砾石和卵石，那么这部机器的前半部分就得在压缩空气下执行操作，以便平衡土壤和水的压力；而工人就得配备保险锁，以防突然渗水。如果你将一块玻璃盖在一碗水上，然后将其倒置下压，就会发现碗里的水并不会渗出到玻璃外。根据这个原理，人们为施工工人们制造了一种倒置的钢兜，如果遇到不测，可以让他们的脑袋保持在水位之上，等待救援来临。

而另一方面，如果泥土很结实，并且比较常规，不需要像矿工那样对其进行挖掘，就可以使用大型旋切机进行自动切割。如果是较松软，且呈糊状的泥土，无法使用压缩空气来抵消压力，那么盾构的顶部就要做得很长，以便泥土沿着长长的斜面塌落，并且不会从上方直直地砸下来。如果遇上了浓度像稀粥一样的泥土，比如像哈德逊河底的那种，就有可能无须经过挖掘，只要直接将盾构向前推进，泥土会自动通过隔间的门渗出，工人只需将泥土铲到车厢内即可。

---

① 这里的“蹼足工程师”是指规划地铁工程、隧道和地基等项目的工程师。

书 籍[①]

A. C. 本森

随着年龄增长，人一生的使命趋于明朗，人们越来越明白人生苦短的道理。此时对于受过良好教育，思想开明的人来说，课外阅读究竟意义何在，成了他们面临的一大问题。我倾向于认为随着年岁渐长，人们阅读的书籍会越来越少。人们不可能经常在浩瀚无边的文学海洋中遨游，也很难抽出时间翻看哪怕只是一两种自己感兴趣的读物。我认为这世上唯一必读的书籍，应该是当代伟人的生活见闻；因为人们可以由它们了解当前世界的动态，以及从多维的视角了解世界。新小说、新诗歌、新游记都是极难细读的作品。我承认，开始翻阅一本新小说，了解一个陌生的场景，洞悉其中各种全新的人物个性，对我来说真是越来越困难了。但我还是有自己钟爱的一两位小说家，我会专门寻找和阅读他们的作品。阅读新诗歌就更费劲了；至于旅行游记，它们多半具有很强的纪实性，充斥着旅人一路上品尝的饭食，以及他们与明显寡言，甚至是无知之人的对话。他们拍照的地方跟其他人一样；那些自以为是的人穿着奇装异服，就像是一出戏剧中的主角，让人感觉这一切都是令人绝望的肤浅和虚幻。想想看，一位从事新闻工作的外国人访问一所大学，在车站的休息室吃午饭，而后匆匆赶往好几所知名的高校，然后搭乘电车穿过城市的主干道，接下来观看一场足球赛，而后采访一位镇议员，再向副总理作报告——他呈现的这段经历对我们究竟有何益处？我们从这些平淡的日常生活、风景名胜、当地风情中看出了什么？我认为唯一值得阅读的旅行游记应该是那些讲述某人有意在一个无名之地落脚，真正体验当地人的生活，同时探讨当地风景和建筑奥秘的作品。

我非常希望出现一种真正优秀的报告文学，它的编辑应该具有宽容

---

① 摘自英国作家 A. C. 本森的《小窗随笔》，经原出版商 G. P. Putnam's Sons 同意采用。

且广泛的品味，也能出现一些鼓舞人心的专家。他们的职责就是阅读最新上市的书籍，他们每个人都根据自己的专攻领域，以不带任何偏见的角度撰写书评，去粗取精，筛除不值得一看的书籍，而是专注于向普通人推荐值得阅读的书籍。这不是为了方便他人快速“消化”值得细看的书，而是为了节省他们被许多无用之书耽误的时间。通常情况下，报告文学要么是囫囵吞枣地评论一本书，要么就是时效极其落后，跟不上时代。而我所描述的这种报告文学的核心就在于，撰写它的人不但要能够及时向人们推荐好书，还要能够严谨而用心地撰写评论。

但我认为，随着年龄增长，人们可能会给自己一些特权，也就是放任自己减少阅读时间。人们可能会回过头去翻阅那些使人平静的旧书，因为他们很了解那些书里的人物，熟悉那些措辞，能够重温相同的场景。人们也可能会静下心来细读自己的典藏，经常出去散散步，品味生活，关注那些正在悄悄发生，并且引人注目的事物。人们还可能会在光阴向前走的日子中，积累大量可供自己思考的素材。毕竟，阅读本身并不是什么美德，它只不过是一种打发时间的方式罢了；谈话亦是一种消遣，观察事物又是另一种消遣。培根说阅读使人充实，而我却不禁认为许多人年届四十时已经“膨胀得快要溢出来”了；之后他们将“一车轱辘”的学问装进肚子时，只会让人看到那种不断外溢的自满，令人反感。

在人的心灵变得强硬或软弱时，需要确定的一件事就是，自己的阅读目标是什么。我敢说，这个目标不会是之前所谓的“求知”。当然，如果一个人是老师或者职业作家，他当然必须为了自己的职业而读书，就像珊瑚虫必须进食，才能分泌出自己的分枝一样。但我在此并不是指学术性的研究，而是指一般的阅读。我认为人存在三种阅读动机：首先，纯属娱乐；其次，增长知识；最后一种，可以称为道德所需。针对第一种情况，阅读对于一个人的意义，就像吃饭、睡觉、做运动一样，纯粹是因为喜欢而阅读。这可能是一个人阅读的最佳理由了。它纯粹是一种打发时间的方式，可以让人自娱自乐。当然，这也可能出现过犹不及的情况。有些人可能会变成一个“书痴”，就好像对毒品上瘾一样对看书“走火入魔”。我曾经和一位老友共处了一段时间，他是英国偏远地区的一位牧师，一位生活优渥的单身者。他对运动或园艺并不上心，对一般的社交活动也不感兴趣。他经常向伦敦图书馆和自己所在小镇的一家收费图书馆赠书，自己也买了许多书。我曾经算过，他的一天二十四小时，花在读书上的时间肯定有十个小时。在我看来，不管新书旧书，他似乎什么书都看，而且记忆力惊人。他似乎有“过目不忘”的本事，什么书过一遍他的脑子，他就能清楚记下来，不需要再看第二遍。如果他是大学教员，也许就能派上大用场了。如果有人想了解某个领域值得一看的书，只要问问他就可以了。他可以为别人提供几乎每个学科必读的权威书单，但他在自己的教区里，几乎完全离群索居，被人遗忘。他没有兴趣靠自己典藏的书籍谋利，或者自己去创作。他不懂表达的艺术，而且是个烦人的聊天者。他谈话的内容无非就是问你是否读过许多现代小说。如果他发现你没有读过哪本书，就会啰唆无度地为你描述其中的故事情节；他经常长话连篇，导致你都摸不清他到底在讲些什么。他对文学并没有什么特别的兴趣，只是喜欢看一切刚问世的书，而他在假期里唯一的念头就是去伦敦找书商拿书单。当然，这是个极端的例子，我甚至认为，如果他愿意去数书中的字数，也同样能物尽其用，不浪费自己一身的本事。但不管怎么说，他还算是一个有趣并且知足常乐的人。

至于为了增长知识而阅读这个动机，几乎没有讨论的必要。这个目标无非就是指想获得清楚的概念，获得良好的文学素养，洞察世事和时代思潮，了解历史和伟人，不被理论家所操纵。通过广泛的阅读，全面了解某一事件的经过和思想的发展，纠正错误的偏见。从这个角度来阅读的人，通常会在他打算了解的，以及他渴望了解的特殊思想领域寻找可看的书籍。但他同时也会希望以一种常见的方式，知悉其他思想领域的内容。这样一来，他就可能对自己并非了如指掌的学科产生兴趣，能够倾听他人讲述这些内容，甚至还能够针对自己并不太熟悉的事件提出富有见地的问题。这样的阅读者如果不轻视漫无边际的观点（这正是头脑清楚但想法有限的人的“死穴”），那么他就会成为最好的聊天者；他的话语会很有启发性和提示性，与他谈话就像是打开了通往知识殿堂的大门。而其他只掌握了零碎知识的人，也同样向往这样的境界。但这种谈话的精髓就在于，它必须是自然而有吸引力的，不可太专业或具有说教意味。没上过大学的人可能会认为搞学术研究的人都很高深莫测，令人生畏。他们可能会以为这些人博古通今，无所不知，并且乐于试探和嘲弄那些非专业人士在学识上的不足。当然，大学里的确存在这类人，在其他所有的专业领域中，也都能找到这种以鄙视他人的不思进取为乐的冷酷之人。但我个人的印象是，在大学中，这类人只是少数。我认为，在大学中更常见的是那种满腹学问，同时又不乏宽厚仁慈之心的人士。原因很简单，大学中最有学问的专业人士不但清楚学海无涯，还能正视自己的不足。

就我个人而言，太直接的“书生对话”令人生厌。书籍中的知识本可以让人委婉含蓄，能够让人“一点就通”。人应该偶然提及一本书，而不是刻意去讨论它的结构。我很乐见大学中存在许多这种“含蓄的交流”，至于这种现象为何止步于此，唯一的原因就是，那些专业要求人们刨根问底、坚持不懈，以至于学者无法保持自己原本更喜欢的一般阅读习惯。

现在来讨论所谓的“阅读是出于道德动机”的情况。乍一看你可能会认为我是指人们应该去读有教育意义的书，但这恰恰并非我的本意。我对这一点深有感触，并且认为所谓的“阅读是出于道德动机”——这一点是最好的阅读理由，而且是最真实的理由；但我却发现实在很难找到文字来表述这种隐晦而微妙的想法，可我就是对此坚信不疑。我漫游世界的时候，有些美好的神秘感似乎在我的脑中聚集和“生长”起来。我知道许多人认为这个世界很无趣——对我们所有人来说，有些地方的确就是很沉闷无趣。但有些人却认为世界乐趣无穷，认为它令人惊喜，认为它真美好。在我看来，那些认为世界很美好的人，一般都很坚强、粗犷、心智健全、向往成功，乐于享受美食。他们不会过于担忧其他人，只知道快乐和乐观地面对生活；他们无视那些痛苦和悲伤之事，而是完全从物质享受中获得快感。

但恕我直言，这种生活在我看来是最糟糕的一种失败。这是诺亚时代人类的生活方式，这种生活不会有什么明智、有用或良好的后果。这类人离世的时候就会发现自己这一世除了吃喝玩乐，根本就没有真正体验过世界的美好。好比一只小虫，肚子里根本装不下整块奶酪，撒手离世时只给这个世界留下一具腐烂的空壳。

我不知道我们的生活为何交织着如此之多的艰难困苦、悲恨怨憎，但我知道，或者似乎知道，这一切都是命中注定的安排。在我看来，所有人类的性格和思想开出的绚丽之花，都是苦难孕育的结果。而最悲伤的“神秘现象”，无论是生离死别，希望破灭，还是梦想落空，都会在它们逼近的时候变得更为庄严肃穆。

我并不是说我们应该“为赋新词强说愁”。但另一方面，这世间唯一值得追求的快乐就是充分考虑到黑暗面的存在，直面这些苦难，理解其中的奥秘，细思它们的意义，然后学会与之和平共处。

在这种低落的情绪（任何喜欢深思的人都不会希望或者应该希望逃避这种情绪）中，阅读对人的指导和指示意义就会弱化，变成一种更倾向于追求智慧、真理和情感的过程。我越发觉得我们身边的“神秘现象”实在是天意难测，例如：自然现象、科学发现似乎并没有揭开“神秘现象”的面纱，只是让问题更复杂难解，更扑朔迷离。研究光、电的原理，研究化学作用、疾病起因、遗传影响，这些事情可能都会改善我们的生活，呵护我们的健康；但它们会让“上帝的旨意”，大自然存在的第一起因，变成一个更为神秘且不可思议的问题。

但在这些惊人的现实之中，仍然存在一系列个人现象，它们与情感、关系、心智或精神观念有关，比如美感、感情、正直，这些是更贴近我们生活的问题，它们对我们幸福生活的重要性甚于那些无穷的自然规律；毕竟人类不研究大自然，也还是有存活好几个世纪的可能。

在这种心情之下的阅读，就成了一种耐心追寻人类情感和知觉的旅程。它能让我们直面人的悲欢离合、雄心壮志，以及那些从各个方面召唤和威胁着我们的苦难。有人想知道究竟是哪种单纯、明智和清高的性格造成了这种问题，有人想让“美感”这种最具精神特点的快乐进一步内化于心，也有人想通过一种让人类的精神凌驾于苦难和死亡之上的力量，分享思想和希望，梦想和愿景。

所以我才说，在这种心情之下的阅读并没有什么准确的收获和具体的造诣，它只是一种供养和宽慰心灵的期望——进入一个求解优于已知，立志优于定义，希冀优于满足的境界。人们沿着这条路满怀希望地走下去，就会逐渐认识到：我们之所以能够获得这些快乐的秘诀就在于单纯和勇气，真诚和爱心，就会更加远离物质追求和卑劣的目标，也会更向往静默、回忆和沉思。在这种心情之下，智慧的言论就像甜美、肃穆的钟声在灵魂深处敲响；诗人的梦想就会像夜晚的仙境森林传来的悦耳之声，在辽阔的水面荡漾。我们不知道这样的音乐究竟是用什么乐器演奏的，它从何处飘来，是谁的手指在弹拨，是谁的嘴唇在吹奏，但我们就是知道它表达的必定是悲伤或欢喜，知道有人将他的梦转变成了甜美的协奏曲。这种心情未必会让我们远离生活，摆脱苦役，断绝人际关系，破坏深沉的情感；但它必然会以一种焕然一新的快乐心态，让我们重新审视自己的生活，品味美好的事物、优秀的思想、无畏的希望、智慧的设计。它会让我们更加宽容和慈悲，更有耐心地对待顽固和偏见，更简单地执行，更真诚地发言，更从容地行事；同时让我们对弱者心怀怜悯，让我们关爱鳏寡孤独，也让我们敬佩高贵而谦和的强者。

在这种心气之下阅读的人，会更亲近博大、智慧而美好的书籍，会提取旧观念中的精髓，向往温暖而高尚的情感，摒弃矫揉造作的表达。他们会更珍视那些与灵魂对话的作品，远离阿谀奉承的书籍；他们会意识到一本好书应该通过智慧、力量和高贵来俘获人心，而不是靠金句妙语来做到这一点。被这种书籍熏陶的心灵未必能掌握许多事实，未必能积累大量的悖论和笑话，但它会富含同情和希望，充满柔情和快乐。

第二天性①

格兰特·艾伦

我们反复说过无数次，习惯是人的“第二天性”——我们不假思索地重复着这句可能出自某个无名或被世人遗忘的哲学家之口的话（它也可能是由某位叫佩卡姆·苏格拉底或者布鲁姆斯伯里·亚里士多德的人

① 摘自加拿大科学作家格兰特·艾伦的《常识科学》，经出版商 Lothrop，Lee & Shepard Company（波士顿）同意采用。

首创），但毫无疑问，它已经成为了历史名言。但是，我们当中鲜有人曾经针对这个当代人身上普遍存在的现象所体现的思想，去思考它蕴含的深刻的哲理和闪光的智慧。“陈词滥调”往往就是这么来的：一开始它们还算是具有某些地方特色，且含蓄简要的妙语，但后来被其他人不假思索地重复引用；那些人从来没有去想自己究竟是不是完全理解了它的内在含义，这些话语就这样流传下来，变成了谚语格言，融入了人们的日常对话，但鲜有人追问它们的初始意义，导致这些言论的内在智慧几乎无人察觉。而那些最早提出“习惯是第二天性”这个明确概念的无名思想家，无疑是深谙哲学和心理学之人。因为他能够一语中的，就像直指批评对象的要害一样，能抓住事物的核心。他以简短有力的警句总结出了一个关于习惯和重复行为的浓缩版科学理论。习惯就是我们经过使用而令其成为天性的东西。天性是从祖先流传下来，并深深扎根于我们的思想、肢体和神经系统构造中的习惯。

我们先来看看一些“延伸版”的习惯示例，这类习惯会以沿袭的方式伪装成一种天性。众所周知，杂耍演员、走钢丝的演员、翻筋斗的演员，还有杂技演员的孩子通常比普通大众更容易被培训出和习得他们父辈的技艺。事实上，他们天生就比绝大多数同龄人拥有更敏捷的手指、更柔软的肢体、更灵巧的脚趾、更放松的肌肉。长期进行的手脚训练最终让他们肢体的结构和纤维呈现出明显不同于一般人的差别，而这种差别又会传递给下一代；所以魔术师、诗人也一样，在某种程度上都是天生的，而不是后天习得的。其他许多艺术和手工艺行业的情况也同此理。出生于音乐世家的孩子几乎一出生就有音乐细胞——双亲长期拉竖琴或弹钢琴的孩子，他们手臂和手指的动作柔软而轻盈，完全不同于农民或从事非技能性职业人士的子女。登山家族成员的肢体明显更适合登山。比如安第斯山印第安人的骨骼比例，尤其是他们的大腿，就与其他人种极为不同。从婴儿时期开始，印第安人后代的身上就明显呈现出这种天生的差别。在上述这些，还有其他无数的例子中，我们都可以马上发现，习惯最终会让特定职业或相关部落出现一种积极的生理差别，而这种差别产生之后，就会以“天性”的方式传给下一代。简而言之，我们的天性取决于我们出生时得到的生理构造，而这种构造本身至少有一部分取决于我们的父辈及更久远的先辈所日积月累的习惯和功能性实践。

但在一个人的一生中，习惯本身也会呈现出“天性”的固定和刻板特性——例如适时地变成积习难改的机械行为。比如，我们给自己穿衣，切食物，或执行最简单的日常事务等琐碎的小事，就是一种“习惯成自然”的现象。人人都有穿袜子的固定顺序，有的人可能先从右脚开始，也有的人可能先从左脚开始。如果颠倒了这个顺序，可能就会让人感到不但很笨拙，而且几乎很不自然。而在扣衣领的时候，有的人可能是先从右边到左边，有的人可能是从左边到右边。无论是先从哪一边开始，都是他的经常性动作；他不会在各个早晨随意变换，今天这样，明天那样。男女服装存在一个非常奇怪的差别：男装裁缝通常会把扣子缝在右襟，扣眼开在左襟；而女装裁缝则恰恰相反，她会把扣子缝在左襟，扣眼开在右襟。现在如果有件男装的扣子被偶然缝在了相反的位置，那么这件衣服的主人就会发现自己像幼童学穿衣一样举止笨拙；而如果有个女人穿了件男装，她也会立即发现自己的动作不像过去那么利索。在这两种情况中，系扣子的行为已经成为一种绝对的机械行为，手指的肌肉和神经已经适应了习惯性动作，却无法执行具有相同作用，但操作不同的动作。如果有人观察一下自己在某天中这样的行为，就会发现自己会在几乎无意识，纯粹靠机能惯性的情况下执行无数相似的小动作，这个过程中的每个步骤都严丝合缝地前后相继，根本无须思考；就好像诗歌中的任何一个熟悉片段中的词语和韵脚，都能够帮助人的记忆一个挨一个地召唤出其余内容，而无须刻意去想就能做到。正如一句奇怪的法国谚语所说的那样：说了 A 的人必然会说出 B。

还有一个非常典型的例子可以体现习惯的这种机械力量，那就是我们每晚上床时几乎都会上紧手表的发条。在上床前这个过程中的某个固定步骤中，人会伸出一只手机械地去搜背心口袋，把表掏出来；另一只手则无意识地伸进钱包，摸出表的钥匙。在这个过程中，你几乎不用眼睛看，凭感觉就能完成。打开手表后，你根本不用想，就会自动将表的钥匙转动一定的圈数；最后当手表被挂在墙上，或者被放置在床边的桌面上时，就会出现这种情况——我们在这整个过程中一直在思考或者谈论其他事情，几乎没有察觉我们的肢体在做什么动作。这个过程极为机械，以至于那些一般不会为赴宴换装的人，只要一脱衣服，准备换上正式的燕尾服，打上白领结时，就会给手表上发条。这个动作已经被烙在神经系统中，只要该系列动作的第一个步骤被激活，也就是一松上衣的纽扣，其余步骤就会自然地接踵而至，不需要特意去考虑或者花费精力。有时候，甚至是人的意志本身也难以撼动这一系列“习惯链”。英国神经学家休林斯·杰克逊博士就提到过一个奇怪的现象。伦敦大街上有一匹公共马车的马，无论马夫和警察怎么命令它都不管用，它执意不肯前行。对它大呼小叫和抽鞭子全都无济于事，这匹马就是寸步不移，让众人大为伤神。最终车内有位乘客温和地暗示：“管理员，关门！”管理员就“砰！”的一声关了门，并按响了铃声。这种熟悉的信号终于唤醒了这匹“顽固之马”的神经系统。因为根据它的经历，只要有新乘客上车，公共马车就要开始上路了，门会“砰！”的一声关上，并响起铃声。它无力抵抗“习惯”的力量，于是马上迈开腿前进，就好像被施了“魔咒”一般，将自己之前的一腔怒气抛到了九霄云外。

类似这种“例行公事”的行为在我们每个人的生活中也很常见。我们每天都有大量小动作和词语纯粹是靠习惯来支配和重复的。就像一种本能那样，我们会做无数习惯性的事情。我们每次见到一位朋友时，总会向他打招呼说：“你好啊。”这不是因为我们在强迫自己频繁地问候对方，而只是因为一看到他，这几个词就会机械地从我们口中蹦出。在他人问候我们家人的身体情况时，我们通常会不假思索地回应：“很好，谢谢。”即便当时我们正因家里有人患了猩红热而慌张地四处求医也会这样回应。同理，当我们习惯于向某地的某人寄信件时，只要在信封上一写下对方的名字，几乎就能毫不费力地想起他的家庭住址和居住的方向来。我们可能在二十年中都习惯于写信给耶利米·汤普金斯，并寄往纽约市东十四街三十七号。如果我们的这位朋友因为生活品质提升和赶时髦的念头而搬到了更好的第十五大街的住宅区，我们会发现，只要我们一提笔写他的地址，手里的笔就像不听使唤似地自动写成了“东十四街三十七号”，除非我们有意识地提醒自己将其更改为高档住宅区的新地址。每个人在自己的生活经历中都能找到大量的这类事例。比如我们变更自己的银行管理人时，只要在信封上一写下“×× 经理”，一瞬间就会在本该写上新银行名称的地方写出旧银行的名称。又如我们出门远游时，在写信时仍然会写上自己熟悉的旧的家庭住址。新的一年开始时，我们都会发现自己很难将旧的年份改写成新的年份，尽管之前的这个习惯不过持续了一年而已。每位已婚妇女肯定都清楚地记得将自己的落款从原来的闺名改为夫姓时的那种纠结的过程。例如在她们写完信件后署名——“挚友埃塞尔·史密斯”时，必定会突然顿一下，经过一番思想挣扎后，终于将它改成——“埃塞尔·蒙哥马利”。

这种习惯的力量究竟有什么合理和潜在的成因？显然，神经和脑素被使用习惯所修改，所以指示性的动作在追随特定的渠道时要比追随其他渠道更容易。我们生活中只有极少数动作是独立存在的，它们多数是以系列或连续性的方式运行，彼此联系紧密；所以一个动作很容易触发另一个动作，每个动作都像是下一个动作的提示或号令。神经的能量容易沿着一些最惯用的渠道流动；若一系列步骤的第一个步骤就位了，其他所有步骤都会接着跟上，就像重复任何已经非常熟悉的程序一样。简单地说，“习惯”之所以会成为人的“第二天性”，是因为它在某种程度上修改了我们原本的细微生理构造，让神经和肌肉以几乎不可分解的特定协同动作不断运行。我们越常做某事，这件事就会变得越容易；当我们一件又一件地完成某些事情时，长年累月，不断重复，这种第一个动作召唤后续动作依次出场的倾向性最终就会变成一种无法抗拒的行为。

的确有一些原因可以解释，天性本身或者个人的性格最终还是取决于“习惯”——但这里的“习惯”并非个人习得的“习惯”，而是其父系和母系祖先的“习惯”。已有证据显示，我们每个人一出生就有的性格是从父母或祖父母那里遗传而来，只不过这些气质混合的程度不同。因此，尽管“习惯”是“第二天性”，但也可以说天性是居于次位的“习惯”。我们本质上是什么人，其实大部分甚至完全源于祖先习得的各种“习惯”；而我们所塑造的自我，又会通过“习惯”将其大部分传递给子女，以及更遥远的后代。这种思考会让“习惯成自然”背负比以往更重的责任。想想看，人们沉溺其中的每个错误行为，纵容的每个弱点，顺从的每个诱惑，都会演变成融于我们体内直达神经和细胞组织的“恶习”。更严重的是，我们在无意识状态下或恶意培养的每个“习惯”，都有可能传递给下一代。比如，我们都知道酗酒本身是一个无药可救的恶习。那么，每个允许自己饮酒过量的错误行为，不但会让纵酒者养成一种难以根除的“习惯”，还有可能将这种酗酒的倾向遗传给他的子孙后代。另一方面，诸如此类让我们深受困扰的坏习惯“作祟”的欲望有多强烈，它们扎根于我们神经系统的程度就有多深。对此，我们就越有必要持续警惕这种倾向，防止它出来“作怪”，同时采取一切办法对其加以约束。养成一种恶习最为危险，尤其是当我们发现自己天生就有这种倾向的时候。但是，我们可以欣慰地发现，每一回成功抵制了诱惑，每一次战胜弱点，每一次采取自控措施，都会有助于形成一种抵制恶习的“习惯”，未来就会更容易战胜恶习。就好像通过频繁地写下朋友的新住址，我们就可以忘掉对方的旧址。所以通过不断地采取积极的行动，我们最终就能毫不费力地避开恶劣的行为。这样一来，正确的行为就会变成“第二天性”。正如当代一位最正直的哲学家的情况那样，据英国诗人亨利·泰勒的观察称，此人不只是看起来很认真谨慎——他似乎在任何情况下都能不假思索地正确行事，不可能做坏事。的确有一些人遗传了父系或母系的优良基因，这些人常被认为几乎天生就是“谦谦君子”。在他们遗传的天性中，做好事的冲动总是占据了压倒性的优势。而我们其余多数人自愿做好事的时候，这种助人为乐的品格就会在无意识中成形。

列举

使用列举很方便，在没有想到其他情况时就可以采用这种方法。根据列举法，你要在文章一开始就列出文章中的所有要点，然后挨个对其进行讲述。例如，你可能会写一篇文章，讲述住在大城市的主要优势。

住在大城市的主要优势包括：可以得到更好的小学教育，拥有更多的社交机会，也可以了解和认识更多人。

那么你在第一个段落就可以写教育优势，第二段写社交机会，第三段写认识更多人。在现实生活中，与书面文章相比，这种方法更常被用于口头辩论（例如律师发言），但它对这两种情况都有很大的帮助。在使用这种方法时要注意，你的文章中各个话题的出场顺序要与开头的那句话相同。因为读者有这种预期，同时也做好了这种心理准备。因此，你要是变换了顺序，就会打乱读者的思路。以下就是采用这种方法的例文。该篇文章的开头和结尾有些突兀，那是因为它只是从一篇长篇文章中摘录的内容，因篇幅有限，所以无法在此展示全文。①

人类对待“永生”的态度

G. L. 迪金森

我必须面对一些不同的，甚至是相互矛盾的态度，因为态度源于不同的经历和性格。我会对这些态度加以回顾、区分和评论，每位读者也可以在此过程中思考一下自己对这些态度的看法。

我所说的这些态度概括起来可以分为三种，它们分别是：人们不提永生，害怕永生，以及渴望永生的态度。

1. 我认为大多数人的态度属于第一种，或许只有在遭遇人生的重大变故时才会例外。人们对待死亡的一般态度是漠不关心或者避而不谈。他们并不想自寻烦恼，不想为此神伤，也讨厌旁人提及这个话题。我相信，这也正是那些名义上信仰基督教，以及拒绝信仰任何宗教之人的想法。英国诗人弗雷德里克·迈尔斯曾经说过一个故事，我认为它非常有启发性。他在一次晚宴后的对话中，向主人追问了一个不太让人感到舒服的问题：“人死后会发生什么事情？”对方回避和抵触了几个回合后，终于不情不愿地挤出几句话：“当然，如果你非要我回答不可，我只好说我相信我们都会进入‘极乐世界’，但我希望你不要再讨论这种让人不愉快的话题了。”我相信这就是大多数人的想法。他们并不想庸人自扰，

① 本章之前的《书籍》（A. C. 本森）中的摘录内容也使用了列举法。

如果实在是逼不得已，他们也会拒绝接受人死后就会“灰飞烟灭”的想法，他们也实在谈不上向往“永生”。即使是在临死前的一刻，他们的这种想法似乎也没有发生什么变化。所以奥斯勒教授才会写出下面的话：

“我仔细记录了大约五百人临死前的症状，特意研究了有关死亡方式和‘濒死体验’的情形。‘濒死体验’是我们这些人最关心的问题。有九十人临死前遭遇了生理疼痛或某种悲痛，有十一人出现了精神上的恐慌，有两人呈现了真正的恐惧，有一人表现出了欣喜若狂的模样，还有一人陷入了痛苦的悔恨。但大部分人并没有表现出什么征兆，就好像出生时那样，死亡对他们来说不过是一次长眠和遗忘。”

2. 那么，我想“多数人渴望永生”这种说法并没有什么根据。他们在正常的情绪下，甚至是在临死前的那一刻，对这个问题始终保持冷漠的态度。但多数人在某种情绪之下，的确会去思考这个问题，并清楚地意识到自己向往“永生”，还有些人则始终有此念头。但在这些人之中，并非所有人都渴望“永生”。有些人不但根本不想“永生”，甚至极度渴望死亡；他们发现自己大难不死的时候，不但没有喜色，甚至还会绝望。这两种态度是有区别的。一方面，人可能会在一生都没有遭遇任何挫折的情况下，产生厌生的情绪，情愿一死了之，无牵无挂。用俄国生物学家梅契尼柯夫的话来说，这属于那些没经历过“濒死体验”的人的一般态度。他早在一百多年前就提出了这个概念。这似乎就是某些人对待死亡的态度，甚至是在当前的条件下也不例外。英国诗人兰德著名的墓志铭，就出自他那脍炙人口的诗文：

我和谁都不争，
和谁争我都不屑；
我爱大自然，
其次是艺术；
我双手烤着生命之火取暖；
火萎了，
我也准备走了。

另一方面，还有些人不仅默认死亡，甚至还很渴望死亡。那是因为他们从哲学或者其他角度出发，相信任何生活都不值得留恋。这些就是所谓的“悲观主义者”，他们常遭到普通人的道德谴责。对于天性乐观的人来说，他们的心态似乎就该遭到否定。但人们或许也会认同，“乐观主义者”普遍不如“悲观主义者”有深度。其实我们都清楚，无论生活有何希望可言，即使是对于那些从公正客观的角度来看待生活的人来说，它都难免有可怕、不公正和残酷的一面。如果任何可能存在的“往生世界”仍然和现在这个现实世界相同，并没有更自由，也没有更多希望，更没有更充实的成就，那么只能说这些“悲观主义者”的确很有先见之明。而这对我们的重要启发就是，人们对“来生”的向往必定要取决于它的特点，正如人们对现世生活的渴望也必有一定的前提。所以很有必要问问那些默认或渴望死亡的人，如果他们的“来生”很有保障，他们是否还愿意接受“永生”。

3. 现在我们来讨论第三种情况，问问那些渴望“永生”的人，他们究竟在渴望什么，那些东西究竟是否值得向往。我们可以用同一种措辞来概括许多不同的概念。首先，这世上有些人就是不想死，有些说着向往“永生”的人，其实是在表达自己“不想死”的这种感觉。据我观察，老年人在这方面的执念往往比年轻人更深。但如果让他们平心而论，我猜他们未必会说自己希望永远持续这种生活，毕竟他们的身体已经一天不如一天了。再也没有比延长这种每况愈下的生活更可悲和可怕的事情了。我们关爱老弱病残，这对我们来说是一种美德。但对那些人来说，持续享受他人的关怀，而非撒手离世，真的是一种美德吗？我还想深入说明，抓住生命中的任何一个时期，即使是最美好的时期，例如最为青春焕发的少年时期，最踌躇满志的成年人时期，也不会是任何一个理智之人所追求的“永生”目标。至于生命的价值，无论我们对它的定义是什么，都无法回避生命走向衰老这种变化。我们也不应该寄希望于延缓此生的任何一个过程。

过渡句和过渡段

以上就是几种组织话题的方式。现在，我们已经知道根据“统一性”

原则，我们不但要写属于同一个主题的事件，还要让读者看到这些事件与主题的相关性。“连续性”原则与此类似，你不但要按照一定顺序逐个讲述要点，还要在转向下一个要点时让读者明白这一点。写作过程中很忌讳的一种情况就是，你明明已经进入讲述第二点，读者还以为你仍然在讲第一点的内容。为避免这种情况出现，你必须始终让读者清楚地看到两个要点之间的过渡和界线。在此过程中使用的句子就是通常所称的“过渡句（transition sentence）”，这种句子通常是每个新段落的首句，或者会出现在文章的细分段落。有些作者会将这些句子放置到前一个段落的末尾，但更常见也更好的做法是将其作为新段落的首句。比如，你在写一篇关于乡村快乐生活的文章时，你在各个段落写的首句就是过渡句。它们可以像这样写：

1. 乡村生活的一大魅力就在于清新的空气……

2. 另一大吸引力在于具有便于游泳和划船的环境……

3. 而且你在家门口就能打网球、高尔夫球或者棒球……

4. 如果你另有爱好，也可以在这里找到研究古怪人物性格的乐趣……

5. 最重要的是，你可以远离城市的酷暑和喧嚣……

上述每句话都显示你已经结束了一个话题，开始讲述另一个话题。因此读者就可以清楚地看到你写到了哪里，不用费多大劲就能跟上你的思路。相反，如果你落下了第四句话，继续讲述那些古怪人物的性格，读者就会以为你还在谈棒球和高尔夫球，也会费一番脑力找这些运动和你所写的最后几句话的关联。最后，他可能会理解情况，但你在这个过程中浪费了他宝贵的时间，更重要的是会让对方心生不满。如果你回头翻看前几页摘录的例文，就能看到表现稳健的优秀作家是如何运用这些过渡句的。

三四千字长文中的简短段落被称为“过渡段（transition paragraph）”，常用来标记作者从文章中的一个较大的话题转向了另一个话题。但是在只有四百多字的短文中，不需要，也最好不要使用过渡段。你只需要按清晰的顺序安排好文章的话题，再用一句话引出每个话题即可。

第四章　全文写作的突出性

在写文章的时候，你要在一个大标题下处理各个不同的小标题。假设你希望其中的一些小标题能够给读者留下更深刻的印象；如果你在为某人写一封就业推荐信，可能会强调他是个与人相处愉快的同事，但你更应该突出他能够胜任该岗位的事实；你希望那家公司同时记住这两个要点，但你希望他们对后面那个要点的印象更深刻，因为这一点才能左右他们的决定。现在再假设你在写一篇敦促你的预科学校进行改革的文章。你认为其中某些改革更为紧迫，并希望读者也认同这一点；你想让学校无论如何都要最先执行这些重要的改革，哪怕是忽略其他几项改革。

这就是我们这“三大原则”中的最后一点——“突出性”，也就是让读者看到我们的想法中相对重要的内容。它的实际价值远超我们的想象，可以通过举例来说明这一点。假设你和 A 先生是两种不同的汽车的代理商。有位胆小怕事的女士，她想买一辆安全系数高的汽车，同时完全不介意车速的问题。她给你和 A 都写了一封信。你在回信中轻描淡写地提到了自家汽车的安全性，却花了很大篇幅强调它具有超快的速度。而 A 先生只是在回信中稍微提到了自己代理的汽车的车速，主要强调汽车的安全性。事实上，两家的汽车都一样快，也一样安全，但这位女士就会认为你代理的汽车主要胜在速度，而不是安全性，因为你更强调速度；而 A 代理的汽车强在安全性，因为他在汽车的安全性上着墨较多。结果 A 拿走了这个订单，你就生生地看着“煮熟的鸭子飞了”，因为你并不知道“突出性”在写作中的重要性。

这里有两种常用于突出文章重点的方法。第一种就是多讲与该要点相关的内容，而与之相关的段落篇幅要长于其他段落。你写的第一点的内容比第二点多两倍时，读者就会知道你更关心第一点，但我们并不能一直做到这一点。因为有时候某个不重要的话题太复杂了，你无法用三言两语解释清楚；有些重要的话题又过于简单，你没法对它大加渲染，否则就会让人觉得重复和啰唆。但即使是在这种情况下，还是有必要突出文章的重点。如果次要的话题很复杂，那你就无须详述它的细节，因为它本来就是次要的；同样，即使重要的话题非常简单，你也有必要清楚地描述它的情况，点出它的重要性。无论在什么情况下，你都要用最长的篇幅讲述最重要的话题。如果你忽视这一点，就别怪读者为什么搞错了主次。比如你可能会认为自己故乡的优点超过了缺点，但如果你用四百字写了它的缺点，然后用一百字写它的优点，那就别怪读者看完之后说它是个“糟糕的地方”。记住，他们不懂“读心术”，只能看到你更强调的某个要点，从而据此来判断你在说的内容。

第二个方法就是通过文章的布局来突出要点。你应该尽量将最重要的内容置于文章中最显眼的位置。现在整篇文章中最突出的位置是结尾，其次是文章开头。读者和听众都只是普通人，他们无法从头到尾全神贯注地细看文章和听故事。他们最开始的时候注意力最集中，能听进前几句话中的每个词。之后，他们就开始神情倦怠。到文章中间时，他们可能就提不起精神了。等到文章快结束时，他们才开始觉得自己错过了好戏，迫切想通过最后一个段落来推断整篇文章的来龙去脉。所以，最开始和最后说的内容，尤其是最后“出场”的内容，要比在中间部分讲述的内容更深入人心。如果你不信，不妨在自己阅读和听讲的时候试试，看自己的情况是不是这样。如果你还是怀疑将重点内容置于文章最后的做法，对照一下人们日常生活中的措辞就知道了。淘气捣蛋的小孩挨打时都会大哭着说：“我错了，我再也不敢了。”自然的力量告诉他，他需要将他“再也不会犯错”的事实放在最后面。而他强调的这个事实通常会让父母印象深刻，所以就不再抽打他了。另一方面，如果他说的是：“我再也不敢了，我真的错了。”那么尽管他已经承诺未来会好好表现，但由于他强调的是自己做错的事实，只怕父母会再给他一顿“教训”。

在某些情况下，由于“连贯性”的要求，我们不宜将最重要的内容置于这些突出的位置。如果“连贯性”和“突出性”起冲突，就应始终遵从“连贯性”原则。不过这种情况比较罕见。一般来说，你应该将最重要的话题置于文末，作为高潮；并将第二重要的话题置于开头，从而让文章有个好开头。

以下是优秀的“突出性”文章示例。第一篇文章提到了多个重要性不同的话题，它将最重要的一个置于最末，并且着墨最多。第二篇全文贯穿一个主要的中心思想，并在结尾时着重强调了这一点。

论学术职业与政府当前的关系①

威廉·霍华德·塔夫脱

每位公民，无论他从事的是什么职业，在怎样的企业或行业中工作，都有责任尽自己所能去关注大众的福利，并尽量关心政治事务。美国人一般都能认同这些责任，所以我们才会发现有代表着各行各业的人士活跃在政坛，为立法机关和政府的执行委员会做贡献。也许“代表”这个词并不太妥当，毕竟他们并不是由行业公会或行业选举出来的人士；他们也不能代表自己同行的利益，因为并没有人要求他们照顾其利益。我在这里指的是那些负责立法和执法的公众人物曾经拥有各行各业的经验和背景。尽管如此，在政治变革和政府换届时，他们还可能会有意地，或者出于某些可以追根溯源的原因，引进来自某个行业的人员。所以我在今天早晨提出，请你们关注学术职业与政治和政府当前的关系。在我看来，那些已经完成学业，并准备择业的人对这个话题可能会很感兴趣。

第一种职业就是牧师。在新英格兰地区以及我国其他地方，曾经有一段时间，公理教会的牧师除了自己的神职之外，还会施行一种明显具有政治特征的强大影响力，这种现象成了一种传统。牧师对日常事务的看法在其所在的教区最有分量，他们还是教区中的“一等公民”。这就是新英格兰地区几乎还处于“政教合一”时代时的情况。当人们认为有必要以最详尽的律法来规范人们的日常行为，并根据道德和宗教需求来制定这些律法时，教区中的牧师就掌握了最权威的立法权和执法权。从

---

① 经作者威廉·霍华德·塔夫脱同意采用。

那时候开始，我们的生活就发生了巨变。而牧师这个职业，则因为掌握了巨大的影响力、权力和声誉，吸引了许多富有才干的知识分子。这些人把自己的能力和才华贡献给了这个职业。但随着教育和独立思想的普及，知识和新闻的广泛传播，国家物质生活水平的提高，财富的激增，其他行业的回报和影响力的增长，朴素的农村生活消失，牧师在教区中的地位和影响力也发生了变化。今天这个职业已经无法再吸引才华出众的年轻人，我认为这是我们社会的一大损失，因为这个职业的独特使命就是维持较高的道德水准，唤醒人们内心最美好的品格，促使人们实现更高的追求，所以它应该要吸收具有杰出才华的人士来执行这个职能。当然，牧师的职业在很大程度上应该与“往生世界”有关，而不是处理世俗的事务。许多人会认为，这个职业的代表人士只不过是个“俗人”，所以对它没有什么兴趣。当然，这是一种狭隘的职业观。无论“往生”的世界如何，我们当然都有责任打造最美好的现实世界；而牧师可以在道德和宗教层面发挥主要的指导作用。我们无法将政治与社区生活完全分离，这世上也不存在某个人在个人生活和社会事务中讲道德，却在政治层面失德的现象。政治上的失德最终会败坏整个社会的风气。

在罗斯福总统掌权期间，某些企业道德沦丧的行为被揭露，整个国家的良心受到重创，人们迫切需要重建良好的社会秩序。在这场运动中，各个教会的牧师纷纷响应号召，发挥了近半个世纪以来最有效的作用。但他们并非始终都很谨慎。他们有时候还试图通过法律进行道德改革，其行为已经逾越了合理的规矩。没错，有些牧师参与政治和推动政府改革的举动，是为了实现个人的理想，不愿意放弃某些个人成就。这是他们在发挥自身作用过程中的局限性。

牧师与政治和政府事务的联系越来越紧密，这体现在两个方面。首先，现代政府具有“家长式”的秉性。个人主义没有消亡，但自由主义派人士并不像几年前那么热忱和执着地坚持自己的原则。我认为，我们（或者至少大多数人）都认识到，政府有责任为所有人提供一定的帮助，并且覆盖更少数因为条件所限而无法自立和自救的困难群体。因此，在执行卫生管理制度，通过租户法和童工法，建立孤儿院和流浪者收容所等举措的过程中，牧师的工作与政府的举措紧密衔接，使他们在辅助政府实施相关政策的过程中颇受赞誉。

在外交事务上也是如此。当前帮助我们与东方群体（无论他们的文化传统和文明历史有多悠久，这一群体显然都在逐渐接纳西方理念）保持联系的最杰出“代理人”，就是作为基督教文明“传播先锋”的外交代表团。这些代表团带着西方基督教的进步理念，并通过传播这些进步理念，让其他族群也更容易接受我们的文明。就我们的东方政策而言，这些教会使团的领袖现在已成为十分有学识和经验的政治家，他们发挥的作用也理应得到直接负责启动和执行这些政策的政府成员的认可。

第二个职业就是教师。当然，有大量教师是在小学和中学的教育机构任教，以及从事工业或其他行业的工作。他们与政治和政府的关系当为重中之重，尽管这种关系并不是那么直观。他们的最高职责应当是为年轻的男孩和女孩灌输爱国主义思想和热爱国家的情感。因为男孩都会成长为男人，而少年的爱国思想可能会在其成年后产生极大的影响。从日本的强大实力就可以看出充满爱国思想的男孩对一个国家的作用。只要是曾经到访日本或者与日本人接触过的人士，都很难无视这种精神的影响力。“武士道”这个词就体现了一种神圣的爱国主义。日本人乐于为国献身的精神具有一种宗教式的情感基础，它对所有了解日本的人都极富启发性。所以教师有责任为年轻一代引导正确的思想方向，这一点的重要性实在不容忽视。

教师的另一种间接的政治影响力体现在，他们可以通过鼓励年轻大学生追求学问和从政来发挥作用。每个学术教育机构的课程都含有政治经济学、社会学、政府研究，以及宪法研究等。这些学科加上英美政治历史课程，可以唤起多数美国学生对国家政府和当前政治的兴趣，甚至有利于让他们适时地参与政治事务。今天所有大学都在鼓励学生针对政治和经济问题展开讨论，学生们也渴望阅读和倾听有关这些问题的内容；而解决这些问题的方法就是让他们真正进入政坛参与政府工作。

第三个具备牧师和教师的某些职能的职业是作家。这一职业可能具有文学性，从事该职业者包括诗人、历史学家、小说家、评论家；也可能具有新闻性，从事者包括编辑、记者、新闻情报员或者城市通讯员。从许多方面来看，写作是一种职业。从其他方面来说，它又可以退化为仅仅是供应和出售新闻，是一种商业行为。如果站在最佳立场来执行这个职能，它就可以发挥堪比牧师的影响力；而且它拥有更广泛的职业影响力，可能取代牧师职业的部分职能。因为它的从业人员人数更多，遍及千家万户。它对公众的导向作用十分巨大；但当它迎合了人们低俗的感官体验，完全不发挥任何积极的影响，不倡导真理时，就只有那些具备“自救”意识的人才能通过一种歧视和怀疑态度，识破它失控的现象和不纯的动机，阻止它走向堕落。一个优秀的政府不能忽视新闻工作者与政治及政府之间的密切联系。人民有权知道议会、政府和法院中的公仆都在干些什么，而他们主要通过媒体渠道了解这些公职人员的履职情况。某些存有偏见的编辑和记者有时候会发布有失偏颇的新闻报道，给社会带来消极影响。但所幸大众有诸多报纸可以选择，社会各界也存在多元化的动机，这些因素都会向新闻工作者施压，所以这种不公正的报道倾向通常也可以得到矫正。许多原本带有偏见的人民也可以通过大量准确客观的事实报道，公正地看待政治事务。

另一个与政府事务有关的职业是医药从业人员。这种职业的影响力在过去一直没有得到重视，直到最近才有所改观。有不少医师“弃医从政”，追求与本职没有什么瓜葛的政治成就。他们最近对政府事务更感兴趣，因为政府的职能扩大了，正以一种真正而实在的方式庇护所有人的健康。不完善的排水系统、糟糕的水质、食品安全问题、通风不良的住房，以及未成功隔离传染病人，导致民众死亡的现象，已经让研究这些问题的医疗卫生权威机构大为伤神，也给负责监管公共健康及卫生问题的各市、州和联邦政府带来了不堪承受的压力。我们政府向热带地区扩张和进军，支援当地驻军和开凿巴拿马运河等工程建设的举措，也凸显了医疗从业人员在预防和治疗人类及国内动物的疾病方面的重要性。

医疗人员找到了黄热病和疟疾的真正病源，发现了可以通过杀死病源或预防蚊虫传播来战胜这些疾病的方法，无疑是人类进步史上的一大奇迹。医疗职业为巴拿马运河的顺利施工做出了重要贡献。它让温带地区的人得以安全、健康地移居到热带地区，并通过政府引导、协助和监管等途径，改善了热带地区人种的健康状况，而当地人在二十多年前根本无法享受这种待遇。卫生清洁工程通过净水处理方法，为人们提供了健康无害的饮用水；通过污秽和污水处理系统，以及将有害物质变废为宝的转化操作，再次凸显了医疗和化学、工程，及所有与生理研究相关的分支学科在政府事务上发挥的重要作用。随着医疗职业在政府机构中的影响力日益增大，医生们自发进行了一场改革，将政府中用于推广公共健康卫生的所有机构整合成一个办公室或部门，并推举出他们希望能够代表自己所在的行业或相关学科分支的主要负责人。这场运动究竟能够在多大程度上实现其倡导者的目的，恐怕只有美国议会才有决定权。将联邦政府中的所有医疗健康机构整合成一个办公室或部门当然是一个明智之举。而这样的部门的主要负责人究竟该是医生还是应该是其他人，则必须取决于个人的具体情况，而不是他的技术专业学问或技能。毕竟一个部门的负责人应该具备的是组织、协调和执行的能力，而不是深厚或广泛的技术和职业技能。他应该具备能够判断他人的技术或职业技能的能力，并据此来挑选自己部门的成员。无论如何，随着当前政府职能的不断扩展和延伸，参与政务的医疗从业人员不断增长，我们可以预见，在未来十年，他们定将发挥超过以往的作用，而他们也的确应该如此。

到这里，我就不再提化学家、土壤专家、植物学家、园艺家、林务员、气象学家，以及一般农业科学的学生等其他技术性职业。政府在推行农业改革，保护自然资源的举措时，都有必要咨询一下这些专业人士。总统和调查委员会发布的惊人统计数据显示，我们的森林、水源和土壤目前出现了极大的浪费现象，这种现象已经引起了大众的关注。总统已将该报告提交给国会，除了保护环境，我们还应该妥善地考虑保护人类的生命，推进政府在卫生保健方面的进步，并通过推出检疫和医疗规章制度来预防和治疗疾病。我们应该着眼于未来，让这些领域都“结出硕果”；并运用政治权力和权威人士的力量，预防疾病，减少人口死亡率，并节约国家资源。农业部正在大力发挥其作用和职能，执行直接有利于提升农产品产量、销量和农民利益的权力。而在该部门成立时，根本没有人料到它会有今天的成果。这将有利于进一步凸显其政治意义，不但有助于研究科学农业的人士了解整个国家的农业需求，还有利于理解外国政府认可或拒绝我国农产品的一系列复杂的政策。

最后，我要说一下法律职业。除了有关军备的职业之外，或许只有法律自始至终都是所有国家的政治和政府事务中最显眼的职业领域。这是因为，人们普遍认为法律职业就是政府公职，或者说至少是政府机构始终会设置的职业。政府机构运用的原则均由“地方性法律”所定义，这些原则会影响个人与个人之间的关系，或者政府与个人之间的关系。众所周知，负责解释法律，了解现有法律的人士，往往会参与制定新法。人们还知道，制定宪法的人士必须能够代表各州的利益，必须了解各州法律，具有起草法案的职业能力。因为宪法是基本法，它体现了中央政府所受到的约束。律师富有创造力的职能，与其分析职能不同，主要用于构建他希望具有效力的（体现个体或某个群体意志的）、书面的法律形式。如果体现的是个体的意志，那就通过立法机关以法令的形式生效；如果体现的是群体达成的协议，那就以书面合同的形式生效；如果体现的是行政人员的意志，那就以执行政令的形式生效。他必须分析自己所代表的阶级的目的，然后小心谨慎地起草能够正确和真正体现这一目的的法令。所以我们才会在所有的大会，所有的立法机关，以及大部分公职岗位中发现，人们选择的这些公务人员的前身都是律师。这并不仅仅是因为他们具备法律知识，接受过草拟和发表体现公共意志的合法表述等方面的训练，更是因为律师职业要求他们不断实践自己临时掌握的有关其他职业和行业的技术知识，以便他们能在法庭上进行合理的辩护；或者在有关技术问题的协商过程中，为其他职业和行业提供充分的咨询服务，以便其自身可以一种能够妥当地表达涉事方意志的语言，正确地阐释和体现最终的协调结果。换种方式来说就是，律师的工作不仅仅是打官司，它还要让那些希望获得一定结果的人明白如何以合法形式达成这些结果，并在法律框架下通过书面形式和提供指导来促成这些结果的达成。这就是执行。换句话说，这种特征鲜明的执行功能就是现代律师成功履职的一种必备素质。这种启蒙的力量和实现目标的方法就成了他事业成功的秘诀。当然，杰出的倡导者一般也是杰出的律师。在法庭上辩护的时候，律师就需要运用他陈述案件的口才、分析能力，以及为客户辩护的能力。杰出的法官一般也是杰出的分析师，具有公正不阿的职业素养，他能够权衡和判断占优势的辩护方。但律师（尤其是现代律师）在组建公司与伙伴关系，创立企业的时候，也需要执行类似的功能，也就是执行权力、起草合同、拟定法令，以便让客户或其代表群体达成目标。

我并没有无视法律职业的缺点和不足，我自己也曾经是从事这个职业的一员。现在，法律界成员的保守派倾向越发明显。他们容易墨守成规，很难接受必要的变革。当商界屈从利益的诱惑而走向邪恶时，律师界的某些成员通常很容易为了事业上的回报，去推广这类“成功”的经营手段。当这两者联手起来调节和控制各类商品的产量和价格，并通过一些国家行政机关，以限制、约束，甚至是取缔的非法手段来扼制竞争时，商界还可以借助法律界人士的操纵、敏锐度和创造力，变得又强大又成功。但另一方面，如果要让法律改革生效，尤其是在管理企业的经营手段，以及通过限制使用私人财产，以扼制资本结合过程中产生的罪恶，同时又不损害公众利益，保障资本在结合时创造的商业成果；如此一来，需要拟定和实施法令，以保障更好的经营方式，同时又不危及商业发展的重任，最终必然又会落到法律界人士的肩上。最高法院的法律职业成员负责决定这些限制措施是否符合国会的宪法权力；而初审法院和最高法院的成员则负责解释法令和执行针对违法人员的终极处罚。法律界成员必须是负责起草针对联邦和州法定修订案的主要成员，这样既可以让政府机构更有组织性且高效地运行，又可以定义针对资本组合形式的限制政策，以便支持合法的商业发展，打击违法的商业行为。所以我们说，法律职业在今天的地位相当于我们政府的根基，它与政治和政府的关系最为紧密……

国难当头时，总有些人要挺身而出，力挽狂澜，就好像上天为其安排的使命一样。比如内战时的林肯和格兰特，独立革命时期的华盛顿。一所大学还把华盛顿的诞辰作为校庆日。华盛顿既不是律师，也不是医生或者牧师，他是一名测量员和农夫。作为一名只有作战经验的军事学科的学生，他的职业可以说是军人。他没有才气，也不机灵，更不善辩，却能够让那些辅佐他完成美国独立大业的富有才华、机灵能干，而且学识渊博的人士聚集在一起。他是“人中之龙”。他纯粹而公正的爱国之心，毫无妒意的博大胸襟，包罗万象的常识，百折不挠的精神，在最险恶的环境下依旧处变不惊的心态，让他赢得了胜利。这种胜利并非出众的才华或职业训练的结果，它来自一种世人最应该追求和向往的事物——也就是华盛顿作为一个人所具备的高尚品格。

游 戏[①]

A. C. 本森

在今天这个时代，写有关游戏的文章比写关于“摩西十诫[②]”的内容更需要勇气，因为“高等考证”（对文学作品，尤指对《圣经》的科学研究）倾向于认为对“摩西十诫”的信仰是一种品位的问题，而英国普通人却会认为对游戏的信仰是一种与诚信和道德有关的问题。

我首先要坦率地表示我并不喜欢游戏。我这么说只是为了反对某些人的道德审判，这与我个人的喜好并没有什么特殊关系。我认为许多人都不喜欢游戏，但他们不敢这么说。或许有人会认为我之所以这么说，是因为我从来没有玩过游戏。他们脑中浮现的画面可能是一个戴着眼镜的老学究，在足球场上虚弱地慢跑着，竭力避免被球击中；或者在参与一场板球运动时，追球的时候就好像在球场上追撵一只昆虫；又或者在划船的时候只知道用下巴固定船桨，只能带着一脸困惑的微笑向后倒退。我必须说明，情况绝非如此。我其实精通多种游戏：我是一名高水平（虽然还算不上狂热）的划船手。我还是大学足球队的队长，我还可以肯定地说，我喜爱足球超过其他任何一种体育项目。我还攀登过一些山峰，甚至是高山俱乐部的成员。我还可以说，我未必技术精湛，但绝对是一名热情的运动员，甚至还可以说是经常因运动和户外环境而吃苦的那种

① 摘自英国作家 A. C. 本森的《小窗随笔》。经原出版商 G. P. Putnam's Sons（纽约和伦敦）同意使用。

②译者注：“摩西十诫”又称“十诫”，是《圣经》中的基本行为准则，也是西方文明核心的道德观。

运动员。我说这些只是为了证明，我可不是一个久坐不动，手无缚鸡之力的人，我的情况正恰恰相反。在我看来，没有哪种天气是不适合外出的，我也不认为自己在一年之中总有那么十来天不想运动。

但户外运动是一回事，游戏又是另一回事。在我看来，当一个人到了具有判断能力的年龄时，他就不再需要靠竞争来激励自己，不再需要击中球或运球的渴望，也不再有需要超越他人的愿望。我认为组织一场体育竞技是一件非常严肃的事情，因为它会让人们的比赛过于依赖外界的刺激。我曾经住在乡间的一处幽静的宅子里，在那里没有什么特殊的事情可做，附近甚至连个高尔夫球场都没有。当时来了一位出色的高尔夫球手，他的身体状况非常差。对他来说，要散步或者骑车都是一种妄念。我认为他当时除了在花园中闷闷不乐地溜达，几乎就是足不出户了。

我当教师的时候，曾经不无悲痛地发现男孩们的父母几乎都会激动而严肃地谈起有关自家孩子玩游戏的事情。例如，有位家长说自己的儿子是个好苗子，并且的确拥有很好的运动天分。这样的家长会急切地询问自己的儿子是否有可能接受一些专业的训练。某些较为冷静的家长则通常会陈述一些成为优秀的板球手将获得的社会优势，并表示他们相信这种长处在一定程度上离不开孩子对游戏的热情。只要有一位家长关注男孩在学业方面的兴趣，就必有十位家长更重视男孩在体育方面的特长。

在这些家长的影响之下，男孩们将游戏中的成功视为一大重要的人生目标的现象也就不奇怪了。他们会将游戏与社会抱负结合起来，我敢说，他们对此的重视程度超过了其他任何事物。我并不是说，许多男孩不认同“做一个好孩子”的目标，对自己的学业不上心。但实际上，他们心里想的、嘴上说的都是游戏，只有游戏才能唤醒他们真正的热情。他们很容易鄙视不会玩游戏的男孩，无论对方是否优秀、友善和睿智。人们也很容易原谅一位完全缺乏良心，甚至是品行不端，但在体育事业上颇有建树的运动员。不得不承认，我们这些教师其实无意抨击人们的这种倾向。我们在课余时间也会到板球场和足球场走走看看，讨论个别球员的详细情况。人们很容易对男孩们极为重视的事情产生兴趣，这一点无可厚非。但我想责备的是，其实真正有错的是我们自己：我们没有对男孩们的事情采取一种友善的“家长式”关怀，我们对其投入的兴趣并不像热心人士和游戏爱好者那样深厚。

我们真的很难找到改变这个现状的方法。也许它会像其他根深蒂固的“国民癖好”一样，最终会“不治而愈”。我们也不该坚称年轻一代的教育者应该压制孩子们爱玩游戏的天性，假装他们对自己根本就没什么感觉的学业很有兴趣。无论我们的初衷是什么，“强扭的瓜”都不会甜。如果教师们自己一得空就跑向高尔夫球场，一放假就忙着玩各种游戏，那么他们还试图掩盖“孩子们天生爱玩游戏”的这个真相，会不会太虚伪了呢？还有一个不容忽视的事实就是，除了家长和男孩们都认同游戏的重要性，校长们多少也会选择一些精通此道的人来任教，因为无论孩子们在学校要做什么，总少不了“玩游戏”这一项。另外，让男孩们崇拜的运动员来任教往往更容易为他们树立榜样。如果某人是一流的（板球运动）慢球投手，男孩们往往会认为他对修西得底斯（古希腊历史学家）和欧几里得（希腊数学家）的看法要比一位只有大学文凭的老师更靠谱。

有一次，我还听说了一位小型私立学校校长的遭遇。有一位助教对他非常傲慢无礼，无视他的工作，并且在他的课堂上抽烟，甚至未经许可就早退。可能有人会纳闷，为什么这位校长不开除这位目中无人的助教。那是因为这位校长正需要一位大学板球队员，只要学校有这样一个“活招牌”，家长就会很放心。这位助教也清楚自己要找类似的工作易如反掌，所以他更情愿只图一己方便，在学校里任职。这当然是个极端的例子，但我不希望偏袒运动员，我也不是在贬低户外和健身运动对男孩们的好处。可出现这种“盲目抬高运动地位”的现象实在是太可悲了！事实上，我们英国人在许多方面仍然是“野蛮人”，只不过我们现在成了“有钱的野蛮人”，我们把时间和精力投入在了自己真正在乎的东西上。我并不想看到游戏在人们的生活中消失，或者人们对游戏的兴趣衰退。我只是希望人们能够合理地安排主次，不要纵容自己的游戏心态。我并不认为男孩爱学习或者对书本有兴趣就是一种“有点不正常”的行为。我希望学校能够提倡这种行为，无论哪一门学科都要推崇这种品质。但今天，人们却更欣赏孩子们对游戏的热情，反而认为爱学习或者爱读书是一种卑下的和自负的行为。

这种精神对人们的消遣活动也造成了不小的影响。人们不再将消遣活动视为一种放松生活的调剂品，而是正当的事务。人们不再轻易接受射击的邀请，除非他们真的非常擅长此道。射击水平一般的人似乎就不配再拿枪。人们只敢说自己的爱好是开车，而不是打高尔夫球。人们所有的休闲时间似乎都在打桥牌。而我们却很难评价这种行为，因为它不但没错，而且还非常有益。毕竟在休闲时间打牌总好过无所事事，况且我们也很难去指责一种“小玩可以怡情，唯有过度才会有害”的娱乐方式。

就我个人而言，恐怕我只能把游戏当成一种迫不得已的选择。如果能散步，我就不会去打高尔夫球，能看书就不打牌。打牌这种行为，我认为它只比完全空洞无物的闲聊要高级一点点，而后者当然就是世上最消耗精力的事情。但奇怪的是，人们都认为无所事事的行为很有害，却认为玩游戏有益无害。我认为竞争多少都是一种令人不快的事情。我不喜欢现实生活中的竞争，也不知道为什么人们要在消遣娱乐中引进这种“元素”。如果我喜欢做某事，我就不会在乎自己是不是做得比别人好。我并不怎么喜欢与他人比较自己的技能。

现在，恐怕我又得承认自己只拥有欣赏乡野风光这种“软弱无力”的爱好了。我喜欢观察每个灌木篱墙和每块田地上出现的美好事物。光是看春天的小树冒出的新叶，秋天的森林染上绚丽的色彩，就能让我得到无穷的乐趣。我喜欢看盛夏清澈蜿蜒的溪流从茂密的榛林下潺潺流入茂盛的水生植物中，也喜欢看溪流在冬天变得浑浊，看河岸变秃、木叶落空、草地起雾。对于射击这项运动，我得承认自己有一半的乐趣来自踏过修剪整齐的残株，观看远处的田野和树木，以及守在掩体后的那种漫长而静谧的等待。那里的主轴木枝头悬挂着精巧红润的莓子，有几只兔子听到远处狩猎者的声音在逼近，惊惶失措地蹿出树丛。我每月都会体验一番这样的乡间生活的乐趣。我喜欢在春天的小道上散步，看白云舒展的蓝天，看林间空地布满盛开的蓝色风信子。我喜欢在夏季雨后的乡间小路或者林间小径上漫步，看天空彤云密布，细嗅大地清新甜美的气息。我喜欢在冬天的傍晚走路回家，看西边的落日斜照，看野鸡鸣叫回窝，看乡间小屋亮起灯火。

这些都是人人唾手可得的乐趣。如果有人说乡间生活很沉闷，那是因为他没有机会在相同的田地里击球和追赶白色的小球，这种设置了多种精巧障碍的环境最能检验一个人的技能和心气。在我看来，不懂欣赏乡间生活的人不说是很可悲，至少也是有几分古怪的。

我觉得游戏属于不安分的少年时期，因为这个年纪的男孩最喜欢捣鼓东西，愿意去做一切自己相信的事情，只要不把它当成正事就没有什么不妥。但随着一个人年纪渐长，变得更加明智、更简单和更平静时，就应该培养一系列可以取代游戏的兴趣。这并不意味着人的兴趣减少了，我现在享受快乐的心态甚至超过了年轻时。我所描述的那些所见所闻的快乐，对我而言的乐趣远胜过少年时期所做的事情。但我们应该警惕的是，如果我们是在游戏的陪伴中成长，并且纵容男孩们也从小玩游戏，那么我们自己成年时就很难接受不能玩游戏的生活；我们很可能要面临一个忧郁的晚年，绝望地厌世，成为人们茶余饭后闲聊时的一个尴尬的存在。因为那时我们唯一的谈资就是自己当年出色的运动本领，并且总在絮絮叨叨地哀叹一代不如一代。

关于游戏的另一个值得注意的事实就是，人们会鄙视某些游戏，认为它们很幼稚，而有些游戏却会备受推崇。有些杰出的教士会打高尔夫球，于是他们的形象在普通人眼里似乎就更显得高大和令人钦佩，以至于人们有时候会认为他们做这项运动并不是因为受到福音书的启示，而是出于一种适应性的需要，认为可以借此维护身份和地位。

但就纯粹的户外活动和运动而言，骑马，玩幼稚的游戏却可以促进健康，增强活力，并且不需要太昂贵的资源。但如果是一名高级教士和他的副手身手敏捷地跑出教堂的院子，摇着小铃铛，一路抽着鞭子，用红色带子勒着欢腾的骏马，人们看到这种现象会怎么想？在现实生活中，还有什么事情会比在沙坑里击打一只小球更不正经呢？如果是首相和最高法院首席大法官在吃过早餐后在皇家马厩后面的碎石地上反复地转动铁环，这种事情恐怕许多人都比他们更擅长吧？但由于某些不可明说的原因，他们的这种举动就是更容易赢得尊重。在哲学家看来，所有游戏不是愚蠢的，就是合乎情理的。一般人认为有关伟大投球手的一系列教程，就应该跻身文学作品之列；而有关捉迷藏的指导手册就是一个笑话，这种思想实在是滑稽。圣保罗曾经说过，他长大成人时就放弃了那些幼稚的玩意。如果他现在还想赢得明智和权威的美名，估计会为自己说过的这番话悔青肠子。

我可不想成为预言界的耶利米[3]，愤世嫉俗地哀叹自己无力补救的事情。我情愿将事情简单化，并尝试打破某些将运动视为“一本正经”的活动的旧观念，这些观念在我看来还颇为盛行。毕竟，运动只是一种消遣休闲的方式。我认为“一本正经”的实质就是小题大做。纵情游戏的人并不会满足于仅仅是寻欢作乐，他有一种自得的优越感，以及对不会游戏之人的轻蔑感，并且始终难掩这种姿态。

某天下午我在家时，有位杰出的哲学家正好来访。在他准备动身离去时，我把他送到马厩那里，照看他把马牵进去。我的马厩很久没用了，我不得不承认自己对于骑马真的一窍不通。我们找到了一些似乎可以给马用的装备，我把这些东西递给他，看着他小心翼翼地试用这些东西，轻手轻脚地把它们套在马儿身上的各个部位。最后我们终于放弃了，打算让专业人士来帮忙。我把这件事告诉一位性格活泼的女性友人，她是一位非常擅长与马打交道的人。她听了我的描述后毫无顾虑地哈哈大笑，口不择言地表达了她对我们的鄙视。可骑马的事情根本就和我没有关系，只有掌握了相关必备知识的人，才能够成功驭马。对我来说，马儿不过是一种便捷的出行工具罢了。我并不介意她觉得此事可笑的态度（没错，这也正是我叙述此事的目的），只是她毫不掩饰的轻蔑之色的确不合时宜，正如我也不能自恃比她多几分文学修养，就嘲笑她分不清萨芙诗体和阿尔凯奥斯诗体一样。

人们对游戏所抱持的那种自满得意的态度，就是游戏最糟糕的特征之一。我真心希望自己能够找到补救这种现象的出路，但目前我唯一能

---

③译者注：耶利米，《圣经》故事中的犹大国先知，他到处传道，但总被人冷落或遭到拒绝。

做的就是遵从自己的内心，劝自己相信游戏本身和体育运动一样单纯。像之前所说的那样，我还能做的就是，与和自己一样内向和向往简单、自由的人一同反抗世俗观念。我们只想从心所愿，所以我们拒绝从众。

“突出性”的重要性不言而喻，在理论上也非常简单。那么，为什么多数的年轻作者还是会忽略这一点呢？我们可以用一句话来回答：他们并没有事先打好“腹稿”。当一个人坐下来开始写作时，他会从自己最先想到的内容入手。他会在这个话题上写一个段落，在另一个话题上再起一个段落，想到什么就写什么。这样一来，他最先记住的是文章中最重要的部分，不会去想次要的内容，除非已经写到了那里。因此，本该出现在最后面的最重要的段落，就会出现在文章开头或接近开头的部分。而本该是全文高潮的文章末尾，就会出现一系列无足轻重的内容。这些内容就像是在凑字数——“我们都已经文思枯竭了，怎么还没有写满四百字呢？”

针对这种情况，唯一的补救方法就是让作者在下笔之前先详细地列出全文的提纲。他应该先略写几个小标题，分清主次，尽量将重要的内容安排在重要的位置，并粗略估计每个主题大概应该写多少字；然后才能开始动笔，这样就有可能写出一篇轻重分明的文章。

关于文章的总结可能需要注意一点：如果是三四千字的长文，最好在文末进行详细的总结；但在不超过五百字的短文中就不需要，也不应该进行总结。总结的作用就在于把你已经写过，但读者快要忘记的东西再提一次。如果你写了四千多字，读者可能忘了已读过的大半内容，那你有必要进行总结，再次提醒读者。但如果你总共只写了四百多字，读者当然可以毫不费力地记住那些内容，那么就没有什么必要去总结他脑中还有印象的东西，正如去提醒读者他叫什么名字一样，纯属多此一举。

另一方面，虽然你未必每篇文章都需要进行详细的总结，但每篇文章，无论篇幅长短，都需要一个得体的结尾。你应该让读者感觉到文章已进入尾声，而不应该让文章在进入最后一个要点时戛然而止。在文章最后一个要点进行良好的总结，应该以某些词语回顾整篇文章的内容，并简要进行最终总结——这种方法，或者类似的方法通常最适合短文。

文章快结束时，你千万要注意，不要在此时插入任何你不打算再扩展的新内容。例如，在一篇关于大型院校的优势的文章中，有人在最后一个段落中讨论了人们可以在这类学校中吸收广泛的人文知识。这样的内容当然没错，但他在这个段落的最后一句话中，表达了两个他之前并未在全文体现的思想。我们在此以斜体字展示如下：

除了这些人文知识之外，*大型院校还可以提供更良好的图书馆和更高级的实验室。*

这些新内容不应该像这样以寥寥数语出现在文末。如果它们是重要的内容，就应该另起一个段落；如果不重要，就应该将其置于文章的中间部分。若就这样搁置着，会让读者觉得你提起了一些你并没有说明的内容，这样他们就会认为你的文章没有结尾，有几分“未完待续”的感觉。良好的文章结尾应该像下面这样，在最后一段用一句话带过“广泛的人文知识”：

在我看来，这种关于人生的广泛知识，以及我所提到的其他优势，就是大型院校优于小型院校的表现。

关于“突出性”的内容，以及我们对整篇文章的讨论就此告一段落。虽然我们还有许多与段落和句子有关的细节没有展开，但目前来看，如果有人可以让自己的文章主题遵从“统一性”原则，并且让读者看出文章以清晰的顺序遵从“连贯性”原则，处理好了每个过渡句或过渡段，并以合理的篇幅或位置点出最重要的段落，或者做到了两者兼顾，那么他的整篇行文就可以说是合格的，算是做到了“有始有终”。

第五章　段落

段落可分为两种类型：一种是作为整篇的细分部分；另一种是围绕某个思想自成一体的段落。它不需要依靠与其他思想之间的关联，就能传达有用的目的。但这两种段落的内在结构并没有本质上的区别，要学习如何构建得体的独立段落，作者只需要了解过渡句的用法，以便让各个段落之间彼此衔接，融为一体。因为这种“双重用途”，更因为它是由单个思想组成的内容，段落就成了文章中最重要的单位。我们主要靠话题——也就是靠未展开的段落来思考写作内容，或者说我们至少应该以这种方式来思考：我们写作的时候，段落就是文章中的单位，正如美元是美国的金融单位一样。美元可以细分为美分，或者组合成十美元或二十美元。同样，段落也可以划分为句子，或与其他段落组合成为短文或论点，但每个段落都会保留自己作为一个单位独有的特点。

段落之所以是一个单位，是因为它是由单个思想组成，以便令文章表达清晰。要让我们准备写的话题成为一个“段落思想”，就必须每段只写单一的思想；否则就要将其进行细分，每个细分思想又要分别展开讨论，这样才能组成全文的思想。而且段落还必须易于展开讨论，否则就会变成一个只用一句话就能表达的“语句思想”了。例如：“具有雄心壮志的男孩就应该去上大学。”是一个“全文思想”。如果不通过一系列需要分段展开的话题，那么我们又该如何讨论这个命题呢？“如果你不快点，就赶不上火车了。”是一个“语句思想”。我们很难添加更多有效的词语来拓展它的内容。“亚伯拉罕·林肯是一个会清晰表达的大师。”是一个“段落思想”。它可能可以扩展出多个话题。它本身就表达了一些含义，但还可以通过一个完整展开的段落更有效地表达观点。美元由它所含有的特定重量的白银来定义，段落则由它表达的思想来定义；这种思想既要有可扩展性，又不能过于庞大，还不可依赖更多烦琐的讨论。

扩展

在真正写段落的过程中，我们一般遇到的第一个问题就是：如何以最佳方式展开话题——也就是尚未成形的“段落思想”。这个过程始终是由难到易，但解释这个过程必定有一点复杂，因为它必须涵盖所有重要的展开的可能性。关于如何扩展话题，这一讨论要分为两个连续的步骤：第一个简单，第二个复杂。

第一步，你的想法必须清晰明确，这通常意味着，它要能够用一句话进行概括。例如，你要扩展的思想与大学考试的诚信制度有关，那就可以用这样的措辞：“最佳诚信制度要取决于个人的诚信水平。”这句话的思想十分具体明确，让人一眼就明了。但这个话题这么表达虽然可以让人理解，却不可能让人完全领悟，所以这一思想还得进一步扩展；必须引申出它的所有含义，同时必须扩展至完全揭露其意义为止。除非这个话题从属于某个论点，或整篇文章整体框架的一个系列，否则就得进入下一个步骤。之后我们才可以在话题性语句的基础上继续深入，直至写出完整的段落，并令其各个要素都构成下一段落的核心为止。

第二步，我们假设某个话题与其他话题无关，并立即开始扩展其内容。而如何执行这个步骤则要取决于一系列因素，比如作者的想法，他写该文章时所掌握的信息或意图。世上绝不会出现两个根据完全相同的素材来构建一个话题的情况，但所有人都必须在有限的扩展方法之间做出选择。如果我们选择了上一个段落中的话题性语句，最简单的结果可能会是这样：

最佳诚信制度取决于个人的诚信水平。已经承诺绝不作弊的人会觉得自己被迫端正行事。如果他违背诺言，那么那些本不想“打小报告”的同学就不得不担起监督他的责任；而如果没有人去监督他的行为，考试制度的效能就会大打折扣。另一方面，如果教师信任班上的学生拥有自觉性，结果就不会让他太失望。另外，如果有人在考试中作弊，教师也有权对其进行处罚。

这种简单的段落在首句就点出了主题，然后在这个基础上添加扩展的细节内容，简明地阐述了其中的含义。

对于写文章的许多目的来说，这种处理方式已经足够了。但假如作者是在为不理解大学中“诚信制度”一词的人写文章，又会怎样呢？在这种情况下，我们就有必要在点出主题的时候补充一个说明性的句子。假如读者是想知道作者如何将自己的理论运用于大学考试制度呢？那么，我们显然就需要在这个段落中再进行一番解释。经过这些改动后，这个段落可能就变成了这样：

最佳诚信制度取决于个人的诚信水平。我所说的“诚信制度”是指能够让大学生像对待日常生活中的不诚实行为一样，重视课堂作弊行为的弊端。已经承诺绝不作弊的人会觉得自己被迫端正行事。如果他违背诺言，那么那些本不想“打小报告”的同学就不得不担起监督他的责任；而如果没有人去监督他的行为，考试制度的效能就会大打折扣。另一方面，如果教师信任班上的学生拥有自觉性，结果就不会让他太失望。此外，如果有人在考试中作弊，教师也有权对其进行处罚。我个人认为，我们应该摒弃当前这种靠个人承诺来维持的诚信制度。

我们可以像这样拟出这个段落的大纲：

1. 点出主题（第一个句子）。

2. 通过解释来定义主题（第二个句子）。

3. 通过详细阐述来确定主题（第三、四、五、六个句子）。

4. 通过强调来运用主题：也就是回到一般陈述，指出强迫性的“诚信制度”并不好；再举个特定的例子，即当前的体系（第七个句子）。

但在被迫实现多种写作的目的的压力之下，我们只能采用几种方法来扩展这个话题。例如，要证明依靠个人的自觉性是最有效、最自由的“诚信制度”时，我们就有必要进行一番论证。假如情况果真如此，那么这个段落就得引入一些逻辑证据；而这种证据要么要添加到文中已有的细节中，要么就得取代那些细节内容。有人可能会在上述段落的第四个句子后面补充：“没有哪个学生能够一边注意自己的考卷，一边观察旁人的动静。因此，如果坐在一位考生身旁的人想抄袭时，他就很可能得逞。这样的考试对于那些靠自己的努力备考的人来说是不公平的。”或者，这个段落的作者可能并不想强调它所说明的一般原则，他可能也并不希望自己的学校运用这种原则。最好是让读者自己来揣摩和下结论，这样他就只需要点出自己所抛出的话题的结果：“依靠个人自觉的‘诚信制度’并不管用。”但我们无法仅靠这一个例子来示范扩展段落话题的所有方法，因为有些方法并不适合这个例子，还有些方法在这里又显得很多余。我们必须再举一些新颖的例子，这一次我们会选择已经扩展出话题内容，表达出作者意图的完整段落。但为了理解这些扩展方法，我们要先仔细考虑一下这个方案，它覆盖了所有将话题性语句扩展成一个段落的可行性方法。这个方法来自杰农教授的《实用修辞学》。

1. 提出主题（通常以一个话题性语句进行陈述）。

2. 在必要时解释主题。

a. 定义（限制、限定，或者扩展）。

b. 重复。

c. 陈述对立面。

3. 在必要时确立主题。

a. 通过举例或细节进行详细阐述。

b. 通过比较进行说明。

c. 逻辑证明。

4. 在必要时运用主题。

a. 结果或后果。

b. 落实。

c. 总结或概括。

这个提纲的作用堪比许多用于解决工程问题的数学公式。与数学公式一样，它可以展示所有可用的资源，以便作者采用最有效的方法。实际上，有经验的工程师一般只会考虑一两种常用的方法，至于其他方法，他只需要记在脑子里就行了。经验丰富的作家一般也会本能地选择最适合扩展段落的方法，但也得记下其他所有方法，以便自己挑选。

我们在上述段落中已经示范了作者最常用的方法。我们有必要解释一下相关内容，以便大家清楚地了解其他方法。以下段落编号对应的是上文所述的段落扩展方案。

1. 提出主题。我们将在之后讨论各种点出段落主题的方法和位置。它通常体现在首个句子中。

2. 在必要时阐释主题。文章未必要一直阐释主题，这一点通常被人们所忽略。至于需要定义（2a）的地方，详见上述关于“诚信制度”的段落示例。有时候最好重复（2b），以便让读者注意到话题性语句。“大学校园就好像一个小社会。校园生活可以反映社会的情况。”这个段落的开场并非意在引出下文，第二个句子只是在重复首句的内容，并让首句的思想更加清晰明了。我们还可以通过第三种方法来说明这个思想，也就是陈述对立面（2c）：“大学校园就好像一个小社会。校园生活在本质上与校外生活无异。”但这种方法并不常用。它也没有引出下文，只是通过陈述对立面的情况来强调主题。

3. 在必要时确立主题。如果没有确立主题，你写的段落就还只是一种陈述而已，所以这种扩展段落的方法最为重要。你十有八九会希望以说明文的方式来详述主题。这样你就得列举一些具体的例子（3a），例如：“有时候考试并不能有效检测学生的能力。去年，史密斯就因为头痛而在数学考试中挂科。今年冬季，琼斯纯粹靠运气就通过了英语考试。”等。或者你也可以添加一些让主题更明晰的细节（3a）：“一条东方地毯的美感，部分要归因于它的不规则图案与协调图形的融合；某一角的方块与另一角的星形的相得益彰；两个设计不同的奖章在各自位置上的相映成趣”，等等。

你通常还可运用一种非常有效的方法，因为你可能会通过采用其他领域的描述方式来确立和明确自己的话题。它不同于举例说明的方法，因为它并不像以上关于考试的段落中的那种情况；它不适用于当前的具体情况，只是一种临时借用的平行扩展方法。例如：“蒸汽机依靠活塞上的蒸汽压力来运行，就好像倒置的泵一样。”或者“只有让最优秀的人才从政，才能改善市政府的执政情况。正如技术娴熟的工人才能创造出一台好机器那般。”这种比喻手法通常用于进行比较说明之时，其使用效果良好。

最后，如果该段是在论证内容，就需要频繁地加入逻辑证明（3c），或者以此来代替说明。我们已经在关于“诚信制度”的段落中示范过这种用法。如果想知道这种证明的构成成分是什么，建议大家去看看议论文章节的内容。

4. 在必要时运用主题。有些段落并不需要总结，而其他段落如果才刚确立命题就“草草收场”，则不免显得头重脚轻。为了更好地扩展你的想法，可能就不得不运用主题。通常情况下，我们只需要写出一些明确的结果（4a），让整个段落有始有终。比如你在上述例子中写了“考试会丧失效能”这一点，所以它的结果就是：“过于依赖考试的教师犯了一个大错。”你可以用这句话来总结段落。或者你在讨论一些“普遍原则”（例如讨论你对于选择小狗的评判标准），并希望强化自己的结论时可以这样说：“那些只是看中小猎犬的短腿和方鼻，却不关心小狗性格的人，可能就会买到一只‘中看不中用’的小狗。”在这种情况下，你已经确立了原则，将其写在了这个句子中，并列举具体事例来强化自己的观点。上文中关于“诚信制度”的段落就是另一个强化观点的例子。最后，这种段落可能会变得太复杂或太冗长，导致作者不得不复述其中的要点，以便读者再次回顾主要内容。这里我们就没有必要列举总结段落的范例了，因为简短的段落无须进行总结。

比起实际运用的情况，以上说明和范例所示的用法明显更为简单。首先，段落是一种非常灵活的工具，在写作过程中，将其运用于不同的交流目的时，人们通常会以各种想象形式组合或重新组合多种不同的扩展方法。我们这个方案的次序通常并不是在确立主题之后进行定义，或者列出证据之后再陈述话题。说明文段落之间的关系通常会影响段落本身的扩展，因为这种扩展内容中的某个部分可能会脱离原来的位置，被放置在其他地方，以便更清晰地展现事件的来龙去脉。最后，段落并不是文章中唯一重要的单位，它通常是人们最后才能完全精通的写作元素。所以，你会发现有许多段落的扩展内容混淆不清，或者仍然没有以最佳方式进行扩展。本章的目的并非是想为作者提供一个“滴水不漏”的段落模板，而是说明创建一个段落可能要运用到多种方法，以便作者通过试验和学习这些模型，恰如其分地表达自己想扩展的每个想法。

但在我们结束扩展段落的话题之前，请先欣赏两段摘自标准范文的优秀段落，并观察针对其结构的分析结果。第一个段落选自麦考利的文章，他写的多数段落行文都非常规范。

我们先说说清教徒，他们或许是世界上最引人注目的一群人了。他们个性中可憎又滑稽的一面写在了脸上。人们可以看出他们的这些特征，但他们并不希望心怀恶意的观察者指出这些特点。在教会革新运动之后的许多年，他们一直备受抨击和嘲笑揶揄。在媒体和戏剧最“放肆”的时期，他们饱受报界和戏剧圈的肆意攻击。他们并非文人墨客，而是一个不受欢迎的群体。他们无力自卫，而公众也并不为其提供庇护。所以他们就被世人毫不留情地遗弃了，任由讽刺作家和戏剧家嘲讽。他们简陋得引人注目的着装、酸腐的个性、鼻化音、僵硬的姿态；他们的繁文缛节、希伯来姓名、随时引经据典的措辞，以及他们对人类学识的鄙视，对善意娱乐方式的憎恶，都成了人们的笑料。但要真正了解历史，我们不该盲从这些笑话。研究这个课题的人应该警惕这种偏见，毕竟这些陈见已经误导了不少杰出的作家。

这里使用的扩展方法显然就是用一个话题性语句来点出主题，添加可以详述话题的内容，通过段落背景所产生的结果来运用主题。首句点出了话题；第二、三、四、五、六、七、八句通过细节确立主题；第九、十句则提供结果。

但这是一种极为常规的段落。麦考利通常会改变其扩展段落的顺序。他有时候会先从一个话题性语句入手，追溯之前的内容；它不会体现在段落的思想结构中，但这种做法在写作风格多变的作家中较为常见。我们可以举个例子："博斯韦尔当然不是个本性恶劣的人。但即便是最恶毒的讽刺作家带来的杀伤力，估计也不及他那种有口无心的聒噪。"这里的第一句话只起过渡作用，第二句才进入主题。我们还是以一位文风较不正式的作家所写的灵活段落为例。以下是选自 A. C. 本森所写的文章中的段落：

我非常希望出现一种真正优秀的报告文学，它的编辑应该具有宽容且广泛的品味；也能出现一些鼓舞人心的专家，他们的职责就是阅读最新上市的书籍，他们每个人都根据自己的专攻领域，以不带任何偏见的角度撰写书评，去粗取精，筛除不值得一看的书籍，专注于向普通人推荐值得阅读的书籍。这不是为了方便他人快速"消化"值得细看的书，而是为了节省他们被许多无用之书耽误的时间。通常情况下，报告文学要么是囫囵吞枣地评论一本书，要么就是时效极其落后，跟不上时代。而我所描述的这种报告文学的核心就在于，撰写它的人不但要能够及时向人们推荐好书，还要能够严谨而用心地撰写评论。

这个段落不那么正式，结构并不严谨，但读起来很流畅，也能够产生作家希望实现的对话效果。事实上，处理段落结构并不能像对待数学公式那样刻板。这个段落所说的内容大意就是："世上应该出现一种优秀的报告文学。"其余内容就是支持这个论点的细节，以及详述有关本森先生所想象的优秀报告文学的具体内容。我们或许很容易用一个含有其段落思想的简短的话题性语句重写这个段落，并通过示例或展示细节等详细阐述的方法，写一系列语句来扩展这个思想。这样我们就可以让它的行文更趋近于思想扩展的步骤，点出根本性的内容。但这样真能优化这个段落吗？如果我们只需要简单地陈述事实，那么答案就是肯定的。但本森先生追求的是一种令人愉悦的阅读体验，以一种不那么正式的行文，创造比简单又直接地陈述有关报告文学的事实更有效的表达。在他看来，结构松散而简单的段落效果更佳，而麦考利的文章则更适合直接定义思想的扩展方法。这两个段落都采用了一种逻辑思想的扩展方法——它们必须以此为基础，否则无论是正式还是非正式的段落都会丧失有效性。但这种结构的用法因人而异，取决于不同作家的意图。你可以在写不同文章的过程中尝试使用这些方法。如果你进行分析，就会发现许多段落的结构似乎都不那么规范。有时候这是因为它们是仓促完成的段落；还有些情况是因为作家对自己的思想扩展方式很自信，认为不需要刻意让读者看出规范的段落结构。但你还是需要注意一点。在你采用多样化和自由的段落形式之前，必须先确信自己的思想结构无懈可击。正如历史学家所言，要掌握真正的自由，就要先从毫无自由开始。你得先从麦考利的那种清晰的条理开始学习写作，然后才能"放飞自我"，让自己看似（并且只是看似）不会被谨慎的逻辑思维所困。士兵必须一丝不苟、毫无差错地学习"钻头代码"，才能在自由列式中不至于感到困惑。演说家得先清楚地知道自己想抛出的观点，才敢无拘无束地展开"舌战"。在所有与才智相关的工作中，放松和自由都要位居严格的脑力训练之后，而不是之前。因此，我们应该先学习写具有明显逻辑扩展特点的段落，因为它们遵从了最富有条理的扩展步骤：先陈述话题、定义话题、确立话题，再运用话题，尽管它们并不一定都需要这些步骤。总之，要先确信你可以掌控写作节奏，才能自由安排段落结构。

我们在下文中会选取多种风格的文章段落进行示例。它们展示了多种段落的扩展方法，但每个段落未必都示范了所有用法。我们应该分析各个段落的思想结构，否则就无法了解其作者用于扩展核心思想的各种自然、有效，而又无限灵活的方法。再强调一次，所有优秀段落所遵从的严密逻辑并不会束缚任何人的思想，只不过新手在学习这些方法的过程中必然会觉得束手束脚，很不自在。这就好像滑冰一样，我们都能在冰上滑动，也都能草草写出一些粗糙而无效的段落，但要想学会滑冰，我们就必须走出“舒适区”，做出一些看似很不自然和完全不舒服的肢体动作。在写段落的过程中，我们必须先清楚了解自己能做哪些事，然后再看看应该怎么做，再以最简单的形式加以练习，之后再试试更复杂一点的形式，而千万不要因为你写出来的东西很生硬、笨拙就泄气。最后你可能愿意去掌握这项本领，以双倍或三倍的清晰表达的力量，回到更自然的写作状态中去。

除非你能够有效地扩展一个段落话题，否则就不要去考虑这个段落的其他问题（你只需要知道它作为一个表达单元应该注意的事项）。但这个重要的过程最终走向何方却仍然存疑，所以我们还得考虑一下段落结构的问题，整个段落只是某个思想或话题的扩展结果。在最简单、最常见的段落结构中，这个话题会被置于段落开头的语句中。它的位置就像 $(x+y)^4$ 总会居于代数运算式的前列，有待进行扩展一样。这种方法的优势很明显。你先给自己的段落命名，给它起一个标题，这可以指示它在文章中执行的功能，然后再开头陈述你想让它表达的内容。这就是第一种段落类型。作者觉得自己能够驾驭扩展话题的方法，而不是屈从这种方法的时候，就可以使用第一种类型。

第二种段落类型的开头和结尾都是话题性语句，它相对来说没有那么重要。它只是第一种类型的翻版，主要用于需要强调某个话题的特定事例。在这种情况下，作者不需要依赖段落开头的清晰陈述。他可以在段落末尾以本质上相同的词语表述相同的内容，以便向最容易分神的读者强调一下作者的思想。你可以这样开头：“对外贸易有赖于强大的海军。”并这样总结：“强大的海军是对外贸易必不可少的成功要素。”

第三种段落类型是将话题性语句置于末尾。它非常重要，但并不常见。有时候如果你不先进行解释就抛出话题，可能会让人不明所以。“离子可替换化学式中的分子”，对于只知道老式化学原理的人来说，这种表达就会显得莫名其妙，除非你解释了离子的性质。显然，在类似的段落中，你得在话题性语句之前先进行足够的说明。另外，如果你不先引用一些具有说服力的证据，可能就无法准确地陈述某个观点的结论。或者，针对某些并不适合辩论的话题，最好在文末才抛出要点。在这些情况下，就应该将话题性语句置于段落末尾，而不是开头，也就是不可将其放在第一个步骤，即陈述话题的地方。这就是第三种段落类型的特点。但除非有充分的理由，不然最好不要使用第三种段落类型。因为它并不像第一种段落类型那么清晰明了，至少在最简单的说明文中是这种情况，不过如果放置在合适的地方，它的作用仍然不容小觑。

最后我们来看看第四种段落类型。有时候我们无法用一句话来陈述段落的主题。如果是在说明文的段落中出现了这种情况，可能思想表达就会模糊不清，或者缺乏统一性，需要进行纠正。一般作家不会以如此晦涩或微妙的方式，来表达用一句话无法点明的，而必须靠整个段落才能够说明的思想。但在记叙文和描述文中，情况就不一样了。这两种文体的段落结构比较松散，较少根据以上方案所列的步骤来写作。它们最多是按照事件发生的时间顺序，或者根据它们形成整体表达所需的细节来组合，以扩展段落。在这种情况下，我们几乎不可能以一句话点出段落的主题，因为段落描述的内容并不是一个需要扩展的话题，也无法以一句话总结全段描述的结果。记叙文和描写文的段落当然必须具备统一性，但这种统一性只存在概念之中，必须通过统一性效果进行暗示，极少靠一句话来体现思想。如果要用暗示而非阐明的方法来表达一个段落思想，那么作者就必须采用所谓的第四种类型的段落，也就是不需要用一个话题性语句来概括的段落。

现在大家都应该很清楚，根据“统一性”“连贯性”和“突出性”

的常见细分法来讨论段落的写作方法根本不可行，因为我们写作时首要考虑的是合理地扩展话题。但是，“统一性”“连贯性”和“突出性”当然可以运用于写作所有思想的过程，区别只在于它们的运用方法与我们讨论全文所用的那些方法有所不同。

统一性

如果该段落可以用一句话来总结，属于真正扩展的内容，那么它就具有“统一性”。生物细胞在其特定的生长阶段可以一分为二，段落也不例外。如果该思想出现了分化的先兆，就表明它并不是单一的思想段落，那么就要对其进行划分。要写成两个段落，而不是一个段落，这样才能保证其符合“统一性”。相反，两个看起来“关系密切”的段落也可以适当合并，就像两滴水银一样可以“合为一体”。这意味着你的某个段落的思想被打散了，它只能算半个思想。你需要将它与另一者融为一体，以便实现彻底的统一。

例如，假设将关于诚信制度的段落与有关存有瑕疵的诚信制度所产生效应的讨论合并在一起，这种“细胞”就会生长得过于庞大了。如果作者心里还有数的话，就应该让它“分裂”，并添加新内容，组成一个新段落。或者假设将关于学生群体“打小报告”的评论与他们没有执行这一行为的结果划分成不同段落，这两半的话题看起来关系密切。除非作者针对这两者都有一番长篇大论，否则就应该将它们“合为一体”。

连贯性

至于“连贯性”，如果段落扩展方式合理就会很连贯。与全文写作一样，我们在段落中也必须体现这种“连贯性”。即使是在段落中，也要呈现这种标志。在全文写作过程中，过渡句和过渡段就属于这种标志。而在段落中，我们就必须靠单词和词组来体现这一点。要适当地用上“然而（however）”“但是（but）”“还有（also）”“尽管如此（nevertheless）”“另外（furthermore）”“最后（finally）”，以及同样很管用的“当然（of course）”“相反（on the contrary）”“但是还有（but to repeat）”“另一方面（on the other hand）”“再者（to return）”等指示段落扩展思想进度的标志性词语。为了体现这种扩展内容的“连贯性”，我们必须自由地使用这些词语。而为了避免单调，我们必须不断变换着使用这些词语。作者平时要注意积累足够的词汇，以便在具体实践过程中调用合适的措辞。只要你使用的连词肯定能够证明它对段落思想发展的有益作用，就不需要拘泥于特定的规则。[①]

突出性

段落的“突出性”一般靠字数的篇幅来体现。你必须以最重要的思想内容为“重头戏”，在此多下功夫。但将话题性语句放置在合适的位置，以下这一点更为重要。如果话题放置在段落开头效果更佳，那么你的总结性语句就应该有力地运用主题，或者能够有力地示范、说明或证明主题。如果是放置在段落末尾，也就是第二种段落类型，它的开头和结尾都是话题性语句，那么这是一种极富“突出性”的段落类型，只是它带有刻意的痕迹，因为它已经通过重要的位置来强调话题。而第四种段落类型在运用话题时，并不是以一句话进行陈述，而是通过将更重要的事件、细节或情况放置在开头和结尾来强调。

最后，这里还有些建议需要大家注意。如果时间允许，不妨去分析一下当代或古典文学作品中许多段落的类型和思想扩展方法。自己根据段落类型和思想扩展方法，尽量多写些不同的段落。既不要低估完全掌握这些技巧的难度，也不要忽视哪怕只是一点点进步所带来的极大好处。总之，在你达到一定写作深度的时候，就要改变一下分析的结构，进行自由写作。此时你可能就能够通过分析所学到的本领，富有创造性地运用这些方法，并利用最适合读者理解的方式来扩展思想。要学习所有优秀作家使用的方法，但不要仅仅满足于学习。如果只是停留在学习这一步，那就没有什么意义了。要自己去实践，同时使用这些方法，利用它们写出好文章。

---

① 见附录一的连词列表。

段落范例

将三十多年的固有习惯完成了极致的转型，这种史无前例的现象能说明两个事实。其中之一就是某些伟人的非凡品格，他们证明了自己能够临危不乱地应对这些情况。作为一名政治家和一国元首，阿卜杜勒·哈米德素有精明干练和信息通达的美名，现在我们还必须承认他作为一个男人所拥有的无与伦比的适应性和决断力。另外一个事实就是革命本身具有真诚和纯粹的特征。如果苏丹（某些伊斯兰国家统治者的称号）仍然被囚禁在宜帝皇宫（奥斯曼土耳其帝国苏丹的官邸之一），那么这样一场革命就有可能难以维系。而如果是以苏丹为首，并且苏丹本人也经历了彻底的变革，那么这样一场革命势必长驻人心。

——史蒂文森

无论是在学校还是大学，在教会还是市场，极端忙碌都是一种美中不足的活力特征；而一种无欲无求、无所事事的个性却很符合天主教的品味，暗含一种强烈的个人身份感。这世上有一种无精打采、乏善可陈的人，除了忙碌一些常规的事务，他们对生活几乎没有什么知觉。把这些人带到乡野，或者将他们送往海外，你就会发现他们极度怀念自己的办公桌或者课桌。他们没有好奇心，遇到“不按常理出牌”的事情就会方寸大乱。他们不能从自己繁忙的事务中得到乐趣。除非有什么重大变故给他们“当头一棒”，否则他们宁可站在原地不动。你很难劝说这种人——他们并非游手好闲，个性也不够洒脱。他们浑浑噩噩地过日子，而不会将宝贵的时间用在有意义的事情上面。当他们不需要去上班，肚子不饿，也没有喝酒的念头时，整个活生生的世界对他们来说就是一片空白。如果得等一个小时左右，火车才会启程，那么他们睁着眼睛也能发呆。和他们在一起，你会觉得自己根本就是面对着一堵空洞无物、不会说话的墙壁，你可能会想象他们已经瘫痪，或者是被隔离了。他们在自己的岗位上却很可能是勤劳刻苦的工人，能够一眼看出问题或者市场的动向。他们上过大学，但总在为荣誉奔忙；他们周游过世界，与形形色色的人打过交道，但始终沉溺于自己的世界。就好像一个人的灵魂本来并不狭隘，却被他们忙于工作，疏于玩乐的生活所束缚和压抑。一直到四十岁，他们仍然是一副“萎靡不振”的神情，脑中没有任何消遣娱乐的概念，在等火车的时候也从来不会有与他人攀谈的念头。在他还是孩童的时候，可能就懂得爬箱子；在他二十岁时，可能会盯着姑娘看；但现在一根烟都燃尽了，鼻烟盒已经空了，我们的这位先生还是呆坐在长椅上，神情涣散，一脸不快。在我看来，这真的不能算是一种成功的人生。

——史蒂文森

实际上所有的南方铁路公司都会雇佣黑人和白人消防员，这是一个延续多年的惯例。这个准则可能会有一两次例外。在目前的情况出现之前，这个惯例从来没有引起哪怕一点不满或骚动。我们无从得知消防队员中究竟有多少黑人，多少白人，或者南方铁路公司消防队员中的黑白人口比例，毕竟打听这些信息并没有什么意义。当然，每个运输公司都清楚自己雇用了多少黑人和白人消防员，但在目前的情况下，他们不太可能将这个信息公之于众。

——博罗

现在我们置身于两个海湾之间的高地上——眼前就是一片浩浩荡荡的汪洋。每年有成千上万艘船只在能看得见那个旧海岬的海面上乘风破浪，但没有一艘船会真正被人注意。它是一片蓝得耀眼的“荒原”，除了偶尔从水中冒头，喷一两口海水的抹香鲸，再也看不到其他东西。在菲尼斯特雷主湾，入口处聚集着巨大的沙丁鱼群，似乎有一只巨兽在享受它的盛宴。从海岬的北侧我们可以俯瞰一个更小的海湾，它的海岸遍布嶙峋的怪石。这就是所谓的“外湾”了，用这个国家的话来说就是“Prai do mar de for a（外面的海湾）”。在暴风雨季节，这是个很可怕的地方。大西洋的长流涌入时，它就会被水底的暗礁击打出巨量的海浪和浮沫。即使是在最平静的天气里，在这个海湾也总能听到四周的隆隆声响和空洞的“咆哮”，让人悬在嗓子眼的一颗心迟迟不敢落地。

——博罗

世界——这心灵的“身影”，或者说另一个“自我”，广阔展现于我们周围。它的魅力是打开我的“思想之门”的钥匙，让我认识了自身。我充满渴望地奔向这喧嚣的世界。我抓住身边之人的手，站在人生的“拳击场”上受难和工作，接受本能的指示。我知道这静默的深谷会回响话语之声。我洞悉这世界的规律，驱散恐惧；我用自己不断拓展宽度的生命来对待这个世界。我只能通过经历来了解生命。我曾征服旷野，并在此耕种；或者说我已经扩展了自己的所在，自己的疆域。我无法想象有人会因为懒惰而放弃行动。这些对于他来说就像珍珠和瑰宝。辛劳、病痛、恼怒和渴望，教授给我们口才和智慧。真正的学者会为错失任何行动而痛心，犹如痛心于失去了自身的力量。

——爱默生

现代制度不但渴求年轻劳动力，而且还会迅速将他们压榨干净。现代工厂会像消耗煤和生铁一样，毫不留情地吞噬年轻人的骨血。被累垮、榨干的铁路工人，马上就会像钢轨一样迅速被新的取代。在所有企业的所谓“厂房折旧”这种毫无情感的账目中，人力因素是目前最为显著的条目。工厂更新换代的速度如此之快，使得工人们在刚刚五十岁或五十五岁时就要面临淘汰，到了六十岁时，许多人就只剩下一副躯壳了。现代制度精细的分工让工人们沦为机器人。他们对自己的工作没有什么兴趣，还失去了与外界的紧密联系。而旧时的工人至少还能通过与外界的联系维持生活的希望，让自己保持活力。

——林肯

将这个时期与十年前的“推广时代”相比较，这两者恐怕在许多方面都不能相提并论。那时候大众手中的大量现钱是重要的决定因素，但通过看得见的交易现象，激发大众的想象力，这一点也同样很重要。那时候发生在我们工业史上的巨变，甚至让保守派观察者也感到震惊和兴奋。首先，我们养育了欧洲。我们的小麦作物和小麦出口商品超过了史上任何时期，而欧洲的小麦收成却并不理想。史上罕见的巨量海外黄金源源不断地流入美国。我们制造的商品进军欧洲市场，商品出口额与进口额的顺差高达六亿美元，而之前还没有哪一年的顺差能够达到三亿美元。我们的银行家为英国政府提供了巨额贷款，买下了英国大轮船航线的控制权。这在当时被认为是危及英国“海上霸权”的重大举措。这些背景信息显然不但能唤醒大家的投机意识，更将增强重要资本家创办企业的信心。支撑这一切的后盾便是我们近六年来全体人民创造的个人和企业经济体的资本积累。

——林肯

但是，从更广泛的意义上来说，不是我们奉献、圣化或神化了这块土地，而是那些活着的，或者已经死去的，曾经在这里战斗过的英雄们使得这块土地成为“神圣之土”，其神圣远非我们的渺小之力可撼动。世人不会注意，也不会记住我们在这里说过什么，但是他们永远无法忘记那些英雄们的行为。这更要求我们这些活着的人继续英雄们为之战斗而未竟的事业。我们应该为仍然摆在我们面前的伟大任务捐躯。要从这些光荣的死者身上汲取更多的献身精神，完成他们已经彻底为之献身的事业。我们要在这里下定最大的决心，不让这些死者白白牺牲。要使这个国家在上帝的保佑下得到新生，要使这个民有、民治、民享的政府永世长存。

——林肯

他从这块原木上迈出敏捷的步伐，爬上石灰窑上垒起的土堆，然后站在其最上方。这个地方可能有三米那么宽，由此可以看到堆起石灰窑的那片巨大的破石阵。这些大石块和碎石片都被火烧得通红，蹿起蓝色的火焰；火花腾腾跃起，划出一个神奇的圆圈，涌起又沉落，如此循环，似有无穷无尽的能量在燃烧。这个孤独的人在弯腰俯视这骇人的大火时，可以听到火堆炸出的一声闷响，让人倒吸一口冷气，好像这火堆顷刻就能将他烧成灰烬一样。

——霍桑

尽管我们的历史学家总在研究有争议的艺术，却不幸忽略了叙事的艺术，引发好感和开启想象的艺术；作家却可以在不违背事实的情况下创造这些效果，这一点已通过许多杰出的传记作品得到了证实。这类著作中的精品受到了广泛欢迎，这一点值得历史学家思考和借鉴。伏尔泰的《查理十二史》，马蒙泰尔的《回忆录》，鲍斯威尔的《约翰逊传》，以及骚塞的《纳尔逊传》就是最适合人们在百无聊赖中细细品读的传记作品。只要任何类似的书籍问世，总会让人们争相传阅，引发书界的轰动。最新小说随之跟风，杂志和报刊专栏也会出现相关的文摘。与此同时，由杰出历史学家撰写的有关大帝国的史记，却只能在图书馆中被束之高阁，无人问津。

——麦考利

任何解剖学家都能发现一些极为奇怪的现象，我们人体的构造催生出了不少“新发明”。在消化道中有一些突出物叫作“绒毛”，还有些脊叫作“环状襞”。加热器制造商利用前者的原理，制造了炉锅，而后者则成了我们公共建筑中散热器的灵感来源。人体和加热器中的事物的运行原理相同，都可以增加表面的广度。我们在头发上涂上膏药（正如埃及人将稻草与黏土混合起来制造砖块一样），好让头发定型。但早在人类自建居所之前，人体中的脊柱就已经具有这种混合纤维线与黏性物质的构造……建筑的圆顶、哥特式拱门、交叉拱顶、飞拱，对于研究人体骨架的人来说都不陌生。所有形式的杠杆，以及所有的主要的铰链种类，都能在我们的人体构造中找到同类。

——霍尔姆斯

英国作家查尔斯·兰姆的作品形象地描述了含蓄风格在文学作品中的价值。正如我开头所言，在他平静怪诞又诙谐的文笔之下，以及看似细微、不经意的作品风格中，潜藏着他人生中的一种真正的悲剧因素。萦绕在《罗莎曼德·格蕾》中的那种沉重的阴影始终挥之不去，虽然它始终在言辞中压抑着这个特征，不让它在作家本人或读者面前现身。它以强有力的表达方式，描述生活中的那些琐事，以及让他流连忘返的文学作品，就好像这些漫不经心的文字和想象在任何时候都能直击灵魂深处。正如他的人生，他作品中的那种静谧，且并非从初次昏睡中发出的低吃，急需某些强烈的激情或世俗抱负才能唤醒，以便激励他全身心投入自己的事业。相反，它只是一种逃离古希腊悲剧式的命运、黑暗和癫狂之后的自然反映，紧随其后的如释重负就变成了一种激情。就好像刚在地震或海难中经历“九死一生”的人，独自在家静坐时就很容易为某事心怀感恩，热泪盈眶，由此度过余生。

——佩特

但世上还有一种文化观，它并不只是纯粹的科学激情，或是单纯地想还原事物的本来面目，它的立足之本是自然合理地发挥人的聪明才智。这种文化观要求我们爱自己的友邻，积极行动，给予其帮助，心怀仁慈。它是一种让我们消除人类错误，解开人类困惑，减轻人类苦难的渴望，一种让世界更美好、更快乐的崇高理想。像这样的动机就是所谓的“社交”，它就是我们文化的基石之一，也是其中的主要成分。这样，文化就不再只是一种起源于好奇心的事物，而是一种对尽善尽美的追求，它是一门研究“极致”的学问。它不能只依赖或主要依靠求知的科学激情来实现，而要靠强力来推动，也离不开人们一心向善的道德水准和社交激情。针对第一种文化观，我们可以用孟德斯鸠的话来描述：“让智者更有智慧！”而针对第二种文化观，恐怕没有比威尔逊主教的格言更合适的描述了：“让理性和上帝的旨意泽被天下！”

——阿诺德

如果抛开宗教信仰，他们是一群不虔诚的人。我并不是说他们很无礼，事实也并非如此。我也不是指他们不爱戴英雄，实际上他们很尊敬伟人。我是指他们对世事漠不关心，尤其是在政治、经济或社交等公共事务上，不尊重那些才智和教育程度比他们更高之人的意见。世间的一切都要求人们独立自主。人进入社会，就要学会靠自己。如果一个人的第一或第二个事业并不成功，他可能就会换好几份工作。他开始懂得自己才是自己最大的“救世主”这个道理。我并不是说他会在这种情况下形成自己的思想观念，因为即使是在美国，也鲜有人能够做到这一点。我是指他自以为形成了独立思想，不需要他人的帮助和指正。因此，我们国家的人民要比欧洲人更缺乏求知欲，更不关心演说家和作家提出的公共事务。演说的目的并不在于提供指导，而在于激发行动。比如专门知识能够让人们对应用科学或金融心生敬意，但在政治领域就行不通了。因为人们并不将政治视为一个专门学科，而是一种每个务实之人都能理解的概念。政治当然也是一个专业，目前看来也同样需要专业人才。但专业政客并非那些学习治国之道的人，而是那些钻研“跑会场”和竞选之术的人。

——布赖斯

怪癖情有可原，如果这种怪癖（尽管很邪恶）很自然的话，有时候甚至是符合时宜的。举例来说，少有读者愿意舍弃弥尔顿（英国诗人、政论家）或伯克（爱尔兰政治家、作家）的怪癖。但如果怪癖者的某个怪癖并不自然，他只是按照原则采用了这个怪癖，必须刻意去做才能保持这个习惯，那这个怪癖就始终会令人生厌。而这就是约翰逊（英国作家、文学评论家和诗人）

的怪癖。

——麦考利

当然，有一部分阅读对于智者来说是必不可少的修行。他们必须通过勤学苦读才能学习历史和精密科学。同理，大学也有传授知识的必备科室。但它们只能为我们所用，其目的不在于研究学问，而是培养人才。它们令四方才俊汇聚一堂，通过众人碰撞出的思想火花，点亮年轻人心中的“火焰”。教学仪器和自负心态并不能培养思想、传播知识。长袍制服和资金实力，永远也抵不上哪怕是一个智慧的音节。如果忽略了这一点，我们的美国大学就算年年增收，也终会丧失公众影响力。

——爱默生

我想说，对机械的盲目崇拜，是我们已身陷其中的危险。我们通常过于依赖机械所提供的便利（如果说它真的带来了什么好处的话），但最糟糕的莫过于我们总在依赖机械，就好像机械本身有价值一样。没有机械，我们还知道何谓自由吗？没有机械，我们还需要那么多人口吗？没有机械，要煤何用？没有机械，铁路还能运行吗？没有机械，财富从哪里来？甚至可以说，没有机械，还会有宗教机构吗？现在英国几乎所有人开口闭口都在谈这些事情，就好像机械是他们自己的珍宝，好像拥有了这种物件，他们自己的品格就更趋完美一样。我之前注意到罗巴克先生关于提升英国地位和幸福感的老套言论，能够让所有反对者住嘴。他总在孜孜不倦地发表这番言论，所以我注意到他的这个倾向也就不足为奇了。“还有哪个英国人不知道他自己的喜好？”罗巴克先生总是这么问。他认为，当每个人都知道他自己的喜好时，我们就能实现追求了。但文化上的追求（有好的一面，好处要超过坏处），也就是研究“极致”的学问并没有止境，除非人们所说的，以及人们的喜好真的值得一提。同理，《泰晤士报》在回应某些针对英国人着装、容貌和行为的苛刻批评时指出：英国人的理想就是人人都有追求自我的自由。但文化中的一项百折不挠的使命并非制造有可能让每个未开化的人都欢迎的规则，而是让人们更贴近真正的美丽、优雅和适宜的感受，并让未开化的人爱上这种行为方式。

——阿诺德

但查尔斯有一个优势，如果使用得当，就能够补偿他对粮草和资金的需求；并且就算他管理不善，也能够让他在几个月的战争时期保持优越地位。他的部队的最初战绩要优于国会的部队。两支军队几乎完全都是由从来没有上过战场的士兵组成，但两者的差距却异常悬殊。国会军队都是雇佣兵，他们是因为生活所迫和无所事事才应征入伍。尽管汉普登（英国革命时期议会派领袖）的军团被克伦威尔（英国政治家、军事家、宗教领袖）称为由仆人和酒保组成的“乌合之众”，人们还是认为它是表现最出色的军团之一。而皇家军队则多由士气高涨，视名誉重于生命的绅士组成。他们深谙剑术、善用火器、精通骑术、久经沙场。这些绅士骑着自己心爱的马儿，带领着由他们的幼弟、马夫、猎场看守人、猎犬管理人组成的小分队上战场，他们具备在伏击战中建立战功的资本。反观这支英勇的志愿军队伍，他们并不具备正规军的那种革命坚定性、纪律性和准确的行动特点。他们最初与敌军交手时就像一盘散沙，明显缺乏积极性，不够健壮，也没有胆识。因此，骑士军曾一度在各个战场占据上风。

——麦考利

这场重大的战争就在美洲的森林点燃，并以星火燎原之势席卷欧洲各个王国，同时波及了莫卧儿帝国。这场战争因乌尔夫（英国陆军军官）的壮烈牺牲，弗雷德里克取得的大捷，以及克莱夫建立的丰功伟绩而被载入史册。这一战主宰了美洲的命运，是将美洲推向革命之路的一系列事件中的第一环，取得了大量有待拓展的成果。在欧洲的旧战场上，这里的斗争也同样暴力且血腥，但具有鲜明的旧式战争特色。用炮弹开路，用炸药摧毁城墙，被洗劫一空的城镇，战火连天的城郊，妇孺的恸哭，疯狂的士兵获得了特权。但在美洲，战争却具有截然不同的鲜明特征。荒野才是伟大的战场。两军在原始森林的掩护下交火，炮声在荒无人烟的地方回响。大家要先跋山涉水，穿过林地沼泽，用先锋队员的大斧为战士辟开丛林荆棘，然后才可能碰上敌方。

——帕克曼

全世界都知道他们是一个幽默的民族。正如法国是18世纪的“智囊”一样，他们是19世纪卓越的幽默大师。他们的这种幽默感并不仅仅体现在一些杰出作家诙谐的文风上。它已经渗入了整个民族的血液，是他们日常生活的“调味剂”，为他们的闲谈增添了一层无穷的趣味。他们在自嘲中取乐的个性在“南北战争”开始时就已经有所体现。当时形势严峻，但大家却能苦中作乐，在联邦军从布尔溪战役中仓皇撤退时很是兴奋了一阵。在威廉·M·特威德率领军队洗劫纽约，并让公然亵渎正义的人坐上法官席时，市民们觉得这种情况很可笑，几乎都忘了愤怒。林肯总统所能拥有的大部分人气，他让北方军队挨过最黑暗的战争时期，以及恢复士气的能力，就在于他能够以幽默的方式“扭转乾坤”，给人一种临危不乱的印象，即使在他最不安的时候也不例外。

——布赖斯

我们知道这就是清教徒的特征。我们认为他们的行为很荒唐；我们反感他们总板着脸的习惯；我们承认他们的思想因为压抑太久而受到了损害；我们还知道，尽管他们痛恨罗马天主教，但他们总是改不掉这个坏制度的恶习，也就是褊狭和过度朴素——他们的隐士是如此，他们的十字军亦是如此。但如果考虑所有的情况，我们又会不假思索地声称他们是英勇智慧、忠诚可靠的群体。

——麦考利

从地球发出的信号要被保存三四个月，并在该年末重新进行发射，这一过程可能要持续数年。假如宇宙真的存在具有一定智能的火星人，那么他们就会注意到这些信号。到时候只要他们有这个想法，就可以这么做：他们有可能架起与地球的信号闪光镜类似的装置。然后，如果从火星发射出来的闪光与从地球发射出来的信号相似，我们就有可能破译出一个由光点组成的系统。为了取回这类信号，我们当然必须假设，如果真存在火星人的话，他们就和地球上的人类一样，能够使用望远镜，能用眼睛视物。

——博罗

这个装置实际上与所有天才的产物一样，本身很简单。它具备所有便携性、灵活性元素，能够控制特定的视角。它的重要成分是位于发射站的电源，如蓄电池、火花线圈、光标控制键、选择装置，及一个声波变压器和发射机。这种由一名操作人员控制的设备要置于海滨地区，或者放在战舰、巡洋舰、驱逐舰、潜水艇的甲板上。该装备重约九十千克，与战舰这种庞然大物相比，可以算是小巧玲珑了，但它却能在发生沉船事故时派上大用场。

——博罗

“为什么说它没那么简单呢？因为玩这个游戏的人必须具备两种要素——天赋和不断的练习。我会向你展示与这项游戏相关的一两个要点。”当他坐在一个深坑旁的时候，在他的两膝之间放一张桌子；随后他拿出三个顶针和一个像豌豆粒那么大的小褐球。他转动顶针和小球，将小球放置在其中一个顶针之下，然后又放在另一个顶针下。最后他问：“现在它在哪里？”我指着最底层的顶针说：“在那个下面。”这些顶针现在组合成了一个立体三角形。他说：“不是，但请把它举起来。”然后，当我举起顶针时，发现小球果然不在那里。他说：“小球不在任何一个顶针下面，我用小指头把它夹在手掌里了。”而后他就向我展示了自己的这个“把戏”，询问我是否觉得这个魔术很有趣。得到我的肯定回答后，他说：“你喜欢这个游戏我很高兴，现在就跟我一起去赢些钱吧。”

——博罗

衡量一国财富的真正标准就是其国民的幸福感。一个社会的财富并非取决于它用于创造乐趣的钱财，甚至与这些钱财的实际数额也没有关系，而是要取决于这些钱财的用途。公共财富是“一个流动的过程，而不是一种基金”，我们应该用“收入”而不是“资本”对其进行衡量。

——哈德利

如果有人连续每年赚一万美元，并且每回都花个精光，那么他在某种意义上始终是个富人，但在另一种意义上却永远不是。他收入不菲，但没有“资本”——除非我们将能够让他赚到更多收入的技能也纳入“资本”的概念。在这种情况下，一个国家的国民如果总在过高产出和高消费的生活，他们就会拥有很多的幸福感和很少的积蓄。如果用收入来计算，其公共财富的确很庞大。但用“资本”来计算，其公共财富就少得可怜了。

——哈德利

关税用于升级产业的优点，已经被它阻碍多种消费类型发展的缺点所抵消。总体而言，一个社会，尤其是它的劳动力，必须要能够承担自己所需商品的费用，这一点至关重要。低物价水平在增加消费量和丰富社会娱乐种类这个层面上的作用的确不容小觑。一种会暂时提升物价，让商品制造者间接受益的关税，很可能对消费者带来不良影响，导致他们无法负担原本可以买到的商品的费用。

——哈德利

我在努力维持这个政府，而不是颠覆它的政权。我尤其要防止他人颠覆这个政府。所以我才说，如果我还能活下去，我会继续担任总统，直到明年三月四日届满为止。在今年十一月份，无论谁当选下一任总统，都应该在明年三月四日上任。而在这个过渡时期，我会尽自己最大的努力履职，让下一届总统能够更好地接任，让这个国家摆脱危亡。

——林肯

这个国家公共意志的最可靠标志来源于我们的普选。通过对最近情况及其结果的判断，忠于联邦政府的各州人民的意志（即保持联盟的完整），从来没有像今天这么统一。成千上万名投票人以极其安静和良好的秩序汇集于此，就是这一点的有力证明。除了那些支持联盟的投票人，还有很大一部分站在反对阵营的人士应该也都有相同的意志，并且深受鼓舞。这是一个无法争辩的论点，政府中任何职位（无论高低）的候选人都没有胆量声明他准备放弃联盟，并以此赢取选票。

——林肯

什么是“托拉斯”？它是资本的组合，旨在简化和统一企业；或者说是劳动力的整合，旨在简化和统一产业。所以我们不难看出，这世上既有好托拉斯也有坏托拉斯，就像世上既有好人，也有坏人一样。如果一个托拉斯能够恰如其分地履行其职责，以较低的价格供应商品，能够比其他渠道更方便地为消费者提供商品，那么它就是个好托拉斯。消费者就是上帝。每种工业的发展都应该以大众的福祉为使命。

——贝弗里奇

我最近才意识到，无论是书籍、图画还是音乐，任何一件艺术品的价值都在于那些微妙及难以捉摸的个性。如果失去这种个性，投入再多精力、热情，甚至是技能，也无法弥补这种缺憾。我认为它必定是一种近乎本能的东西。当然，一件艺术品只有个性还不够，因为外露的个性可能会缺乏魅力，而魅力就是一种本能的东西。没有哪位艺术家能够捕捉到魅力，如果执拗于此，他可能会辛劳一夜，却一无所获。但每位艺术家都必须拥有献上自己的赤诚之心的目标。他必须抓住一切机会观察自己的艺术视角是否具有吸引力，而真诚是必不可少的要素。我们不能不加思索地撷取、转述和采纳一切艺术观念，而应该对其加以创造和体会。一件出自真诚艺术家之手的作品几乎都具有一定的价值，但一个虚伪的艺术家创造的作品，本质上毫无价值。

——A. C. 本森

能够让一个人在做事的过程中，千方百计地秉持善始善终的精神，就是经商或从政的一个重要信念（这也曾被定义为“耶鲁精神”），这也是人们在谈及哈佛和耶鲁之间这种微妙的关系时经常提到的一种精神。但这种信念并不适用于体育运动。因为它意味着“体育精神之死”。它只适合拳击场，或者任何实际上只能算是一种消遣的活动。真正的业余运动员，真正的运动家，就是那些为了乐趣和兴趣而参加运动的人。只要这项活动真的好玩，他们并不太介意自己的输赢。竞争是体育中的一个重要元素，它要求参与者很好地完成任务，发挥出色的表现，让人们能够从运动的本质中得到乐趣。而比竞争更重要的是合理地判断其中的残酷和苦楚。我们必须清楚，纯粹的竞争就是斗争；这部分元素在体育运动中被放大后，体育运动就会突显斗争性的一面——这就是哈佛和耶鲁之间体育运动的本质。必须承认，我们当中有一部分人偏爱以竞争为乐的体育运动，而竞争无疑是一种健康的训练。但我们大多数人并不谙于此道，我们的运动员也没有理由依照前者的喜好来要求自己——我们没理由从这些骚动和“瘾症”中寻找乐趣。但只要我们与今天的耶鲁交手，就不可避免地要遇到这种情况。

——小威廉·詹姆斯

我认为，艺术气质要比我们想象的更普遍。多数人很难相信这种气质的存在，除非有特定的迹象与之相伴，如绘制水彩画，或者弹奏钢琴曲的癖好。但事实上，不依靠表达的力量就想获得一种艺术气质，正是许多人生活不幸福的一大常见原因。还有谁不了解这些不受管束、吹毛求疵的人呢？他们有很强烈的自我意识，却又没有足够的特殊才华；他们轻视他人，总爱苛责他人，难以被取悦；但他们经常有一种失落感，渴望得到肯定，还总有一种怀才不遇的落寞。这类人敏感、低效、骄傲，生活中的每个情形都可能让他们心生不满。他们有一些无法用文字或符号表达的模糊想法。他们觉得自己的工作枯燥无趣，与他人的关系令人生倦。他们认为如果换个环境，自己的人生就会更精彩。但他们从来不去想，自己生活不顺遂的根源在于他们自身。或许唯一值得庆幸的是，他们会将自己所遭遇的一切归咎于命运的安排，这样就能免于陷入不可挽回的抑郁之中。

——A. C. 本森

在我们美国，这场斗争就是那些不希望公平竞争与希望人人都要公平竞争的群体之间的博弈。现在和所有时期、所有地方的情况一样，人们都在争取胜利，最终也将获胜——但这是一场苦战。现在国家正当用人的时候，尤其需要像你们这样的年轻人。如果国家陷入战争（这种战争可能持续多年），我们每个人都需要上战场倾洒热血、奉献生命。但这还不够，我们每个人都必须在政治事务上为国家贡献自己的时间和精力。不愿做出此贡献的人就不配享有他人替他争取来的权利。不愿意为国效忠，为正义捐躯的年轻人，实在愧对那些不但为这场革命献出时间和精力，而且还为这项伟大的事业抛头颅、洒热血的先烈。

——贝弗里奇

这世上有两种业余摄影师。一种喜欢拍照片，并收藏自己感兴趣的照片；另一种则喜欢制作照片甚于拍摄照片。前者可能会利用照相机来讲述自己一路上的见闻，比如航海旅程，在异乡见到的奇闻轶事，这些对他来说都至关重要。他可能会利用照相机来讲述孩子们的故事，使用照相机开展自己的工作，或者用它来保存自己钟爱的经典瞬间。这可能是打高尔夫球，也可能是驾驶汽车，或射击、钓鱼。但除了获得自己感兴趣的照片之外，他可能并不关心摄影技术。而另一种摄影师关心的是摄影技术本身的魅力。对他而言，可变光圈要比汽化器更神奇，焦酚[1]比汽油更有趣，三脚架要比高尔夫球杆更具美感，去像散透镜要比最精良的大马士革钢枪管更奇妙，维洛克司（印像）纸要比博物学家收藏的最美丽的两翼昆虫更迷人。对这种人来说，他们关心的照相机就只有“傻瓜相机”而已。对他们来说，好用的相机都要小巧轻量，容易拍照。对他们来说，这种相机的妙处就在于无须在暗室装载或卸载胶卷。

——布赖斯

人文学科的任务是启发智慧，而组织一种有意义的社会生活的任务，在某种意义上却极端复杂。我们的物质世界中有太多敌人，包括我们所处的环境，我们的疾病和弱点。在人类群体中，除了我们自己，我们还要面临竞争对手、自私的爱好、无政府主义冲动、盲目性、薄弱的意志、短暂而养尊处优的生命等诸多挑战。这些都是我们前进过程中的阻力。为了进步，为了组织，为了生活，为了精神，我们必须以更健康的社会本能、勇气、耐性和洞察力来忍受这一切，因为这些都是文明赖以生存的要素。如果社会秩序和精神建设失控，人文学科还能顺利完成它的各项任务吗？如果我们缺乏勇气和耐性，失败马上就会降临。如果我们不善于观察事物，不培养思考的精神，或许就只能随波逐流。所以，健康的本能，持久的勇气和勤于思考的洞察力，才是文明世界的根本所在。希望生活幸福美满的人，也同样会尊重和培养这些能力。这些人文精神实际上同根同源，无法独立存在，缺一不可。

——布赖斯

这种缩减势头仍在持续。柯勒律治（英国诗人和评论家）的影响力在衰退，华兹华斯（英国浪漫主义诗人）的诗再也得不到其同盟的支持。但诗歌并不需要赞颂者，甚至还可以说诗歌为其赞颂者带来了好运，因为几乎每个称颂过华兹华斯诗歌的人都得到了好评。但大众依旧对此冷漠，或者至少是持模棱两可的态度。就算是帕尔格雷夫的《英诗金典》，

① 译者注：冲洗照片使用的焦酚显影液的配方之一。

其中精挑细选的华兹华斯诗作惊艳了许多读者，也还是有不少人对他心生抵触。即使是被认为不宜挑战大众品味的劣等评论家和编辑，也敢无知，甚至是粗暴地对华兹华斯的诗作评头品足。毕竟在欧洲大陆，他几乎还是一个“无名小卒”。

——阿诺德

我们的宪法并不会让我们束手束脚，限制我们的眼界。它绝非“死亡宪章”。如果我们的征途是星辰大海，我们的先辈就不会用狭小的港湾困住我们。不！我们的宪法是任我们扬帆遨游的广袤“海上地图”。我们必须根据经验，以及根据各种情况下的常识来供应财物。每个人都是独一无二的，没有一个人与为我们披荆斩棘、开疆拓土的先辈相同。我们必须采取符合各人情况和必要性的措施，并在情况发生变化时进行调整。

——贝弗里奇

因为人们的需求在不断增长，所以宪法也必须得到发展。正如斯托里大法官所言，宪法“不能仅仅适用于数年内的短期事件，它应该能够经受得住多年的考验，能够应对那些尚未被触发的事件”。英国宪法的安全性和活力并不仅仅在于其神圣不可侵犯，更多在于其变革和发展的力量。因此美国宪法及所有宪法都必须保留随着人民需求的增加而发展的能力，并为人民权利和国家需求扩大的情况预留足够的发展空间。

——贝弗里奇

如果不考虑私人的行为，我们就只考虑与他人直接相关的行为，并且如果在这个政府的管理之下，我们纳入了所有此类行为，那么我们就必须说最早的政府类型、最普遍的政府类型、能够自然地更新的政府类型，就是遵守礼节的政府。我们还可以说，这种政府除了在时间上早于其他政府，在时间和空间上具有普遍影响力之外，一向就有，并仍将继续拥有管理人们生活的最大权限。

——斯潘塞

目前我们所知的生命物质（我们也无权去推测其他物质）就这样随着生命的死亡，会分解成碳酸、水和含氮化合物。它们除了可以分解成这些普通物质，不会再有其他属性。植物通过这些简单的普通物质，创造了让动物世界保持活力的原生质。植物是动物传播和扩散的能量的“累加器”。

——赫胥黎

宪法通过两种构建方式进行扩展。权力由总统还是立法机关来执行，以及相关部门是否公正地执行权力等问题均已写入宪法。当某问题以肯定的方式通过法院得到解决之后，该权力由此被视为宪法的一部分，但也有可能被反对决策所否决。这是其中一种方式。另一种是某些州的法规被认定违宪时，将被视为无效法规。这个决策通过缩小州政府的权限，扩大宪法的禁令权限，并通过一系列此前存疑的诉讼进行巩固。

——布赖斯

英国人并不是根据自己的习俗和不断发展的制度模式来颁布宪法。这些习俗、方法和制度已经发展了数百年。它们的变化好比小树枝成长为树苗，又从树苗成长为参天大树。英国宪法的根基可以追溯到久远的历史，这样的发展就是其本身的规律。如果国会或王室违反了既定流程或普遍意义上的特权，当然就会遭到弹劾或引发革命。因此，英国宪法虽然立足于遥远的历史，却能从当前的情况中吸收活力。它的安全性不在于其冷酷的制度，而在于深入民心的力量。

——贝弗里奇

业余和专业人士在一般情况下的区别，在这里就非常明显了。我们通常都会说，业余人士是为爱好，而非金钱而工作。这样的人会培养艺术或运动的爱好，会去做研究或者就业，纯粹是因为他喜欢做这样的事。他喜欢做这样的事不是因为这样的事情能够让他谋生，而是因为它们对他的生活有意义。例如，约瑟夫·杰弗逊先生被称为专业演员和业余画家。查尔斯·狄更斯是一名业余演员和专业小说家。你们的“间歇性政治变革者”是一名业余人士，他的对手——“监视者（ward man）”是一名专业人士。政治就是他的生命和生活，他的艺术和不朽的事业。

——佩里

第六章 句子

在本书第一章中，我们已经学了组织全文结构的方法，并了解了这种方法很大程度上取决于其组成要素的编排方式。在关于段落的讨论中，我们已经了解了各个要素的定义，也知道它们与全文一样，要根据“统一性”“连贯性”和“突出性”进行组合。现在我们就来学习和分析组成段落的元素——句子。

句子是能够表达完整思想的最小单位，虽然我们是用被称为词语的特定符号来表达思想，但它们本身并不能传达思想。它们只能呈现想法，只有当它们结合后组成特定的关系时才能传递思想。我们将在之后的章节讨论词语的属性。在这里我们先研究句子这种单位，以及它们呈现“连贯性”和“突出性”的方式。

作为一种思想单位，句子最值得我们重视。因为写出一个完美的句子，要比写一篇好文章更考验写作技巧。就好像对待一幅微型画一样，我们必须以不同于绘制大型帆布画的方式，要更细微、更小心谨慎地触摸和处理细节。对于句子，我们也需要采用最细致的处理方式。句子最能体现你的适应性、比例感和可变性。你必须通过句子来呈现你准确的思考能力。对于经验不足的作者来说，写句子要考虑的东西远比想象的更多。我们将在下文指出其中一些考虑要素。

统一性

一个句子通常被定义为“表达一个完整思想的词语集合”。为了满足“统一性”原则的要求，一个句子里只能含有一个完整的思想。这一点看似容易，但你在实践过程中可能会发现这并没有看起来那么容易。问题在哪呢？首先，你并不清楚“思想”这个词的含义。

你需要理解这个词的含义，这一点非常重要。人的大脑在想到某个话题时，会积累大量所谓的概念、观点或想法的印象。这些一开始可能是模糊不清，且没有关联的东西，但经过一番思维加工，它们就开始成形，彼此建立起了明确的关系。这种发现关系的过程就叫作“思考”，而这种关系本身如果在脑中已经有了明确定义，也可以粗略地称为一个“思想”。例如，“鸟儿在飞翔。（Birds are flying.）”这些词表达的是一个思想。其中“鸟儿”与“飞翔”的想法之间具有一种联系。我们也可以用一个更长的句子来示例：

Charms strike the sight, but merit wins the soul.

美貌养眼，美德“偷心”。

这个句子中有多个想法，但只有一个思想，因为这些想法彼此组合，形成了一定的关系。这里的关系有点复杂。就词语来看，逗号前的词表达了“美貌”和“养眼”的关系，逗号之后的词表达了“美德”和“偷心”的关系。另外，这个句子本身也呈现了这两个关系集合而成的关系。因此这个句子中包含两个次要思想，每一个都是由想法组成，二者结合后才构成了一个完整的思想。但如果我们列出更多例子，只怕会让大家更加困惑。总之，一个思想是通过理解特定想法之间存在的关系而组成，这一点我们已经无须赘述。

但有一点我们必须明确。当大脑理清这些关系，并将其用词语表达出来时，它应该表现为一种语句。在首个例子中，当关系很简单的时候，其结果就是单个语句——“鸟儿在飞翔。（Birds are flying.）”在第二个例子中，它有两个语句：

（1）Charms strike the sight.

（2）Merit wins the soul.

以下句子有五个语句：

Though I would not willingly part with such scraps of science, I do not set the same store by them as by certain other odds and ends that I came by in the open street I was playing truant.

不过我并不愿意丢掉这些“科学废渣”，我又不需要像旷课时在街上碰到的那些零碎东西一样，靠它们来开一家类似的商店。

这些句子分别是：

（1）I would not willingly part with such scraps of science.

（2）I do not set the same store by them.

（3）I set more store by certain odds and ends.

（4）I came by them in the open street.

（5）I was playing truant at the time.

我们现在说说将这些语句组合成一个句子的方法，以及在表达过程中如何进行必要的调整。目前，我们只注意到了句子是由不同语句组成，而这些语句显示了某些想法之间的关联性。

简单句

现在我们要回到“统一性”的问题了。一个句子如果只含有一个思想，并且这个思想是完整的，那么它就符合“统一性”原则。我们必须考虑一下“一个句子只能含有一个思想”的含义。让我们先列举一个只表达单个关系，因而只含有一个语句的句子。这种句子就叫简单句（Simple Sentence）。

A man struck the door.

有人在敲门。

这是一个含有单个语句的简单句，它表达了“man”和“door”这两个概念之间的关系。这种关系通过动词“struck”来表述。现在，如果我说：

A short, stout man angrily struck the heavy door with his cane.

一位矮胖的男子拿着棍子愤怒地用力敲打厚重的门。

这仍然是一个表达这些想法之间单个关系的语句。但我通过改变措辞，调整了这些想法。你所想象的“short, stout man（矮胖的男子）”无疑与“man（男子）”这个概念是不同的，但这仍然只是单个想法。“Heavy door（厚重的门）”也不同于“door（门）”这个概念；“struck angrily with his cane（拿着棍子愤怒地用力敲）”也不同于“struck（用力敲）”。在这个句子中，这些概念与之前的句子都不相同，它们之间的关系也有区别。但让它们建立起关系的仍然是单个语句，这个句子仍然是简单句，并且符合“统一性”原则。

简单句始终可以通过调整词语和措辞进行这种扩展。但为了确保符合“统一性”要求，要注意一个原则：用于优化句子的词语和措辞必须真的有必要或有助于传达其“呈现联系”的概念。在我们所用的例子中，形容词“short（矮）”和“stout（粗壮）”是用来定义特定男人的必要词语，“heavily（用力）”和“with his cane（拿着他的棍子）”这种表达点明了他敲门的方式。如果这些修饰表达与句子的思想没有关联，那就会违背“统一性”原则。以下句子中的斜体字就违背了“统一性”原则，因为它们根本就不是清楚地理解其关联概念的必备要素。

A short, stout man, *fifty years old and a lineal descendant of John Alden,* angrily struck the heavy door, *made, by the way, by one James Cooper, a carpenter of Hamden,* with his cane.

这个五十多岁的矮胖男人是约翰·奥尔登的直系后代，他拿着棍子愤怒地用力敲打厚重的门，这扇门是由一位叫詹姆斯·库珀的哈姆登木匠制成的。

这种错误非常明显，所以比较罕见，即使是经验不足的作者也很少犯这种错误。一般来说，简单句并不会在“统一性”原则上犯错。只要理解了这个原则就很容易运用简单句。

合成句

现在再来看看包含了一个以上语句的句子。你需要考虑的问题是：要表达一个思想，应如何组合语句？根据语句的平等性、不平等性及重要性，主要分为两种方式。如果它们权重相当，就具有并列关系。如果其中一个语句的重要性大于其他语句，那么该句就称为“主要或独立语句”，对它来说，其他语句都属于从属句。如果所有语句地位相同，整个句子就称为“合成句（Compound Sentence）”；如果语句之间不平等，就叫“复杂句（Complex Sentence）”。

要撰写合成句需要具备特殊的技巧。两个或更多权重相同的语句，如何组合成只能表达一个完整思想的句子呢？这些语句之间有八种定义明确的关系。这些语句可能是：

（1）处于“同一条线上的思想”，第二句紧接第一句，第三句紧挨第二句，以此类推。它们之间的关联词是“and（和）”。

The night was dark, and there was a chill of snow in the air.

天色已晚，外面是一片冰天雪地。

这里有两个语句，其中之一描述的是天色，另一个强调的是寒冷。它们属于同等地位，组成一个关于夜晚的完整思想。当然，这个句子还可以这样写——“The night was dark and chilly.（夜晚漆黑又寒冷。）”它表达的思想相同，但这个句子更简单，因为它只包含一个语句。合成句通常（但并不总是）能够以这种方式压缩成一个简单句，而这就是检验其“统一性”的好方法。

（2）这些语句彼此对比鲜明，其关联词为 but, yet, nevertheless 等。

Knowledge comes, but wisdom lingers.

有了知识，智慧却没跟上脚步。

（3）它们可能可以“彼此替代”，通过“or（或）”和“nor（也不是）”等来表达这种关系。

Either the principle is wrong, or there is something amiss with its application.

要么这个原则本身就是错误的，要么就是在运用过程中出现了什么差错。

（4）在两个语句中，其中一句是另一句的结果或者推断结果，其中的连词为“hence（因此）”，“therefore（因而）”等。

Wisdom is the principal thing, therefore get wisdom.

智慧是重要的东西，所以要选择智慧。

（5）有时候，两个并列语句的第二句提供的是“原因”，不是针对前一个语句的“事实”，而是针对“说话的人知道这个事实”的情况。

It will rain, for the barometer is falling.

就快下雨了，因为晴雨表上的指针下降了。

注意不要将这种用法与从属的因果分句相混淆，我们稍后再提这种句子的用法。

在以上所有情况中，人们经常会忽略关联词。将其写成同一个句子的语句表明（在这类情况下），它们被当成了单个思想的成分。比如，你可以轻松判断以下句子中，每个并列语句彼此之间的关系：

You cannot run away from a weakness; you must sometime fight it out or perish.

你不能逃避自己的缺点，有时候你得克服或消灭缺点。

The sun was slowly setting; darkness gradually shut down upon us.

太阳缓缓西沉，夜幕逐渐席卷大地。

Water expands in freezing; often in the winter season pitchers filled with it burst.

水在结冰过程中，体积会扩大；在冬天，水壶中的水经常会溢出来。

（6）两个或多个语句在“重复相同思想”时，有时候会在关联词的辅助下形成并列关系。

A young man feels himself one too many in the world; his is a painful situation; he has no calling; no obvious utility; no ties but to his parents.

有位年轻人觉得自己对这个世界而言很多余；他处境悲惨，一无所求，一无是处，除了父母之外就没有其他依靠。

（7）同理，“一个语句和一个示例”有时候也具有并列关系。

Places small and uninteresting in themselves often have greatness thrust upon them; Waterloo is known in history only because a great battle was fought near it.

非名胜古迹的小地方有时候是因意外而扬名天下。滑铁卢之所以在历史上闻名，就是因为它附近曾经发生过一场战役。

（8）还有另外一种合成句，有时候句子会将一系列细节聚集在一起来体现“统一性”。

In one corner of the room stood an old-fashioned bedstead; in another, a rickety washstand; the walls were bare and unpapered; there was no carpet on the floor.

这个房间的一角立着一张旧床架，另一角是一个摇摇欲坠的脸盆架，墙面没贴壁纸，地上也没铺毯子。

合成句中有三种违背“统一性”原则的常见错误。

首先，这些语句通常具有并列关系，但事实上它们的重要性并不相同，比如：

It began to rain, and we started home.

下雨了，我们要回家了。

这是最常见的错误之一。对许多作者来说，他们只知道一个关联词，那就是“and”。他们滥用这个词，扭曲了它的本意，用它来替代同一段话中的其他一切词汇。这要归咎于作者积累的词汇量很有限，但主要还在于他们的写作态度过于敷衍。他们所写的语句要通过“and”彼此衔接，就好像铁路员工全部到位了才能开动列车一样。车上装满不同的货物，有些是谷子，有些是煤，有些是家具，还有些是活牲口。其中有些货物价值数百美元，有些价值上千美元。这些货物的材料或价值彼此之间并无关联，它们会被装在一起纯粹是因为它们是朝同一个方向进行运输。这就是粗心的作者常犯的错误。他们无视语句和内容的关联性，只是用“and”等关联词将它们串起来，以最迅速的方式直奔目标。那么他写出来的东西就会像这样：

It began to rain and we started home and it soon grew dark and so we lost our way.

下雨了，我们要回家了，天很快就暗了下来，并且我们迷路了。

问题在于，这些语句的权重并不都一样，通过类似“and”的关联词将它们串成一个句子并不能组成一个思想，而是好几个思想，所以就违背了“统一性”原则。

经常会发生这种情况，有的语句的确非常协调，但作者都没有用上能够让这些语句彼此相关的正确关联词。这种情况也同样因错用“and”这类关联词引起。“John went to school and Peter stayed at home.”就是一个常见的错误。它本来要表达的意思是——“John went to school but Peter stayed at home.”你得注意自己的语句是否处于“同一条思想路线”，要么形成鲜明对比，或者能够彼此替换；某个语句是否属于另一语句的结果，或者能解释它的原因，或者重复它的思想，或者提供一个范例。然后你就可以将这些语句连接在一起，但要清楚呈现它们的关系。这里要注意语句之间的逻辑关系，而不单是“but”和“and”等关联词。

最后一种，如果合成句中的语句的重要性相同，但没有组合成一个思想，那也会违背“统一性”原则。因为它们并没有足够的共性，无法“融为一体”；在这种情况下，就要将它们写成独立的句子。这种错误更为明显，也因为这个原因，它与其他错误相比并没有那么常见。有时候，我们可以看到像这样的句子：

Julius Caesar was the greatest emperor of Rome, but Athens is the chief city of Greece.

尤利乌斯•恺撒是罗马最伟大的君王，但雅典是希腊的主要城市。

要避免这种错误，并保持合成句的“统一性”，必须注意三个方向：确保你写的语句权重一致，确保你在语句之间使用了合适的连词，确保它们真的可以，并且仅能组合成一个完整的思想。除此之外，还需要注意一点——因为合成句很容易被滥用，又因为“and”等连词很难驾驭，所以如果你发现自己写的多数句子都是合成句时，此后就要少用合成句。

复杂句

我们还可以通过从属句的方式，将两个或多个语句组合成一个句子。这种句子类型就叫“复杂句（Complex Sentence）”。如果有一个语句的权重高于其他句子，那么它就被称为“主要或独立从句”。其他语句通过连词整合到句子当中，与该句存在依赖关系。它们只能通过与主句的思想关联被识别出身份；它们在句子中的存在有赖于它们对主句的辅助作用；它们的身份就是“仆人”和“随从”。它们有自己的特殊使命，也承认某个开头的语句的权威性，还可以把句子“打理”得清清楚楚。这种从属句很重要，如果你能精通它的用法，就不太容易在写句子的过程中犯常识性的错误了。

如果你从来没有接触过这个话题，可能就不知道复杂句是由独特的语句组成。在合成句中，语句仍然保留了自身的独立性。它们很容易被拆分，只要简单地调整标点符号，通常就很容易将它们写成句子。比如这个例子：

An aim in life is the only fortune worth the finding; and it is not to be found in foreign lands, but in the heart itself.

生活的目标是唯一值得追求的财富；并且我们无法在异乡找到目标，只能从内心寻找。

将这里的分号改成句号，忽略“and”，就可以写成两个句子：

An aim in life is the only fortune worth the finding. It is not to be found in foreign lands, but in the heart itself.

生活的目标是唯一值得追求的财富。我们无法在异乡找到目标，只能从内心寻找。

在复杂句中，除了独立的从句，所有语句都会因为从属关系而丧失其独立性，并且无法拆分，不能在未修改措辞的情况下写成独立的句子。

It is not strange, therefore, that our polite literature, when it revived with the revival of the old civil and ecclesiastical polity, should have been profoundly immoral.

所以，这就不奇怪为何我们的“上流文学作品”会随着旧式民间和教会政体的复兴而复兴，并且流芳千古。

这个句子中有三个语句，分别是：

（1）Our polite literature revived with the revival of the old civil and ecclesiastical polity.

（2）It would naturally in this case have been immoral.

（3）The result is therefore not strange.

要完全理解这一点，你有必要前往附录，练习拆分某些句子的语句。

现在我们已经知道了复杂句是由独立的语句组成，接下来就要考虑语句可能具备的不同从属功能了。早在上小学时（可能年代太久远，你都记不清了）你已经知道，从句可以作为名词、形容词和副词使用。

名词从句要么就是引文，要么就是问题。在这两种情况下，它们都有可能直接或间接地发挥作用。下文就是每种从句的范例：

（1）直接引文：

"Don't give up the ship," said Captain Lawrence.

劳伦斯船长说：“不要放弃那艘船。”

间接引文：

Izaak Walton says that anglers, like poets ,are born, not made.

以萨克·沃尔顿说钓鱼者和诗人一样要靠天赋，无法后天养成。

（2）直接问题：

The problem—What shall we do next? — now confronts us.

摆在我们面前的问题就是，接下来我们该做什么？

间接问题：

Much depends on when and where you read a book.

主要看你在何时和何地读书。

形容词性从句可以作为简单的名词，运用于所有的句子结构。至于什么是名词性从句，相信你上语法课时就已经清楚了。在以上的首个句子范例中，它的名词性从句是作为动词的主语使用；在第二个例子中，是作为谓语实词使用；在第三个例子中，它与另一名词作为同位语使用；在第四个例子中，它作为介词的主语使用。

形容词从句与其他形容词一样，用于修饰或取决于名词或代词。它们始终是由“who”“which”“that”或者“what”，以及类似于关系代词加介词的词语引导的关系从句，比如“where”等于“in which”，“when”等于“at which”等。

The man who just struck out is the best batter on the team.

那个刚刚“三击不中出局”的男子是全队最棒的击球手。

The book is not in the place where I left it.

这本书并不在我上次放的位置上。

副词性从句取决于动词、形容词和副词。用它们表达大量从属关系时要特别注意。以下就是这些关系的范例，每种关系举一例。

（1）时间。

I shall go, when I get ready.

等我准备好了，我就该走了。

（2）地点。

Go where glory waits thee.

去可以让你获得荣耀的地方。

（3）程度或对比。

New Haven is farther north than New York is.

纽黑文市在比纽约更偏北的地方。

（4）行为。

He went at his problems much as an angry bull goes at a red rag.

他努力地想解决自己的问题，就像一头发怒的公牛冲向红布似的。

（5）理由或原因。

Cream rises to the surface because it is lighter than milk.

奶油会浮到表层，因为它比牛奶更轻。

（6）条件。

If a person cannot be happy without remaining idle, idle he should remain.

如果一个人只有无所事事才会快乐，那他就该无所事事地待着。

（7）目的或结果。

Workingmen combine into unions in order that they may the better protect their rights.

工人组成了工会，以便更好地保护自己的权益。

（8）让步。

Though he slay me, yet will I trust in him.

虽然他要谋杀我，但我还是信任他。

你应该好好研究一下上述句子之间的关系，才能更熟练地掌握用法。要尽量多积累一些连词，以便表达相同的句子关系。

清楚地了解了词语在一个句子中所发挥的从属功能后，现在你就可以考虑如何将其组合起来，以便保持句子的“统一性”。

首先，你必须确定你想表达的思想的主要成分是什么。换句话说就是，你主要想用句子向读者传达什么信息，然后将这一点作为你所写的主要或独立的分句。如果存在一些看似从属于这个分句的语句，就要认真斟酌它们的从属类型，然后准确无误地使用连词和关联词来建立这种联系。假设你已经表达了一个思想，它的概念关系成分是以语句形式出现，如下所示：

My brother was struck down by an automobile.

我哥哥被一辆汽车撞倒了。

A stranger was standing near.

当时有位陌生人在场。

The stranger picked my brother up.

这位陌生人把我哥哥扶了起来。

你确定“陌生人把我哥哥扶起来”是最重要的元素。接下来，你发现第一个语句——“My brother was struck down by an automobile.”与动词“picked up（扶起）”存在一些关联。你确定这种关系与时间有关，你也知道这种时间状语从句要靠“when”，“while”，“until”等连词引导。最后，你看到“A stranger was standing near.”这个语句对这位陌生人的描述太平淡了。所以就改动了“stranger”这个名词，并将其作为一个关系从句。你最终将句子“串联”成了以下单位：

When my brother was struck down by an automobile, a stranger, who was standing near, picked him up.

在我哥哥被一辆汽车撞倒时，有位陌生人就站在附近，他把我哥哥扶了起来。

当然，你实际上并没有亲身经历过自己所写的每个句子所示的那样漫长的过程，但你无疑已经在自己的脑海中演示过这些步骤，并以精简的文字写下了这个过程。现在，如果你用冗长又复杂的句子写下事情的经过，并且不是刻意为之，那么你就会学会避开许多违背“统一性”原则的错误。因为，在你极力去找每个语句与表达该思想的句子之间的关系时，你能够排除那些并无关联的语句。这么做可以保持“统一性”。

让我们先来观察一下复杂句中可能出现违背“统一性”原则的主要错误类型。名词从句在这方面的问题不大，在此无须深入讨论。但是，关系从句却很容易出现问题，所以要格外小心。首先要确保关系从句中的语句的确是其修饰的词汇所表达的思想的一部分，其次要确保它是具有特定关联思想的必需组成要素。这一点与有关简单句“统一性”的注意事项相似。在这种情况下，修饰语就是从句，而不是单词和词组，但相同的法则在此仍然适用。

The Japanese, in a recent war, overwhelmingly defeated the Russians *who are connoisseurs of tea and tobacco.*

在最近的战争中，日本人以压倒性的优势击败了嗜茶叶和烟草如命的俄国人。

这个句子中关系从句中的语句可能的确属于我们对俄国人的印象的一部分；但由于它与“他们被日本人击败”这个概念没有关联，所以违背了“统一性”原则。以下句子也犯了同样的错误：

The burglar was killed with an ancient shot-gun, which had formerly been my uncle's, *who is now on a voyage in the Pacific.*

那名窃贼被一把古老的枪击毙。那支枪原来是我叔叔的东西，他现在正在太平洋上航行。

The Amazon is a large river in Brazil, *where the nuts come from.*

亚马孙河是巴西的一条大河，这些坚果就来自巴西。

人们还经常犯一个类似的错误，就是经常让一个本该与前一个语句并列的语句，从属于关系从句。

He supported the frightened girl to the door, followed by a servant, with whose assistance he helped her down the steps.

他搀着这位受到惊吓的女孩走向大门，后面跟着一位仆人，他在仆人的帮助下带着她走下台阶。

以“whose”开头的从句并非意在补充有关仆人的信息，但的确是与前一个语句处于“同一条思想线”上的补充性语句。最好改成这样——“…and with the servant's assistance”等此类表达。如果能改成这样更好——“He supported the frightened girl to the door, and, with the assistance of a servant who had followed, helped her down the steps.”

有时候，某个语句从属于某个关系从句，它在任何关系中都不属于表达思想的语句。例如：

I parted from her at the door, at which I again presented myself at seven.

我在门口和她分道扬镳，我再次出现在门口时已经七点了。

不过，关系从句在下列句子中就是必备要素，或者说至少有助于确定词语所修饰的人物。

The man whom you mention is my uncle.

你提到的那个男人是我叔叔。

The perfect historian is he in whose work the character and spirit of an age is exhibited in miniature.

他是一个完美的历史学家，他的作品就是其高尚品格和精神的缩影。

All this world, and all the glory of it, were at once offered to a young man, to whom nature had given violent passions, and whom education had never taught to control them.

整个世界，以及它所有的荣光，一下子都出现在这个年轻人面前，导致他无力承受这突如其来的强烈情感，而他又无法靠自己所接受的教育来控制这些情感。

状语从句的结构运用的是类似的原则。要确保它们不但属于其所表达的思想，还要能够帮助人们清楚地理解它们所呈现的思想关联。现在我们就不需要再举例了，因为我们对这个原则已经熟稔于心。不过，还是有必要注意一点。要清楚呈现你所写的状语从句与句子呈现的思想之间的关系类型，要确保你所用的连词能够准确地表达你心中所想的意思，否则就很容易违背“统一性”原则。合成句的结构也很容易出现类似的错误，也就是误将“and”当成“but”来使用。在复杂句中则更容易出现这种错误。从属关系有很多种，语义色彩又很微妙，所以你必须加强训练自己的辨别能力。不要在用于指示条件的让步关系中增补语句，不要混淆时间和原因，不要为表示并列关系的状语从句增补语句。

在这个方面，最常用错的是连词“while”。“While”通常用于介绍一种表达时间概念的从句。它究竟有没有“though”的意思仍然存疑，但它绝对不可能有“but”的意思。

While mother is far from well, she would be able to endure a trip to New York.

母亲的身体虽算不上健朗，她还是可以承受前往纽约的舟车劳顿。

这个句子中的第一个语句并没有像连词“while”所指示的那样，让我们认为它与第二个语句存在时间上的关联。我们对母亲病情的想法与她前往纽约的能力并不能通过时间联系来组成一个思想。但它们组合成了一种让步关系。它表达的意思就是：尽管她的身体抱恙，但还是能够去纽约。那么，这个句子应该这样写：

Though mother is far from well, she would be able to endure a trip to New York.

最好避免使用“while”来替代“though”。[1] 在以下句子中，语句之间并不存在时间关系，而是对比关系。

Mr. Hammond was there in all his glory, while Mrs. Hammond was unable to be present.

哈蒙德先生正在最意气风发的时候，然而哈蒙德太太却没有到场。

在这种情况下，“while”应该更改为“but”。

同理，“when”通常也用来替代“whereupon”。例如：

He stood for a moment smiling; when Sharkey up with a fist and obliterated the smile.

他站着微笑了片刻，当夏基握着拳头冲上来时，他脸上的笑容消失了。

She joyfully took and read the letter; when her eyes immediately suffused with tears.

她高兴地拿起信件看起来，但她的眼睛很快就湿润了。

松散句和圆周句

在撰写具有“统一性”的句子时，我们可以借助一些实用方法，其中包括“吃透”两种重要的句子——“圆周句（Periodic Sentence）”和“松散句（Loose Sentence）”。“圆周句”会在写完句子时才呈现句子的完整含义。而在“松散句”中，句子在多个地方可以收尾，却仍然不会影响读者的理解。这两种句子的区别详见下表：

---

① 不过的确有许多优秀作家会用“while”来替代“though”。但这种用法不够地道。我们有两个很好的连词可以指代这种让步关系，比如“though”和“although”，还有什么必要使用“while”这种临时性的连词呢？

	松散句 Loose Sentence	圆周句 Periodic Sentence
我们历尽千辛万苦，辗转波折，风餐露宿，最后终于走到了这段旅途的终点。	We came to our journey's end, at last, with no small difficulty, after much fatigue, through deep roads, and bad weather.	At last, with no small difficulty, and after much fatigue, we came, through deep roads and bad weather, to our journey's end.
健谈的女人善于倾听，不会落下任何值得一听的事情。	Talkative women listen, when there's anything worth hearing.	When there's anything worth hearing, talkative women listen.
他喜欢音乐，也喜欢艺术。	He likes music, and art as well.	He likes both music and art.
这个原则有误，要不就是它的运用方法出现了什么差错。	The principle is wrong, or else there is something amiss with its application.	Either the principle is wrong, or there is something amiss with its application.
除非能拿到些钱，不然我不走。	I can't go, unless I get some money.	Unless I get some money, I can't go.

就其本质而言，“圆周句”很容易保持“统一性”。因为句子的思想要到结尾时才明了，所以作者必须在动笔之前就清楚自己准备写什么。从这种句子可以看出作者的逻辑思维是否严密。在“松散句”中，作者通常并不清楚自己会写到哪里。他会先写一个语句，然后再根据需要，添加其他语句或想法。这就存在一种风险。作者如果稍不留心，就有可能导致所写的内容失去“焦点”，变成一盘散沙。他会挨个写下语句，最后却忘了自己最初的想法是什么。这就是以下句子所犯的错误：

I doubt very much if any one has a harder day than this one, especially as it comes on Monday, and Sunday is not a good day for studying, even if you have no religious scruples concerning it.

我非常怀疑这一生中没有比这更难熬的一天了，尤其是当它是周一的时候。周日并不是读书的好日子，即使你并没有什么宗教上的顾虑。

The many inventions in small arms, field guns, and everything pertaining to war, are very noticeable features of the last ten years and so by enumerating in this manner, one could bring to mind a great number of inventions, without describing any one in particular, but if one should attempt to give even a brief description of a few already enumerated, it would be a long and tedious task.

小型武器、野炮，及有关战争的一切事件中的许多发明，明显都是过去十年中的显著特征。我们这样举例，不用具体描述哪一件事物，大家就会想起大量相关的发明；但如果有人试图简要描述刚刚列举的一些发明，可能就不是一件轻松的事情。

“松散句”当然未必都不好。许多优秀作家用的“松散句”可能要超过“圆周句”。只要使用得当，它们阅读起来轻松，不会拘泥于形式，不会显得华而不实。以下段落摘自詹姆斯·布赖斯的文章，它含有两个构造恰当的“松散句”：

There are also points of construction on which every court, following a well-established practice, will refuse to decide, because they are deemed to be of "a purely political nature",a vague description, but one which could be made more specific only by an enumeration of the cases which have settled the practice. These points are accordingly left to the discretion of the executive and legislative powers, each of which forms its view as to the matters falling within its sphere, and in acting on that view is entitled to the obedience of the citizens and of the States also.

还有一些每个法院依照既定惯例而拒绝确定的解释要点，因为它们被认为“纯属政治问题”是一种模棱两可的描述，只有借助已经得到解决的事例才能够解释清楚。所以这些要点就由行政和立法权支配，而这两者对其管辖范围内的事务又都有自己的判断，并且根据这一观点采取行动也是顺从公民和国家意志的体现。

但是，因为你可能已经习惯于写“松散句”，再加上这样的句子很容易被滥用，所以你应该养成尽量多写一些“圆周句”的习惯。这样就可以少犯违背“统一性”原则的错误。

我们在前文已经提到，一个句子要体现“统一性”，就必须只能表达一个思想，而且这个思想必须是完整的。你已经清楚什么是思想，以及用一个句子如何做到仅表达一个思想。现在你得注意这个思想必须是完整的——不可以是零碎的。有时候，人们会把实际上属于某个合成句的并列分层的语句，写成完整的句子。而如果这些语句是从属句时，将其写成完整的句子，这种错误就更严重了。这种做法违背了“统一性”原则，因为它没有表达完整的思想。如果你记住了前文所述的关于句子结构的内容，现在就不会在这个问题上犯错了。以下是错误的示例：

He tried to appear unconcerned. But he couldn't.

他本想悄悄地溜进来，不引起他人注意。但他做不到。

He told me that the course covered three years. And he assured me that it probably would not be hard work.

他告诉我这个课程要持续三年。他向我保证学这门课不会太辛苦。

At the beginning of the nineteenth century, inventions were few and far between. That is , inventions of great importance.

十九世纪初的发明比较罕见。这里指的是重大的发明。

The coming of steam revolutionized travel, as it made possible the crossing of the ocean in the least possible time. Reducing the time from months to days.

蒸汽机的出现彻底改变了旅行，因为它让船只可以在尽可能短的时间内渡过海洋，从而将旅行时间从几个月缩短到几天。

On Thursdays I have an eight o'clock recitation. While on Fridays I have nothing till ten.

我在每周四八点都要朗诵。但在每周五，我要等到十点才有事做。

这里的主要问题似乎是标点符号。以上句子似乎都可以通过修改标点符号加以纠正。即使如此，作者也应该具备“统一性”意识，避免将这种完整的句子断开，分割成零散的思想。

不过，优秀的作家偶尔也会使用这种碎片式的句子。这种词语的集合一般具有强调作用，因为它们的形式容易引起人们的注意。英国作家卡莱尔就偏爱这种写作方式，别人模仿不来。史蒂文森有时候也采用这种句子。例如，他曾在某个段落结束时声称某个特征“stamps the man who is well armoured for this world.（证明他已经为应对这个世界的挑战而做足了准备。）”下一个段落则如此开头：“And not only well armoured for himself, but a good friend and a good citizen to boot.（除了他自己之外，他还给一位好友和一位好市民做好了准备。）”尽管如此，除了偶尔使用一些类似于“but enough of this（到此结束）”，或者“to take up the next point（再提一点）”，在文坛没有名气的作者最好少用这种写作方式。[①]

所以，你的句子必须包含一个完整的思想。经历了这么多波折，你想必已经学到了如何构建符合要求的句子。这是掌握良好的写作技巧，与他人进行心灵沟通的第一门必修课。但光有这项本领还不够。你不但一次只能向读者展示一个思想，减轻他们的理解负担，还必须能够清楚地表达这个思想，必须让读者理解你在说什么。让读者反复阅读后才能理解内容，并不能算是成功的写作。关键是要让他们只扫一眼你所写的文章，就能准确无误地理解内容。让你实现这个写作要求的原则就是“连贯性”。

连贯性

“连贯性”意味着“紧密相连”。运用于构建句子时，它意味着句子中的每个成分都必须紧密相连。单词、词组和分句的位置都不能乱。每个成分都要出现在合适的位置上。你的责任就是注意这些成分是否遵从了这个规则。如果你知道作者在哪种情况下最容易违背这个规则，你就会很清楚如何避免这种错误。这就是我们现在要讨论的内容。

以下三种表述，几乎包含了所有违背“连贯性”原则的错误：指代错误、修饰语放置错误、改变语法结构。

如果作者没有准确指出某些词汇指代的内容，就会出现指代错误的情况。这里容易用错的是代词和分词。注意，要准确使用代词。人称代词、指代词和关系词都比较容易犯这种错误。它们的用法要遵循两个规则：第一，它们应该涉及“确定”的人物、事物或概念，也就是，它们的指代内容不可以是模糊的；第二，它们应该涉及“具体”的人物、事物或概念，即它们的指代内容不可存有歧义。

---

① 关于违背“统一性”原则的多种错误句子，见附录。

以下句子是违反第一个规则的示例。每个句子中的代词并没有指代任何确定的先行项，而是指代整个句子表达的观点；或者通过句子的某些词汇进行暗示。

I went duck-shooting yesterday and bagged six of them.

我昨天去猎鸭了，收获了六只。

Electricity is naturally regarded as the best form of power by the students of that department.

那个系的学生认为电力是最好的能源。

The horse was overloaded and then beaten because he could not draw it.

这匹马驮的东西超负荷了，它拉不动，所以就被打了。

If I did not have A "Two o'clock"，I could take plenty of time, which would be more pleasant.

如果我没有“两点钟”的事情，就可以腾出大量时间，生活就会更轻松。

With the forefinger of his right hand he successively touched those of his left.

他成功地用右手食指相继触摸了左手的手指。

在上述的第一个句子中，“them（它们）”指代的是“ducks（鸭子）”这个名词，这一点在“duck-shooting（猎鸭）”一词中进行了交代。在第三句中，“it（它）”指代的是该语句表达的观点——“the horse was overloaded（这匹马所驮的东西超负荷了）”。你不妨自己解释其他句子中的错误。

以下句子违背了第二个规则。它们所用的代词含有歧义：

A bird can see a worm while it is flying.

鸟在飞行过程中可以看到虫子/鸟可以看到飞行的虫子?

If the person who lost a pocketbook on Chapel Street will call at 132 Wall Street, he can obtain it.

如果这个在雅普街丢了一个钱包的人将在华尔街132号打电话，那么他就能把它找回来/打通电话?

As the train was waiting, after I bought my ticket I entered it.

趁着火车还没开，我买了票就进去了。（进火车还是哪里？）

The man's father was killed and he afterwards fell in love with Maud.

这个男人的父亲被杀害了，他（这个男人／他父亲？）之后就同莫德堕入了爱河。

A number of fellows in my division were making merry over a bag of peanuts, and the result was that they were scattered all around as they were thrown at one another.

我们这个师有许多人在用一袋花生取乐，（他们／它们？）被抛来抛去，导致这些（花生／人？）撒得到处都是。

I must go and help Alice with the heifer; she is not very quiet yet and I see her going out with her pail.

我得去帮爱丽丝搞定那只小母牛；（小母牛／爱丽丝？）现在不太安静，我看到她提着桶出去了。

以上每个句子中的代词都没有交代清楚它们指代的究竟是前两个先行词中的哪一个。

间接引用的表达经常会犯这种错误：

John told my brother that he might come to see him if he would let him know when he would find it most convenient.

约翰告诉我哥，如果他（约翰／我哥？）方便的话，他（约翰／我哥？）有可能去看望他。

Harry Percy said to King Henry IV that he behaved himself not to him as he should; for, he said, he had never been kind of England.

哈里·珀西告诉亨利四世国王，他（哈里／国王？）的行为有失体统；他说因为他（哈里／国王？）的所作所为并不符合英格兰国君的作风。

On his way he visited an old friend who had asked him to call upon him on his journey northward. He was overjoyed to see him, and he sent for one of his most intelligent workmen and told him to consider himself at his service, as he himself could not take him as he wished about the city.

他在途中拜访了一位老友，对方曾经在他（谁？）北上的途中去看望他（谁？）。看到朋友他（谁？）十分激动，还派了一位最机灵的工人来接待他（谁？），因为他（谁？）自己恐怕没有办法带他（哪个他？）参观这座城市了。

看到这样一段话，你还分得清这里的“谁（who）”是“谁”吗？

英文中的分词一般都很容易出现这种错误。有时候，它们和代词一样，指代的东西含糊不清。

Hastening up the steps, the door opened.

加快脚步，开门了？

On entering the room, the eye is struck by a huge chandelier.

刚进入房间，就看到了一个巨大的吊灯？

After eating a hearty dinner, our carriages were brought to the door.

享用了一顿盛宴之后，我们的马车就被引向了大门？

Lost in meditation, the minutes fleeted past.

陷入冥想的时候，就会感到时光飞逝如梭？

以上句子属于所谓的“垂悬分词（Hanging Participle）[①]”。它们中的分词并没有具体指代哪一个单词。除了第三句中的分词指代的可能是前一个句子的单词。在第三个句子中，分词指代的是“our”的先行词。这种错误尤为常见。必须注意分词的用法，如果不加以警惕，就很可能误用。要让你的分词指代一些“确定”的人、事物或概念；要明确体现它们仅修饰一个单词，不能让句子产生歧义。

I observed that crystals were formed. Being in a test tube, I could watch them grow.

我观察了水晶的形成过程。（我/水晶？）在试管中，我可以看到它们在生长。

Returning to the room, she told us to be seated.

（谁？）回到教室时，她让我们入座。

The book in question, which had been my grandfather's, being in levant, brought a good price.

---

① 译者注：“垂悬分词”指的是在句子中做状语，但其逻辑主语不是句子的主语，又没有构成独立主格的动词、现在分词或过去分词结构。

大家讨论的这本书是我祖父的，（它 / 他？）在逃亡过程中卖了个好价钱。

I saw my old friend Johnson again by mere chance when I was in New York recently, walking down Broadway and looking in at the store windows.

我最近在纽约期间偶然遇到了老朋友约翰逊，当时（我 / 他？）正在百老汇逛街。

He wrote to the secretary demanding an apology.

他给秘书致函，要求对方道歉 / 他致函给要求他道歉的秘书？

这些句子中的每个分词都可能会被认为在指代两个人或事物，容易让人产生这些困惑：Who or what was in the test tube?（究竟是什么东西 / 人在试管里？）Who returned to the room ？（谁回到了房间里？）Who or what was in levant?（谁或什么东西在逃亡？）Who was walking down Broadway?（谁在百老汇逛街？）Who demanded an apology? （谁要求道歉？）第二种违背“连贯性”的主要错误在于放错修饰语。修饰语可以是单词、词组或分句。针对它们的位置，只要遵循一个规则就不会弄错。应该尽量将它们放置在最靠近其修饰语的地方。

在所有单词中，或许最容易被放错的就是“only”。这个单词应该尽量放置于与之相关的单词之前，否则整个句子就无法表达作者的意图，有时甚至还会让人产生一些误解。

On Mondays I only have one recitation.

我在每周一时只需要背诵一次 / 我在每周一时只有一篇文章需要背诵？

I tried to borrow some money from him and he only lent me a dollar.

我想向他借点钱，但他只借了我一块钱 / 只有他借过我一块钱？

My two cousins only got to the end; I stopped halfway.

我的两个表兄只走到了终点，（只有我的两个表兄走到了终点？）我半途中就停下来了。

I have only read over one page of the lesson.

我只看了一页课程 / 我才刚看了一页课程？

“Not”也很容易犯这两种不连贯的错误。比如以下的第一个句子看上去好像在说“所有（all）”被定罪的人都是“无辜的（innocent）”。

All convicted persons are not guilty.

所有被定罪者都不是无辜的？

All men are not created equal.

所有人生来都是不平等的?

The instructor did not say that the work was wrong, but only carelessly done.

指导员并没有说这个工作有误，只是做得太粗心了?

所谓的“对应词组”因放置不当而无法指示其连接的单词时，就很容易产生歧义。这些词组就是“not only…but also”“either…or”“neither…nor”“both…and”“on the one hand…on the other hand”。例如：

He neither succeeded in scholarship nor athletics.

他既没有拿到奖学金，也没有赢得体育比赛。

Interest in this matter should not only be manifested by the students, but also by the instructors.

关心此事的不应该只有学生，老师也应该给予重视。

Not only does the student save the expenses of the extra year, which, we must acknowledge, amounts to a great deal for some people, but also the energy devoted to studying and preparing lessons.

学生不但省下了来年的开支，我们也得承认，这对某些人来说可是一笔庞大的开支，他们还节省了学习和备课的精力。

有时候其他副词也很容易被放错：

She left the room without almost knowing what she did.

她离开房间时几乎不知道自己做了什么。

We shall merely try to point out the leading errors.

我们应该尽量只指出主要的错误 / 我们应该仅仅尽量指出主要的错误?

Harold was twice defeated and slain.

哈罗德被二度击败和杀死了。（被二度杀死？）

Please observe what I say very carefully.

请千万要注意我说的情况 / 请注意我非常认真说的情况?

作为修饰语的词组常会被人们放置到无关的地方，所以要注意它们的用法，要确保它们依附于其限制修饰的单词。

We saw the place where Fort Hale stood for the first time yesterday.

我们看到了福特·黑尔昨天第一次站的地方 / 我们昨天第一次看到了福特·黑尔站过的地方?

Pay highest amount punched to cashier.

将最高金额打到收银台 / 向收银台支付它所示的最高金额?

Our maid is always boasting of her approaching marriage to the housekeeper and the other servants.

我们的女仆总在向管家和其他仆人自夸她即将嫁人的事情 / 我们的女仆总在吹嘘她即将嫁给管家和其他仆人的事情?

There is a great disinclination to work on the part of the Seniors.

很多人不喜欢接手同老年人相关的工作 / 老年人很不喜欢工作?

We have discussed the principles which will guide you in writing good paragraphs in a preceding chapter.

我们在上一章中讨论了可以指导你写出优秀段落的原则 / 我们讨论了可以指导你写出上一章优秀段落的原则?

As Tom could not dance, he was forced to spend the time when the others were dancing in the smoking room.

因为汤姆不会跳舞，所以别人跳舞的时候，他不得不待在吸烟室中打发时间 / 因为汤姆不会跳舞，所以别人在吸烟室跳舞的时候，他不得不打发时间?

My friend Dr. Josiah Curtis was stricken down with chronic dysentery. By the use of my Liquid Food, five drops at a time, he was restored to health and walked a mile in ten days.

我朋友约西亚·柯蒂斯博士患了慢性痢疾。他用了我的“流食疗法”，每次吃五滴，在十天内就恢复了健康，并且能够下床走 1.61 千米路了 / 已经恢复了健康，十天就能走 1.61 千米路了?

同理，从句的位置也不能乱。用电学术语来说，关系从句就是一种卓越的“导体”。如果让它们过于靠近与之无关的单词，就会发生思维跳跃，造成“短路”。这种错误与指代错误的情况相似。

Elizabeth imprisoned her sister Mary, who was queen of England.

英格兰女王伊丽莎白监禁了自己的妹妹玛丽/伊丽莎白监禁了自己的妹妹、英格兰女王玛丽？

While I was returning, some one entered the house, who, from the appearance of things, was a burglar.

我回来的时候，有人闯进了我家，看模样（我/对方？）是个窃贼。

Students willingly follow a professor's instructions that they like.

学生们很支持一位教授的某些教学课程/学生们很支持他们所喜欢的一位教授的教学课程？

The President retained in his cabinet all the men that had served under his predecessor that he had perfect faith in.

这位总统保留了前任总统内阁中所有他十分信任的成员/这位总统保留了前任总统十分信任的所有内阁成员？

A gentle man sent his partner in a foreign country that was sick some of my Liquid Food.

一位先生将一位同伴送到我这里，（他的同伴所在的国家/他的同伴？）对我的“流食疗法”的某些配方十分反感。

We have got a new automobile since we had the smash-up in the old one, which nearly cost me my life.

我们买了辆新车，因为旧车上次出了车祸，报废了，（那次车祸/新车？）差点要了我们的命。

状语从句也一样。以下句子中的从句究竟从属于哪个动词？

We met at a place called Osborne, as near as I remember, thirty miles from Boston.

我们在一个叫奥斯本的地方见面了，我记得（它离波士顿有四十八千米/在我印象中，它好像离波士顿有四十八千米）？

Though some of the European rulers may be females, when (they are) spoken of altogether, they may be correctly classified under the denomination"kings".

虽然有些欧洲统治者可能是女性，但人们在提到这个群体（所有欧洲国王/欧洲女王？）时，都会将他们统称为“国王”。

The adoption of the triple turn in the hammer-throw brought to light the imperfections of the old single-turn method which up to that time had been in use, since the triple turn required great dexterity.

链球运动采用的“三转姿势”，让人们发现了直到那时（哪时？）仍在沿用的“单转姿势”的不足之处，因为“三转姿势”显然要求运动员具备更高的灵活度。

要避免使用“分离不定式（split infinitive）①”。虽然有大量谨慎的作家采用了这种结构，这种用法还是不太自然，所以我们不推荐。这种表达并不太受欢迎，比如：

He was unable to successfully perform the experiment.

他无法成功地完成实验。

Seek to assiduously do all your duties.

要力求勤勉地尽职尽责。

有时候不单是单个副词，甚至是整个词组都会被错误地插入“to”和不定式之间：

All actors find it tedious to, night after night, throughout a whole season, act and react the same roles.

所有演员都发现他们自己整个季度每晚都在扮演相同的角色，且与相同的角色演对手戏，这种经历真的很让人生倦。

有时甚至还会出现这样放置的分句：

You will find it difficult to, while you count fifty, hold your breath.

你会发现，当你数到五十的时候就很难屏住呼吸了。

第三种值得注意的不连贯问题就是改变语法结构。这里要牢记一个规则：并列的概念在表达上也要呈现并列关系。换句话说，整个句子（或

① 指副词插在“to”和原形动词之间的结构。

者合成句中的并列从句）的主语要相同，否则就要保持语法上的一致性。反过来说，大家要警惕的是：不要将不定式与分词连在一起，不要将分词或不定式与动词连在一起，不要将主动语态与被动语态连在一起，不要将单词和词组与从句连在一起。例如，不要写出下面这类句子：

He was last seen approaching the wharf, and to have a large satchel in his hand.

上次有人看到他正走向码头，手里拎着一个大挎包。

Two better men than Biglow and Jones could not be found; the former to smooth out the work, and the latter puts snap into the men.

再也找不到甚于比格罗和琼斯的好人了，前者很懂得处理工作事务，后者则很擅长调动人员的积极性。

We had a general course in Chemistry, but spending most of the time on quantitative analysis.

我们有一节化学通识课程，但把大部分时间都花在定量分析上了。

The morning is spent in recitations, but in the afternoon I have time for recreation.

我早上要背诵文章，下午才有时间玩耍。

The captain began to get the men in shape for the Princeton game, and a shift was made by him in the line-up.

队长开始让成员为普林斯顿的比赛做准备，他对主力阵容进行了一次调整。

He made us promise to be careful, and that we would not go beyond the limits of the city.

他让我们保证会小心行事，以免我们违反了这个城市的法律法规。

This is a true saying, and which is worthy of all acceptation.

这个说法没错，值得所有人接受。

这种“and which”结构要格外小心。我们已经多次说明过这种错误。有些修辞学家认为这是一种试图让分句同时呈现并列和从属关系的做法。但是，我们通常会发现它只不过是将一个分句用一个连词连接到一个单词或词组。比如：

My roommate is a studious fellow in his habits, and who rarely spends his evenings out.

我室友是一个学习用功的人，很少在晚上外出。

很显然，在该作者看来，这里的限制性形容词“studious”和限制性从句“who rarely spends”等都是类似的概念，他只不过是没有给它们相似的语法结构罢了。[①]

现在你已经了解了自己最有可能遇到的各种不连贯的错误类型，也掌握了避开这些误区的方法，可以写出清晰明了的句子了。但做到这一步还不够，你还得掌握更多技巧，正所谓“技多不压身”。你的句子不但要统一和连贯，还必须具有“突出性”。

突出性

一个句子的“突出性”通常最容易被人忽略。年轻的作者尤其容易忽视句子的力量、力度和能量。因此，他们的思想并不总能恰如其分地打动读者。我们在阅读的时候，大脑要进行紧张繁忙的工作，所以我们需要作者帮助我们快速抓住重点。掌握这些方法就是我们现在要考虑的事情。其中一些方法与突出全文重点的写作方法相同，还有一些方法则仅适用于句子。

听到对话的时候，倾听者要借助耳朵来抓住重点内容。当他认为某些字词和措辞被加重了力度时，马上就会知道说话者要强调这些内容。但读者在阅读的时候，就没有这么现实感的辅助工具。此时，读者只能靠眼睛来执行耳朵的功能。因为他不可能听到重点内容，当然就只能靠眼睛看了。那么作者该如何通过文字这种视觉符号强调重点内容呢?

针对这个问题，我们有一个很好的解决方法。在说话时通过语气和力度来强调的字眼，在书面表达上可以通过适当的位置来突出其重要性。以下内容就说明了这种写作方法。

眼睛看一个句子时，最容易注意到的地方是开头和结尾。所以，你应该在这两个地方放置自己希望强调的重要内容。你可以将辅助性的概

---

① 关于违背“连贯性”的各种错误示例，见附录。

念藏在句子中间。如果你不遵从这个原则，就有可能给读者造成不必要的困扰，它会导致读者不得不在字里行间挖掘关键的字眼。用史蒂文森的话来说，就是“像一只猪到处乱拱，以寻找松露一样”。这就会给读者造成阅读疲劳，让他对你很失望。要记住，你要以谦卑的心态写作，你在“乞求”读者的眷顾。你只能通过写作来吸引读者。因此，要让减轻读者的负担成为你的一大优势。在突出重要内容这个方面，读者非常需要你的帮助。那么，你就应该点出自己的重要思想。你可以将其放置在突出位置——开头和结尾，以此重复重要内容。

以下句子就恰当地突出了重点：

Judging from past history, no very important part in civilization will ever be played by the Javanese.

回顾历史，爪哇语并没有在重大的文明中现身。

在这里，作者有意让“Javanese（爪哇语）”引起读者注意，使读者明白，你在讨论的是爪哇语，而不是汉语或者巴塔哥尼亚语。你陈述这些内容的原因也值得读者注意——你是根据过去的历史进行判断。所以你把这一点放在了句首。这样一来，你的读者就能够正确地理解这两个事实的相对价值。以下句子也同此理：

Power of style, properly so called, as manifested in the masters of style like Dante or Milton in poetry, Cicero, Bossuet, or Bolingbroke in prose, is something quite different, and has, as I have said, for its characteristic effect, this: to add dignity and distinction.

如果可以这么说的话，风格的力度，比如但丁、弥尔顿等大师在诗歌中呈现的风格，西塞罗、波舒哀、博林布鲁克在散文中的风格，它们差异明显，正如我之前所说的，它们可以让作品的特征鲜明：主要是用来提升尊严和突出不同品味。

The Queen will readily excuse our over-zealous actions, for the cause in which we fight is hers.

女王会谅解我们过分激动的行为，因为我们是在为她的事业而奋斗。

On men and manners — at least, on the men and manners of a particular place and a particular age — Johnson had certainly looked with a most observant and discriminating eye.

约翰逊十分擅长观察人和人的行为，至少是特定地点和特定年龄的人及其行为。

而以下的句子却用一堆无关紧要的细节，掩盖了最重要的思想，让人分不清主次：

The papers deny the report that Congress has agreed to amend the tariff, much to the general dissatisfaction.

报纸否认了关于国会同意修改关税的报道，主要是为了回应公众的不满。

During the holidays there was so much gayety that I seldom saw my family because each night there was either a dance or a theater party.

在假期时可以享受的乐趣真多，以致于我经常见不到家人，因为他们不是在跳舞，就是在参加戏剧派对。

The fellow who starts right and does his best is the fellow who always succeeds in the end.

最后获得成功的人往往是那些开头顺利，并且全力以赴的人。

We went home, after all our misfortunes, glad to get one night's undisturbed rest, anyhow.

我们遭遇这些不幸之后就回家了，总算是得到了一夜安眠。

至于开头和结尾，究竟哪个位置更突出，这一点并没有绝对的说法。通常情况下，把重点放在结尾会更有力度。我们可以用之前章节中的一个示例来说明这一点。做错事的小孩哭喊着说："妈妈，我做错了，但我再也不敢了！（I did it,mother,but I'll never do it again!）"它的"突出性"要强于"我再也不敢了，可是我做错了！（I'll never do it again, but I did do it!）"前一个句子会让人们格外注意到小孩想强调的内容。他想让妈妈注意他诚心悔过的意向，而不是认错的事实。

另外，句子之中可能还存在一种次要的"突出性"。放在标点符号（逗号、分号、冒号）之前的词，其重要性依次上升。举例来说：

Mannerism is pardonable, and is sometimes even agreeable, when the manner, though vicious, is natural.

怪癖是一种无可厚非的行为，有时候在这种行为虽然邪恶，但却发生得很自然时，它甚至可以得到人们的理解。

He could fast; but when he did not fast he tore his dinner like a famished wolf, with the veins swelling on his forehead, and the perspiration running down his cheeks.

他可以禁食，但他在没有禁食的时候就会像一只饿狼一样“风卷残云”，额头上青筋暴突，满脸是汗。

If a student applies himself diligently to his books; if he takes some part in athletics; if he cultivates that side of his nature called the social; then his development will be threefold; he will grow strong in mind, in body, and in knowledge of men.

如果一位学生在勤奋学习之余还参加了一些体育运动，开发了自己的社交才能，那么他就会实现三重发展：心智强大，肢体健壮，知识丰富。

现在，要做到我们所说的那种写作方法并非易事。这是因为，在英语中，单词的位置在很大程度上会影响句子的意思。因此，将你想强调的内容放在突出的位置，你就有可能面临“词不达意”的危险，并且会违背“连贯性”。所以，你不但要学习将单词放在突出位置的方法，还要让它们的出现看起来很自然。

这需要作者具备丰富的才华。所幸英语是一种资源丰富的语言，足以让你不受限制地完成这种操作。举个其他著作中的例子[①]，句子“Nero killed Agrippina.（尼禄杀了阿格里皮娜。）”就可以通过多种方式来安排，突出你想强调的内容。如果你想让人们注意到“尼禄是凶手”这个事实，你就要说“It was Nero who killed Agrippina.”如果你想让人们将注意力放在被害者身上，就可以说“It was Agrippina that Nero killed.”或者你想强调谋杀的事实，你就可以说“For Nero's crime against Agrippina，the only word is murder.”通过斟酌用词，改变单词的顺序而不混淆语法时态，用被动语态来替换主动语态（或者相反），再利用一系列小技巧，你就可以重新组织语言，直到重要内容出现在突出的位置。

① 见A·S·希尔的《修辞原则》。

上述讨论又可以引向另一个原则。以自然顺序出现的单词始终具有“突出性”。这里的自然顺序是指常用的语法系列：主语、动词、补语。当这些元素中的一者脱离正常的顺序时，就会引起人们的注意。你敢发誓在昨天英语朗诵课上的每个人都打领带了吗？但课堂上的每个人都清楚你的领带歪歪扭扭地系在左耳下。同理，你会注意到某个词，是因为它出现在了你意想不到的地方。例如：

Last of all came Satan.

Pop goes the weasel!

If I say stop. *Stop* he shall!

How good you are!

Back darted Spurius Lartius.

Sweet are the uses of adversity.

撒旦最后到来。

波普含糊其辞！

如果我说停下，他就该停下！

你真伟大！

回头急奔的斯珀斯·拉修斯。

向人间施加厄运的感觉多美妙！

不过，用这种方法来突出重点内容，很容易产生“过犹不及”的后果。你要确保让这种倒置操作显得有力，而不是刻意。以下句子中的单词次序就明显很不自然：

Her, by the way in after life, I had many opportunities to meet.

等到死后，我就有许多机会再见到她。

Me though just right and the fixed laws of Heaven.

但我就是“天理正义”。

Did first create your leader.

一定要先创造你的领袖。

英国作家卡莱尔在这方面的表现极为典型：

Yes truly; it is the ultimate persuasive, *that*.

没错，它在那方面极具说服力。

Him Heaven had kneaded of much more potent stuff.

天主揉合了更多强有力的物质。

On Pitt, amid confused clouds, there is a bright dawn rising.

在皮特这个地方，一轮旭日正拨开混沌的云朵冉冉升起。

另一种依靠单词、词组和从句的位置来突出重点的方法叫“对仗（Antithesis）”。在这种结构中，概念或思想是以形成对比的方式来布局，因此可以彼此借力。

We live in *deeds*, not *years*.

我们应该重视生命的广度而不是长度。

Read not *to contradict and confute*, but *to weigh and consider*.

读书不是为了辩论和驳斥，而是为了论理和深思。

Character is *what we are*; reputation, *what people think we are* .

内在品质才是真正的自我；声誉只是外界对我们的看法。

It is not what a lawyer tells me I *may* do; but what humanity, reason, and justice tell me I *ought* to do.

这些并非律师的授意，而是人性、理性和正义驱使我这么做。

With Milton line runs into line, and all is straightly bound together; with Homer line runs off from line, and all hurries away onward.

弥尔顿的诗句连接紧凑，首尾相衔；而荷马的诗句却时常松散不羁，匆匆引向下文。

作为一种能够实现有力表达的方法，“对仗法”一向都很管用。但过度使用会让人产生审美疲劳，频繁使用就会变成一种习惯。一旦养成这种习惯，就会导致作者为了追求对仗工整而扭曲事实。蒲柏（英国诗人）和麦考利就犯过这两种错误。麦考利尤其偏爱这种结构，所以其作品经常会出现让人疲倦和华而不实的特点。而作为最有趣和最有力量的现代散文作家之一的切斯特顿，也有这种写作倾向，这甚至演变成了他的一种爱好。不过年轻的作者应该训练这种写作风格，因为这可以让他们的文章充满力量，而且他们也不太可能会形成这种写作习惯。

使用“递进法（Climax）”也可以让写作更有力量。作者可以通过这种安排，以逐渐上升的顺序来放置单词、词组和分句。这样的句子会逐渐增加分量，并在结尾时爆发巨大的能量。

Washington was first in war, first in peace, and first in the hearts of his countrymen.

华盛顿是第一个参战，第一个实现和平，并且第一个被民众爱戴的人。

这整个句子充满了力量，“first in the hearts of his countrymen”这个词组超越了其他词组，达到了空前的高度。以下句子也属于这种有力的表达：

A man's power, his greatness, his glory depend on essential qualities.

一个人的力量、伟大和荣誉取决于他的重要品质。

In the rank of Lord Byron, in his understanding, in his character, in his very person, there was a strange union of opposite extremes.

从拜伦勋爵的军衔、心智、性格和他的本性来看，他是一个由相反的极端创造的奇怪组合。

He is invited to Edinburgh; hastens thither with anticipating heart; is welcomed as in a triumph. And with universal blandishment and acclamation.

有人邀请他去爱丁堡；他满怀期待地赶到了那里，像勇士凯旋归来一样受到了热烈欢迎。人们对他极尽谄媚之能事，对他大加褒扬。

你可能没有太多机会可以运用这种“递进法”，但你可以抓住自己可用的一切机会来实践这种做法。无论如何都要避免让结尾句子的表达比它之前的句子更平庸。不要写出以下这种句子：

The electrical locomotives are better in every way: afer, cheaper, faster, and cleaner.

电动机车从各方面来看都是更好的选择，它的空气燃油量比更理想，成本更低，速度更快，并且更为清洁。

Sickness not only kept him from school all spring, but prevented him from writing all his themes.

他生病了，不但整个春季去不了学校，甚至连论文也不能写了。

Freshmen like Prom. Week even if they can't go to the dance and the pretty girls don't notice them.

新生们很喜欢参加毕业舞会。就算他们不能去跳舞，就算漂亮女孩们都不会注意到他们，他们依旧对此趋之若鹜。

就“圆周句”和“松散句”这两种句子而言，“圆周句”的突出性始终强于后者。从定义上就能够明显看出这一点，“圆周句”在结束时才表达出完整的意思。所以，它的主要思想通常要放在最后，以便突出其重要性。而在“松散句”中，句子可能在多个地方结束，并且仍然不影响句子的完整性。如果在这些地方都强调一遍句子的思想，那就太多余了。事实上，由于“松散句”很容易犯下违背“统一性”原则的错误，它允许词组或分句一个紧挨着另一个出现，所以也很容易违背“突出性”原则。当一个句子以无关紧要的词组或次要分句来结尾时，它的表达力度就会很弱。但有不少作者经常犯这个错误。这种错误最为常见。他们所用的方法就是将最重要的思想放在第一句话，然后再挨个添上词组、分句，直到句子写完为止。结果就会写成下面这种句子：

I rewrote all my themes correctly at last without much difficulty on the last few days of the term.

我在截止日期前几天，没费多大力气就准确无误地重写了所有论文。

It is no easy task to prevent people from finding fault with things beyond their comprehension.

要防止人们对自身认知范畴之外的事物挑错，可不是一件容易的事情。

I always prophesied his greatness, from the first moment I saw him, then a young man and unknown outside of the circle of his own particular friends.

从我第一眼见到他时，我就认定他必成大器。当时他还只是个不谙世事，并且交际圈很狭窄的年轻人。

当分句用这种方式接在后面的时候，情况就更糟了：

The climate of New Haven might be termed variable, since it often changes in one day from warmth to extreme cold; although even there the weather is very steady for a while.

纽黑文市的气候变化无常，经常一天之内冷热不均，不过就算是这样，那里的天气还算是非常稳定的。

Football has changed much in the last few years because of the adoption of better rules, although there is still room for improvement.

在过去几年，足球运动发生了许多变化，因为人们引进了更好的规则，不过还是存在改进空间。

If we were to study engineering only without any English to accompany the course, we should be illiterate, although the English is not necessary to the engineering studies.

如果我们不用英语来学习工程学，我们就等于是文盲了，不过英语也并非修习工程学的必备技能。

这种句子的表达实在是软弱无力。其作者将自己之前说过的内容放在了最后一个分句中，结果给人留下了与其原来意图相反的印象。如果你想说明例外情况、转折或者附带条件，最好把它们放在不显眼的地方，而把你想写的主要事实安排在最显眼的位置。

我们可以通过以下句子比较“松散句”和“圆周句”的力度。以下是麦考利写的一些句子，前一句采用的是“圆周句”的形式，后一句转变为“松散句”。更多例子，见附录。

Instead of catching occasional glimpse of the Deity through an obscuring veil, they aspired to gaze full on the intolerable brightness.

他们宁愿顶着难以忍受的亮光来端详神灵，也不愿意透过朦胧的薄纱瞥一眼神灵。

They aspired to gaze full on the intolerable brightness of the Deity, instead of catching occasional glimpse of Him through an obscuring veil.

他们很想顶着难以忍受的亮光来端详神灵，而不愿透过朦胧的薄纱瞥一眼神灵。

On the rich and the eloquent, on nobles and priests, they looked down with contempt.

他们看待富人、雄辩之人、贵族和教士的眼神不乏轻蔑之色。

They looked down with contempt on the rich and the eloquent, on nobles and priests.

他们轻视富人、雄辩之人、贵族和教士。

Not content with acknowledging, in general terms, an over-ruling Providence, they habitually ascribed every event to the will of the Great Being.

他们并不只是承认普遍意义上的“全能上帝”，他们还习惯于将所有事情都归结于“上帝的意志”。

They habitually ascribed every event to the will of the Great Being, not content to acknowledge, in general terms, an over-ruling Providence.

他们习惯于将所有事情都归结于“上帝的意志”，而不只是承认普遍意义上的“全能上帝”。

当然，我们并不是建议你把所有句子都写成“圆周句”。如果你这么做的话，你的语言风格就会变得很死板、僵硬。但你过度使用这类句子的可能性不大，所以应尽量多写些“圆周句”。

另一种具有突出性的句子是“平衡句（Balanced Sentence）”。在这种句子里，一部分单词和词组会对应另一部分单词和词组的形式和位置。这些单词和词组表达的思想一般是（但并不总是）对比关系。所以平衡句与“对仗”具有相似的效果。如果使用过多会显得很刻意，但它通常都很有气势。比如：

My roommate is for talking continuously; I am for studying part of the time. He favors Egyptian Deities and Craven Mixture; I prefer *Naturals* and *Bull Durham.* He is very fond of the Hyperion Theatre; I like Poli's. His taste runs to Pilsner; I don't drink anything but water. We do not, therefore, often agree.

我的室友是个话痨，我却比较喜欢学习。他喜欢研究埃及神灵，我就比较喜欢看电影，例如：《天生好手》和《百万金臂》；他很喜欢亥伯龙剧院，我喜欢波利斯剧院；他爱喝比尔森啤酒，我却只喝清水。我们通常并不太合拍。

现在我们已经讨论了单词、词组和分句通过位置来体现“突出性”的问题。还有一种方法可以让句子体现相对重要的思想，就是通过调整恰当的语法元素的主从关系来实现。除了“松散句”和“圆周句”之外，恐怕就没有哪一种方法的要求这么多，这么不受重视了。

主从关系的原则要求在一个句子中必须有一个独立语句，其他语句则成为其附属句。尽管最重要的语句要处于这样的独立关系中这个道理大家都懂，但在实际的说话和写作过程中，人们经常忽略这个技巧。通常我们最好的观点常被忽视的一个原因在于，它们总是被一些混淆视听的从句隐藏起来。相反，次要内容有时候会被写成独立语句，造成“喧宾夺主”的结果。这是因为我们在写作时，很容易将第一个语句写成主句。以下句子就犯了这种错误：

I was walking along the street when I met an old woman carrying a heavy basket of clothes.

我走在大街上时，遇到了一位提着一篮重衣裳的老妇。

这里的重要语句当然不是“I was walking along the street but that I met an old woman.（当我走在大街上时遇到了一位老妇。）”如果以恰当的主从关系来说，就应该是：

As I was walking along the street, I met, etc.

当我走在大街上时，我遇到了……等等。

I think that Mr. Steevens did wrong in accepting a nomination from a party whose principles he could not conscientiously approve.

我认为斯蒂文斯先生不应该接受这个党派的提名，毕竟他从良心上并不太认同该党派的原则。

在这里，全句最不重要的语句“I think（我认为）”被当成了主句，并且放在了开头这个最重要的位置。同理，主句“Mr. Steevens did wrong（斯蒂文斯先生不应该）”却被放在了从句的位置，并隐藏在了句子中间这个最不突出的位置。为了保证突出正确的内容，我们应该重新将其安排如下：

In accepting a nomination from a party whose principles he could no conscientiously approve, Mr. Steevens, I think, did wrong.

我认为，在接受这个党派的提名这件事上，斯蒂文斯先生的做法欠妥，毕竟他并不认同该党派的原则。

与此类似：

He said that he had always thought that bribery was one of the worst of crimes.

他说他始终认为贿赂是一种最糟糕的犯罪。

He had had many misfortunes, but he was happy now, for fortune seemed to favor him.

他经历过许多不幸，但现在很幸福，因为“幸运之神”好像开始眷顾他了。

The front tire of an automobile blew out while it was going very fast, although no one was hurt.

汽车正在迅速前行时，它的前轮爆胎了，不过没有人受伤。

有一个非常普遍的这样的错误类型就是误将“so（因此）”作为连词使用。在此我们还是采用本章之前出现过的例子：

It began to rain, and so we started home.

天开始下雨了，我们准备回家了。

我们之前已经指出这个句子违背了“统一性”原则，因为这两个语句权重不同，不可以是并列关系。粗心大意的作者经常会省略“and”，结果句子就变成了这样：

It began to rain, so we started home.

这是一个病句，因为作者并没有指明他认为第二个语句究竟是与第一个语句并列，还是从属于第一个语句。他认为这两个语句权重相同吗？如果他真这么认为，那么他就违背了“突出性”原则，同时也违背了“统一性”原则。他并列了两个权重并不一样的语句，他拔高了其中一个从属语句的地位，令其获得了不适当的“突出性”。还是说，他打算让第一个语句成为主句，第二个语句作为指示结果的从属句？如果是这样，他就应该明确显示二者的关系。他应该这么写：

It began to rain, so that we started home.

那么读者就会立即明白“we started home（我们准备回家了）”就是“It began to rain（天开始下雨了）”的结果。

我们可以通过避免过度使用“so”来减少这种错误。在可以使用“and so”的时候，我们就不要再用“so”。要学会使用“consequently（结果是）”“accordingly（相应地）”“therefore（所以）”等单词来代替“so”。这些单词更长，但意思更明确，不太可能被误解。在引导一个结果从句时要学会使用“so that（以至于）”，就像以上示例一样。另外，在这种情况下，你可以通过使用从属句来避免混淆概念。与其增补一个结果关系的从句，不如以它作为主句，并将其他分句作为表达原因的分句。比如：

As
Since } it began to rain, we started home.
Because

这个句子要比下面这两种更为突出。

It began to rain, so we started home.

It began to rain, so that we started home.

因为我们完全可以假设"we started home（我们准备回家了）"是两个语句中的重点。

以下例子也犯了同样的错误：

Plenty of light was needed, so the lantern was brought closer.

因为需要大量照明，所以灯笼被挪到了前面。

He was through with his work when he put the things away, so he went home.

他把东西拿走时就收工了，所以他回家了。

He was unsuccessful in his first exam, so he stayed away from all the rest.

他第一次考试的成绩不理想，所以他避开了其他所有人。

I was tired and my feet ached, so I refused to stir another step.

我累了，脚也很痛，就不再走了。

Our auto broke down while climbing a steep hill, so we had to walk home.

我们正沿着陡峭的山路上行时，车突然坏了，所以我们只好步行回家了。

The morning was bright and sunny, so I started out to take a ramble. Pretty soon I met an old man with a pole and line, going fishing, so, at his invitation, I went along.

这天早晨天气晴朗，我就出门散步了。不久就遇到了一位带着钓竿正准备去钓鱼的老人。我接受了他的邀请，和他一起去了。

我们当然不是说，你得始终把最重要的语句当作主句。这种安排对作者和读者来讲都很容易生倦。在持续的写作过程中，作者要注意张弛有度，保持适度放松，好让自己和读者都不要太紧张。不要让一个句子的思想特别突出什么语句。另外，有时候作者可以将某个动作或事实发生的时间或原因作为重点，从而让它们比动作或事实本身更突出。例如以下的句子：

He remained at home, not because he was indifferent, but because he was sick.

他还是足不出户，这并不是因为他生性冷漠，而是因为他病了。

My roommate usually studies during the early hours of the evening, but he always puts his light out when the clock strikes ten.

我的室友经常挑灯夜读，但到了十点时他就会自觉熄灯。

总体而言，你应该习惯将自己的主要思想写成主句，将次要思想写为从句。这样读者就能够立即判断出你所写的这些语句的相对价值。

作者还可以通过另一种方法，让自己的作品突出重点。有时候，写完一连串冗长的陈述句之后，可以用带有修辞色彩的问句或感叹句让读者注意某个要点或思想。这种做法极为常见，在这里提到这一点只是为了让我们讨论的内容更加完整。比如，你可以利用下面这种表达：

What could I do now?

我现在能做什么？

O that I were safe at home again!

我总算又安全到家了！

你可能会发现这种写法很简单，根本无须刻意培养这种写作习惯，而是要控制自己过度使用这种方法。

我们将通过以下示例来总结让句子突出重点的方法。我们先改写了麦考利所写的文章中的一个小段落。先是更改了其中词组和分句的位置，以及语句的从属关系；然后再呈现麦考利所写的原文。请仔细对比两个段落，注意第二个段落采用的突出手法。

Mr. Burke most justly observed that Johnson appears far greater in Boswell's books than in his own. His conversation appears to have been in matter quite equal to his writings and in manner far superior to them. He clothed his wit and his sense in forcible and natural expressions, when he talked. But he took his pen in hand to write for the public, and then his style became systematically vicious.

据伯克先生很客观的观察发现，比起他自己的书，约翰逊的形象在博斯韦尔的著作中显得更为高大。他谈话的内容非常符合他的文风，并且要比他的著作更非凡。他一开口，你就能从他有力而自然的表达中，察觉他的智慧和思想。但他执笔为大众写作时，他的行文在条理上非常糟糕。

Johnson, as Mr. Burke most justly observed, appears far greater in Boswell's books than in his own. His conversation appears to have been quite equal to his writings in matter, and far superior to them in manner. When he talked, he clothed his wit and his sense in forcible and natural expressions. As soon as he took his pen in hand to write for the public, his style became systematically vicious.①

据伯克先生客观的观察发现，约翰逊的形象在博斯韦尔的著作中要比在他自己的书中更为高大。他谈话的内容非常符合他的文风，并且要比他的著作更非凡。他一开口，你就能从他有力而自然的表达中，察觉他的智慧和思想。但只要他一提起笔为大众写作时，他的行文在条理上就非常糟糕。①

在学习本章关于句子的内容时，你应该就会发现我们更强调有关语法从属关系上的内容。在关于“统一性”的部分，我们讨论了语句之间的多种从属关系，以及它们如何整合成一个句子来表达完整的思想。在关于“连贯性”的讨论中，我们指出了如何调整独立分句，以呈现清晰表达的方法。在“突出性”部分，我们学习了将不重要的元素置于从属位置，以便突出重点内容的方法。所以，如果你想让所写的句子彻底呈现出力度，就有必要准确表明一个思想的组成概念的相对价值。

那么，这一切显然又回到了原点，也就是要取决于作者的想法。为了遵从“统一性”“连贯性”和“突出性”的要求，为读者呈现单一、清晰而有力的思想，你必须培养准确思考的习惯。在本书开头的部分，

---

① 更多违背“突出性”原则的例子，见附录。

我们就已经提到了这一点。清晰的思路是撰写文章、段落和语句必不可少的要素。在写句子这种最小的思想组成单位时，更要多加小心。你要养成一种比例感，学会评估语句的价值和识别语义色彩。你要勤加练习，让大脑更好地执行这些功能，为自己的写作打好基础。这样在你真正开始写作时，只需要将脑中已经构思好的内容落笔写在纸上就可以了。

第七章　准确用词

你在开始学习英文写作时至少已经掌握了几千个单词，不过那时你可能还无法全部准确无误地使用这些单词。也许你能够毫不迟疑地说出这些单词，但你肯定清楚，其中有不少单词虽然你自己感觉都认识，却不敢大胆使用，因为它们对你来说多少还是有点陌生。

你掌握的这些单词还能延伸出庞大的词汇量，它们在新词典里面可能有三十多万个。其中有成千上万的单词属于科技词汇，除了在查字典的时候你用眼角的余光瞥了一眼之外，你从来没有见过，当然也用不到这些词汇。但还有更多的是你总会遇到，并且必须理解的词汇。

显然，面对这些事实，你必须立即做两件事：重新调整你掌握的词汇，并更彻底地掌握你所遇到的语义较为模糊的单词。正如参加健美大赛一样，你必须先改善自己的肌肉质量，将多余的体重变成肌肉，才能够登台参赛。在征服“准确用词”这个终极挑战的过程中，你必须先训练自己的脑力，以掌握更多精选的词汇。

你挑选的单词是否准确，或许要取决于两个标准——即“好用”和“有效”。你可能会隐隐觉得，有些频频出现在同学之间进行交流时的单词和表达最好不要出现在与家人的对话中，不适用于长辈，或者不宜出现在书信或其他书面表达中。在此，“好用”就是你的选择标准。你并不总能确定自己说出口的话能够恰如其分地表达自己的想法，或者你所表述的事实并没有产生你预期的效果；有时候你会觉得你说的故事有一点蹩脚，描述并不特别，说明也很含糊。你经常说：“我知道自己想说什么，但就是表达不出来。”那么，“有效”就是你选词的标准。

你能否选择“准确的单词”完全取决于“好用”和“有效”这两种更严格的考验。

好用

“好用”就是优秀作家和演说家目前所采用的用法或者一般实践方法——如果你能找得到这些参照，那么这就是最好的方法。从这个定义来看，你应该多听和多看优秀演说家和作家的用词，熟悉他们的一般实践方法。其次就是多翻词典，因为它包含了各种词汇的权威用法。

优秀作家一般都会避免使用俚语、口语、地方话和方言表达，以及能够用同样的英文表达来替代的外来语、华而不实的语言和古语词。

俚语通常十分形象生动，表达有力而不失诙谐。但也因为这个原因，优秀作家会避开使用俚语，以免文字趋于流俗，他们清楚，俚语迟早会败坏一名作者的名声。

另外，有大量俚语通常可被解读为多种含义。就像太平洋沿岸各州的切努克人掌握几百个行话就够他们做买卖一般，掌握一两百个俚语也已经足够让一个在校的小男孩表达他的想法了。如果有人责备他说这些话时，他的反应可能会是：“为什么？大家都知道我的想法。”他没有意识到使用这种语言会限制他的表达能力。他迟早有一天会为不能准确用词，只能用俚语来表达自己的想法而感到惭愧。我们甚至还可以说，只有当说话的人能够以“好用”的词汇来表达相同的思想时，才能获得使用俚语的特权。

在编写本书的这一年，“dope”一词在普通大学生口中所表示的意义，只有它原来的三分之一。这种词汇贫乏的现象实在不应该出现在一个大学生身上。相信再过一年，又会有其他词汇被过度使用。

与俚语一样，口语化的词汇在与熟人交谈时也已经够用，如果不用这些词就难免产生距离感，显得刻板生硬；但如果是在正式对话和书面表达中，就不可以出现这种词汇。口语化的对话可能会被优秀的演说家定义为“亲切的表达”，但在不同语言环境中，它和标准语言的差别程度也不尽相同。有一名在美国大学求学的叙利亚男孩，回国后想用阿拉伯的口语化语言来讲述自己的在校生活，但他刚开口就被噤声了。因为人们认为他的表达对他们的标准语言来说是一种侮辱，阿拉伯语中的标准语言完全不同于日常生活中聊天所用的语言。

英语中口语化表达的例子包括：*I'll be there, all right, anyhow. Well, why not? Quite so. I say, wait a bit. I did it, though.*

要避免使用地方用语和方言，因为并非所有英语使用者都了解这些语言，而且在写作过程中使用这样的语言也会凸显作者词汇量有限的短板。在口头对话时不需要回避这些方言，因为使用方言可以丰富口语的层次，显得生动活泼，还可以展现不同国家和地方的特色与个性。[1]但在书面表达中，你面对的可能是并不了解某些方言的读者，所以最好采用通用语。

地方性的语言例子包括：*I guess, I reckon, you want to mind your pa, I like to died of thirst（=almost）, I took Spanish, was you there? there was quite some people.*

通常也要避免使用外来用语，也就是那些明显让人感觉是外来词汇的表达，以免让人觉得有崇洋媚外之嫌，或者让一般读者产生困惑。但这个规则也有例外的情况。举例来说，在提到一些国外的烹饪法时就必须用上“pâté（肉酱）”或者“entrée（开胃菜）”。

英语对待外来语一向就很包容。因为刚引进这些外来语的时候，在英语中还找不到与之对应的词汇。比如“mosquito（蚊子）”“piano（钢

① 推崇某种口音的主张是一种错误的思想，这种向某种口音的妥协会隐藏说话者的出身背景，让人无法判断其出生、成长的国家。人们最欣赏拥有“最佳口音”的人，这种人虽然去掉了自己口音中的某些粗糙和令人不快的方言成分，但他们仍然是其方言的受益者，毕竟他们深得那种方言的真传。我们没有一个人因为口音的问题而看轻约克郡的园丁，他在这个国家生活了十年，仍然摆脱不了那口“粗喉音”。我们会为方言感到骄傲是因为它毕竟曾经是一个地方盛行的表达类别，它在说话和用词上并不逊于其他地方；它有助于人们了解某个社会与周边地区的关系，以及它借用外来语的历史。你的方言藏着一个社会的历史，所以不应该被轻视。

琴）”“prestige（声望）”“lexicon（专门词汇）”“simile（明喻）”“zinc（锌）”“pajamas（睡衣）”等都是一些外来词。有时候一些外来词在英语中被错用，失去了它们原来在外语中的意思。比如“chauffeur”这个词原来在法语中是“火车司机”的意思，被引入英语后却变成了法语中的“mécanicien（机械师）”的意思。这里要牢记一个规则，那就是不要做第一个引进外来语的人。相信你可以依靠自己的语言天分，找到所需的词汇。

我们不需要专门说明为什么在一般的文章中不可以选择华而不实的语言，以及诗歌般的修饰性语言。人人都能感觉到这种语言放在一般的文章中究竟有多不合适。但有一些演说中所用的词组，一些极端的爱国主义用语，仍然被那些热爱公共演说的人士，或者经常看演说稿的人所提倡。这些用词只适用重要场合，并且只能是权威人士才能用。

优秀的写作中已经不再流行使用古语词或者旧词汇了，这些用语只会在诗歌中出现，而即使是诗人也少用这些词汇。而且，这些词汇也不能出现在散文中。因此带有“-eth”后缀的第三人称，主动动词的现在陈述语气，都不应该出现在现代文章中，虽然它们直到华盛顿执政时期都很常见、很“好用”。

有效

满足你自己所需的“好用”标准之后，你可以更进一步，检查自己的用词是否符合“有效”的要求。这就是说，你所用的词能够表达你的思想。使用的场合当然也会决定所用词汇的有效性。我们还是拿之前的比喻来举例。正如健身馆的教练只关心你的肌肉训练，他是为了让你的肌肉更好地发挥其自身最大的力量一样，你在写作时也需要根据最有力的表达来选择词汇。你必须学会自己判断，在哪些情况下适用哪些词，它们的有效性又是如何。

要避免使用修辞学家的技术性词汇，我们之所以说某个词“有效”，是因为它能够恰当地表达事实、力度和暗示的力量。我们暂且不提这三个功能的严格定义，先通过更简单的例子来看它们的运用方法。

事实

你经常会用这样的表达，如“Strictly speaking, that is hardly true.（严格来说，这并不算是事实。）”或者“Generally speaking, that may be true.（一般来说，这可能是真的。）”，从而认识到某事的真实性具有程度上的差别。你经常用“That is true enough, perhaps.（那很像是真事，也许吧。）”来指示一定程度上的事实，但这未必是最高程度的事实，可能只是因为这种表达有时候更合时宜。

在写一项家庭娱乐活动时，你可能会认为“When I arrived, the family were already at dinner.（我到的时候，这家人已经在吃晚餐了。）”已经够真实了，它比更严格意义上的事实“When I arrived, the family had just finished the ice cream, and my hostess was obviously put out at my tardy appearance.（我到的时候，这家人刚刚吃完冰淇淋，我的迟到显然让女主人感到很唐突。）”更不容易引起人们的担忧。

在上述例子中，删除“dinner（晚餐）”这个一般性的词汇，将其替换成晚餐的一个具体环节，你就注意到了“严格意义上的事实”。“严格意义上的事实”始终取决于具体词汇的用法，以及某些只有一种解释的词汇用法。当然，对于科研人士来说，他们必须追求“严格意义上的事实”。

现在，如果你要追求“严格意义上的事实”（换句话说，就是根据对事实的要求，使用最有效的词汇），你就必须使用具有特定或有限意义的词汇。由于许多一般性的词汇都有一些特定的意思，你必须熟悉这些单词的不同意思，并掌握其与同义词的细微差别。在此你可以借助词典，以及根据该词汇的历史知识进行选择。广泛的阅读，以及掌握更多人文知识，将让你受益匪浅。

在说话和写作过程中养成准确用词的习惯，这一点的意义首先在于它对你的思想的作用，其次在于对读者的影响。你在这个过程中会获得更敏锐的观察力，变得更勤快，表意更准确；而读者则可根据你的文章想象出更完整的画面，更清晰的概念。这一点对于科学系的学生来说尤为重要，因为他们可以由此训练准确的表达能力。如果你不能用最准确的方式表达内容，那么就算你能够准确地解决问题也同样无济于事。在科学系学生可用的一切工具中，他们最需要时常训练和纠正的就是口头表达能力。

“清晰表达”是所有写作文体的首要要求，它完全取决于你正在讲述的准确的事实。这并不是说你在讲述事实的过程中应该力求以所谓的“科学术语”来叙事，并以此作为唯一的表达方式。如今的科研人士首先要学会恰当地表述事实。人们通常难以接受化学家和生物学家使用的那些冗长的词语，这些词在实验室很管用，但在外面就是另一回事了。所以矿业杂志的编辑很反对矿物学家使用这些术语：“如果你不知道某件事物，就把它称为一种现象……有一位被媒体称为‘专家’的采矿工程师，将一处著名的矿脉描述为‘一方面为长石状凝灰质构造’和‘另一方面为类似泥砂质成分’的变形矩阵。这根本就是科学意义上的废话。对那些喜欢研究这些术语的人来说，作者并不能从他研究的矿石中获得什么有效信息。除非分解这些矿石，这样他所描述的矿石对他而言才算有些意义。因为根据他的描述翻译过来就是一种类似于含沙的黏土成分转变的物质，用英语来讲不就是泥土嘛！”

力度

即使是“最严格意义上的事实”也能够通过有力或具有说服力的表达，让它呈现“有效性”。在说话的时候，我们所用的语气、面部表情、手势等，会让一般性的语句显得强烈和富有吸引力。戏剧家可能就会借助这些东西，让人们理解他所写的文字，而一般作家就必须更多地依靠文字本身的力量来呈现效力或者说服力。

现在，你可能就会意识到某些事实并不需要太强有力的表达。但年轻的作者就是把握不好这个度，不知道如何突出重点。他们的表达处于两个极端——要么高度有力，要么绵软无力。不知道如何进行恰当适中的表达，结果就导致他们的文字没有效力。他们笔下的那些极致的文字，很快就被人们厌弃。大量使用华丽花哨的字眼，也同样无法让文字获得力量。那些修饰性的优雅文风，可能更适合公共演说家，你最好还是选择简洁有力的单词。

千万不要认为随意使用一些类似“sort of（有几分地）”“kind of（有点儿）”“very（非常）”“quite（相当）”“exceedingly（极其）”“tremendously（巨大地）”“somewhat（稍微）”“rather（相当）”等单词可以为语句表达的事实增色，或者加强它的“力度”。读者不清楚你是用什么标准来衡量自己的想法，这样你想强调的程度对他来说就没有什么意义了。另外，这种做法还会导致这些副词所修饰的形容词没有得到合理的限制性修饰。例如：

This picture is a very perfect likeness.

这张画是一幅非常完美的肖像。

What you say is very obvious.

你说的情况是很明显的。

This tree is quite vertical.

这棵树非常笔直。

On the whole, he is about the nicest fellow I know.

总体来看，他是我认识的最好的人。

有一位愤慨的科普文章读者发现了许多这种中庸，但不明所以的修饰语，他只好把这种写作手法称为“中庸的狂欢”。一般的读者最不能忍受这种在陈述事实时的过度谨慎。他们希望通过自己对你的了解来衡量其真实性的程度。如果你告诉读者某座山“大约”有1.6米那么高，那么倒不如直接和他说那座山高1.6米，因为整数始终容许一定的偏差。你应该相信，读者知道你可能并没去量过那座山，不知道它实际上是1609.3米。同理，你说某人“有点”胖，读者也不清楚他究竟有多胖。总之，你得靠简单的、未经更改的单词来表达自己的意思。

我们可以通过搜索能够准确表达“力度”的单词，避开那些程度不清的副词。所以，“he knocked very softly（他轻轻地敲）”并不比“he tapped（他轻叩）”更高明；用“he knocked quite hard（他很用力地敲）”不如用“he pounded（他重击）”。英语中有许多准确的词汇。如果一个建筑工人只能用接近指定大小的石头来建房子，然后再用碎石和任意供应的灰浆来填补空缺，那么他就是一个蹩脚的建筑工。假如明明存在准确大小和形状的石块，但他就是没有提出这个要求，那么他就应该受到谴责。要知道，准确大小的石块不但更坚固，而且砌出的墙面更平整，可以节省补缺补漏的工时。许多工程师建造的房屋墙面很平整，但他们根本不会把这一项作为成就写进自己的报告。技术杂志的编辑告诉我们，再也没有比技术人员更不擅长准确用词的人了。

你可能会觉得这些滥用词语的错误太明显，不足以引以为戒，但这其中最糟糕的错误其实是使用了不必要的词语。我们甚至可以说，删掉新手写的文章中百分之三十的词语后，仍然不影响阅读。这些词语并没有什么意义，它们就好像附在船体上的贝壳一样多余。因为原本只需一个形容词就能表达清楚的事情，却非要写成冗长拖沓的关系从句；原本用一个副词就能解决的问题，却偏要写成副词性修饰语；一个名词非要写成冗长的名词性从句；能用一个动词来讲的事情，非要用一连串的谓语。例如：

The man that is not wanted in college is the man that does not care very much about hardly anything. （Boiled down: College opinion condemns indifference.）

大学不欢迎的人就是那些对一切事情都漠不关心的人。（压缩成：大学谴责冷漠行为。）

He spoke to me when we met each other this morning in a very cordial manner. （Boiled down: He greeted me cordially this morning.）

我们今天早上见面时，他非常热情地与我说话。（压缩成：今天早上他热情地问候了我。）

We went back to the clubhouse as fast as we could, so as not to get caught in the rain which was at that time coming down quite hard. （Boiled down: We raced to the clubhouse, to escape the pelting rain.）

我们尽可能快速地赶回了俱乐部，以免被当时的倾盆大雨淋湿。（压缩成：我们飞速回到了俱乐部，以躲避这场倾盆大雨。）

当然，这种压缩句子的方法会让你联想到电报，电报通常只能用寥寥数语来表达让人费解的事情。但年轻的作者常犯的并非这种“电报风格”的错误，他们最常见的问题在于写长篇大论，但却不知所云。

关于用词的第二个常见错误在于作者没有准确掌握词语与句子的关系，这可以用平行结构进行压缩。例如：

I could not consent to do anything which people do not call honest. Besides, this thing you propose might make trouble for somebody, and I could not do that. And then I don't believe that my father would like me to do it, anyhow, and I don't want to disobey him. （Boiled down: I will neither cheat, make trouble for my friends, nor disobey my father; and as your proposal involves all these, I will not act upon it.）

我不会去做人们认为不诚实的事情。另外，你提的这个建议可能还会给某些人带来麻烦，所以我不会去做。还有，我认为我父亲也不会同意我这么做，毕竟我也不想忤逆他的意思。（压缩成：我不会作弊，以给朋友制造麻烦，也不会忤逆我父亲的意思；因为你提的建议涉及这些方面，所以我是不会去做的。）

除此之外，还有一个问题就是过度使用“to be”这个动词，并因此导致重复使用代词和其他词语。例如：

He was very young. He was so young that no one believed that he could pass the exams. But although he was so young, he passed them. This was because he was so well prepared. （Boiled down: Though younger than other candidates, he had had a thorough preparation, and passed without difficulty.）

他很年轻。他太年轻了，所以没有人相信他可以通过考试。虽然他这么年轻，他还是通过了考试。这是因为他考前做了充分的准备。（压缩成：虽然他比其他候选人更年轻，但因为做了充分的准备，他还是毫不费力地通过了考试。）

如果作者多加注意，就可以避免一些错误。有些作者会过度使用“one”这个词，它容易产生措辞含糊不清的问题。这种错误在英国更为常见。使用第一人称代词可能不太谦逊，但它显然更有“力度”，而我们更应该提倡表达的“力度”，而不是谦逊。在需要使用主动结构的时候，不断使用被动结构，就会明显削弱文字表达的气势。另外，有意重复可以突出内容，而无意识地重复就会立刻让人觉得很单调。保持用词的多样性，可以激发读者阅读的兴趣。如果你在同一页上使用了两次相同的措辞，或者使用同一个词语超过了三次，最好先暂停一下，选择其他词语来代替，这样也可以增强文字表达的“力度”。除非你已经养成在写作过程中随时检查的习惯，否则你会很容易发现自己的文章中的确经常出现相同的措辞。我们真的很难“戒掉”使用相同表达的习惯。但你还是必须牢记，每次无意识的重复用词，都会削弱第一次以相同的表达呈现的思想“力度”。

以下句子就同时犯了这三个错误。

If one is interested to see the sights of the city, one will be repaid by the sights to be seen at the corner of Worth and State street, since more people are seen there at one time, and an interesting sight is thus obtained.

如果一个人想去看城市的风景，他自己就会成为沃思和斯泰特大街小巷的一道风景。因为有许多人同一时间出现在了那里，所以（这些人？）就形成了一道有趣的风景。

不久前，有一家著名的隧道公司负责人想向一个采矿工程师协会讲述有关隧道钻岩的事情。他虽然在技术问题上造诣颇深，但对写作却是一窍不通，所以他花了一个半小时才说完了本来只需要十五分钟就能讲完的事情，并且在演说的过程中不断重复自己刚刚说过的内容，被现场观众嘲笑。而在他之后发言的那个人，只花了十五分钟就讲完了本来允许讲三十分钟的内容，并且还精简了复杂的文章内容，让原本听得昏昏欲睡的观众的精神为之一振，津津有味地倾听他的讲演。这两者的差别在于，后者清楚应该讲哪些内容，而前者却不懂这个道理。

就像如果使用的力气相同，小孔钻头肯定要比大孔钻头钻得更深那样，文字也一样，意思具体而有限的单词一定会比意义广泛的单词更深入人心。一个单词的意思越明确，它的表达就越准确。“He lies.（他撒谎。）”要比“he misstates the facts.（他误述了事实。）”的表达更强烈，因为后者有意使用了不准确的表达。在那些并不将夺人性命当回事的地区，人们很少听闻“murder（谋杀）”一词。“Killing（杀戮）”则是一个意思更含糊的词，没有暗示任何动机。一位银行家可能“appropriate（挪用）”银行的资金，而窃贼只能靠“rob（抢劫）”。银行家的家人希望用定义不明确的词语来形容银行家的行为，但其他人（尤其是法律）都希望用恰当的词语来描述他们的罪行。

男孩可能会在信中写道，“I saw a big automobile win the hill-climbing contest last Saturday. It went very fast.（我看到一辆大汽车赢得了上周六的爬坡比赛。它跑得非常快。）”但“Auto Era（汽车时代）”的记者可能就会说：“Mr. Charles Evans in his great new 8-cylinder, shaft-driven, imported Deauville, with its 130-horse-power motor crackling louder than a doen Gatlings, flared like a comet up the slope in 5325 seconds, breaking the record for a climb of this grade.（查尔斯·埃文森开着他那辆新的八缸轴驱动的进口多维尔，以一百三十马力的速度和超过多恩加特林的爆裂声，像彗星般在五千三百二十五秒内冲上了山坡，创造了这个赛车级别的爬坡纪录。）”后者使用的具体词汇要比男孩在书信中所用的一般词汇更有“力度”，更生动。

口语化词汇的一个主要问题就在于，它们被运用于书面写作时意思不够明确。你可以说某个朋友“He is very good fun.（他很有趣。）”但这种措辞含糊地表达了此人很好相处的特点，在说话的时候，人们很快就会忽略这种含糊不清的表达。可是，读者想了解的可不只是这些。他必须清楚这位朋友究竟哪里好相处，他和别人有什么不同。明确地详述的一大特点就是将某事物与其他事物相区别。你描述人群中的一个人时，不会让这个人与其他人混淆起来，那么你就做到了明确表述。只有“明确”才能让人产生兴趣，而使用具体的语言，才能让人信服。

有些作者会因为自己的职业的关系，使用一些根本没多大意义的词汇。任何报纸的金融专栏都不难找到这种例子。新闻记者并不了解控制着市场动向的力量，但他必须想尽一切办法维护自己“无所不知”的形象。结果我们就会经常看到以下这种文字：

Yesterday was the first day since May 15— three weeks ago to-morrow — on which the stock has failed to reach a higher price than the best of the day before. The fact may or may not have a bearing on the programme of the eminently successful gamble to which an admiring world has been treated in the interim. Predictions about immediate results, in such a market as has been stirred up, are of no great value; it is only predictions of the more distant outcome which may be made with certainty. However, all people familiar with Wall street manipulation know what it is apt o mean when volume of trading on the Stock Exchange is expanded with such rapidity as in the past few days.

昨天是自五月十五日以来的第一天——三周前的第二天——出现了股票价格未能超过前一天的情况。这个事实有可能会，也有可能不会影响到一场非常成功的博弈。在此期间，世界已经见证了这个项目的发展。在这样一个被激起千层风浪的市场中，预测即时结果并没有多大价值，只能去预测可能较为确定的长远结果。然而，所有熟悉华尔街操盘的人都知道，证券交易所的交易量在过去几天膨胀得如此迅速，究竟意味着什么。

Human nature is such that the fact of this advance will instill in many minds the conviction that an equally large further advance must be on the cards — a method of inference which sometimes turns out right, sometimes wrong, which is always a curiosity of logic, which serves very usefully the purpose of one element in the personnel of a speculative market, and is the invariable pitfall of another.

人性就是如此，这种进步的事实将向许多人灌输这样一种信念，即相同的极大进步一定快要出现了——这种推理方法有时是正确的，有时是错误的，它体现了一种对逻辑的好奇心，这对于实现投机市场人员的某种目的非常有用，而对于其他人来说却始终是一个陷阱。

如果记者想写出有力的文字，他就应该避免使用“may or may not（也许或也许不）”“may be made（可能会使）”“what it is apt to mean（这倾向于意味着）”这种苍白无力的表达，以及听起来像是德尔斐神谕[1]那种让人费劲去思考深意的表达。他不敢说：“The market will fall tomorrow.（市

---

[1] 译者注：在三千年前，希腊德尔斐神庙阿波罗神殿门前有三句石刻铭文：“认识你自己”“凡事勿过度”“承诺带来痛苦”。这些话曾引起过无数智者的深思，后来被奉为“德尔斐神谕”。

场明天就会垮。）”因为你知道事实并非如此，如果他真这么写了，可能就会被扣工资。他写的文字充斥着大量背景信息，看这种东西纯粹是浪费时间。

所幸我们大多数人都可以用明确的文字来写文章。“Be sure you are right, then go ahead.（确保你走的方向是对的，然后一直往前走。）”所以你在写作时要“直接一点（go ahead）”，不要“兜圈子（go around）”。

暗示的力量

现在我们就来讨论三种检验单词效力方法中最困难的一个——“暗示的力量（Suggestive Power）”。“事实”有赖于准确性和逼真性，“力度”取决于单词含有多少种意思，“暗示的力量”则要靠单词让人联想的事物来实现，或者用修辞学的话来说，就是单词所蕴含的意义。

“Please present yourself before the Dean at three o'clock today.（请于今天三点前到院长这里来一趟。）”这里的“the Dean（院长）”准确地描述了学生所知的一个人，这对他而言就是一个掌握着一定权力的人。“事实”和“力度”就这么多，他只能靠暗示性信息做判断——这名学生可能之前已经见过院长。如果是这样，他就会回想起之前与院长打交道的痛苦经历，从而预感之后见面时可能出现的所有情况。他可能只是听说过这种面谈的体会，如果是这样，他就要通过自己掌握的零星信息，想象出一个更痛苦的画面。那么，单词“Dean”的暗示力量就要取决于学生脑中已经存在的概念，取决于学生们与他的个人关系，以及取决于学生们对他的直接印象。

人们在对话时，总体上允许适当使用俚语的一个原因在于，所有俚语都具有一定的暗示性。例如：

I waited anxiously for his reply. The smile that preceded it was like a letter from home.

我焦急地等待他的回复。我看到那个笑容时，就好像接到了家书一样。

这句话中最后的四个单词并不是俚语，但因为它们带有的暗示性，导致这几个词常被拿出来表达一些受人欢迎的事物，用的人多了，它们就成了俚语。

另一方面，你必须记住新俚语的“暗示力量”并不是很强烈，一般来说，单词的“暗示力量”也会因为过度使用而消退。与其使用老套的比喻，不如别用，因为它们根本没有什么“暗示力量”可言。像“He ran like a deer.（他像小鹿一样跑起来。）”这种措辞根本没有什么暗示性。

我们在上文列举的两个例子分别代表两种具有暗示性的单词：一种能够让人通过紧密的联系，联想到相关画面；另一种能够让人通过比喻联想到相关概念和画面。前面一种的单词包括“country（国家）”“home（家）”“honor（荣誉）”等。它们每一个都充满了暗示性，能够立即让人联想到许多概念，可能还会让人想到具体的一连串画面。关于说话的所有想象，尤其是明喻、隐喻和称呼就属于后面一种类型。

在表达“暗示力量”方面，想象要比简单的文字更有效。它的力量在于能够激发读者去考，让他们回忆过去的经历。由读者的大脑创建的概念要比作者为他们提供的信息更具威力。但也因为它能量巨大，如果使用不当就会很危险，所以是最难掌控的写作环节。

更危险的情况是，作者可能经常没有意识到自己的比喻所携带的力量。在我们读过的一些小说中，可能会出现“小女孩蹦蹦跳跳地（bounds to）奔向妈妈或者离开妈妈”这种描述。不管是哪一种，她始终“蹦跳着（bounds）”。现在作者的意图就是想描写小女孩像小鹿一样轻盈地奔跑的样子，但“bound”这个词已经能够让读者联想出更丰富的画面，它暗示了一系列受惊吓的跳跃，就像袋鼠或者跳羚一样。这种比喻产生的画面很滑稽。也因为这个原因，我们要避开所有混合的想象——让这些想象成形只会产生荒谬的结果。我们都知道，插画师能够根据一句笑话创作出生动活泼的图画。

The fair girl threw a scornful eye upon him, and his face fell.

那个漂亮的女孩向他翻了个白眼，他的脸就阴沉了下来。

这两句话本身都有很强的画面感，但放在一起时，它们就没有什么意义了。下面的例子是一位学生所写的内容，它暗示的内容超过了其本身的表达，可是犯了相同的毛病。

The outcome of the French Revolution was too much for Wordsworth to stomach.

华兹华斯实在难以“消化”法国大革命的结果。

那么，作者在写作前就必须先想象一下这种画面，他必须足够了解读者，清楚读者会怎么理解，才能更好地避免自己写出的文字遭到嘲笑。

在用词的选择上，还有一个较不常见的错误就是使用了人们不太熟悉的比喻。想象的要点就在于通过暗示一个更为生动、更易理解的概念，为人们展现栩栩如生的画面。有位学生在描写一个女孩大学中的毕业纪念日时这样写：“The campus was bright with as many colors as a swale in spring.（整个校园五彩缤纷，就像春天的沼泽地一样。）”这样读者就会困惑究竟是什么样的“沼泽地（swale）”，沼泽地究竟有几种颜色，他得去查词典才知道，“沼泽地”的意思是“草地中的一个潮湿的低洼地”。如果你所用的比喻，只有那些能够立刻会意的人才有办法理解，那就不能算是有效的比喻。

你采用的词语所激发的想象必须具有真实性，必须来源于生活，但未必在各个方面都与你所指的对象一模一样。只要有一个方面相似就足够了，它在其他方面与你所指的对象差别越大，产生的效果就越强烈。但你要避免突出这种差别，只能让读者自己去想象。最重要的是能让读者立即联想到它们之间唯一的相似性。一个明喻就足以点出其中的含义。例如：

As the exhausted prize-fighter sat on his second's knee, his head dangled about like a poppy in a shower.

筋疲力尽的职业拳击手跪坐在地，他的头就像被水打湿的罂粟花一样耷拉下来。

“职业拳击手”在其他方面与“罂粟花”相比简直有天壤之别，但在这种情况下，二者有那么一瞬间的神似，而记者敏锐地捕捉到了这一点。

准确地运用想象主要取决于作者对有趣经历的观察，以及在恰当的时候调用这些观察力进行比喻的能力。只有那些看过被水打湿的罂粟花的人，才会注意到它耷拉着头的古怪模样，才能够在适当的时候调用这种画面。另外，准确地运用想象还要求作者不能乱用比喻。乱用比喻的错误一般起源于作者过于频繁地运用想象力。今天那些想象力过于丰富，却缺乏实际价值的作家，绝不应该是学习作者模仿的对象。初学写作的人最好要避免这种倾向。过度使用隐喻一开始可能挺有趣，但很快就会变得乏味。它的出现并不自然，无法帮助我们找到准确的词语。

最后，你得记得所有文章，无论是书面的还是口头的内容，读起来都要顺耳。即使是写给读者看的书面文章也必须考虑到这一点。每位读者在阅读时多少都会想到自己所看到的单词的读音。当然，如何让自己写的文章读起来朗朗上口、悦耳动听，这绝不是本书要讨论的内容。我们只能提两个建议：刺耳的词语组合会影响听觉体验，发音相同的单词出现的间隙过短也同样令人不快。道格拉斯主教曾经用“thick drumly scuggis（不停聒噪着的令人生厌的家伙）”和“ragged rolkis of hard harsk whin-stane（衣衫褴褛的暴躁狂欢）”等听起来颇为刺耳的文字组合来描写冬天恶劣的风暴天气。这两句话的读音颇为应景，符合文章的意境。否则，有刺耳发音的词绝不可能构成好文章。弗朗西斯·培根在翻译《诗篇》（《圣经》旧约的一卷书）的第一百零四节时写道：

There hast thou set the great Leviathan.

你有伟大的利维坦。

That makes the seas to seethe like boiling pan.

让大海像热锅的开水一样翻滚沸腾。

读者马上就会注意到第二句话中有太多“s”和“e”这种令人不悦的发音。这是两行蹩脚的诗，更是糟糕的散文。他翻译的其他《诗篇》中的内容也同样很糟糕，都犯了同样的错误。以下就是其中一个典型：

Plain*ing* or chirp*ing* through their warbl*ing* throats.

从它们颤抖的喉咙中发出啁啾。

你光用耳朵听就知道为什么“a deep sleep（深度睡眠）”这种单词的组合更自然，而“the heart-breaking leave-taking（令人心碎的离别）”却不是这么回事。但除非你深谙其中的道理，否则就不要存有当诗人的念想。

除非是头韵等特殊情况，否则我们不但要避免连续使用读音相似的词汇，还要避免连续使用结构相似的句子（除非是有意运用并列结构来突出内容等情况）。

简而言之，准确用词要求我们必须兼顾词语的读音和意思，不可影响读者的理解。要满足“好用”的要求，就不可以选择俚语、口语、方言、外来语、华而不实的词汇和古语词；如果要检验所用词汇的有效性，就要根据“事实”“力度”“暗示性”的标准来衡量，并判断所用的词汇是否属于句子中独一无二的成分。但这种独特性也要有一定的根据，只有当所用词汇在复杂的结构中能够轻松、毫不费力地“执行”对应的任务时，才能将其称为“在其位司其职”的准确词汇。

第二部分　议论文

议论文和说明文两者紧密相关，议论文的论点材料或多或少都是简单的说明文。但是，议论文和纯粹的说明文还是有差异的。这一非常重要的差异主要体现在：说明文重在说明，用以解释某些读者愿意承认其真实性，但尚不理解的事情；而议论文重在说理，用以说服读者认可某些他们尚不相信的事情的真实性，而且这些读者通常对该事已有一定了解，并且持有个人观点。

第八章　概要

议论文和说明文两者紧密相关，议论文的论点材料或多或少都是简单的说明文。但是，议论文（以及议论性的演说）[①] 和纯粹的说明文还是有差异的。这一非常重要的差异主要体现在：说明文重在说明，用以解释某些读者愿意承认其真实性，但尚不理解的事情；而议论文重在说理，用以说服读者认可某些他们尚不相信的事情的真实性，而且这些读者通常对该事情已有一定了解，并且持有个人观点。因此，说明文和议论文所采用的材料虽然没有太大的区别，但是二者对于材料使用的目的或意义却大不相同。例如，你要向一位朋友解释自行车构造，一般只需要简单介绍清楚自行车是如何工作的即可，这就是说明。但是，如果你是自行车代理商，需要通过解释车轮的机械运动结构，说服对方买一辆同款的自行车，那么，你所写的文章就属于议论文。这两个案例中使用的材料大体一致，目的却不相同。在第一个例子中，你只是为了解释清楚某件事情，而第二个例子是为了说服别人做某件事情。

除非你已经拥有多年的写作经验，不然在写作实践过程中，最好能在进行主题写作前，针对该主题草拟出作文提纲。在议论文写作中，我们把这个特别的提纲形式称作“概要（brief）”。概要是提纲的一种，但不是所有的提纲都能称为概要。因此，请大家细心留意下文内容，千万不要误认为普通文章的提纲与精心撰写的概要可以取得同样的效果。

写一篇优秀的概要需要通过三个步骤来完成。首先，针对待证实的观点，必须在头脑中形成清晰的思路，而且能够通过一个简单句将其阐述清楚。这第一步就是“叙述命题（phrasing the proposition）”，这个简单句就是“命题句（Proposition）”或“决定句（Resolution）”。该句是概要写作的核心和重点。第二步，在开始全篇写作时，你需要用一两个说明文

① 一般来说，下面的章节中使用的材料同样适用于口头或书面的议论文。

段落对该问题的真实情况进行解释说明。当然，并不要求写下非常完整的段落，只需要简单地草拟出大致的框架即可。这些框架紧跟在命题句之后，也被称作概要的“导论（introduction）”。最后，你需要拥有一个明晰的思路，对上述观点进行论证。论证框架需参照特殊的写作体系（后文会有详述），提前在纸上打好提纲草稿。这一部分被称作“概要正文（Body of the Brief）”或“概要本身（Brief Proper）”。

接下来，让我们详细了解这三个步骤。

叙述命题

叙述命题就是通过一个简单句，针对你打算予以证实的特定观点进行解释说明。这个命题需要以完整的句子形式出现，不能只是一个单词或词组。例如，如果你把自己的写作主题写成“离婚的棘手问题”，就没人明白你想要论述离婚带来的不幸，也没人能够分辨出你是否想要论证离婚的重要性或不重要性，或者是他们是否需要采取某种行动。但是，如果你写下的是一个完整的句子，即——“离婚的棘手问题需要立即诉诸法律”，那么你便可以针对某一个特定的、能被证实或反驳的观点进行阐述。

你的论点不仅需要一个完整的句子，而且该句必须能够不偏不倚地准确表达所论证的观点。在写下这个句子的时候，你需要仔细分析自己的想法。因为头脑中想要佐证的事情，经常会意外地摸不清来龙去脉。例如，许多人会在概要的中心部分写下“足球运动很有益”，并且想当然地认为这个完整的句子完美地满足了命题句的要求，可事实并非如此。首先，如何定义“足球运动”？如果指的是大学生们踢的足球，也许它的确是有益的运动。但如果指的是还未成年的男孩们玩的足球，可能就没那么好了。其次，如何定义“有益”？对谁来说是“有益”的？某一种运动形式可能对于参与的运动员来说是好的，对于观看的观众来说是好的，又或者对于大学精神的发展来说是一个很好的途径……某场游戏可能在某些方面有些益处，但不可能全部都是优点，总有几个方面会有不好的影响。如果写成“大学足球对抗赛对于足球运动员来说很受用”，这句话可能已经明确说明了作者的观点，不偏不倚，表达得很准确。

概要导论

导论存在的目的在于，在真正的论述开始之前，为其“扫清道路”。你一定记得，你的读者（或观众）对于这个问题知道的一定没你多。因此，为了让他们明智地认同你接下来将提出的论据，在论证开始前，你需要针对实际案例提供一定数量的事实佐证，然后再从这些通过事实得出的结论开始论证。

概要开篇所涉及的内容的多少，需要参照问题本身，也需要参考你的读者、观众情况。讨论的主题越复杂，观众越无知，需要准备的导论就应越详尽。但是，在完成导论时，无论是读者从你的导论中读到的，还是事先就已知道的，必须保证他们全面掌握以下几点。其一，读者必须至少了解这个导论的主要内容、与该主题相关的历史背景及目前所处的现状。比方说，在你的读者全面掌握关税现状以前，你不会在开篇就去论证关税政策中出现的某一个变化。其二，读者必须完全了解目前遇到的问题或主张的真正意义。如果你要对关税的某一个变化进行论述，那么必须解释清楚所提倡的观点较之前有哪些不同和变化，以及这些变化需要关税条例发生何种改变。如果你论证的内容是学校的诚信制度，那么必须详细阐释你认同的诚信制度是什么样的。其三，你必须清晰、准确地阐释你与他人相左的观点的支撑论点。在大部分实际问题中，存在一些特定的、普世认同的观点，也存在一些因人而异的观点。比如，“校际足球赛存在一定不足”这个观点可能会得到所有做过同类思考的人的认同。但是，认为其优点胜过不足（反之亦然）可能不会得到一致认同。因此，当你主张校级足球赛对运动员有益处时，需要在自己的导论中提到，这不是在论述足球是否存在不好之处，其关键在于，足球的优点是否胜过其缺点？当你按照这样的内容进行阐述时，导论部分就完成了。而且当你开始论证其优点的确多到胜过其不足时，写作已经进入概要的正文部分了。

但是，你要牢记于心，导论写作的目的在于为读者理清思路方向，并且明确写作中应涵盖或剔除的材料内容。在这一部分中不应出现任何论点。正如刚刚提到的，其目的在于单纯地阐释说明，只是为了说明事实真相，以及支撑那些你接下来所说的论据。

我们暂时还没有开始写整篇文章，只是简单地列出导论重点，勾画出框架草稿——这就是概要的导论。至于“校际对抗足球赛”这一话题，我们可以按照以下方式来写：

导论

1. 目前主题是很重要的一部分。

1）它是成千上万名年轻男子的兴趣爱好。

2）在我们的教育问题上，它产生了显著影响。

2. 足球的历史为我们提供了公正、基本的论证事实。

1）它已经有很多年的历史。

2）全国所有学校都开设了足球课。

3. 在论证足球的时候我们并不否认其缺点。

1）我们承认它存在许多细小的缺点。

2）我们仍然坚持认为，其带来的优点远大于缺点。

概要正文

现在我们已经提出了命题，并通过预先阐释厘清了讨论的话题范围，接下来可以进入正式的概要部分了。这包括收集和按顺序整理你即将用来佐证自己的观点的论点，这些论点需要参照一条简单却十分重要的原则——整理成大纲形式。概要部分存在的主要目的在于：搭建你的思维导图，方便他人理解。要想阐释清楚该论点大纲，最简单的方式是将其与“脚手架”或“老式铁路的栈桥”对比着来看。“铁路栈桥”的横截面[1]类似于下图（图1）。

---

① 一条真实铁轨中的某些细节会被忽略，但是这一比喻仅仅只是用来阐释概要的部分。

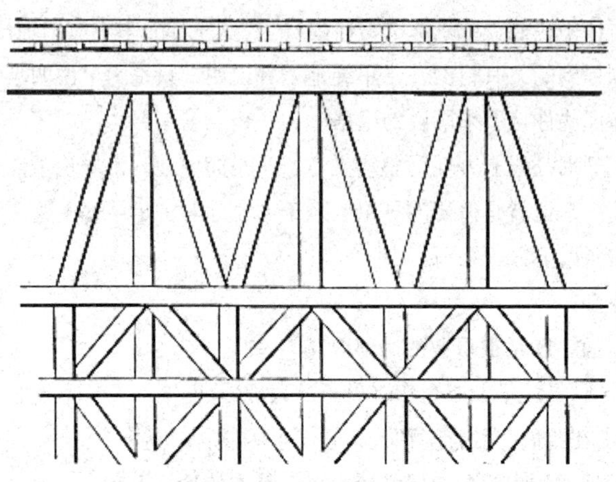

图 1

我们可以看到，整个“铁路栈桥”存在的主要目的在于支撑中间铁轨，保证火车通行。与之相同，论据存在的全部意义在于支撑一个中心论点，即你奋力证实的主要命题。此外，紧挨着铁轨的下面是两三个支柱。同理，你的主要命题下面也需要有两三个主要观点支撑。例如，你的命题是“足球对运动员来说有好处”，那么该命题需要有三个主要论点作为支撑——即足球对运动员的体魄、精神及道德层面都是有益的。接下来你会发现，“铁路栈桥”的这两三个顶端支柱还没办法落地。因此，它们需要有其他一些支柱予以支撑。同样的，关于足球，你列举的三个主要论点也需要其他论点支撑，以证实三个主要论点的真实性。但是每一个观点都必须有一些次要的观点进行支撑。我们可以参照“铁路栈桥”，为自己的论点搭建一座“栈桥”，支撑最顶端的主要命题；平地而起，与底端事实或强有力的证据紧密联结。它就像是图 2 中所表现的那样。

在这里可以看到，第一行或最上面一行的每个观点都用以证明主要命题，而第二行的每个观点都用来支撑上一级观点，第三行的观点又被用来支撑第二行的。事实上，如果一名运动员花了整整一个下午在训练场上训练，这就足以证明他一直都待在户外；而他一直待在户外则有助于证实足球对提升身体素质的益处，这又能够协助证明足球从整体上来看对他是有意义的。此外，还可以发现，所有最底层的观点都是绝对正确的，它们是不会有任何人去质疑的事实。因此，由此搭建起来的“基地”十分坚实，整个论点的“栈桥”坚实可靠。这就是“概要”的全部概念：我们的主要命题需要以一些观点作为支撑，这些支撑观点树立在其他观点之上；以此类推，直至最后连接到最底层的观点，即全部论点的实际支撑点，它们通常都是显而易见的、不需要寻求其他观点支撑的真理。

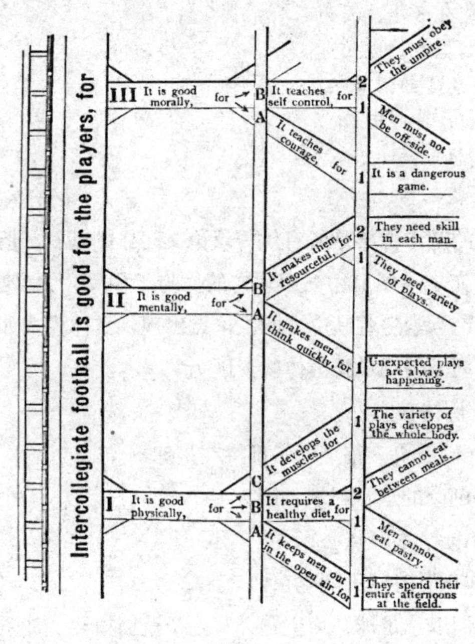

图 2

校际足球赛对运动员很有益，因为

Ⅰ. 对身体好，因为

A. 让人们待在室外。

1. 人们需要一整个下午都待在足球场。

B. 需要健康的饮食习惯，因为

1. 不能吃油酥点心；

2. 非正餐时间不能吃东西。

C. 能够练出肌肉，因为

1. 各种运动能够锻炼全身肌肉。

Ⅱ. 有利于心灵，因为

A. 能够帮人们拥有敏捷的思维能力，因为

1. 突发动作常有。

B. 更足智多谋，因为

1. 需要想出各种各样的策略；

2. 需要知己知彼，灵活应变。

Ⅲ. 对品行养成有好处，因为

A. 教会人们勇敢，因为

1. 这是一个危险的游戏。

B. 教会人们自控，因为

1. 他们不能越位；

2. 必须服从裁判。

以上提及的基本框架是所有优秀议论文写作的基石。但是，实际上，几乎没有议论文是参照上述框架写作的。与之相反，大多数议论文的写作都是每个分论点紧随着其论证的主论点出现，具体模式如下：

1. 足球有利于运动员强健体魄，因为

A. 让人们待在室外。

（1）人们需要一整个下午都待在足球场。

B. 需要健康的饮食习惯，因为

（1）不能吃油酥点心；

（2）非正餐时间不能吃东西。

现在让我们以“足球”为主题，写一个全篇概要。如下所示：

命题

点出主题：校际足球赛对足球运动员来说有益处。

导论

Ⅰ. 目前主题是很重要的一部分。

A. 它是成千上万名年轻男士的兴趣爱好；

B. 在我们的教育问题上，它产生了显著影响。

Ⅱ. 足球的历史为我们提供了公正、基本的论证事实。

A. 它已经有很多年的历史；

B. 全国所有学校都开设了足球课。

Ⅲ. 在论证足球的时候我们并不否认其缺点。

A. 我们承认它存在许多细小的缺点；

B. 我们仍然坚持认为，其带来的优点远大于缺点。

概要正文

Ⅰ. 足球让运动员身体强健，因为

A. 让人们待在室外。

（1）人们需要一整个下午都待在足球场。

B. 需要健康的饮食习惯，因为

（1）不能吃油酥点心；

（2）非正餐时间不能吃东西。

C. 能够练出肌肉，因为

（1）各种运动能够锻炼全身肌肉。

Ⅱ. 足球有利于运动员的心灵，因为

A. 能够帮人们拥有敏捷的思维能力，因为

（1）突发动作常有。

B. 更足智多谋，因为

（1）需要想出各种各样的策略；

（2）需要知己知彼，灵活应变。

Ⅲ. 足球对运动员品行的养成有好处，因为

A. 教会人们勇敢，因为

（1）这是一个危险的游戏。

B. 教会人们自控，因为

（1）他们不能越位；

（2）必须服从裁判。

结论

足球能够帮助运动员拥有强健的体魄、健康的心灵和良好的品德，

因此是一项值得鼓励提倡的有益运动。

概要的注意事项。理论上概要是由三部分组成：导论、主体和结论。结论部分，理论上来说是概要的第三个主要部分，而写作实践中很少关注其具体出现的形式，而是注重作者是否清晰地论述出所需论证的主题。

当你开始动笔写概要的时候，有几个注意事项需牢记于心。首先，你必须仔细检查每一个次要论点能够证明其上一层的主论点。检查的方法是，每一个予以作证的分论点，都是“目的是……”或者“原因是……”结构的句子。如果该句没有表达出“目的是……”或“原因是……”的意思，那么这篇概要或多或少存在一些问题。同理，“因此”这样的连接词是不应该出现的。这个“因此”影射你将在次要观点或予以佐证的证据之后提出主要观点或结论，这是不正确的概要写作方式。就像把铁轨铺在铁路栈桥的支柱下，而非支柱之上。如果你会在概要的每个观点阐述处都使用“因此”，并且言之有理，那么你的概要写作一定不太规范。其次，概要中的每一个观点都需要是一个完整的句子，而不能只是简单的词。概要开篇的命题必须是完整的句子，这都是同样的道理。如果你只是写下“户外”，大家是不会知道你所说的“户外”具体指的是什么，但是如果你说的是“足球比赛让大家待在户外”，那么你已经阐明了一个观点，而且读者也能明白你说的是什么。再次，最重要的观点需要在最后进行“强调”，这和说明文主题中的框架一样。

议论文概要检测

我们现在已经了解了写出概要草稿所需要的正确细节及其形式规范的写作。但是在真正下笔之前，还需要按照议论文的形式对其进行检测。下面，我们要做的不是简单根据其是否符合修辞原则进行验证，而是以能否足以说服有识之士作为判断标准。为了达到说服他人的目的，我们必须确保自己的论点能够正确概括阐述，并且精确得极具说服力。

首先需要注意的问题是，概要部分不应出现过多的主要观点。通常主要观点不应该超过四或五个，否则，读者很容易犯糊涂，从而无法清楚地了解你想要表达的观点。一般来说，有些论点可能会比其他观点更具说服力。如果你发现自己的概要里面存在八至十个主标题，那么，最好删掉一些说服力较弱的部分。语言简洁带来的好处远超于删掉部分的论点带来的损失。议论文写作的重点不在于你罗列出多少观点，而在于读者能够清楚地记住多少个你的观点，而这又将决定你在说服读者的道路上能够走多远。必须牢记，议论文写作的唯一目的在于“晓之以理”，需要让读者认同你的观点。勤于练习，你很快便能学会将两个观点合并为一，让它们共同成为一个全新主要标题下陈述的两个副标题。例如，足球运动能够锻炼人的勇气，而且也能够提升自控力，将这两个观点合并在一个标题下，便成了“足球运动能够有益于人的品行建设”。如果可能的话，一直都可以尝试这样做，因为这会使得你的论点更容易被人记住。

第二条需要注意的是，针对你提出的所有观点，都必须要有真实的证据或现象予以证明。证据在你的论点“栈桥”上处于较低层的位置，如果证据部分薄弱或不充分，那么你的整个文章架构都会显得摇摇欲坠。年轻人倾向于在没有证据的情况下断言一系列观点，还自认为这是在论述。他们会认为，“诚信制度”的可靠性一定是经过证实的，因为在“诚信体制”下，人们诚实得完全不想造假。然而，他们却拿不出一丝一毫的证据予以佐证自己的观点——证实人们都是非常诚实的。这就不能算是论证。有识之士不会轻信你的这些言论，除非你向他们提供可靠的证据来佐证自己的观点。证据的种类有很多种，但是你必须提供其中一类确凿的证据。你必须言之有理，并且有据可循，而不是妄加断言。

除了证据以外，你还需要对其仔细分析，并且确保其能够经受住调研考察。所有论点在一定程度上都会遭到或多或少的异议，而异议者会把你的观点放在显微镜下检验，挑出任何可能的毛病。如果你的观点只是听起来还不错，但立论和根基非常薄弱，那就要小心你的“敌人们”会把你的这些弱点公之于众，从而让你的观点变得荒唐可笑。在前文中，我们把议论文比作“栈桥”，其实也可以把它比作一艘“战列舰”。最好的战列舰下水时的动作通常不是最优美的，而是最能承受住撞击的。同样的道理，最优秀的议论文并不总是那些开篇最动人的文章，而是那些拥有最具说服力的观点的文章，这些观点有坚不可摧的证据作为防护，能够抵抗异议者一次又一次的质疑和考验，并且仍然无懈可击。因此，在直面异议者的“炮火”之前，你需要确保自己的证据真实可靠。

在积累证据或恰当测试其意义之前，我们必须考虑到一些更为常用的表现形式。其中一个常用的形式是大家熟知的“言词证据”。“言词证据”是基于他人的言词，且他人的言语属实，作为自己论点的根据。如果一名律师想要通过某位亲眼看见其他人谋杀的证人的证词，作为证实自己的当事人的无罪证明，那么他采用的就是“言词证据”形式。在这种论证形式中，证人所言为事实。如果某位辩论者认为某项法律是不公平的，并且援引某个著名声明中的一条以佐证因不公平造成的影响，那么，他使用的便是“言词证据”的第二种形式，即该人引用的不是某件事实，而是某个观点。无论以上哪一种形式，只要经得起推敲分析，都是强有力的证据。如果证人实际上看到琼斯犯了谋杀罪，那么史密斯不会受到任何处罚。如果某个国家最明智的政客之一认为某项法律并不公正，那么大多数人在质疑他之前都会迟疑很久。但是，这些证据能否经得起分析推敲呢？目击证人是否真的看到琼斯开枪，又或者是证人在撒谎呢？那个声称法律不公正的伟大政治家，他的观点是否真的值得你尊重和认同呢？又或者他只是一个高傲自满的鼓吹分子，其对此观点的看法压根毫无价值呢？显然，这一类证据的重要性取决于目击证人本身的品性。如果他是一个值得信赖的人，那么你可以引用他的声明，而且你的质疑者们也会很尊重其声明；如果他是一个不太可靠的人，你就必须把这个事例从自己的概要和论点中剔除。

如果你需要经常使用“言词证据”，那么你要多问三个问题：讲话者是否心智健全？他是否品行端正，值得信赖？他的论断或观点是否不偏不倚，不受任何个人偏见的影响？如果这三个问题的答案都是肯定的，那么这是一个可靠的证据；如果答案是否定的，这个证据就比较薄弱。如果目击证人因喝醉了酒导致心智不够清醒正常，那么他在当时做出的“琼斯真的杀了人。”的证词则没什么可用价值；如果他是一个臭名昭著的骗子，品行道德有问题，并不值得信赖，这个证据也没什么可用价值；如果他的判断是为了偏袒自己的作为被告的朋友，那么也没什么可用价值。发布声明称某项法律存在不公的声明人，如果对此话题并没有掌握全部知识和信息，抑或该声明人是一个不讲原则的政客，抑或他因个人利益受到该特定法律的制约影响而做出此类声明，那么这类声明对于论证来说没有任何意义。

“一般法则”是论证证据的另一种形式，它非常有用，但也存在很大风险。“一般法则”是指你针对某个普遍正确的事情进行论证，你可以把这个特定的事情作为某一个特定案例的事实证据。例如，你需要论证很多伟人都是黑人，那么便可列举出一些黑人成为伟人的例子作为论据，如美国第一位黑人领袖弗雷德里克·道格拉斯和美国教育家布克·华盛顿的人生事迹等。但这种论证方式也存在风险，因为你得出的一般结论可能只是基于某几个特定的案例，然而所有规则中都存在特例。如果你能够列举足够多的案例证实自己的观点，那么这些案例必须能够符合这一原则。但是如果你只能列举几个案例，那么它们可能只是特例，因此而得出的结论也会大错特错。曾经在某个英文写作课堂上，有三个学生没有交过任何作业，却修完了这门课程。参照“一般法则”，根据这几个极少数的案例得出结论——所有人都不需要写作业就可以修完英文写作课，这样就未免有些太过草率。如果人们相信这个“一般法则”，那等到他们在年末未能通过考试时才会意识到他们的论证存在错误。那三个修完写作课的人是这一规则的特例，并不能作为规则的代表。从另一方面来看，黄热病因蚊子叮咬引发，这是一个基于数以百计的案例得出、众所周知的事实结论。因此当你在论证这一观点时，你的结论是真实可靠的，因为它的支撑案例数量众多，足以代表一般规则，而非特例。

当前来看，“一般法则”主要是通过数据得以体现。如果你的数据能够显示绝大多数德国移民喜欢积累财富，并且几乎没有人犯过罪，那么你就能够得出一条较可信的法则——即德国移民都还不错。但是，不得不提的是，这些数据也需要接受同样的测试。这些数据从某些方面来看是“一般法则”的形式，但从另一面来看又是“言词证据”。如果一位学识渊博的医生在某篇杂志文章中列出了一个自行整理的数据表，以显示出酒精性神经炎患者正在增多，那么除了他本人的言论以外，没有其他证据能够证明这些数据属实。因此，这些数据如果是作为“言词证据”存在，你必须问一问，这些数据的收集人是否心智清醒、诚实可靠，并且刚正不阿。与此同时，这些数据也可能是以一般规则的形式存在，需要确定它们是否囊括了足够多的案例，以保证得出一个普遍性的结论。

第三种证据形式主要基于因果关系。通常情况下，大家都知道每一种现象的产生必然有一种缘由，而每一个缘由都会带来某种影响。凡事不会没缘由地产生，而你也不能不计后果地为所欲为。因此，当已知某件事产生的一定影响，而其原因却未知时，你可以根据已知的影响论证可能的缘由。例如，某一个小镇遭到伤寒病毒袭击，这是已知影响，而伤寒引起的缘由起初是未知的。但是因为小镇的排水系统很糟糕——而这是造成伤寒爆发的普遍原因，因此你可以将其两两结合起来，最终得出是“排水系统问题引发伤寒症”的结论。

同样，你也可以从已知的原因出发，论证某个可能的结果。“如果你开车开得过快，总有一天会出车祸的。”在这个句子中，开快车是一个众所周知的事实，而说话人正在通过这个原因产生的结果论证事故的可能。换句话说，因果关系可以看作是电话通讯中的接收器和发射器。如果你看到一个朋友正在对着电话话筒说话，可以确定的是，几千米外的电话接收器正在重复他的话；你除了亲眼见到事情发生的因，并没有任何证据证明某个远距离的地方正在发生的事情产生了影响。所以，如果已知原因，你可以推断其结果。又或者，如果你在电话听筒里听到了一个声音，可以肯定有人在另一个城市对着一个电话话筒说话；虽然你没有证据证明其存在，但你听到了对方的声音。如果因果条件只有一个，那么这个论点是简单可靠的。就像只有一台发射机和一个接收器的私人电话，你可以确定其影响产生的原因只有一个；就像你能够明确地知道，那个接收器里可以听到你对着发射机说出的话。但在现实生活中，常常是因为几个原因而产生某一个结果，或某几个结果是由同一个原因产生的。在这种情况下，如果你不够仔细认真，你的论据很可能被证明是不合理的。因为你可能会把某些原因归咎于（或归功于）它的众多原因之一，而其他的原因实际上与其产生有着更多的关系。遇到这种情况，你不能再因此推断出某一原因一定会带来某种影响，但是你可以按照以下方式进行论证——即某个人是通过公共电话给你打电话，这就说明他必然有一个特定的发射机，因为声音可以通过几十个完全不同的发射机传送出来，发出同样的声音。这里有“谬误推理”的好例子——我们经常引用声明：“共和政体比君主政体更好，因为在共和政体领导下，美国的发展非常迅速。”在这里，美国的繁荣是已知效应，说话者认为的政体形式则是未知的。但事实上，国家的繁荣源自于新事物的产生、国家的独立、丰富的自然资源和种族实力等。如果政体是国家繁荣的唯一原因，那么我们就会知道我们有一个好政府，因为除此之外，国家不会繁荣富强。但事实上，还有以上四个其他原因完全能够产生该效果（国家繁荣），而存在第五个原因也有可能。因此，我们没有证据证明国家繁荣在任何程度上都得益于政体。上述说法并不能证明国家政体就是好的。在这里，因果关系的推理存在谬误。类似的谬误也会出现在写作中，你必须考虑所有可能的原因和所有可能造成的影响，否则永远无法确定这种推理是否合理。[①]

作为论证的第四种形式，我们还可以使用“相似性”作为论证论据，即在一定的条件下，某些发生过的事情，在相似的条件下又会以同样的方式发生。“这个‘诚信制度’在我们学校是行得通的，因为汉密尔顿这个学校和我们学校类似。”这个结论是因两个学校的相似而得出的。当然，如果这两所学校的条件是一致的，几乎可以肯定，某项制度在一个地方取得成功，在另一个地方也会成功。在实际生活中，相似的论点通常会受到很大的尊重。同时它也存在一个巨大的危险，即两所学校之间的相似之处（或者你所比较的任何其他方面）可能并不像某些关键细节那样接近。两个学校在其他方面可能类似，但在“诚信制度”成功施行所依赖的某个方面却不同，例如大学生对待课程的态度也不一样。问题并不在于这些学校是不是在细节上类似，而是论证在结果产生的一切细节中，这些学校在哪个最受依赖的细节上类似？如果你的论点能表现后者，就很具说服力；如果做不到，那可能达不到你想要的效果。还有

① 从“一般原则”、因果关系和相似性进行论证，这几者之间是密切相关的，有时还会相互碰撞。它们都是“归纳论证”的一种形式，即从事实到一般规则的论证。法律不同于演绎论点，它推翻了这一顺序。一般法律适用于特定情况。

另一种推理形式，就是所谓的“演绎论证”。所有的“演绎论证”都是这样的：你有一个特定的对象X，你想证明一个特定的事实Y。你说：“这是一个普遍的规律，每个人都承认，Y确实归属于某个类别。现在，难道你没有注意到对象X也属于这个类别吗？因此事实Y对于对象X而言是真实的。”几何学是最好的例子，它是一个连续的“演绎论证”。你把两个直角的两点放在一起，想证明两个直角的角度是一致的。你说：“所有的直线都有一个普遍的规律，即如果它们在两点上重合的话，那么它们就能完全重合。但是这两个直角是由直线组成的，并且存在两点重合，因而它们也能完全重合。”换句话说，这是把事物两两放在一起的最简单的形式。比如大家都承认你写出的规律对于那类对象而言是真实可信的，大家都承认你论证的对象属于那一类，那么就可以把这两样东西放在一起论证。在日常生活中，“演绎论证”的例子如下：

没有男孩能够在如此不健康的环境下生活；}一般规则，适用于所有男孩。

约翰尼不过是个男孩{作为主体的“约翰尼”，被归为“男孩”这一类。

你怎么会想要他在这儿生活呢？}因此得出结论，他不能生活在这里。

在现实生活中，“演绎论证”通常具有隐含意义，不会被充分表达。你通常会听到上面这样的话：“你怎么想让男孩在这里生活呢？”这仍然是一个演绎的论点，它的逻辑是相同的。进行合理的“演绎论证”，你必须确定两件事情：你认为真实的规律确实如此，而且证明你的观点的对象实际上是适用这个规律的。“每个人都明码标价，因而汤普森和我们其他人一样，也是可以贿赂的。”这听起来合乎逻辑，但汤普森拒绝接受贿赂，所以推理一定是错的。这里的问题在于，说话者提出的规律是不正确的，因为并不是所有人都“明码标价”了。“暴君应该被杀死，恺撒是一个暴君，所以恺撒应该被杀死。”这里的“暴君”阶级在法律中是真实存在的，但是恺撒并不属于那个阶级，因为他不是一个暴君，至少不是这个词在这里所用意义上的“暴君”，因此这个论点是毫无价值的。大多数论点都可以归入上述标题之一：言词证据、因果关系、一般法则、相似性和演绎论证。如果你的概要分析了在上述标题下的所有观点，而且这些观点真实可靠，那么你可以合理地相信整个论证的框架是正确的。

现在，你提出了命题，起草了导论，合理安排了自己的论点，并且论点通过了测评，那么你所写的概要部分已经完整了，剩下的就是最后的任务：将它们整体写出来。

第九章　源自概要的充分论证的展开

论证主要分为两大类：一类旨在论述道理，但不要求受众在被说服后有所作为；一类旨在论述道理，且要求受众接受该观点，并且在达成共识后有所作为。证实北美印第安人和鞑靼人有血缘关系，这属于第一类论证。这个问题只涉及理解能力，与情感无关。不管你的听众是否相信该观点，他们都不会做出什么与之相关的举动。但是，要论证所有选民都应该在总统投票中投给某某，这就属于第二类论证。因为这一论证不仅会左右受众对此事的理解，也会影响其情绪。该论证的影响程度将决定未来他们对于该问题的处理方式。第一类包括大家常说的理论和事实论证；第二类则包括所谓的“策略论证”，以及针对这些策略观点引起的相关感情的共鸣——又称为“说服（Persuasion）”。

现在，你要准备参照前期准备的概要写下全篇的议论文了。你会发现，第一类论证与第二类略有不同。因此，我们将这两类论证分开进行讨论。

第一类：理论或事实论证

在下笔写出来时，你只要简单地使用概要作为指导，遵循一般的说明文的规则。如果你的论点很短，那么每个主要部分都可以写成一个段落。如果论点很长，应该将每个小点分开成段。要注意，所有段落的过渡必须清晰明了，每个段落都应突出其主要观点。针对这种类型的论证，请看以下范例。

约塞米蒂山谷的起源[①]

乔赛亚·德怀特·惠特尼

【选自《约塞米蒂旅游指南》，1874】

所有人都会承认约塞米蒂拥有不同寻常、独一无二的美景。这里的悬崖峭壁完全垂直，半圆顶山和埃尔卡皮坦山的上半部分就是典型代表。同时这些悬崖峭壁还高度惊人，这是迄今为止，我们在其他地方都未曾发现过的。在内华达山脉的其他地区也矗立着大片圆顶状山丘，但是那里可没有类似半圆顶山的景观，即便在国王河源头那些高耸的悬崖峭壁中也找不到相似的风景。所有人不禁要问，这种不同寻常的美景起源于何处？这处独一无二的峡谷是如何形成的？是什么样的地质成因构造出这些令人惊叹的悬崖峭壁？还有什么其他因素共同构造出了如此令人惊叹的奇观？我们将会尝试回答这些问题，并且尽可能地探索地质时代早期地球深处所经历的变化。

内华达山脉中的大多数大型峡谷是由水流剥蚀作用形成的，在世界上其他地区都找不到这种大规模的地貌。湍急的水流长时间以极快的速度连续不断地向下冲刷着山坡，构造出那些巨大的峡谷。内华达山脉西坡几百米深的峡谷就是这样形成的。从地质学角度来看，这种剥蚀作用虽然力量非凡，却是在相对较近的一段时期内完成的，该观点在许多地区都有确凿的证据证明。例如，在斯坦尼斯洛斯河的阿比渡口，桌山山脉的很大一部分在河流两岸均有分布，这一现象证明形成桌山山顶的熔岩流曾经连续不断地流过现在已是六百多米深大峡谷的地区，表明整个巨大的峡谷都受到了剥蚀作用的影响，因为熔岩流是从山脉的高处流向低处的。我们从埋藏在火山堆下面的骨骼化石和植物化石中可以得知，这一地质活动发生在距离现在非常近的一个地质时代或者第三纪后期，那时候人类已经在地球上出现了。

然而，在内华达山脉那些由水流侵蚀而成的峡谷中间，从来没有过

---

① 经版权所有者同意采用。

垂直的峭壁，而它们的侧壁也没有约塞米蒂谷的那种独特的棱角形状。以埃尔卡皮坦山为例，山上有两处光滑的花岗岩平面，高度超过九百米，两者构成九十度直角。我们还有充足的时间再去看看埃尔卡皮坦山和新娘面纱岩的垂直崖壁，绕开山谷，或者远离那些曾被某种力量侵蚀的地方。可以肯定地说，水流侵蚀不可能创造出这样奇特的景观。像在埃尔卡皮坦山的较低处，教堂岩与哨兵岩之间，或者依利路维特峡谷中那些垂直切入的内斜角绝不可能是由一般的侵蚀作用导致的，更不用说用这种成因去解释半圆顶山的独特构造。那里的垂直峭壁全都超出了峡谷岩壁的通常高度，达到六百多米，超过了任何剥蚀力量可能达到的高度；即便假设整座峡谷曾经被水流淹没，它依然处于完全的隔绝状态。

约塞米蒂的奇特景观更不可能是冰雪侵蚀的结果。有理论认为是冰川融化侵蚀出了这些垂直的峭壁和圆形的山顶——再也没有比这更荒谬的说法了。阿尔卑斯山脉是冰雪侵蚀的真正杰作，那里的景观与约塞米蒂没有任何相似之处。除此之外，没有任何理由假设，或者说至少没有任何证据表明，整个峡谷或某一部分曾经被冰川覆盖，这个问题下一章将详细解释。因此冰雪侵蚀的理论，完全是对整个研究对象的无知臆想；让我们点到为止，不要再为它浪费更多时间。

“侵蚀理论”无法解释约塞米蒂谷的构造，我们必须把重心转回到某些地壳运动上来，这些地壳运动是山谷的主要成因。从本质上讲，形成峡谷的力量错综复杂，要对它们构造出来的地貌景观进行令人满意的分类并不容易。其中有两类最主要的峡谷，一类是由地壳中的裂缝和裂沟形成的，另一类是由地层的弯曲或折叠导致的。前者通常与发生地壳运动的山脉走向垂直；而后者通常与山脉走向平行，并且与形成山脉的地层走向大致平行。横向断裂形成的山谷通常十分狭长，为陡峭的岩壁所包围；岩石硬度越高，岩壁就越陡峭。在加利福尼亚州很难找到这种峡谷，瑞士著名的维亚玛拉峡谷是这种峡谷的典型代表之一。地层折叠形成的峡谷在许多山脉中都很常见，尤其是那些具有代表性的山脉，如侏罗山脉和阿巴拉契亚山脉。海岸山脉中的许多峡谷就属于此类。通过上面介绍的两种力量之一形成的峡谷之后可能继续受到与其中任一力量有关的因素的影响，因而由垂直裂沟形成的峡谷后来可能更多的是因侵蚀力量而改变，纵向弯曲的峡谷也可能由于“断层”、裂沟贯穿或横穿峡谷导致一面升高，或者一面降低。

如果在约塞米蒂谷仔细寻找，试着将上述两类成因之一与其起源联系起来，我们将会得到否定的答案。峡谷太过宽阔，不可能是由裂沟形成的。它的宽度大约与其深度相当，如果最初是由一个简单的裂缝形成，岩壁分离必然会经过剧烈的地质运动，整个山脉也会随之向任意一侧，或者同时向两侧移动八百米。除此之外，如果一处峭壁是由裂缝形成的，其成因将会非常容易辨认，这从峡谷两侧对应的轮廓就可以看出来；这就好像当我们把一块石头摔成两半，石头的碎片必然能够重新拼回原来的形状。约塞米蒂谷两侧没有发现对应的轮廓，也没有发现能将两侧对应起来的“鬼斧神工”之处，或者后来地质运动的痕迹。它的一侧是方形的凹处，另一侧却不是对应的凸处，而是平滑的峭壁，或者是另一个凹处。这些事实足以表明“裂缝”或者“裂沟”的理论在此地并不适用。另一种假设——峡谷是由弯曲或者折叠形成的理论也遇到了同样多的困难。峡谷两侧的许多岩石的形状和轮廓棱角太多，而且缺少向任一方向移动的痕迹。它们是从上方被垂直切断的，高于全国总体水平；其上升方式则是大幅的梯级跨越，而非逐渐上升。同样，峡谷的方向与山脉的整体走向垂直，而不是像理论假设的那样与之平行；如果是后者，至少可以粗略地证明这是折叠或者隆起的结果。

简而言之，我们不由自主地想要采用一种在目前关于峡谷起源的研究中还没有得到广泛认可的理论来解释约塞米蒂谷的起源，这可能是因为能够完全证明这一理论的实际案例少之又少。我们认为，在内华达山脉隆起的过程中，或者可能的情况是，在该山脉隆起的同时，约塞米蒂谷成了一片下沉的封闭区域，其间断层或裂沟互相交错，交错的角度近乎直角。换一种更简单的说法，峡谷底部下沉到了一个未知的深度，因为震动运动“抽走”了峡谷下方的支撑力。这些震动运动非常剧烈，导致山脉向上隆起，我们可以假设这一过程经历了非常漫长的时间。在地质学中，在很多区域发生的多数地壳运动中，“下沉”并非一个全新的概念，这次的“特殊应用”无须引起太多惊讶。使其成为特例的原因是，在如此一个小区域内发生了如此大规模的“垂直运动”，复杂的动力因素又导致了一座大型山脉的运动。在这种特殊案例中，不想做出这样的假设都难。

用“下沉理论”解释约塞米蒂谷的构造，我们得以解决其他假设无法克服的一个难题。那就是——悬崖底部的碎石数量极少，甚至在一些地点完全找不到碎石，这一点在之前我们对峡谷的描述中提到过。我们认为碎石是通过雨水、霜冻和其他自然现象沿着岩壁被冲刷下来的，并且可能没有发生过导致大量碎石掉落的冬季滑坡。补充说明，这是实地观察过去几年滑落的碎石后很容易发现的，碎石数量远少于滑坡造成的石堆数量。自峡谷形成以来，曾经发生过几次大规模的石头滑坡。其中一次在教堂岩附近，据说当时使得整座峡谷都震动起来，仿佛经历了一场地震。峡谷边缘的磨损无疑经历了一段漫长的时间，后来又成了碎屑状的物质。现在峡谷中还有许多大块的花岗岩，其中一块距离约塞米蒂瀑布下落之处很近，像房子一般大小。水流永远也无法将这些石块“运出”约塞米蒂谷。事实上，也没有证据表明这里存在着大规模的水流侵蚀，因为位于约塞米蒂谷下游的默塞德峡谷中几乎没有发现碎石，一直到大平原都是如此。掉落的碎石也不是冰川侵蚀的结果，因为峡谷较低处没有发现冰碛石，如果存在冰川侵蚀就会形成冰碛石。

在我们看来，似乎没有什么方法能够“处置”这样大规模的碎石。这些碎石自从约塞米蒂谷形成初始就开始从峡谷的岩壁上掉落下来了，这里不包括在我们的假设中填补下沉导致的深渊的那些石块。我们没有数据来计算深坑的深度，但是想必极深，因为它能够在那么漫长的一段时间里容纳所有的堆积物。毫无疑问，深坑中曾经充满了水，形成了一个美丽绝伦、宏伟壮丽的湖泊，直到相当近的一个纪元，湖泊一直存在。后来整个国家的气候逐渐变得干燥，冰川渐渐消融，深渊逐渐被填平，直到与今天的地貌相差无几。峡谷变成了大峡谷通常的样子，湖泊变成了峡谷，峡谷中有一条河蜿蜒流淌。虽然填补的过程依然在继续，乱石堆也以肉眼可见的速度快速堆积着，但是要显著改变峡谷的总体形态还需要漫长的时间。垂直的悬崖峭壁十分令人惊叹，而它们形成的过程却又十分漫长，至少以历史时间来计算是这样。我们认为，与约塞米蒂谷一样，塔霍湖和它附近峡谷的部分成因也是当地的“下沉”运动。该地显然不是侵蚀作用的结果，两侧山脉的最高处距底部九百米，正如我们的理论一样，这里也是一个封闭区域，其走向与山脉的轴线平行。塔霍湖依然很深，深度超过三百米。但是它最初有多深，湖中又填补了多少碎石？由于没有相应的数据，我们甚至无法对此做出粗略的估算。

第二类：策略论证

在进行全篇的策略论证时，我们应当遵循前面说明文中提到的规则。但是，同样也有一些需要注意的事项。首先需要注意的是，在开场时要有一定的策略或“外交辞令”。我们在试图说服那些与我们意见相左的人，因此必须非常谨慎小心，从一开始就要投其所好。开场必须简洁明了，但言词得体。

其次，我们还需要在论证的结构上做到引人入胜，其他论证或说明文不需要注意这一点。如果你希望让一个人彻底站在你的阵营，那么只是在特定的事实问题上使其信服是不够的。说服大部分大学生们，告诉他们必须去努力学习，这很容易。但是，就算是已经说服了他们，让他们真正做到努力学习却非易事。所以这就是所有问题的症结。你必须采取明确的方法激发读者的行动力，否则人性中慵懒的一面将会让他们选择无动于衷，就算他们对你的观点无比认同。激发读者付诸实践的方式多种多样，但是所有的方法都需要引起其情感上的兴趣。其中一个重要的方法在于，给出特定的案例，触动读者的良知、骄傲或怜悯心。此类案例通常非常写实，被描述得栩栩如生，而且比起哲学意义上的概括更让人感到真实，具有说服力。例如，一个为抵制童工而辩论的人，在概括阐述关于童工的相关数据时仅能达到论证效果，而无法引起人们的关注。那么他可以通过描述童工正遭受着多大的苦难来达到这一效果。另一个强有力的说服方法是触动人类的自私本性。如果可以让一个人感觉到别人的过错最终会变成他的过失，那么他的自我防御机制将让他更愿意了解该领域的情况。总的来说，你最好能够在自己的演讲中引出最坚固可靠的论点，然后在后面的部分凭此对自己的听众晓之以理。对于那些理解力很强的人来说，当你已经通过晓之以理的方式赢得了他们的尊重时，他们会更加愿意与你产生情感上的共鸣，从而支持你的观点。

下文节选片段就是这类“策略论证”的示范。“策略论证”从一开始就根据受众的不同而有所不同。

利物浦演讲

亨利·沃德·比奇

该演讲是美国南北战争时期（十九世纪四五十年代），亨利·沃德·比奇在英格兰利物浦发表的一次演说。请大家注意学习比奇先生是如何循序渐进地说服那位最初反对他和他的观点的观众的。

二十五年前，我和我们国家所有议院的关系都很好，除了南方的议院。穿过梅森—狄克森线[①]到我国南边去，对我来说可不是一件安全的事情，但我的一生中总有那么一天需要到南方去。而我这么做的原因只有一个，那就是在一个伟大的自由共和国，我郑重、恳切、坚持不懈地反对那个在阳光下最为残酷的事情——美国奴隶制度。（欢呼声）我已经成功地熬过了自由演讲权利被剥夺的那个最初的阶段——观众们来见我，说着傲慢无礼的话，我一次又一次试图向听众们请愿，并不是为了洗脱什么罪过，而是为了得到一次自由演讲的机会。现在，我来到了英格兰，尽管我遇到了心地更为善良、更懂得礼数的人们，但从另一个方面来说，我认为美国南方的影响力在某种程度上已经在英格兰占了上风。（掌声和喧闹声）我对此再熟悉不过了，已经太熟悉了。（笑声）而且我一直把这当作永恒的真理——如果一个男人所从事的事业需要接受大家的审视，那么他一定非常

① 美国马里兰州和宾夕法尼亚州之间的分界线，也是传统意义上认为的美国北方各州和南方各州的分界线。

乐意大声地和大家一起谈论这件事情。（掌声）我在曼彻斯特的时候，看到那些巨幅海报上写着“亨利·沃德·比奇，何方神圣？”（传来笑声，有的观众大喊“说得好”，掌声响起。）而到了利物浦，人们告诉我还有血红色的海报，上面写着亨利·沃德·比奇说过什么话，并且呼吁英国人抵制自由演讲。对此，我的想法很简单：“这都是我的荣幸。”（笑声）为什么这样说呢？因为如果他们已经很有安全感了，那么你便会成为美国南方和生活在奴隶制度下的奴隶追捧的偶像，他们早就会对我这样的言论感到非常冷静和麻木了。（掌声和欢呼声）当我发现他们因我上台演讲而恐惧时，（嘘声、笑声和观众喊着“不！”）当我发现他们认为我的演讲对他们所谓的“事业”带来不利影响的时候，（掌声）当我发现他们用事实和道理来反对我所说的私刑时，（掌声和欢呼声）如果我能演讲的话，（嘘声和掌声）不需要别人来告诉我，这些人究竟内心在盘算什么，也不需要告诉我他们在打着什么样的小算盘。他们战战兢兢，又胆怯害怕。（掌声、笑声、嘘声，以及有人喊着“不，不！”和“纽约流氓。”）就我个人而言，今晚是否在这儿演讲给我带来的影响甚微。（笑声和欢呼声）但是，可以确定一件事情，那就是如果你允许我今晚在这儿演讲，你会听到一段坦率直白的演说。（掌声和嘘声）你不会发现有一个人，（停顿）你不会认为我是一个只敢在四千多千米外的美国高谈阔论大不列颠，但站在大不列颠的土地上却畏言畏语的人。（大片掌声和嘘声）而且如果我对于英国人的语调和脾气没有什么误解的话，那么我相信你们宁愿有一个人能够大胆地和他们唱反调，（从大厅的四面八方传来了掌声）而不是没胆量地私下里偷偷摸摸地认同他们。（掌声和观众喝彩：“好极了！”）现在，如果我能把这份坚定、可靠的信念传递给你们，我将非常高兴。（鼓掌）但是如果我不能用事实和合理的论据说服你们，我希望你们不要与我为伍。我一直追求的不过是公平对待（Fair Play）。（掌声和观众说着：“你也需要做到。”）

你们当中心怀善意，愿意支持我来演讲的人，会发现我的声音有点沙哑。因为在过去的一段时间内，几乎每天晚上我都在说话，而那些希望听到我的声音的人，出于好意，会静静地坐着，保持着镇定，而我和我那些“分裂主义分子”的朋友会负责发出现场所有的噪音。（笑声）

现代历史上主要有两大种族：日耳曼民族和罗马人。日耳曼民族追求个人自由、坚定的个人主义、公民权利和政治自由。罗马人倾向于专制政府，喜欢党派氏族结为小团体，追求“首领制”，而且他们的人民渴望拥有强大又爱炫耀的政府来维护自己，为自己出谋划策。盎格鲁－撒克逊种族属于日耳曼民族大家庭中的一分子，日耳曼民族的特性在他们身上也有相当的体现。盎格鲁－撒克逊人无论走到哪儿，都很注重自我管理和自我发展，因此他们的政府和工业都广受人们喜爱。面对这些自我管理的盎格鲁－撒克逊人，相比他们惊人的企业和创新产业的规模和实力，你几乎很难在这些自治人群拥有的良好秩序、智慧和美德中发现广泛的公民自由。创造财富的能力同创造良好秩序和社会安全的能力一样，也是盎格鲁－撒克逊人美德的一部分。丰富的劳动力、繁荣的制造业和商业需要三样东西：第一，自由；第二，自由；第三，还是自由。（听众：“说得好，说得好！”）这三种自由并不是同一种自由，让我来一一给你们介绍。第一种自由，指的是遵循那些经验形成的商业法则，但没有税费、限制或受政府干预的自由，商业只想要不受打扰的自由发展。（听众：“说得好，说得好！”）而第二种自由，指的是在任何市场都拥有分配和交换工业产品的自由，没有繁重的关税，没有强制性条款，也没有无理的规定。当享有这两种自由权利之后，还需要拥有创造财富的自由。对于财富创造者来说，基于商业环境提供的可能性和经验，第三种自由是最佳自由，即拥有分配其创造的产品，而免于承担其他不必要、烦人的责任的自由。理想状态下，世界工业环境的综合法则是自由制造和自由贸易。（听众：“说得好，说得好！”某个声音喊着：“莫里尔关税①”，还有人喊着：“门罗主义。”）生产者之间必须存在自由，分销商之间必须拥有自由，客户之间必须有自由。也许你还没有意识到客户所处的状态不同将带来不同的影响，但是这在所

---

① 1860 年 5 月，北方控制的众议院以一百零五票比六十四票通过“莫里尔关税法（Morrill Tariff Act）”。莫里尔关税法案旨在替换 1857 年的关税法案，将平均关税再调高到 37.5%，而且准备大大地扩充应征进口项目。1861 年 3 月，就在林肯就任总统的前两天，莫里尔关税法案在参议院通过。林肯因此成了莫里尔关税法案的执行者。

有定期和长期的业务中是真实存在的。顾客的个人状况决定了他的购买能力以及他会选购的产品。穷人和无知的人的购买力微乎其微，就算买也是买最廉价的那种产品。富人和知识分子购买的渠道更多，购买能力也最强，而且常常会买最好的商品。那么，在这里就存在三种自由：生产者的自由、分销商的自由和消费者的自由。前两种无须探讨，英国的政治经济学家们，以及有名的政客们已经对其有过深刻且长篇大论的阐述。但在我看来，大家还没有把足够的注意力放在第三种自由上。请耐心等待，我过会儿会详细论述，然后再讨论其他话题。

对于每位制造业和商业人士来说，他的客户都应该是非常富有的聪明人，这一点非常重要。让我们把这个话题放在大家熟悉的个人经验中加以讨论。对于利物浦商人而言，把商品卖给哪种客户能获得最高的利润？是无知的人和穷人，还是受过教育的人和富人？（有人说："卖给南方人。"传来笑声。）穷人购买的目的只是为了温饱，他们购买食物、衣服、燃料和住所。他们购买的原则是，买最少的、最便宜的，而且尽量避免去商店，尽可能少拿些商品，也尽可能少购物。（传来阵阵笑声。）贫穷不仅仅使穷人遭受苦难，也使得与他打交道的所有人遭受不幸。从另一方面来看，一个极其富有的人又是怎么样的呢？富人购买的商品数量会多得多，而且他们支付得起。他购买的商品品种要多得多，因为他不仅要满足物质需求，还要满足精神需求。对于他们来说，购物是出于自身的感情、品味和意识。他买丝绸、羊毛、亚麻和棉花，买下所有铁、银、金、铂金等金属制品。总之，他买了所有必需品和所有原材料，但这还不是全部。他购买的商品通常质量会更好一些，例如他们买的都是上好的丝绸、精致的棉布以及精细的羊毛。上好的丝绸意味着需要更先进的技术和更多的人力投入，棉布和羊毛也是这样的道理。也就是说，质量更好的货物从一开始定价就比较高，工人和商人获得的报酬也会高。现在，在针对更多种类和数量的高品位商品的买卖中，整个劳动力市场都和单纯的商人群体一样有利可图。价格定律就是生产技术，在工作中所消耗的技能数量与市场上商品的数量一样多。一个人依附于市场，并说："我有一双手"。那么他能拿到的工资最低。另外一个人说："我不只有一双手，我有真实和忠诚。"他会得到高一些的报酬。还有另一个人说："我有更多的东西，我有手、力量、忠诚和技巧。”那么他比其他人的薪水更高。又来了一个人说：“我有双手、力量、技巧和忠诚，而且我能用双手创造出更多的东西来。我的双手能够创造出符合幻想、让人喜爱和拥有道德情感的物品。”那么他的报酬一定比其他人高。最后一个人说：“我拥有所有这些品质，而且拥有‘样样精通’的天赋。”天赋能够赢得整个市场，并且拥有最高的价格。（热烈的掌声）因此无论是工人还是商人，都能够从那些追求大量、多样和高品质产品的消费者那儿获利。现在，如果说在这座城市里正在上演这样的一幕，那么贸易法则就是这一现象出现的唯一原因。

贸易法是一个通用或普遍的法则，而且我们应该怀有期许，期许这个国家会成为一个真正的国家，如同利物浦是作为一个真正的城市存在一样。我知道事实也是如此，而大家也都知道，这在全世界都是普遍存在的。能拥有和利物浦的消费者一样受过良好的教育、聪慧、有教养，并且富有的消费者尤为重要。（掌声）他们有购买的能力，喜欢多样化，追求最优质的产品质量，这样的消费者是我们所渴求的消费者人群。最好的消费者通常来自最自由的国度，因为自由能带来繁荣、勤奋和财富。抛开大家对于其道德层面的考量，英国可以算是在全球范围内与每一个国家的自由、文化和财富都有着直接的商业和金钱利益往来。（热烈的掌声）我相信你们也同样对此很感兴趣，因为大家都品行端正，并且拥有宗教信仰。（有人喊着：“哦，哦！”笑声和掌声）大家最渴望得到它，而且这份虔诚神圣之心对于任何事情都有意义，它拥有对生命的期许，而且现在也同样拥有对未来的期许。但是，如果未来无法实现，如果人类此生无法取得进步，如果完全不存在和人类文明相关的任何问题；那么，仅仅作为商业投机，保护文明和自由也会非常值得。传福音也不仅仅是道德和宗教上的输入，最终也会回到教会财产收入的问题上来。无论这个国家位于世界上的哪一个地方，在专制主义的暴政下受到何种压制、摧残和剥削，都会奋起挣扎，寻求自由。在你们国家，例如利兹、谢菲尔德、曼彻斯特和佩斯利，大家都有着一个利益共同点，那就是——国家必须是自由的。当那些深受压迫和畏畏缩缩的人们诉求自由时，他们可能会出现在匈牙利、意大利和波兰。这是支持他们的人道主义义务和最高的道德动力。在这一设计中，英镑和便士都是伴随着人类的良心和荣誉而来。现在，英国首要需要的是什么？

有人说，英国目前最主要的需求是棉花。我不这样认为。你们最需要的应该是消费者。（掌声和嘘声）英国已经拥有技术、资金和足够的机器设备，完全可以制造出供全球所有人使用的商品。如果有市场可供销售，产量可以达到四倍。因此，与其说缺乏纺织织物是我们最需要的东西（当然现阶段可能会是暂时的阻碍因素），不如说我们主要的需求是——在哪里可以找到购买我们迅速生产出来的商品的顾客？

（有人打断，并且说着："莫里尔关税，"掌声响起）在美国内战爆发以前，你们的仓库积压了大批卖不掉的货物。（掌声和嘘声）你们已经生产过剩了，那么生产过剩又意味着什么呢？不过是意味着，你们拥有技术、资本和机器设备，生产商品的速度已经超过顾客从你们手中购买商品的速度。而且大家都知道，英国很富有，英国制造业的范围也很广阔。如果能把目前的需求增长四倍，那么明天英国的制造业就能拥有四倍的财富。而且，每一个政治经济学家都说过，棉花并不是你的主要需求，顾客才是。因此，对于英国来说，如何创造顾客的理论可比如何种植棉花的理论重要得多。也就是这一理论，我希望在座的各位、商界人士、有经验的人士、追寻事实的人士，以及明智的英国人，都能够给我片刻的关注度。（听众喊着："哦，哦！"传来嘘声和掌声）没有新的大陆可以被发现了。（听众："说得好，说得好！"）那么未来的市场应该如何去挖掘呢？在新的领域创造出更多的需求？但这一希望渺茫。如果我们将拥有一个更好的市场，那么必须要有一个过程，让旧的领域变得更好。（传来一个声音："讲点新的东西吧，"有人喊着："注意秩序，"打断了）那么让我们来看一看吧。你必须促进世界的文明发展，才能够创造出更好的购买阶层。（停顿）意大利虽然会从英国进口一些日用供给品，但如果要再一次通过专制统治压迫意大利，其效果却会微乎其微，而且意大利人的购买意志不强。但是如果给予意大利自由，在他们的国家广设学堂，刺激工业发展，然后和他们签订贸易条约，用其红酒、石油和丝绸交换英国生产的商品，那么你在这方面所做的一切努力都将增加两国的贸易往来，让你有利可图。（热烈掌声）如果匈牙利想要成为一个自由、不受束缚的国家，如果其拥有自由后，全国在德智方面都有所提升，那么自由将让匈牙利的产业更加多样化。这样一来，他们便会自愿地与英国的制造业进行贸易往来。那么，究竟在哪儿能找到这些国家的自由呢？它藏在在“上帝的话语”中，历史的准则里，还藏在现价行情（Price Current）中。（听众：“说得好，说得好！”）每一个自由的国度，每一个文明开化的民族，每一个从野蛮时代走向工业和智力时代的人，都会成为一个更有潜力的消费者。

野蛮人属于某一个层级。如果我们把社会比作“地窖”，那么在整个“地窖”里有无数个层级。当野蛮人接受文明开化，就会晋升入下一个层级。当他们接受基督教化和文明开化时，会进入下一级，其能力也会得到不断提升。而人们所处的每一个层级都不得不依赖于你所生产的产品，将其作为支撑。野蛮人位于“地窖”内的第一层，受开化的人则位于“地窖”第三十层。（掌声）现在，如果你去一个有三四个人的旅馆，毫无疑问，你卖给他们的东西可能会有价值。但如果你去的那家旅馆和我在爱丁堡看到的一样有二十多层，（听众：“哦，哦！”并且打断演讲）而且每一层都住满了人，那么那些住客们中，谁才是更好的消费者？是那些更为健谈且挥霍的住客，还是那些省吃俭用的人呢？（笑声）我们可以发现一个主要经济原则。（听众：“耶，耶！”从大厅外的过道里传来欢呼声，以及大笑声）如果美国南方应该独立……（这时，欢呼声和嘘声此起彼伏，越来越大声。一半的听众都站起身来，挥舞着帽子和手帕，大厅的各个角落都是极其骚动和喧闹的人群。）现在能把演讲的时间交给我了吗？（热烈的掌声和笑声）逆风说话有点不方便，但如果你们心地善良的话，我是不会乱发脾气的。你们能管好自己的内心吗？（掌声）除此之外，你们的善良会让我有机会获得一丝喘息，有所放松。（掌声和嘘声）在我看来，人们之间恶言相对可比实际中伤对方更加恶劣，其中的伤害人们早就心知肚明。（笑声、掌声、唏嘘声和持续的喧闹声）我想要说的是，当我们需要做出回应时，最好花一点时间从两个方面进行考量。如果这场斗争最终会导致美国的分裂，并且让美国南方（传来热烈的掌声、唏嘘声、叫喊声以及“说得好！”）成为一个单独的奴隶制区域，（听众大喊着：“不，不要！”以及笑声）而北方成为一个自由区域，最终的结果会是怎样的呢？那么，首先你需要打下基础，把奴隶运送到太平洋。这是第一步。在这二十年间，美国南方的领导人都有过这样的念头。正因为这样，德克萨斯州先是遭到殖民者入侵，后来又遭到劫掠者入侵，直到发生墨西哥战争。正是因为这个原因，德克萨斯州被卷入了墨西哥战争后，临近太平洋的广阔领土后来成了美国联邦的一部分。他们从没有放弃过向西方普及美国制度的念头，据他们所说，他们要让待在大西洋沿岸的奴隶们前往太平洋沿岸。（听众发出质疑的喊声和喧闹声）我已经这样说了，你可不能让我把这些话“吞回去”。（笑声和掌声）现在，让我们来想一想前景。如果美国南方成了奴隶帝国，它作为你的消费者，与你会有什么关联？（听众中有声音响起：“不是消费者，也可以是别的角色。”笑声响起。）那么，它将是一个拥有一千两百万人口的帝国。现在，在这一千两百万人中，有八百万是白种人，四百万是黑人。（有声音问：“你有多少人？”掌声和笑声。又传来一个声音：“解放奴隶！”）假设所有人口中有三分之一的人是贫穷且毫无购买能力的黑人，（听众中发出：“不，不！”“好，好！”的喊声及打断声）你是不会为他们生产太多产品的，（嘘声，“哦！”“不。”的喊声）你的生产机器还没那么下等粗糙。（笑声和“不。”）现在，你们的工人生产包袋和亚麻羊毛织物的技术已经十分熟练了。（一个美国南方人说：“我们会为解放努力的，我们要解放每一个人。”）那么你和我的观点不谋而合。（笑声）在这个帝国中有另外三分之一的人口是贫穷、没有技能的低等白人，剩下三分之一才是最主要的消费者，也就是我们说的，聪明且富有的人。

这一千二百万人中只有三分之一的消费者能买得起你们投入市场的商品。（打断和哗然声）朋友们，有一次，我亲眼看见一个人正好没赶上火车，于是他奋起直追，想要追上那趟快速行驶的火车。显然，他没能追上。（笑声）如果你们准备叫停这场会议，那应该在我发言前就来阻止。我该说的都已经说了，你们想怎么阻止就怎么阻止，反正是于事无补的。（笑声和干扰声）但是当我休息的时候，说不定你们会有好机遇。看来，我要悠闲地等一下你们了。当下，美国南方各州中有三分之二的人口都不会买英国货物。（台下传来：“不，他们会买；”“不，不！”及哗然声）你们必须意识到另一个事实，那就是——不仅他们不会买，很快太平洋地区的人们也不会买。而且，假如出于同情或帮忙的考虑，你们建立起了一个奴隶制的帝国，那么你们这些才华横溢的英国人，（“哦，哦！”及轰赶他下台的声音）你们要是喜欢这样的称呼的话，那我保留这个形容词，（笑声，表示支持的呼喊声，掌声）才华横溢的你们正忙于建立一个跨越各大洋的帝国，然而这个帝国几乎没有消费者，拥有的大部分都是毫无购买能力的人口。（掌声，台下传来“不，不！拥有的是增长速度最快的幸福的人。”）

现在，英国能为这个未来帝国的贫穷白人和奴隶们生产些什么样的商品呢？你们可以卖给他们什么样的地毯、亚麻布和棉花？又可以卖什么样的机器、望远镜、梳子、皮革、书本、图片和雕刻品？（台下喊着：“我们卖船给他们。”）你们也许可以卖给少数人船只，但你可以卖给三分之二的贫穷白人和黑人什么样的船只？（掌声）少量的制袋材料、一些亚麻棉布、鞭子和镣铐，是你们可以卖给奴隶们的全部东西。（热烈的掌声和骚动）当下，在美国奴隶制度尚存的州里，一千二百万人中有八百万人不是，也不可能成为你们的客户。（听众中传来声音：“那么他们穿的衣服从哪儿来？”和打断声。）

但是我知道，你们会说自己对于勇敢的人总会忍不住寄予同情。（听众：“说得好，说得好！”）他们是较弱势的群体，是少数种族。看到那些少数种族奋力与多数种族抗争时，你们总是忍不住想要与他们并肩奋战。当一个弱小的一方为了自己的合法权利而反对那些拥有至高无上的自豪感和权利的一方时，没有比同情弱势显得更慷慨的了。但是，有谁同情过曾被三位警官逮住的弱势小偷呢？（听众：“说得好，说得好！”）一个人面对三名警官，这个小偷的确是弱小的一方。我想你会同情他的。（听众：“说得好，说得好！”笑声和掌声）当意大利那不勒斯的那位臭名昭著的邦巴国王被爱国者加里波第和他的“红衫军”赶到加埃塔，并且还遭受了政治家加富尔派出的意大利北部军队的反抗时，哪一方是较弱势的一方呢？是暴君和他的“奴才”，还是人数占多数、追求自由的意大利的高尚爱国者？我不曾听过古英格兰派了代表团会见邦巴国王，尽管他的军队在奋力抵抗。（笑声和打断声）现在罗马城里的多数人都是亲意大利的。除了法国的“刺刀”外，没有什么可以阻止它回归所属的意大利王国。那么，你是同情罗马城的少数派呢，还是意大利的多数派？（台下传来一个声音：“意大利。”）现在美国的南方就是少数派，他们正在争取独立！为了什么？（哗然。台下传来一个声音：“让我们为自由进行三次欢呼！”传来嘘声。）我多么希望，如此胆识拥有一个更合适的理由，如此克己没有受到太多的蛊惑，各州的权利中有毒有害的教条可以离得远远的，而像杰克逊总统[1]这样勇敢的灵魂领袖的精神仍然还留存人世。（热烈的掌声、欢呼声一次又一次响起。）这些事实真实存在，具有历史性，无可争议，也不能被打破，除非用北方的战争转移人们的注意力。据说北方正在为全国统一而战，而不是为了解放奴隶。实际上北方为南北统一而战，这样是为了确保解放奴隶。（听众中有人高呼："不，不！”“不，不！”并继续欢呼）很多人对传福音的布道者说："你们假装是为众人之爱而传道和工作。不然你们为什么一直是为了教会的利益布道？”牧师是如何回应的呢？“我们正是通过教会作为途径来帮助世人的。”当人们说我们正在为南北统一而奋斗，其实我们也是为了联合教会而努力。（听众："说得好，说得好！”“说得很对。”）但是，行为动机决定了行为价值。我们为什么要为了统一而战？因为我们永远也不该忘记敌人的罪证。他们已经开始宣布，在美国北方统治下的全国统一对奴隶制拥有致命的打击。（掌声如雷）这可以作为我在法庭上的证据了。（台下有声音说："看出来了，”传来笑声。）

首先，我很惭愧地承认，这种想法实在欠考虑（他停顿了一下）——对于北方的境况视而不见（他再次停顿）——你们终会得到消息；明天我会让大家知道你们不愿听到的事情——她（北方）已经沉睡了二十五年，默许了南方出于黑人的偏见对她“下药投毒”。（台下报以掌声和哗然。）这种毒害再度恶化，因为当任何事物引起政党之间的愤怒时，都会导致双方产生政治上的敌意，无论其本身多么无辜，无论引发争吵的最初原因是什么。所以，有色人种一直是北方两党之间的“足球”，这个群体也因此受到不公正的待遇。我承认这令我感到耻辱。但我现在是代表自己的立场发言，因为我二十五年前就从带领一个小党开始，反抗人们对有色人种的偏见。（台下爆发出热烈的掌声，还有些人在争辩，台下一片哗然。这一次，整个大厅里的观众反响异常剧烈，以至于比彻先生的朋友们都站起身

① 译者注：美国第七任总统（1829—1837）。曾在故乡附近短暂参与美国独立战争。他推行了一项把印第安人迁至西部的政策，即《印第安人移居法》。

来，挥舞着帽子和手帕，报以掌声和呐喊声。这次的中断持续了几分钟。）好吧，我活着看到了美国北方人民的自身感受所经历的彻底变革，我要站在这里庄严地见证这一切。这并非是我的个人观点，事实如此。（台下一片哗然）那些承诺要维护黑人和白人权利的人越来越多，现在北方有哪个党能够代表过去几年抵抗邪恶偏见的群体呢？共和党。（响亮的掌声）北方那些压迫黑人的人又是谁？（他们就是所谓的“和平的民主党”；并且你们在英格兰试图对我进行惩罚的偏见，正是这一生中反对我的人所制造的偏见）。正是这些支持奴隶制的民主党人虐待黑人。我为黑人辩护，他们就围攻我。哦，所谓的正义！（大笑、掌声和嘘声）这就好像一个人攻击、伤害了他的邻居，一个外科医生给伤者包扎了伤口，而警察却以“治愈伤口”这个理由将外科医生抓进了监狱。

我告诉过你们，任何事情都不会让我退缩。接下来，我要跟大家分享一名来自格拉斯哥的工人给我提的几个问题（被中断）……如果那些支持奴隶制的打断者企图以此让我疲惫不堪，那么他们在美国会变本加厉。（掌声和中断声）我要读的这个问题，也是读给你们听的。“美国北方大多数州法律的存在，都是为了阻止黑人获取和白人一样的公民权利和政治权利。这是不是事实？在纽约州，黑人必须至少拥有价值二百五十美元的财产才有权享有白人公民的特权。在北方某些州，不管是奴隶还是自由人的有色人种，依据法律，不得踏入该州，否则将会面临残酷的死刑。林肯先生的家乡不就是北方某州吗？鉴于上一届美国国会（有史以来最强大的共和党国会）驳回了向密苏里州的黑人奴隶解放运动提供二千万美元酬金的请求，那么美国北方对黑人解放运动究竟做出了什么样的贡献？”那么，现在，我把这个问题留给你们来回答，（台下传来声音：“回答它。”）当然，我也会回答这个问题。首先，密苏里州黑人奴隶解放运动的提案者，是所谓的“人情交易者”，他们给奴隶们开出了非常不合理的价格，当然这笔钱最后也没有在国会上通过。共和党人提出给密苏里州的奴隶支付一千万美元，他们以多数票予以否决，因为他们没有拿到一千二百万美元。已经有一半的奴隶人口“跑”到南方去了，但他们却向国会要一千二百万美元，其实根本不用一千万美元，甚至连八百万美元都不用。至于那些已经通过了“黑人”法案的州，我们大家都是这样叫的，这些州到处都是南方移民。

俄亥俄州南部和印第安纳州南部（都是我自己住了很多年的地方，我对这些地方了如指掌），和伊利诺伊州南部（林肯先生曾经生活过的州）（大片喧哗声），这些地方大部分都是肯塔基州、田纳西州、佐治亚州、弗吉尼亚州和北卡罗来纳州的移民。正是因为他们的选票，或出于政治原因迎合他们北方人的选票，才使得这些州通过了臭名昭著的“黑人”法案。而这些州的共和党人却有着“干净”的白人案底，他们每次都像抵制“臭名昭著”的行为一样反对这些法案的。关于纽约州，有人问黑人是不是在投票前必须拥有一定的财产或一定数量的财产？其实对于白人来说，他们在北卡罗来纳州和罗得岛州仍然如此，因而在纽约州也是如此。（比奇先生的声音逐渐减小，有一个声音总在重复着他说的话，他被这个人不停地打断。听众中传来喊声：“不要脸！”“把他赶出去！”）我并不是要说北方犯下的错误——他们都是被坏榜样和南方的影响造成的——已经全部被纠正了。但是老实说，他们的确正在不断地修正自己的错误，而且可以期待的是，如果不受外国势力的阻碍，这些可憎的种族差异将会消除。

我还要提到另一个事实，这样做不是为了指责或埋怨什么，而是为了引起你们的注意，为了获取你们更大的仁慈和怜悯。我要说的事情就是：奴隶制的存在是拜你们的所作所为所赐。（听众：“说得好，说得好！”）面对那些反对殖民者，甚至是英国政府的强烈抗议，我承认自己无知，对这些坏影响一无所知；但事实上，这些不情不愿的殖民者仍然在强迫奴隶贩卖。（听众一片哗然，人群中有一个人被抬了起来，在欢呼声和嘘声中被抬出了房间。）

主席说：“如果你坐下来，就不会有任何干扰。”

干扰声消退……

我要问你，假设一个孩子生来就患有遗传病，又假如这种病是由那些因自己行为不检而染上此病的父母造成的，那么，那些把患病的孩子带到世界上的父母，难道就要因孩子有疾病而责备他吗？（听众：“不，不！”）那么，他们的孩子有没有权利转过身来说：“爸爸，我得了病是你的过错，你应该欣然接受我的缺陷。”（掌声和嘘声，以及有听众喊着：“注意秩序！”舞台右侧出现了巨大的干扰和骚动。主席说，如果周围有人引起了骚乱，他可以单独发言，但不能帮助引起骚乱者制造骚乱。直到另一个人被带出大厅，干扰才结束。）我不要求你们在我们中间为奴隶而辩护，因为这个错误是你们的前人在二百年前犯下的，我只是希望你们能够想办法帮我们解决这个问题。现在我们正用尽全力争取自己的自由，我们应该得到你们的容忍、耐心和慷慨解囊的支持。

没有人能预见未来，没有人能预料世界将面临什么样的大变革，更没有人能知道法国，甚至是任何一个欧洲国家的命运将何去何从。但是，有一件事情是肯定的，天下之事，“分久必合，合久必分”。未来的格局将会不断地重组，那些信仰相同、血缘相同、利益相同的国家不应该彼此疏远，而应该站在同一阵线上。（源源不绝的欢呼和嘘声）我不是说你们不应该和法国或德国结为最好的盟友关系。我的意思是，你们的下一代，英国的子孙后代，将会和你们更为亲近，而不是和那些并非与你们同一母语的人们更亲近。（台下传来声音：“堕落的子孙”，掌声和嘘声，又传来另一个声音说：“那特伦托[①]人怎么办？”）说起美国的苦难和辛酸，让我告诉你们吧，我们认为大不列颠打算干预我们和我们国家的法律斗争。在这一观念下，我们的苦难，无论是对是错，都变得更为强烈。（听众中传来一个声音：“不！”和掌声。）鉴于此，并没有任何证据表明，这一切苦难都会消失。（掌声）我们没有同意最近出现的“中立原则”。但这已经过去了，我们也不打算再提，反而选择承认这一事实。我们说过，约翰·罗素勋爵[②]的演讲（掌声、嘘声和传来“为什么不提布鲁厄姆勋爵”的声音。）曾针对政府宣布停止英国战船的消息，（骚动和掌声）但这一切都已悄然消失了，每一种恐惧归于平静，从我们心中被消除。（骚动和掌声）在未来，好人和爱国者的主要工作就是避免制造起义，去做些能带来和平的事情。（听众：“哦，噢！”和笑声。）我们必须这样做。（掌声和嘘声，听众：“不，不！”）就你们而言，

① 译者注：特伦托，意大利北部城市，相传公元前 4 世纪为雷蒂亚人建立，后为古罗马殖民地，19 世纪早期是归属法国拿破仑的王国，1814 年转属奥地利，1918 年归属意大利。

② 译者注：约翰·罗素，第一代罗素伯爵（1792 年 8 月 18 日—1878 年 5 月 28 日），活跃于 19 世纪中期英国辉格党及自由党的政治家，曾任英国首相。

你们应该这样做，而且在任何时候都应该这样做。当世界开始陷入混乱矛盾时，英国会发现自己单枪匹马地与散布压迫和黑暗的强大力量作斗争。（掌声，嘘声和喧闹声）它应该有这样的热情对自己的第一个孩子说："过来吧！"（听众："说得好，说得好！"掌声，热烈的欢呼声和喧闹声。）我不是说英国到目前为止不可能一手专政，掌握所有的权力（掌声和喧嚣声）。但我要说，英国和美国可以因宗教和自由而团结在一起。（听众中有一个声音响起："胡说，胡说"，又有喧闹声和热烈的掌声。）现在，先生们、女士们，（传来声音："老滑头"，另一个声音："女士们，先生们，如果你们愿意的话。"）在我来的路上，我问自己是否会回答问题。当然，我非常乐意这样做，因为我在其他地方也回答了大家的问题。但我会告诉你们，因为这是我想要做的事情，我想借此机会以某种轻松和安静的方式和大家说话。（一个声音说："你已经说过了。"）我已经在狂风暴雨中演讲了一个半小时，（听众："说得好，说得好！"）而你们作为见证人，亲眼看见了我在面对干扰的时候，不得不声嘶力竭地进行演讲。现在，我已无力来控制当下的场面了。（掌声）尽管我非常想要回答大家的所有问题，而且对此次机会倍感荣幸，可是我今晚体力不支，只能说声抱歉了。女士们、先生们，祝你们晚安。

英才培训①

伍德罗·威尔逊

尊敬的主持人、校长和在座的先生们，我要坦诚地告诉大家，今晚我要在这儿和大家分享一些重要的想法，其实这个想法在我心里已经酝酿了很长一段时间。一所大学存在的目的是育人，但是我还没有看到我国大学

---

①发表于耶鲁大学美国大学优等生协会（Phi Beta Kappa Society of Yale University）的演讲。经由《耶鲁大学校友会周刊》编辑许可转载。

译者注：Phi Beta Kappa Society，简称PBK，是美国历史最悠久的学术荣誉机构，通常翻译为"美国大学优等生协会"。该名称来源于希腊文，意为"智慧、学习和知识引领生活"。

在这方面有任何明显的建树。反而能发现，大学在知识培养方面做得不足的地方有很多。不得不说，今晚我确凿地发现了一两处。这种现象在所有的大学里都有出现。学习知识是在采取“防御手段”，实际上是大学生之间的彼此“防范”；而且学生们总被要求通过不断让步，将学习纳入自我利益范畴内。难道不应该不再一味地要求大家被动地学习，而是应该让人们掌握学习的主动权吗？难道不应该提醒我国的大学生们，如果他们没有知识成就，在任何社会群体中都不会有所作为吗？如果说大学是一个与众不同的地方，难道不应该强调其心灵教导的功能，以显示其区别吗？就我而言，我要直截了当地告诉你们，我已经在密切关注这一问题，这也是我唯一想要努力去解决的问题。

主持人刚说的是事实，对我来说，这个季节需要忙于参加各类常规家庭活动，要抽出空很是困难。但是，当我收到美国大学优等生协会晚宴的邀请时，这种感觉很不一样。我觉得这份邀请对我来说非比寻常，我有责任，也有权利出席这个晚宴。当代美国的大学在其他众多利益竞争面前，面临的问题之一，在于如何为那些在课堂上表现优异的学生提供特殊优待。为什么我们不把你们按照“Y”（耶鲁大学的英文首字母）和“P”（普林斯顿大学的英文首字母）分成不同类呢？因为，不管怎么样，你们已经通过特定的方式把“耶鲁”和“普林斯顿”区别开了。我不是说校友“抱团”这种事情毫无意义，而是你们在任何地方都可以区分出“耶鲁”和“普林斯顿”，在不用学习的体育俱乐部里也可以做到。但是，我说的这件事情，只能在这里才能执行，这是美国大学优等生协会独特的影响力。

很多年前，在某次期中考试的前两周，普林斯顿大学的教职员工做出了一个非常愚蠢的决定，准许某位无知的传道士来学校，最后弄得学校“鸡飞狗跳”。当时，当有位做助教的本科生从一间房间走到另一间时，另一位本科生把门关上，并贴了这张告示：“本人基督徒，正在学习备考。”我想说的是，每年这个时候，信仰基督教的本科生们都会这样做。无论宗教会议有多大好处，他都不会参加。因为他要学习备考，其出发点不仅仅是为了通过考试，而是出于他作为学生的责任感。

普林斯顿大学有很多学生毕业于侧重培养人格个性的高中。育人的宗旨是人格培养，这一论调我听了很多。但我不再相信这一论调，因为刻意的人格培养只会培养出让同龄人无法忍受的个性。如果你的人生目标是成为一个优秀的人，那你很难成功，因为你不会得到真正优秀的人的认可。先生们，人格不过是个附属品。无论你对人格是否加以培养，它都会如同无法抗拒的人生结果一样如期而至，使你肩负起人生的职责。如果你的品性是在学习的地方养成的，那么，这个地方存在的目的就是学习，而其结果就是培养出的人格品性。

不久前，在入学考试结束后，某位先生颇为激动地找到我说，我们没有从他所说的某所学校里录取某某，简直犯下了巨大的错误。“但是，他并没有通过入学考试。”我说。这位先生又开始提起这位申请人的道德品格有多优异。“对不起，您还没明白。他没有通过入学考试。而且现在，”我说，“我希望您能理解，就算是天使加布里艾尔申请普林斯顿大学，只要他没能通过入学考试，都不能被录取。这不过是在浪费他的时间。”这对那位先生来说是个新观念。那位他刚刚提到的男生来自于一所注重品格培养的学校，是一个可爱、善良，并且品格良好的人。所以，他应该被任何一所大学录取。（从这一点来说，他没有注意到，大学是一个有着自身目的的机构。）在过去的几年中，我们对那些对预备课程的要素不熟悉的年轻人深表同情，因为他们在考试中挂科了。我一直觉得，我们应当对这一过错心怀内疚，害他们父母支付的学费打了水漂，也让这些年轻人白白浪费了大好青春。所以，我觉得所有大学生们现在都应该有所觉悟，明白一所大学存在的目的究竟是什么。大学的宗旨是培养才智，一所大学唯一的目的就是传递知识。年轻人的体魄中充斥着其他能量，理应通过不断的努力将其释放出来，也理应拥有愉悦的心情和享受闲暇时刻。但作为一所大学，其存在的唯一目的是传递知识。这也是为什么我选择了这个话题，并且要来谈谈学术成就的作用。因为其作用不仅影响大学校园，在全国范围都影响深远。在我国这般政体的国家里，教育所处的立场十分关键。整个教育理论建立在开明的公民权利之上，而学术成就必须服务于国家和大学本身。我所指的“学术”是大学本科生的学术成就。当然其成就并不会具有惊天动地的影响力。一个人在二十一岁或二十二岁时，除非生来受到上天无比的恩赐眷顾，否则不可能成为一名学者。有些人在二十一二岁时成名，但通常只掌握了小范围的知识内容，只要一点小小的努力就能达到这个成就。在那样的年纪是很难成就学者的，而你也不会因为在七十岁时成为学者而自我吹嘘。真正的学者，其学术研究是一个永无止境的过程，只有尽最大的努力才能得到一点点知识上的成就。当然，可以肯定的是，大学能够为学生的本科生涯提供最多的东西，这并不是学者特有的知识装备，而是学术精神的灵感。大学能够为年轻人提供最多的就是学者的精神。

在我们这样的国家，学术精神必须是一种与国民生活相关的精神。因此，它不可能只是卖弄学问。我认为所谓的“假学问”是指从生活中剥离出去的知识。这里所指的“知识”不切实际，亵渎了知识，而且剥夺了生命本身的意义，它与存于世，且与我们相关的重要过程没有任何联系。

每个国家都有专为学术成就设立的殿堂，在我看来，从来没有哪一个时代比现在更需要学术精神。

我们正在用情绪而非头脑来思考问题，这使我们容易被冲动而非决断力影响，也会带着盲目反感与事物疏离。知识的精髓在于，你得出的结论必须有充分的理由作为基础。要确保知识来源的真实性，并且在确定事实后再进入下一个层面，这样一来，整个过程才会思路清晰。我所说的思路清晰并不是指逻辑思维，不是说生活是以任何逻辑系统为基础而存在的。生活本质上无逻辑可言，就连我们的世界也是由一群热情人士组成的“下议院”所管理。我们应该向上帝祷告，优秀的热情人士的票数比那些糟糕的人多。但冲动源于热情，因此对生命的清醒思考可能不是合乎逻辑的“对称思维”，而是“释义式思维”——一种可以洞察事物内藏的神秘动机的思维，并且渗透到深邃的生命脉搏。现在，学术成就应该用于展露这份“冲劲”，就像内科医生清楚指出我们的身体拥有多少年寿命一样。学术不只致力于迂腐的逻辑推理，而在于探求一个人的内心。拥有学术精神将赋予我们宽容思考的能力，以及不断接受新事物的能力。这不仅仅是指我们从已有数据中得出结论，也不只是我们面临的一切永恒的变化，还有随之而来的生活的新阶段，以及我们所必需做出的新的调整。我们的思维方式必须独立而客观。

对于未来形成其职业规划的本科生的学习课程，应当存在一个特定的目标，那就是学生的思想都应该集中于特定的兴趣点。如果他沉浸于关乎其利益得失的事情上，就不能在该领域内自由思考。如果这将影响到他的温饱，而他仅仅会从自己的职业出发进行思考，而不会从为国家着想出发。不管他是否意识到这一点，如果他只想着自己，就永远也没有办法解开这个“镣铐”。因为他只会按照医生、律师或银行家的职业思维模式来思考问题，已经丧失了在知识的世界和各利益集团间“自由穿行”的能力。在我国，学术精神必须是一种独立、无私的精神，不断为他人提供能量，照亮和温暖他人；它不应沉浸在特定的兴趣之中，而应当弥漫着理性和冷静的光辉，不草率行事、谨言慎行、尊崇真理。如果我们没有慎行，由此造成的后果就是——很多行为欠缺考虑，草率、过早决断、不公正。这成了当今时代的通病。那些在行事之前沉住气，三思而后行的人，被我们称之为“反革命派”。实际上，他们需要通过一定的时间进行思考后再做出反应。他们想要从各方论战的混乱局势中暂时逃脱出来，在做出承诺和决定为国家行动献身之前，确定自己所处的立场。毕竟决定一旦做出，就很难抽身了。

现代社会中，万物都遵循着一个错误的效率原则，这是当今时代的全部错误所在。对我们来说，无论成就的获得是否公正，是否经过深思熟虑，只要有效率就意味着有所成就。这个标准贬低了我们这个时代的道德品行和知识水平。我们不会彻底停下手头上的事情，也不会停下来去思考自己为什么要这样做。当我们意识到一个错误，便会仓促地用另一个更大的错误予以纠正，然后哭喊着说“这个时代彻底烂透了”。

因此，先生们，我试图将大学机制与民生联结。只有当一个国家的大学开始觉醒，意识到其存在的唯一理由是知识时，这个国家的生命才会不断地革命和净化，这也正是我刚阐述的大学生活唯一的合法宗旨所在。如果大家在大学的学习过程中彼此没有任何敌意，反而愿意做出一切可能的牺牲，那么每一个人都应该渴望自己能成为某些方面的“领头羊”，并且能在其他事情上位列前茅。

就我而言，我不认为学术成就的发展受到体育锻炼的阻碍。在许多成功的文明中，体育运动都与心灵成就有着紧密联系。要把身强体壮和心智成就结合起来并不困难，但把心智成就与千百种分散社会影响力的因素结合起来却有很大的困难。因为它占用了我们所有的精力和想法，主导了我们的生活规划，并且当我们已经对感兴趣的事情有所掌握之后，大学里可关注的内容所剩无几。我们彻底改变了普林斯顿大学的学习规划和教学方法，但是这一革命性的变革在校友中没有激起一点儿涟漪。他们说这一切都需凭理智行事，这是他们业务内的事情。但是，当我们想到触及大学的社会性部分，则不仅仅需要吸引大家的注意，还需要深入骨髓的影响力。我们已经接触了真实的东西，这些都是在思想领域的竞争中获得的胜利；人们的注意力完全集中在这些竞争之上，所以我们不可能让他们真正关注到大学本身。

我所知道的每一所大学都是如此，如果一个国家的教职人员想要重新“夺回失地”，必须尽快开始采取行动，而且拥有破釜沉舟的决心。如果我的言论能够引起大学生们的注意，那我一定会竭尽全力去唤醒大家，从而实现这一伟大抱负。

反驳

就某一个问题，如何从正面提出论点表达自己的观点，在前文中已经讲过了。可以肯定的是，当你在公众面前提出你的论点时，对你持否定态度的人会时刻准备攻击你的论点，而且提出各种异议来反对你。为了站稳脚跟，证明自己的观点，你必须提前准备好应对这些异议的答案。这个反击反对观点的过程，以及通过进一步论证阐明自己的正确观点的过程，被称作“反驳（Refutation）”或“驳论（Rebuttal）”。例如，你认为足球有益于人们的身体健康，并且提供了足以证明这一论点的证据。那么，异议者会列举出其他证据，如踢足球不会让人强健体魄，反而会让人感到劳累，甚至会致残，来试图推翻你的观点。这样一来，你必须通过证据予以反驳，证明踢足球使人残废的例子少之又少。更多情况下，这一体育运动能够强健体魄。这最后一个材料就可以被称作“反驳”。

当你已经事先知道对方的主要反对观点时，可以在自己的第一个或主要论点中予以回复，这样一来可以占得先机。在这种情况下，你的反驳需要出现在你的论文概要中。例如，以“足球有益于人们强健体魄”为题写一篇文章，你必须准备好以下几个小标题：①让人们待在室外；②需要健康的饮食习惯；③能练出肌肉；④不会造成长期的身体损伤。以上小标题中的最后一点也需要出现在你的概要部分，因为这是针对异议者很可能提出的反对观点的反驳。

无论你是在文章第一个论点中提出反驳，还是在对方提出异议后撰写另一篇文章予以反驳，都需要将以下两个原则牢记于心。第一，必须以理服人，要有充足合理的理由支撑自己所有的观点。这样做通常会降低你和异议者就某一点有所争执的可能，而且提供证据越多的一方往往在据理力争时更容易说服别人。好比一支足球队中上场比赛的球员越多，就越有可能打败另一支球队一样。

第二条原则是，你必须把自己最主要、最重要的观点作为中心论点，切不可执迷于过小的观点。要记住，你的目的并不仅仅是简单地反驳异议者的反对意见，而应该是证明自己的主要观点的正确性。不要在一些细枝末节的旁系问题上过于纠结，以至于忽略了主要观点和旁系问题与主要观点之间千丝万缕的联系。你一定要像足球运动员紧紧跟着球跑一样，与自己的主要论点“寸步不离”。如果你已经把主要观点摆上了议题，那就不要在意异议者提出的那些无关紧要的细小问题了。通常情况下，面对异议者提出的某一个细小的正确观点，你完全可以通过自己的主要观点回击对方，以达到最终的效果。他只在次要观点上尝了点甜头，但你会在主要观点上完胜他。例如，假设你很支持学校的“诚信制度”，但是你的异议者能够证明你提出的学校的“诚信制度”在某一方面执行得很糟糕，而你有证据证明这一“诚信制度”在全国其他学校运行得很好。在这种情况下，如果还浪费时间就对方指出的糟糕的那一方面进行论证，那你也太愚不可及了。你若想说服大家，就需要向受众证明，尽管异议者通过一所学校的例证证明“诚信制度”在某一方面运作得不好，但是在很多所学校中，这一制度都执行得很好，从而支撑自己的观点。

下面的范文主要结合建设性论证和反驳论证进行撰写。

美国舰队在太平洋巡航的价值（1908）[①]

海军上校 A·T· 马汉

派遣一支由十六艘战舰和其他小型舰船组成的美国舰队，从美国的大西洋海岸驶往太平洋海岸，这个尚处于计划之中的行动无论从专业角度还是国家角度来看都意义重大，并且展现出了令人惊叹的想象力。这一行动本身就包含了某些壮丽的元素。因此，它毫无疑问地引起了新闻媒体的特别关注，可是一些报刊仅凭想象写出的报道简直疯狂至极。对一个国家来说，两条相距甚远的海岸线可能给该国的海军造成许多非常紧迫的问题。这项行动的设计目的就是给其中一个问题提供实际的解决方案，可此举会对友邦日本构成持续的威胁。关于这项行动的失实报道传播得非常迅速，以至于让人成功忽视了显而易见又十分充分的巡航理由，代之以更不可信的解释。这些子虚乌有的消息传播甚远，据我们所知，连一些日本媒体也开始附和这些报道。

不仅如此，欧洲的新闻媒体，尤其是一些英国媒体也发出附和之声。在这些英国媒体当中，有些一直持续不断地发出针对德国的警告，它们还知道英国舰队的整体布局近来有所调整。调整布局的目的是为了提升英国在北海海域战舰力量的快速调动能力，英国在这片海域的唯一对手就是德国。然而这些媒体却道貌岸然地抨击美国将舰队从大西洋海岸派往太平洋海岸的行动。美国的太平洋海岸距离日本六千千米，而英国距离德国只有三四百千米。英国已经在北海海域修建了一个新的海军基地。去年（1907）秋季在北海海域进行的海军演习有超过四十艘装甲舰船参演，其中包括二十六艘战舰和十五至二十艘装甲巡洋舰，另外还有大量的巡洋舰和鱼雷艇。就像太平洋海岸是美国的一道海岸一样，北海海域也是英国的一道海岸。《海军年刊》是一份态度保守，又具有很高权威性的出版物。今年的

---

①转载自《科学美国人》，承蒙纽约芒恩出版公司（Munn and Co., New York）授予出版许可权。

《海军年刊》探讨了英国的北海战略，毫不犹豫地将矛头对准德国。引述该报刊 1908 年 5 月刊登的一项数据，英国 86% 的战舰力量将会集中于领海海域或其附近海域。然而，即便出现了这些报道，截止本文写作之时，英国和德国的领导人依然顺利地交换着关于和平的保证，我们没有理由怀疑其中的诚意。我们是不是还忘记了威廉皇帝曾经发给克鲁格的那封著名电报？克鲁格是英国的一支特别中队，它的任务是时刻准备采取快速行动。在领海海域内，任何反击或者威慑行动，无论是否蓄意为之，都不会引起进一步的外交行动。美国人总认为其他人“脸皮很薄”，这实际上影射出我们自己内心的过度敏感。希望随着国家的发展壮大，我们能够克服这种敏感。

让我们一次性解释清楚，国际法规或者国际礼让原则绝不支持攻击任何国家；而另一个国家，无论与其距离远近，在自己国家的海岸附近可以随意派出海军采取任何行动。无论德国对英国海军最近的布局调整有何看法，它并没有做出表态，但是它必将默默地采取应对措施。日本政治家对国际关系的准则非常熟稔，他们很清楚目前的形势，无疑会继续保持冷静。但是某些美国媒体的失实报道则将行动归咎于美国政府不为人知的动机和目的，这煽动了两国民众的情绪，尽管这些报道看起来比官方的表述更不可信。这些报道是否蓄意激起敌意，只有那些编辑自己清楚。它们企图损害国家行政体系，从我下面引用的这段话中也不难推断出这些毫无价值的怀疑论点的最终归宿，引文摘自 10 月 6 日的《纽约新闻报》。然而，我引用这段话不是为了反驳失实报道里提及的那些动机，尽管文章解释得很合理；我的主要目的是强调我们舰队即将开始的这场行动所具备的本质特征——“假如在新奥尔良动乱刚刚结束之际，美国和意大利的关系还十分‘紧张’时，派遣美国舰队前往地中海进行巡航演习。假如在关于委内瑞拉的照会发出后不久，克利夫兰总统命令美国全国的海军战斗力量前往新斯科舍或者牙买加进行巡航演习。”

两种假设情况里的行动都肆意妄为、蛮横无理、咄咄逼人，故意煽动起敌意。没有政治家会这样做，除非他已经下定决心要挑起战争，或者发现了战争的端倪，就像 1878 年英国舰队受命前往贝斯克海湾。然而，这种傲慢、激进和挑衅的行为显然都远离本国海岸，将会导致外交难题。而在这场将政府归为“好战分子”的恶意行动中，故意把舰队从我国一侧的海岸派往另一侧海岸的行动与引文里那些侵略行动相提并论，这不可避免地令人感觉到讽刺。从国际角度来看，这场尚在计划中的行动有一个显著特点，问题不在于行动的本质是和平的还是敌对的，而在于远离其他国家的海岸，更不用说远离新闻媒体声称的与我们国家关系脆弱的那些国家的海岸。可是，不是街上的每一个人都能觉察出其中的谬误。法律的准则只能从行为推断意图。以情报著称的报刊在专栏里刊登这样毫无根据的文章，只能解释为其有意误导或者作者头脑不清。

继续探讨我想引起读者注意的关于这次巡航的第二个方面，我再次从这份期刊中引用了如下内容：“政府要我们相信，此次太平洋远征仅仅只是一次‘巡航演习’。相信这种说辞的人肯定极度天真，非常容易上当。观察敏锐的人会在这个危险的处境中发现一场剧变，西奥多·罗斯福就驯服了这样一匹野马，他为其装上马勒，骑着它横行霸道、胡作非为。”

最后一句本来没有必要引用，可我还是保留了下来，一方面是因为这个精彩的比喻——“驯服了这样一匹野马，为其装上马勒”，另一方面是因为这一直言不讳的抨击针对的是一位面临着真正战争的总统。

至于引言的其他部分，如果说相信“舰队巡航是一次演习”这个显而易见、理由充分的动机的人就是一个“极度天真、非常容易上当”的人，我倒很乐于承认，而且完全发自内心。我没有在任何政府或者海军部的委员会里任职，也没有与能告诉我真实信息的公职人员交流过，或者从他们那里听到过什么消息。我得到的信息仅限于新闻报道。在派遣舰队的目的公之于众及反对宣传开始之后不久，我曾给一位英国海军的朋友写过信，那时我对政府的动机还一无所知。在信中我告诉他，舰队进行远距离航行可以积累经验，我觉得这个理由很充分。不然一旦巨大的行政困难与这种大规模、远距离、仅依靠舰队自身资源的航行联系起来，可能就要在战争的压力之下开始第一次远距离航行，而一次实际经验也没有无疑是一大劣势。这里所说的“自身资源”必须这样理解，不是说每艘舰船自顾自地行驶，而是与和平时期可以依靠附近的海军船坞不同，舰队需要自力更生。

在航行中，不论供应船是与舰队同行，还是在不同地点奉命加入舰队，备用品和煤炭的补给都是一个大问题。这是一个如何联合行动和维持生存的问题，显然属于军事问题。解决这类问题与舰队战术或者射击训练一样，都具有实用性。

我从历史和专业的角度对这个问题进行了思考，还参考了我的训练经历，得出了现在的观点。可能还存在其他理由，对此我就不清楚了。实践这一个理由，已经足够充分了。这个理由不仅充分，而且急迫。舰队应该进行这种训练，直到积累起足够多的经验。此类行动不宜拖延，越早进行越好。没能提早进行这种训练可能是因为海军的发展刚刚达到一定规模，这才使得这一行动极具启发性。

文字描述合理地掩盖了海军行动的许多特征。其实不同行动之间都存在显著的，甚至是根本性的差异，尽管这些行动的共同目的都是提升战斗力。我在其他场合做过的一次演讲可能更容易说清楚这个问题，这是我在海军学院就夏季巡航演习的两个理论发表的演说。可能有人依然主张把大部分规定时间用在安静、狭小的水域，举行各种遵循预定路线的实践演习，这类演习几乎不会受到天气或者类似因素的影响。还有人主张将舰船直接开入海洋，进行远距离航行，距离通常要达到八九千千米。这种航行要求舰队必须熟悉多种天气条件和其他情况，能够在海上维持生活，并根据各种海况要求进行不同的实践活动。显而易见，两种观点尽管互相矛盾，但并不是完全对立的，而是可以互补的。经过思考可以发现，如果舰队的工作时间以效率最高为目的紧密安排，那么在不同时期，两种状态将会在舰队里交替出现。舰队在一年中的大部分时间里，必须停留在幽闭的水域和相对温和稳定的气候环境里，目的是为了进行射击训练。从枪手分阶段的漫长学习过程，到对固定目标进行减速射击训练，再到停泊中或者低速航行的船上，再到依次加速的船上进行射击，直到高速行进时的极端测试，让枪炮以能够操作的极限速度进行射击。同样地，指挥一队高速航行中的舰船，为了达到作战的最终目的，从一种编队变换成另一种编队，也必须遵循一定的顺序，逐步进行训练，以便指挥官及其替补人员从中有所收获。不仅要提升能力，还要增强信心——这些都基于训练时养成的习惯，基于对本舰各种能力的深入了解，以及对其他舰船可能行动的预测能力。相对于航速而言，作战编队中的舰船必须保持较近距离，而距离较近又可能带来危险，除非经过长期实践才能保证安全操作。舰队中频繁发生的人员调动显然又要求舰队进行更加常态化的战术训练。

但是在已经提到过的和更多没有在这里详述的训练完成以后，不论在海军学院还是在舰队里，除了打下必需的基础外，还要做些什么？这些基础是为了构建海军真实生活的上层建筑。剩下要完成的目标与单纯的训练有很大不同，尽管这些目标有赖于训练成果，但仅是训练一项就足以证明海军的存在价值。海军学院的学生只需要经历一件小事——被分配到一艘远洋舰上，就能自然而然、潜移默化地过渡到服役人员的例行生活状态。单独的巡洋舰只有待在海上才能积累足够多的经验。可是一支舰队，如果只是停泊在船籍港或者训练基地，它就没有经验，因此也就没有拥有过完整的“生命体验”。不仅经常中断训练会带来很大危害，容易抵达海军船坞也会养成舰队“依赖”的恶习。而在时间跨度很长、只能依靠自身资源的远洋航行里，一支舰队所面临的问题，与单独一艘舰船所面临的问题在程度和种类上都截然不同。把任何一种困难放大十六倍，你就能从一个执行指令推进到下一个执行指令。

将美国的战斗舰队从大西洋海岸派往太平洋海岸的行动具有非常大的实用性，因为这正是任何国家的舰队可能通常会在战争中需要采取的举动。更具有实用意义的原因在于，美国同时拥有太平洋海岸和大西洋海岸，但却没有一支足够强大的海军可以分配给两个海岸，保证各自的安全。这个问题至少值得讨论——在不久的将来，太平洋是否会成为世界上更受关注的中心？考虑到我们自己的军事需要，太平洋海域的行动将会比大西洋更加频繁。就像拥有地中海海岸和大西洋海岸的法国一样，美国面临着令人苦恼的军事困境。舰队在一侧海岸时，另一侧海岸容易遭到袭击，但是我们两侧海岸间的距离比法国要远得多，所以处境也就更加尴尬。一支由战舰组成的舰队载满煤炭和食物离开土伦，在不对货舱内的燃料和备用品进行补给的情况下，或许可以坚持到布雷斯特或者瑟堡；而一支离开纽约或者诺福克前往旧金山的舰队则需要解决最严重的管理问题，这个问题不是精准的火炮和纯熟的战术能够解决的。事实上，这就是罗杰斯特文斯基所面临的问题。这是一个很恰当的例子，因为距离我们很近。我们的海军如果在那种环境里，能够得到贫弱的南美国家的帮助，得到煤炭补给吗?

有句话说得好——一支部队要像一条蛇那样匍匐前行。这句话对海军来说再正确不过了。在现代最重要的海军人员——依据我们的些许偏爱——纳尔逊身上，可以看见一个伟大的战略家、战术家或者伟大战士的身影。但是细心的学生会从他的书信中发现，在这些形象的后面，是一位伟大的管理者。他从不会因舰队行动所依靠的“腹部”而对舰队视而不见或失去远见。他不间断地关注食物状况，因为这对船员的健康至关重要；他永远保持警惕，把握住每一个机会。他的一条在海上随意记录的笔记这样写道：“货舱卸货尚未完成。”舰队需要开往得土安补充淡水，因为洋流状况和暂时的顶风状态，舰队无法驶往直布罗陀。他表现出强大的自控能力，克制住心中想要行动的冲动，直到远航需要的所有工作都已经完成，并且找到了准确的方向。他在生命的末期到达人生的高峰，这场横跨大西洋，返回直布罗陀，然后前往布雷斯特的长达三个月之久的远距离航行，几乎与我们计划中的行动需要花费的时间相同。在航行过程中，他从没有为备用品发过愁，因为舰队总是提前补充给养。这就是快速行动，而不是匆忙行动，战争就是这样取得胜利的。无论在过去还是将来，这都是机动性的伟大例证，机动性是海军这支战斗力量的最大特点。这种机动性不是用精选的煤炭和锅炉工进行速度试验，把航速提高半节，而是不浪费任何时间，因为从不错失任何机会。最后，在他离开布雷斯特时，他带领的十二艘舰船中除了两艘，都把指挥移交给舰队司令，无论封锁还是战斗，他们随时听从命令。两艘没有移交的舰船中，一艘舰船的结构完全损坏了，为了发挥这艘舰船作为作战成员的价值，他保留了舰船的主要部分，这有赖于一位杰出的船长；而另一艘船，是他自己的旗舰，已经离开船籍港两年多了，在抵达前一个月，再次扬帆，参加了最后一场战斗。与那些先辈相比，特拉法加海战只是一个相当小的例子。

这个事例适用于各个时期。从那以后，虽然偶然事件改变过，但是核心问题依然存在。轮船可能不会遭遇风平浪静或者不利的顶风，可以借助军需船，或者快速开进附近的港口补给淡水，但是船的总司令可能要考虑这些问题：我们到哪里装煤？燃料舱装得多满才能保证连续的用煤？考虑到不同停泊点之间所必需的消耗量，怎样做最易操作，又最为迅速？如何操作使航程最短又最安全？中界线以外有哪些可用的锚位？中立国会认为补给煤炭和其他备用品是管辖权所不允许的战争行为吗？应该选择哪个锚位？什么条件下最适宜在海上补给煤炭？用实例详细说明就是：拉普拉塔有多少宽阔的、较浅的河口拥有中立管辖权？瓦尔帕莱索和赤道之间的太平洋海域以风平浪静闻名，运煤船可不可以在舰船保持航向时与它并排行驶？如果可以，它们的航速可以达到多少？单一的运煤或者其他补给行动，在任何条件下，第二次的速度都要比第一次快得多，第三次又会比第二次快得多。航行中什么时候需要第二艘运煤船加入舰队，不仅要参考以上提及的所有问题，还要考虑它们驶到哪些港口能装载最大量的补给，同时又消耗最少量的燃料？为可能遇到的最坏的难题想好对策总是很有必要的。美国舰队要从赤道以北的热带海域驶往赤道以南相同纬度的海域，整个航程除了公海部分，其他时候都在外国海域。在战争时期，这样做可能遭遇多少“热情接待”？我认为一支舰队如果有能力超群的总司令和船长带领，和那些令人钦佩的高级官员及训练有素、年富力强的高级船员一起，在和平时期的有利条件下经历过了一次实际行动，当在真正的战争中重复这类行动时，我相信他们会适应得非常好。办公室里的预演再详细，也比不上实际操作。这当然是安全的泛泛之谈，如果没有复杂的行动计划和设想就采取行动，一开始就会导致焦虑，预计不到可能出现的困难。如果要试着说出舰队可能获得的最有用的经验，或许一个安全的说法是：“惊讶，超出预料之外的东西。”如果我们相信了新闻报道，领海海域里已经开始出现令人惊讶的东西了，那么显然舰队无法像设想的那样做好充分准备。如果情况是这样，政府能从中了解到一些“故障”也是一大收获。虽然每个故障都很小，加起来的力量却很大。

因此，在我看来，查尔斯·迪尔克爵士是我认识的最有权威的人。因为他虽然不是专业人士，却曾经是一代人中观察最敏锐的人，并且赞成学生探讨美国军事和海军问题。在他看来，美国海军如今排行世界第二，仅次于英国。但是美国海军还没有强大到可以分散控制大西洋海岸和太平洋海岸。两侧海岸都属于一个共同的国家，因此它们同样都需要防卫。接下来必然得出这样的结论——一支舰队应随时做好准备，不仅制定好计划，还要积累足够的经验，以便以机动性所允许的最大速度行动；如果形势需要，就从一侧海岸驶往另一侧海岸。这样一来，从军事角度来看，两侧海岸才都得到了保护。我这样说的意思不是指敌人可能不会进行空中打击。空中打击会造成严重损失，但是损失规模不会像“丢掉”美国海岸造成的损失那么大，后者的前提是敌人已经控制住海洋。如果一支力量更强的美国海军可以在三个月内出现，敌人将无法做到这一点。罗杰斯特文斯基花的时间更长，但是他摧毁了多哥号，多哥号也摧毁了他的旗舰。在之前十四个月里大获成功的日本，情况又是如何呢？然而，显而易见的是，从太平洋到大西洋的转移时间越短，舰队的实力就越强大。就像如果罗杰斯特文斯基知道他在阿瑟港失陷之前就已经取得了胜利，或许在舰船毁灭前，他能表现得更好。这种机动性只能通过遵循相应的办法加深对海域的熟悉度来提高，比如纳尔逊关于地中海和西印度群岛的个人经验，又比如哪里能提供设备，可能遇到什么阻碍。这种知识是实验性的，只有通过实践才能获取。因此，可以得出这样的结论：尚在计划中的航行具有极高的实践性。这不仅是明智之举，而且是必然之举。该行动也不应该只进行一次，而应该是一个循环往复的过程。舰队司令和船长来回往返，他们的个人经验就会随之增加。为什么不每年都进行一次这样的行动呢？太平洋和大西洋一样是绝佳的训练基地。

第三部分　描写文

“描写”一词一般用来指以线条、颜色或文字完成对事物的刻画阐述。就写作而言，根据目的的不同，描写文可被大致分为两类，大部分描写文都不会跳出这两种类别范畴。

第十章 描写

“描写”一词一般用来指以线条、颜色或文字完成对事物的刻画阐述。就写作而言，根据目的的不同，描写文可被大致分为两类，大部分描写文都不会跳出这两种类别范畴。

举例来讲，一本旅行指南或许会这样描述从伦敦威斯敏斯特大桥看出去的景象：

站在桥上，你会看到议会大厦、威斯敏斯特大教堂、兰贝斯宫、恢宏的圣托马斯医院等地标性建筑，以及大范围的伦敦市貌及泰晤士河，它们融汇成妙不可言的盛大景象。桥下电车纵横交错之处是维多利亚堤岸的起点，沿着堤岸行驶的电车会朝着黑衣修士桥进发。位于大桥右岸的艾伯特堤岸则通往兰贝斯宫。

而1802年，诗人华兹华斯也曾作十四行诗，描写他站在威斯敏斯特大桥上看到的美景。这是另一种不同的描写，堪称描写中的杰作。

大地风光鲜有如此漂亮，
谁对壮丽景色不能欣赏，
那就与公牛的灵魂一样；
这座城市穿上华丽衣裳，
安谧的清晨伴五彩霞光；
船舶、高塔、拱顶、剧场、教堂，
直冲天穹向着田野开放；
在纯净空气里熠熠闪光。
阳光从未如此绚丽辉煌，
沐浴山谷、岩石、山坡之上；
如此召唤以前从未深感，
泰晤士河随心所愿流淌；
上帝啊！千家万户梦正酣，

这颗强大的心沉睡安然！

这里还有两篇范文以供对比，更能让人体会到两种描写的不同之处。一篇是来自某百科全书描写罗马的选段，另一篇是拜伦为罗马所作的诗。

罗马曾是古代最强大国家的首都及中心，罗马天主教会的中心，现在是意大利王国的首都。这座最负盛名的城市位于北纬四十一度五十四分，东经十二度四十九分，距离地中海二十四千米，一条台伯河从城中穿过。城市中心位于河流左岸，建于七丘之上（包括帕拉蒂诺、卡皮托利诺、埃斯奎利诺、维米纳莱、奎里那莱、凯里、阿文蒂诺七座山丘）。河流附近有绵延的山谷，亦有广阔的平原等。

哦，罗马！我的祖国！人类灵魂的都城！
凡是心灵的孤儿必然要来投奔你，
你是逝去帝国的凄凉的母亲！
于是他在狭窄的胸中留下了渺小的忧郁。
我们的悲伤和痛苦算得了什么？
来吧，看看这柏树，听听这枭鸣，
独自徘徊在残破的王座和宫宇的阶梯上。哎呀！
你们的烦恼不过是瞬息的悲哀——
脆弱如人的泥坯，一个世界已经在你的脚下掩埋。

万邦的尼俄柏！哦，她站在废墟中，
失掉了王冠，没有儿女，默默地悲伤；
她干瘪的手拿着一只空的尸灰瓿，
那神圣的灰尘早已随着风儿飘扬；
西庇阿的墓穴里现在还留着什么？
还有那许多屹立的石墓，
也已没有英雄们在里面居住；
呵，古老的台伯河！
你可要在大理石的荒原中奔流？

扬起你黄色的波涛吧，覆盖她的哀愁。

前两篇范文即便写作目的大相径庭，但它们的描写对象都是明确的画面、景色。在对罗马进行描写的两篇文章中，虽然你觉得诗人站在某处注视着这座城，但其实选段都没有给出具体的画面。然而，你可以立即意识到，第一、三篇选段是一类描写，第二、四篇是另外一类。旅游指南和百科全书的意图为解释说明或教育指导，而诗歌是富于想象力、充满联想、极具画面感的。第一类描写与我们之前讲过的说明文非常类似，因此我们可以称其为“说明性描写”，大部分用于解释说明的描写类文章都可归为此类。第二种描写我们可以称其为“想象性描写”，而这一部分会在本章中占据更多篇幅。

一般情况下，当作者既希望给出信息，又希望刺激读者的想象力时，他会交叉使用这两种描写手法。于是我们便能看到广告商是这样介绍他要兜售的蜂蜜的：

每位成年人在其一生中（甚至是在孩提时代）都曾品尝过纯净蜂蜜的美妙滋味，味蕾对于这种可口花蜜的热望几乎已经变得不可抵抗了……没有任何一种自然风味能比它更精致、更巧妙、更受欢迎。

来自加利福尼亚新大陆梦幻花园的蜂蜜，是由蜜蜂从遍布山间的繁茂花丛中采得的花蜜酿制而成。即便诗人也会为其浅浅吟唱——每一滴蜂蜜都浓缩了来自亚热带太平洋暖阳的甜美慷慨与西方星斗的银白色光辉。

这无疑是世界上最好的蜂蜜，也是唯一一种品质能与我们的高端品牌相匹配的蜂蜜。它携其清澈的纯度来到我们面前，像是刚从蜂巢中取出来似的新鲜。我们将经过过滤留下的“少数幸运儿”装入圆柱形瓶中，贴上我们“Premier”的标签。不论是医用还是食品用，对于追求质量和纯净并重的高端人士来说，这款产品都是最佳选择。

读到这里，我们已经无须再过多解释什么是想象性描写，什么是解释性描写了，二者的结合在这个选段中显得有些粗劣。然而事实上，很少有描写是单纯的想象性或单纯的解释性的，因为少了观察和理解中的任何一项，你都无法完成对事物的认识。对于廷巴克图一位讲英语的市民来说，华兹华斯对于伦敦的描写或许缺乏吸引力。只有那些见过伦敦或其他文明城市的人，才能理解这首诗的生动之所在。同理，对于不了解罗马历史的读者来说，拜伦的诗不具备任何意义，旅行指南才是必需品。因此，只要细节不是赘余，你就不要害怕将其填充入你的想象性描写中。另一方面，加入一点想象能让解释说明更具可读性，这是对细节不作单一化处理的主要原因。我们也是从这个角度将描写分成了两类。请将此牢记于心，并阅读下面的解释性描写选段。

以下几篇范文充满了想象性的笔触。

白嘴鸦在秋天傍晚的行径，颇为离奇而有趣。觅食一整天后，它们便排成一线飞回来，会聚于塞耳彭的丘冈上空，足有几千只。它们或盘旋，或“扎猛子”，在玩耍的同时，还发出响亮的大叫。但因离得太远，叫声杂以风声，等传到下面的村里，已变得不那么尖厉，如“呜呜”的风鸣，又像悦耳的低语，也如回荡于树林里的猎狗叫声，或风入高树、浪滚石滩的声音。这“仪式”结束后，它们即借着最后一丝天光，退入提斯泰德和罗普利的茂密榉树里宿夜。

盘旋的鸢和秃鹰，其翅是张开不动的。因这滑行的习惯，前者在英国的北部亦名“gleads”，这源于古萨克森语的动词“glidan”，意思是“滑行”。茶隼亦名“御风”的，常轻快地拍打着翅膀，把身子定在空中。白尾鹞则低飞于石楠地或庄稼地的上方，不时像指示犬那样拍打地面。枭飞起来轻飘飘的，仿佛轻于空气，或似乎缺少压载物。渡鸦是颇有特色的，能唤起最没有好奇心者的注意——一闲下来，即打闹于空中；从一个地方飞往另一个地方时，又时常发出“嘎”的一声掉转背，仿佛要坠地似的。一有这古怪的举止，它往往用一只脚搔自己，从而失去重心。白嘴鸦常俯冲及翻滚着嬉戏；乌鸦和寒鸦走路则“一步三摇”；啄木鸟飞的样子状如水波，每飞一下，翅膀便一开一合，故往往呈曲线状起伏。这些鸟落在树上的时候，都放下尾巴，以支撑身体。喜鹊和樫鸟扑打着无力的翅膀，总也飞不远；苍鹭身子轻，翅膀大，似乎是累赘，但大而空的翅膀，运东西是必需的，如运大鱼等；鸽子（尤其是其中的“打击者”）的双翅常对击于后背，发出“啪啪”的脆响；另一种人称“磙子”

的鸽子，则经常翻滚于天上。有些鸟在求偶的季节，动作是别具一格的，如环颈林鸽，平时很硬朗，动作很迅疾，而进入了春天，它却飞得迟缓，一边飞又一边玩耍；又如雄鹬，一到繁殖的季节，便忘了以前的飞行，翅膀扇得像茶隼似的。尤为显著的是金翅雀，它这时的动作，往往没有活力且蹒跚着，仿佛是受伤而垂死的鸟；翠鸟快如脱弦的箭；黄昏的夜鹰掠过树梢时，宛如一颗流星；燕八哥飞行时像是在游泳；槲鸫则飞起来既野性又散漫；家燕俯擦过地面或水面，从一翻一剪中即可看出它是谁；雨燕迅疾地匝飞；岸燕则摇摆如蝴蝶。较小的鸟飞起来，多颠簸着飞行，前行时上扬一阵，下落一阵。小鸟多双脚蹦着前行，鹡鸰和云雀却左一脚、右一脚地走。云雀直上直下，并伴有鸟鸣；林百灵则驻于空中；鹨的起落呈一个大弧，下落时还伴随着鸣叫。

——吉尔伯特·怀特《塞耳彭自然史》，摘自第五十九封信与第四十二封信

然而，解释性描写中很少有像“小鸟飞翔”这样生动的元素。因此在大部分解释性描写中，我们需要把精力集中在将足够多的细节有序排列，以将描写对象清晰、全面地呈现在读者眼前。在这类描写中，专业术语是不可避免的，但作者应在保证语义明确的前提下，将术语数量控制在最少的范围内。

《大不列颠旅行指南》是这样描述索尔兹伯里坐堂唱诗班的：

斯基德摩尔通过一张现代金属屏风将唱诗班（第六区）与教堂中殿隔开。依据原有装饰所保留下来的一些痕迹可以看出教堂的拱顶曾色彩斑斓。教堂隔间包含不同时期的建筑风格，其中几间可能保留有教堂的最初设计；而讲坛和祭坛背后的装饰性屏风则为现代式样。唱经楼北侧是纪念奥德利主教（1502 年）的精致的垂直式圣堂，南侧的亨格福德圣堂（原位于教堂的中殿北侧）则是十五世纪铁制工艺的绝佳范例（建于 1430 年）。教堂东侧为圣母堂，堂内的五扇柳叶窗镶嵌有彩色玻璃。与之相邻，位于北侧唱诗班过道东侧的，是朗格福德城堡建造者托马斯·戈杰斯爵士（卒于 1610 年）及其妻子（卒于 1635 年）的纪念碑。而另一侧，南侧唱诗班过道东侧则竖立着一座纪念赫特福

德伯爵（卒于1621年）及其妻子的纪念碑。在纪念碑与圣母礼拜堂之间有一块纪念圣奥斯蒙德（卒于1099年）的石板，而其圣龛就矗立在圣母礼拜堂之内。东北侧的耳堂内矗立着一尊威维尔主教（卒于1375年）的黄铜雕像，雕像生动形象。东南侧耳堂内是纪念布里德波特主教（卒于1262年）的圣堂，还有一扇小门可以直接通向教堂的法衣室和档案室。

从这段节选来看，进行解释性描写的主要困难在于作者需要掌握大量专业性词汇，且须涵盖艺术和科学的各个领域。因此，要进行这类写作的训练，其描写对象最好局限在作者熟知的事物之中。然而即便是一件很简单的物品，比如一扇门，有些细节也需要作者用上几个"超纲词汇"，除非他平素会做木匠活。关于解释性描写，我们就说到这里，若有其他问题，可参考"说明文"一章。

关于想象性描写，首先你要时刻记得，它和绘画艺术有千丝万缕的联系——你和画家面对的困难是一样的。有位评论家曾说过，描写应该可以让画家透过文字，将景象誊到纸上，变成一幅让一切物质可视的画。用绘画和描写作比较确实是种必然。如果解释性描写是建筑师的图纸，那么想象性描写便是肖像或风景画。不论是用文字还是油画颜料，正是那一点想象让时装图样变成了肖像。

显然，从色彩、轮廓、修饰等方面来说，画家比他那运用文字艺术的"兄弟"更具优势。事物种类千变万化，用以描写的文字却永远不够用。但从另一个角度讲，画家在描绘景色时，无论如何也没法告诉观者草地的气味是甜的，微风的触感是软的；亦无法传达麦浪的动感、鸟儿的飞翔、农民的劳作、小溪的歌唱、蟋蟀的窸窣等上百种引人入胜的细节，但正是这些细节构成了一幅夏日图画。但作家却可以做到。只要读者经历过一次，他便可以通过文字，把所有这些图像带回读者心中。他甚至还可以通过对比和隐喻，让从未经历过这些的读者经历一番。虽然文字和艺术家的笔墨属于不同范畴，但这时文字的"绘画"效率更高。接下来请阅读这段来自吉卜林的选段，关注他是如何利用不同感官为读者提供一种绘画感的。

哈维很快发现，挂上停泊帆，从这个停泊地“游荡”到另一个停泊地的“海上号”，与朝西偏南方向满帆返航的“海上号”是迥然不同的两条船。即使在可以被视作“儿戏”的天气里，那舵轮也像是被“又踢又咬”，他甚至能感觉到底舱死沉沉的货物在汹涌的大海中有力地向前突进。船两侧翻滚气泡的水流则让他看得眼花缭乱。

满载的双桅船船边跟水面贴近，自然而然也与它周围的大海关系更加密切。他们很少看到地平线，除非船处在大浪的浪尖。它总好像在用胳膊肘推推搡搡，摆动着身子，巧妙而又坚定地穿行在蓝灰色或黑色的浪谷里，犁出一道又一道泡沫飞溅的条纹。若不然，它就侧身擦过一些比较大的浪峰……哈维开始理解这种情景，他欣赏着这种伴有撕裂声的连续不断的浪尖翻滚，觉得仿佛在听朴实无华的合唱；他欣赏着疾风吹过广袤无垠的空间，觉得它在“放牧”海上蓝紫色的云影；他欣赏着海天相接之处托起一轮红日的瑰丽壮观；欣赏着晨雾笼罩，却又倏然间慌慌张张地散去；他欣赏着中午刺眼的阳光辉耀；也欣赏着细雨“亲吻”方圆千里阴沉沉的海面；他欣赏着白天过去，降临万物，使人寒颤的黑暗；也欣赏着月光下大海的百万条“皱纹”。当第二斜桅仿佛“戳到了”低低的星斗时，哈维总要下去向厨师讨一个面包圈来吃。

——鲁德亚德·吉卜林：《勇敢的船长》

在此篇选段中，色彩、动作、形态、味道、触感、声音以不同的方式共同描绘出一幅精妙绝伦的画，而这是任何一位海洋画家都做不到的。

描写和绘画的第二个比较类似的地方在于艺术家自身的品质。对于艺术家来说，不论从哪个层面上讲，这些技能都是必备的——对自然的热忱和鉴赏力，敏锐且实事求是地观察。这些技能可汇总成一个词——即发现（美）的意愿。不过描写与绘画的联结到此还没有结束，第三点联结在于可运作的领域。和画家一样，你的描写对象是有局限性的——首先受限于你的经验，因为你无法描述自己从未见过的东西，想象力无非只是一种活跃的记忆罢了；第二则是受限于读者的兴趣之所在。一般说来，绘画可分为风景画和肖像画，但对于作者来说，描写对象的范畴可远不限于此。性格、生活方式、声音、情绪及其排列组合，以及许多需要运用到想象力的事物都可以是描写对象，这一点也同样适用于解释性描写。作为大学生，你不仅要能描述某个时间点的你窗外的景色，抑或是你某个最有趣的同学，还要能描述一天中你的情绪变化、当下最流行的音乐、你印象最深刻的演讲、你最欣赏的声音、你的同学的口音差异、大学生的理想型、男人握手方式的差异等，这些都是很好的描写对象。但即便你拥有的描写对象的范畴比画家要宽泛很多，你们的目标也是一致的——你们希望能将真实、生动与意义呈现出来，希望作品能吸引到你们的目标受众。

绘画与描写的第四点共通之处亦不容忽视。作家和画家都必须要有自己的洞察力，他必须能洞悉事物之间的内在联系。没能做到这一点的早期画家习惯于照葫芦画瓢，并不在乎画面的切入点，因此这些画作在当今的我们看来显得有些粗糙。这对作家来说也是一样的道理——当作家在描写某片风景中的某些事物时，若他无法洞悉它们与其他可控细节间的联结，最后呈现出的会是怪诞、失调与虚假。统一性的第一原则在于你描写的众多细节能否彼此调和，并最终呈现出一幅和谐画面；以及你是否能以直接或间接的方式，时刻提醒读者阅读的切入点。例如：

“鼓起勇气！”他说，并指着前方的陆地，
“潮水很快会送我们靠岸登陆。”
下午，他们果然到达了一块陆地，
这地方的时辰仿佛永远是下午。
慵懒昏醉的空气围着海岸飘浮，
像是在困倦的梦里微微呼吸。
满月的“圆脸”升起，映着山谷，
悬崖边飞落下淙淙的溪水，
像一缕轻烟欲落还停，在半空悬垂。
遍地溪涧！有的像悬垂的烟，
又像蝉翼轻纱，缓缓地落下；
有的穿过飘动的光和影飞溅，
在下方激起一片催眠的水花。

但见闪光的河从内陆奔向海涯，
而内陆深处是三座寂静的山峰，
千年雪封，映着日落的红霞；
还有沾满雨珠的苍郁的老松，
挺起了身躯，超出那层层交织的树丛。

被魔力拴住的夕阳欲落不落，
在红霞里低回；
从山口遥望内陆，
能望见棕榈镶边的黄色山坡，
还有平川和许多迂回的溪谷；
还有草地，有细细的莎草被覆，
这片土地的一切似乎永不变更！
岛上的食莲人来了，把船围住。
这些忧郁的人长着温柔的眼睛，
绯红的霞光映衬着他们暗淡的面影。

他们带来具有魔力的莲花茎枝，
把花和果实向远方来客分送。
不论是谁，只要尝一尝莲子，
在他耳中，这海浪的澎湃汹涌立即远远离去，
化为彼岸的嗡嗡声；
而伙伴的话语声也渐去渐弱，
变得隐隐约约，有如发自墓中；
他仿佛深深入睡，却又完全醒觉，
自己心音的节律在耳中化作了音乐。

——丁尼生：《食莲人》

还有一点共通之处在于对细节的正确选择。作者和画家在创作时都会将自己限于某一固定视角，他没法将他看到的一切都囊括进来，他也

不想这么做。他会充分利用自己的特权，将一切不重要或是妨碍描写重点的细节拒之门外。这也就是为什么摄影师为使照片达到油画般的精致，会故意将部分风景虚化，以进一步突出主体。但摄影艺术的麻烦之处就在于，这种“拒绝”的特权并不能经常使用。

慎重选择构图所需细节的必要性引出了“统一性”的第二原则。前面我们讲过，描写中的“统一性”一般取决于视角，但在性格、声音等描写中，你并不具有一个能引导你达成画面统一的视角。在这类描写中，你的目标应该是达成效果的统一性，你选择的所有细节都应该为此服务。进行描写写作时，作者都应充分运用想象力，给读者留下生动的印象。若要达到这个目的，描写就必须简单、清晰而又鲜明。

下面的选段便是通过一种对细节的极致选择来实现一种简单的效果。

圣塞西莉亚的生平事迹讲完之后，
我们还没有走出十几里路，
已到了白利恩林下的伯顿村。
这时有一个人赶上我们，
他穿的黑色外衣里衬着白法衣。
他所骑的有斑点的灰色马浑身是汗，
看起来很奇特，
似乎他加鞭奔赶已经有十里路的光景了；
而与他同来的一名乡士所骑的马也在出汗，
差不多已不能再继续赶路了。
汗水挂满马的胸前，
乘骑的人也汗如雨下，像一只雨鹊似的。
一副口袋叠在马背上，
看来他并没有带多少衣着。
他轻装出门，好像是夏季的行旅一般。
我心中纳闷他是何等人物，仔细一看，
原来他的外衣是缝在斗篷上的；
因此我打量了很久，

才认出他是个寺僧之类的人。
他的帽带挂在颈后，
他已赶过一程路，
踢着马，像发疯似的神气。
一张牛蒡叶在他的斗篷下隔着汗，
它本是遮在头上避太阳用的。
可是看他那样痛快地出汗却是一件乐事！
他前额挂着汗珠，
好似一具盛满了药草的蒸馏器。

——乔叟著《坎特伯雷故事集》中《寺僧乡士的故事》一文

二者间的最后一点共通之处我们一定不能忽视——如果你对描写文的写作是真诚的，那么被你选作主要线索的细节一定得是独有的。就像画家一样，从长远来看，他最好的作品一定是取决于其本人的性格的。其实，让你感觉印象深刻的通常都是最生动的。你会经常听到别人说："每次收到 ×× 的来信，我都很开心，因为信的内容总是新鲜又独特。"这句话通常是说信件作者成功地将自己的所见所闻传达了出去。相比其他类型的写作，信件给予作者更多自由，它让作者以私人化视角进行描写，这就使得描写更为生动活泼。后面我们节选了拜伦最负盛名的诗——《恰尔德·哈洛尔德游记》，其成功的关键就在于拜伦从个人视角出发，描述他所看到的欧洲，也因此赋予了作品整体性。这是其他任何旅行指南所没有的。

另外，不知你是否还记得，你的描写对象是靠你的主观意志决定的，因此你必须要时刻观察、倾听、检视自己的取向及最敏感的感官，保持自己的应激状态，这样一来，你的写作也会因此增加很多趣味。有人或许太过重视个人取向给描写带来的整体性，但我们中的大多数会倾向于走另一个极端——即过分依赖于对"某人看到""某人注意到"，或是包括被动语态在内的客观陈述（如"火车在众人的注视下缓缓靠近"）等的使用，这使得个人观感无处安放。

以下是一些范文。

（a）又到了海上！又一次以海为家！

我欢迎你，欢迎你，吼叫的波浪！
我身下汹涌的海潮像识主的骏马；
快把我送走，不论送往什么地方，
虽然那紧张的桅杆要像芦苇般摇晃，
虽然破裂的帆篷会在大风中乱飘，
然而我还是不得不流浪去他乡，
因为我像从岩石上掉下的一棵草，
将在海洋上漂泊，
不管风暴多凶，浪头多么高。

（b）澄澈、透明、镜面似的莱蒙湖！

你与我曾居住的茫茫人世相异迥然，
你似乎在静静地告诫我，向我叮嘱：
应抛弃尘世的烦恼水，寻求纯洁的泉。
好像无声的翅翼，这小船儿的白帆，
要把我带离惶惑心境；
我曾经爱过，曾经爱过那翻腾吼啸着的波澜，
但湖水的温柔耳语却像姐姐在责怪我：
究竟为什么要那样喜爱危险的风波。
古堡在德勒根菲尔斯峰上，
它怒视曲折的莱茵河的波浪；
莱茵河挺起它宽阔的胸膛，
两岸边有紫色的葡萄生长；
山上树木的枝头花朵盛放，
田野间闪耀着丰收的希望；
一座座城市环绕原野四方，
遥遥闪光的是他们的白墙；
如果你这时站在我的身旁，

我会更喜爱这锦绣的风光。

——拜伦：《恰尔德·哈洛尔德游记》

简·奥斯汀是这样描写一位富有浪漫情怀的女孩参访修道院的感受的：

她知道她不应该感到惊奇，但她如此这般地驶进门，当然有些出乎她的意料。穿过两排具有现代风貌的号房，她发现自己如此便利地进入了修道院的领域，马车疾驶在光滑平坦的石子路上，没有障碍，没有惊恐，没有任何庄重的气息，委实使她感到奇怪和有失协调。但是，她没有多少工夫来想这些事。突然，迎面刮来一阵急雨，使她不能再看这看那了，一心只顾得上保护她那顶新草帽。其实，她已经来到修道院的墙根底下，由亨利搀着跳下马车，躲到旧门廊下面，甚至跑进了大厅。她的朋友和将军正在等着欢迎她，而她对自己未来的痛苦却没有任何可怕的预感，丝毫不疑心过去在这幢肃穆的大厦里，出现过什么恐怖情景。微风似乎还没刮来杀人犯的悲叹，只不过给她送来了一阵蒙蒙细雨。她使劲抖了抖衣服，准备被领进客厅，同时也好思量一下她来到了什么地方。

一座修道院！是呀，能亲临其境多高兴啊！但是，她朝屋里环顾了一下，不禁怀疑她见到的东西好似不能给她带来这样的感觉。满屋子富丽堂皇的家具完全是现代格调。再说那个壁炉，她本来期待见到大量刻板的古代雕刻，谁想它完全是朗福德式的；它用朴素而美观的云石板砌成，上面摆着十分漂亮的英国瓷器。她带着特别信赖的目光朝那些窗子望去，因为她先前听将军说过，他出于敬重的心情，注意保留了它们的哥特式样。可是仔细一瞧，与她想象的相距甚远。诚然，尖拱是保留了，形式也是哥特式的，甚至也有窗扉，但是每块玻璃都太大、太清晰、太明亮了！在凯瑟琳的想象中，她希望见到最小的窗格、最笨重的石框，希望见到彩色玻璃、泥垢和蜘蛛网。对她来说，这种改变是令人痛心的。

——《诺桑觉寺》

正是因为女孩的心理视角拥有完整性，不同场景才能轻松与人物性格形成联结。若没有这样的心理视角，每一次的场景转换都需要非常谨慎地加以标识。

到目前为止，从整体性的基本原则出发，通过阐述包括视角、效果、性格等在内的整体性，我们发现描写和绘画有异曲同工之妙。但对二者的比较就先到这里结束了，尽管它会给你们提供一些有用的参考。

连贯性

描写的连贯性只要求我们对细节的排列组合有个大概的计划，具体顺序则要取决于描写对象的性质。若能按其本身的顺序进行写作，那自然是最好的。如若不能，那么“递进法”是个较为简单的办法。以下选段选自丁尼生的《小溪之歌》，它是典型的自然排序。

我来自鹬和鹭的栖息地，
忽然间我奔流而出。
我淌出了蕨丛，闪闪熠熠，
又潺潺地淌下了山谷。
我匆匆流经三十座山包，
有时在山梁间流过，
经过一个小镇、五十座桥，
还有二十几个村落。
最后我流过腓利的农庄，
去汇入滔滔的江河；
因为人们既有来又有往，
而我却永远朝前流。

——丁尼生：《小溪之歌》

按照从源头到河口、从上到下、从左到右、从头到脚等顺序完成的描写绝对是合格的作品。这里有个简单的办法：回忆眼睛观察风景时的实际顺序——先是大致轮廓，然后是细节。一般说来，只有当你看第二眼，听第二次的时候，客体才算是真正被看到、听到。

但很快你便会发现，描写文写作的关键之处并不在于连贯性。一般说来，描写文短小精悍，各个细节之间有着天然紧密的联结。说明文中的解释性术语及过渡性短语和词汇都应尽可能地避免使用，但细节描写应尽可能地丰富，以还原故事原貌。一段环境描写的开头只说景色很美，却并没给出明确的引人入胜的细节，或是缺少旅程中偶然事件的细节描写，那这篇文字会是很乏味枯燥的。这类叙事性文字作为描写文的一部分可以保留，其他此类细节会使得文章走向晦涩，当予以删除。上面出自奥斯汀小姐之手的两段文字便是叙事性细节与描写完美结合的典范。

若描写的篇幅很长，确实无法压缩，有一个办法可以让你在浩渺的细节描写中有效把握住条理性。将细节按一定逻辑串联起来，可以用几个分句将几个细节串在一句话中，可以将细节分散在排比句中，也可以两种方法结合使用。这种语法上的均匀给予每个细节同等的重要性，描写对象也因此被赋予了整体性。例如：

与此同时，季节也在不断地变化。早春时曾在草地里鸣叫的小青蛙，在盛夏的时候像牛蛙一样在小溪里呱呱叫，然后又归于沉寂。桃树也从发芽、开花，到了结果的时候。燕子和紫崖燕飞回来了，在屋顶上叽叽喳喳，建造鸟巢，培育幼仔，沿着屋檐开大会。然后又展翅飞行，开始寻求另一个春天。毛虫织着“裹尸布”，把自己裹在里面，在给房屋遮阳的大梧桐树上吊着。然后变成了蛾，在夏日的最后一缕阳光中拍着翅膀，最后消失了。梧桐树的叶子慢慢变黄，再变成褐色，最后一片一片带着沙沙的响声落到地上，在风和尘土的小旋涡中旋转着，悄悄地说着：“冬天就要来了。”

——华盛顿·欧文：《沃尔弗特·韦伯》

那高大的屋宇、雄伟狭窄而阴暗的街道，那在仓库和商店里陈列着的琳琅满目的商品、华丽的铠甲；那人行道上拥挤着的各行各业的忙碌市民，带着小心、庄重或匆匆赶路的神情来来往往，川流不息；那运送出口商品和进口商品的大车，前者载的是宽幅布、斜纹布、各式兵器、钉子和铁器，后者装的是供这座富裕的城市消费，或运往别处做生意的各种日用品和奢侈品——所有这些构成了昆丁从没见过的富裕、繁华而又吸引人的场面。

——沃尔特·斯科特：《昆丁·杜沃德》

突出性

若我们要在描写文中拿出一整段的篇幅对重点加以强调，则对象只能是前文提到过的。在描写文写作中，我们要注重比例分配——要把更大篇幅分给能直接达到你的预期效果的细节，对于那些偶然性的细节则可以一笔带过。一般说来，我们会首先给出事物的大致轮廓，再填充细节，以达到我们想要的效果。还有一种方法，就是把细节以递进的顺序分类安置。但我们需要注意的是，现实中说不通的细节不应选作强调的对象。在布莱克默的浪漫小说《洛纳杜恩》中，描述水上滑梯的片段十分出彩，为后面浪漫的发生奠定了合理的基础。但当参观者真的前往杜恩山谷，却发现故事中戏份如此“吃重”的水上滑梯其实只是个小水沟时，总是十分沮丧。当你在叙述真实存在的事物时，对细节的把控必须符合事实，不能仅仅为了达到预期效果而不尊重客观事实。

在本章描述写作原则的综合评述中，我们已经了解到，虽然解释性描写文中可以加几笔想象性描写，但其本质就是说明文。至于想象性描写，它有三大特点（表达工具、艺术家性格、工作领域）与绘画是一致的。此外，它们还有一点最大的共通之处——就是整体性原则在视角、效果及艺术家性格中的运用是大体相同的。

当我们把描写文写作的整体思路看作艺术创作的特定工具时，我们发现有一个词可以涵盖这整个主题，那就是联想。其实，不指向描写的中心对象的想象性描写，可以更为贴切地被称呼为“联想性描写”。我们的目标是利用暗示实现读者的联想，而写作目的与其说是我们的工具，倒不如说它定义了我们的写作。是时候认真检视我们的写作工具，看看它都有什么用途了。在“准确用词”一章中，我们已经探讨过描写文写作的某些步骤了。

联想主要是让读者对你看到的场景有画面感。最生动的画面感主要来自具体而非空泛的措辞，及语义与主题最接近的词汇。新手作家有一个错误观点，他们认为必须要绞尽脑汁想出对比强烈的引语和过分华丽的明喻才是成功的描写文。首先我们得承认这两种写作手法对于联想是很有价值的，但归根结底，在描写文写作中，使用联想法的基本要求便是“适真性”和“具体性”。

这一切全部取决于你个人敏锐的观察、你对私人独有视角的探寻，它们比任何精密的语言和出彩的修辞都更能让你的文章精妙绝伦。不过任何事物的具体细节都是有限的，这种限制指向另一个重要的描写原则——那就是要简练。读者摄入细节的能力也是有限的，还没读到最后，他可能就已经忘掉第一个细节了。如此，整个画面便模糊了。就像相机缩小光圈时会使得镜头前的拍摄对象更清晰突出一样，精炼语言，着重强调几个重要细节会让场景轮廓更为清晰，给人的印象更为隽永。

需要说明的是，这对于人物描写同样是适用的。若塞入太多细节，你会给读者带来混乱感。一件简单的轶事、一个简单的习惯性动作就很能说明人物性格了。或许你想用补充说明性材料突出某个重要的人物特点，但在性格刻画中，紧凑精悍才是最重要的，至于通过某些外貌细节突出性格特点，除了身材、肤色、走路姿势之外，也没什么重要的细节了。你最多罗列六条细节，便应能勾勒出人物的大致轮廓了。

本杰明·富兰克林是这样描写他父亲的：

关于我父亲的外貌和性格，也许你会感兴趣。他中等身材，体形很健美，也很结实强壮。他很聪明，擅长画画，略懂音乐。某些晚上，工作做完之后，他会边拉着提琴（拉的是赞美歌的调子），边唱歌。他嗓子很好，所以听起来很悦耳。他对机械也很有研究，哪怕是其他行业的工具，他运用起来也得心应手。这些还不算什么，在处理公私的重大问题时，他深刻的见解和正确的判断才是他最厉害的地方。

——《本杰明·富兰克林自传》

在下面这节选段中，作者用那位乡村医生与众不同的外形特点暗示他的性格特征，并给出一些轶事，将细节有效延展，但直接的性格描写是很少的。

在如此窘境之下，麦克卢尔并非是被请而来，但他的目光却能为濒临绝望之人重新燃起希望。但这种安慰并非是出于他外表的优雅，或是对待病人的良好举止。他高大瘦削、相貌平凡、身材结实匀称，长期的风吹日晒使他的脸如烧红的砖块一般黝黑发红。他有一头红发，胡须已经花白，一双蓝眼睛总是诚恳地望着你的脸，宽大手掌上的腕骨如同火腿的胫部一般粗壮，大嗓门在招呼致意时声音，足以穿过两片田地。他能使你联想到的是无边的旷野，而不是会客厅之类的静雅之所。但这双大手在做手术时却灵巧精致得如同妇人；他的嗓音温和宽厚，即便是身处在牧羊人那简陋的屋子里，面对着那守在丈夫床边不停抽泣的牧羊人妻子也依然耐心慈祥。开始他只是“生些小病”，但渐渐地因为这份工作而积留了诸多伤痛，这也使他在格伦这里很受欢迎。他右眉上有一道丑陋疤痕，这使他看起来表情凶恶，这道疤是一天夜里，他与杰斯在离家十二公里处的冰面上滑倒并失去知觉后留下的。而他的跛脚则是五十年代一场巨大暴风雪所留下的印记。当时他的马在格伦乌尔塔赫迷了路，随后连人带马一起滚落出去，麦克卢尔幸免于难，却摔断了一条腿和三根肋骨，自此以后无法像正常人一般行走自如。他再也无法一步飞身上马，总是要先失败几次，还要紧紧抓住杰斯的鬃毛才行。没有人能在连续经历了四十多年的泥炭沼泽与冬天积雪的情况下躲过风湿病的侵袭。但这些都是使人心生敬畏的伤疤，在其他领域有着同样经历的人足以得到维多利亚十字勋章的嘉奖。麦克卢尔却什么也没得到，他所得到的仅仅是与格伦这块土地所结下的不为人知的深厚情感，也唯有这块土地才“知晓”他所做的一切无人能及，而他为此变得丑陋、身体扭曲、面容憔悴。当麦克卢尔跛着脚走向他的马时，我见到了他那张温柔的脸庞。

——伊恩·麦克拉伦（沃森）：《一位旧时医生》

然而，虽然在性格描写中，添几笔生动的笔触是再好不过的了，但若太把它当回事，很有可能适得其反。描述性文字在篇幅上的压缩意味着它必须要足够重要才值得写上。我们当中几乎没有人能用一个简单的短语将某个场景或某种性格刻画得栩栩如生。对于学习写作的学生来说，若他们没有对各种描写对象进行有针对性的训练，而过分要求他们追求语言的简洁灵巧是很危险的。林肯能够用十几个词描述某个宏大的场景，但这个能力背后的支撑是其丰富的人生阅历。你得成为乔治·博罗才能用“红砖里的喧嚣”这样的短语来描述某栋房子。若学习写作者还未能获得如同那位伟大的作家一样多的阅历，那他最好不要试着用一个短语简单地完成对某一对象的描写，而是要用尽可能完整而准确的语言勾勒全景，让读者沉浸其中。他必须要借助暗示的力量，从而让描写对象的完整原貌得以呈现。

比喻和对比

但具体和简洁本身会让描写文变得索然无味。因此不要忘了，你还拥有两种很棒的描写手法——比喻和对比，这两种方法同样重要。将你的描写对象与读者更熟悉的其他对象进行连接，你便获得了抵达其想象力的快速通道。[①] 不过需要强调的是，用来对比的客体必须是读者熟悉的。比如，一个美国人和一位英国朋友在讨论星座，美国人会惊奇地发现，对英国人来说，相比大熊星座中的“北斗七星”而言，他们更熟悉“七星北斗”的说法。其实英国人并不知道“北斗七星”这种说法，其普及程度还不如大农场主的铁路货车。由此可见，用来比较的对象必须是读者熟悉的。

全世界都很熟悉将“意大利比作靴子”的说法，因此当你说“近年来的地震多发生在这个‘靴子’的‘脚趾’部分”时，他们会立刻明白你的指向。伊利湖和尼亚加拉河的景象确实像一只鲸鱼在喷水，但这种比喻对读者来说，既不明显，也不熟悉，便起不到什么作用了。

在使用比喻手法时，你必须要使用让读者一下就能想起来的形象，从而使其产生画面感。哪怕只是稍微偏离这个准则，你就会发现自己所塑造的形象显得极为不自然。

詹姆斯·莱恩·埃伦在其《肯塔基州的红雀》中，将人比作鸟，将作为鸟类学者的主人公形象刻画得栩栩如生。

在那些为我提供生活中平凡质朴的散文的邻居之中，迄今为止离我最近的便是一位名为雅各布·马里纳的单身汉。我将其称之为我的“雨鸦”，因为他的嗓音总是能唤起我对糟糕天气的担忧。而他的来访则像是一场无尽的绵绵细雨。

关于一位喜欢说长道短的老妇人的描述：

沃尔特斯夫人被我称为“百舌鸟”，因为她的嗓音有如神迹一般能

①可参考“准确用词”一章，其中有更多关于修辞手法的使用说明。

重现市井之声。每当她轻挥“羽翼”落到黄色靠椅之上，说着市井流言，或是在其满怀期许，轻松地维持自我平衡之时，我都不得不请求她停下来为我哼唱几句，很快空气中便洋溢着乡村歌手的调子。

——詹姆斯·莱恩·埃伦：《肯塔基州的红雀》

反观他的《世外桃源之夏》，他在描述一位生活在肯塔基州农场里的姑娘时，使用了几个“古典”的比拟，但有些离题，效果不佳。

看到她就这般站着，修长而宁静地站在低处，如同一颗颗“碧石”停留在荷叶上一般，寂静之中只能听到泉水挣脱洞穴而出时发出的微弱声响；幻想使我暂时忘记了她是谁，我深深陷入了那些缥缈而又遥远的形象。那在世界上所有年轻小伙的想象中都会出现的形象，始终萦绕在神秘与现实的边界中挥之不去。她一定是“泉之仙女”，因某些祸患的发生而来到这里，在此思索生命与自然的秘密。

——詹姆斯·莱恩·埃伦：《世外桃源之夏》

对照在暗喻中也是很有效的方法。一般情况下，定义描述对象对生动化描写毫无帮助。但若要对比，则一定要一针见血，否则亦是徒劳。一个较为简单的对比方法是将同一画面内的不同细节进行对照，这时“递进关系”就十分重要了——位置靠后的细节一般是更为重要的。

眼前的这幅画未能使他心中产生一丝波澜。老旧的宅邸依旧伫立在西边的天空之上，黑暗而又寂静。灰蓝色的天空中划过一道血红色的长线，标出了残存的日光。显然没有一丝生气，没有任何一扇窗中透出些许光亮，即便有，也是在房子的另一侧，隐藏在视线之外。既没有猫头鹰落在烟囱之上，院子里也没有狗。

——乔治·华盛顿·凯布尔：《克里奥尔人和过去的年代》

听到这里她不禁叹了口气，就仿佛这些话是由她自己的口中说出。倾听者抬起眼帘望向国王，恰好看到他那清晰而敏锐的目光也在凝视着她，于是她的脸一下子红了，扭头看着窗外。

她的身体苗条柔弱得如同一支细长的花茎，而他则结实健壮，就像一把经历了千锤百炼之后的刚毅刀刃。两个人都有着大大的灰色眼睛，但她的眼眸温柔得如同幼隼轻叫，而他的眼神则如桁架上的雄鹰一般锐利。她的肌肤像身上穿着的丝绸衣服一样雪白，却比丝绸更加柔软。而他呢，久经风吹日晒的皮肤甚至比脸上棕色的髭须还要深，那髭须就如同他的眉毛与头发一般浓密厚实，盖住了他坚毅的唇部线条。两人间所暗藏的微妙相似之处虽难以言说，但即便是最不善察言观色之人，只需一瞥也能瞧出端倪。

——亚瑟·舍伯恩·哈代：《蜀葵》

暗示

另外一个，也是最有效的提升暗示力的方法，就是描述对象对旁观者产生的影响。这一直是恶作剧者最爱的消遣方式——站在街边一直盯着一栋建筑看，直到不明所以的人在他这里聚集起来。他们不知道他在看什么，但每个人都对他人的目光焦点产生了强烈的兴趣。这在所有提高暗示力的方法中算是最有效的。《古舟子咏》中暗示的便是主人公的故事会引得婚礼客人驻足倾听。济慈在描述查普曼翻译的《荷马史诗》时，就对比了文字与他人对他产生的类似的影响。

他炯炯的目光将行人摄住——
使赴宴的客人停步不前，
像三岁的孩子听他讲述，
老水手实现了他的意愿。

赴宴的客人坐在石头上，
不由自主地听他讲故事；
就这样，老水手继续往下说，
两眼闪着奇异的光芒。

★ ★ ★ ★ ★

“我怕你，年迈的水手！”
“安静点，婚礼的贵宾！”

——柯勒律治：《古舟子咏》

我曾游历过许多黄金般的国度，
见过众多美好的城邦和王国，

还周游过许多西方的岛屿，

那是诗人膜拜阿波罗的圣地。

我常听说有一片广阔无垠的地域，

眉宇深邃的荷马在那里统治；

可我却从未领略过那里纯净的空气，

直到我听见查普曼的声音洪亮有力，

我便如同有了观星者的感应。

当一颗新星划入我的视野，

或如考蒂兹以锐利如鹰的双眼

凝视着太平洋，

而他的队员惊讶地彼此相视，

陷入狂想的意境沉默不语——倚立在达利安的山巅。

——济慈：《初读查普曼＜译荷马史诗＞有感》

我们已经在描写文与绘画的关系中提到，描写文的一大优势在于它可以通过文字来创造多种感官体验。但我们现在还必须进一步阐明，任何缺少这种感染力的描写文都会丧失其本质上的精髓。尤其需要注意的是，描写一处风景时必须添加声音、动作和感觉，否则你笔下的风景就会毫无生命力，非常死寂。能够表达这种动作概念的合适词汇，当然就是那些能够指示动作的单词，比如动词。在描写文中，比动词更重要的词汇并不多。你不妨回头看看吉卜林的《勇敢的船长》中的摘录，注意其中的动词形式与其他描述性词汇数量的比例；或者看看吉尔伯特·怀特的范文中关于“鸟类飞翔”的段落，数一数他用来表示“飞翔”这个动作所用的动词数量。另一方面，一个场景无论有多安静，也不可能完全排斥带有描述性特征的动词。注意以下段落中动词的分词形式和其他动词形式。

仲夏林中，大多数人都在安静而敏感地沉思，以避暑热。树林深处传来一声母牛焦躁不安的哞哞声，叫声不时地从耳后传来，仿佛是从远处依稀传来的求救之声。松鼠沉沉地睡着。布谷鸟偶尔柔滑轻巧地从林中飞过。哀蛾躺在蓟草之上，翅膀打开着，如同死去一般静止不动。绿色池塘边栖息的蓝蛇则仿佛是被人遗落在那里的一串珠宝。身处森林的寂静之中，想象力使人相信，大自然的万物都了解，并等待着某人的到来，等待着某事的发生，而这一切都是他们所能预先感知到的。

达芙妮如同一道迅速无声的影子在林中穿行。

——詹姆斯·莱恩·埃伦：《世外桃源之夏》

在依照整体性原则进行描写文写作时，若要追求效果的整体性，不要忘记有种方法能帮你大忙——就是使用大量同义词。想要向读者传达某种效果，你可以使用一系列恰如其分的同义词，这就像你拿着小锤子，通过连续敲击，将你要表达的内容“敲进”读者心里。柯勒律治的诗将此运用到了极致。

在你身后的绝岭之上，

是那广袤无垠，

幽冥深邃的苍穹和大片大片的乌松。

在下面的选段中，此方法的使用较为隐晦。

南十字星座在无数的星星之间闪耀着那壮丽的光辉。月光照耀在辽阔寂静的平原上，一望无际，只有起伏的土丘和无限伸展丛生的卡鲁灌木打破了这一画面。篝火中刚刚重新添加了潮湿的树枝和灌木，勉强维持燃烧，烟雾盘旋着融入清澈的空气之中。带篷马车孤独无助地立在车轴之上。卡菲尔人裹着毯子睡在车内。卸掉轭的公牛就在不远处，用力地咀嚼反刍，发出有节奏的声音。天地万物都静了下来，可怕地静了下来。所有这一切都让人感觉自己是如此渺小，而天地则广袤无垠。

——威廉·约翰·洛克：《流浪者》

这段文字的每一句话都传达出了一种静谧感，尽管通篇只用了“安静”和“寂静”这两个明显的字眼。

上述最后一个选段中使用的“可怕的”一词，提醒我们在追求暗示的力量时需要注意的另一个要点。洛克的这个词使用得非常恰当，能够让人联想到一种敬畏感。如果我们了解更多情境，拥有足够的表达空间，还可以更明确地阐述这一点。他在增强暗示性的同时，也恰当地增加了一个新想法。他并没有将这个词作为意思含糊的强化修饰语，不像我们在日常用语中那样随便地脱口说出“好得可怕”“快得可怕”等。如果他也这么说，效果就会大相径庭，完全违背了“递进法”的原则。总体而言，作者要学会在描述文中少用表示程度的副词，例如“大多数（most）”“非常（very）”“极其（exceedingly）”等，而且要根据你描写的细节数量和生动性来决定你希望实现的程度效果。

另一个避免在描写文中用词俗套的方法就是隐藏你笔下过于明显的意图。要避免使用类似“如果人们走到山崖边，就会看到……”“人们很容易注意到……”“这是一个很有趣的景象”“它绘制了一幅美景”“他对……很感兴趣”“他是……”“他穿着……”“非常显眼”“看起来似乎”等表述。你在措辞时要避开这类表达，因为它们已经被用到滥俗了。它们会影响你描述内容的清晰度，因为它们本身的描述就已经是“陈词滥调”，无法让人产生共鸣。

虽然我们可以在别处妥当地处理主语，但至少要提醒学生们注意词语声调的力量。在这个方面，你不会错得太离谱，如果能够铭记英国童话作家刘易斯·卡罗尔的那句格言——“注意你的理智，声调自会小心（Take care of the sense, and the sounds will take care of themselves）”，你还可能发挥良好的表现。但即便如此，你有时候也还是需要注意一些具有同等暗示性的同义词，并根据具体意思在它们之间做出选择。此时就需要借助耳朵来判断哪个词的发音最铿锵有力，最能表达对应的感觉。但在所有情况下都要记住，“高音”并不意味着“谐音”。据称，只有三流诗人才偏爱夸夸其谈的空话。

我们用于检验暗示力量的标准包括具体、简洁，使用对比和对仗等修辞手法，运用某个景象对观察者产生的影响，借同义词进行重复，动词的选择，以及所选词汇是否动听等。这个清单无疑还可以继续扩展。读者可能会在本章节末找到其他扩展内容。不过对我们来说，这个清单列出的内容，已经足够帮助描写文作者完成合格的创作。

记叙与描写

我们在本章所摘选的是故事的例文，这是因为描写文和记叙文的写作方式颇有关联。用戏剧的术语来说，舞台上的所有幻觉都是布景、服装、音乐和舞蹈创造的结果，而记叙文中形象化的情节则要通过描写艺术来实现。尽管描写是记叙文中必不可少的元素，但它仅居于次位。我们对描写文的注意力往往不会太持久，而记叙文却可以牢牢抓住我们的注意力。因此，记叙文的扩展空间更广，虽然它在许多情况下的魅力要归功于描写艺术。作者只要牢记“形象化的情节”这种描写艺术，就能够写出生动灵活的记叙文。

故事中的描写，大多数时候与情节紧密相扣，才能发挥最大功效。许多优秀故事中的描述性内容常见于讲述故事情节的句子。这种描述必须是故事中密不可分的一环，不可以是牵强附会的内容。它在故事中所占的篇幅要完全取决于故事的性质。詹姆斯·莱恩·埃伦所著的《世外桃源之夏》，光看这个标题就知道它含有大量描写性的内容，而《旧约全书》中的故事则不然。

在所有记叙文作者中，荷马当属处理描写内容的大师。下文中的两则摘录就充分展示了他在这方面的高超技巧；但要体现他完整融合叙述和描写这两种手法的特点，我们就得同时插入《伊利亚特》和《奥德赛》的内容。在《荷马史诗》中，每一个事件都很形象化，能够让人们像观看一系列变化的风景一样，观看、感受和听到其中的故事情节。与其他方法相比，这种做法是通过准确地还原细节，为读者呈现栩栩如生的画面来实现的。我们在最后的分析中指出，所有优秀的描写文都有赖于这种方法。

总之，我们在此所示的多种关于描写文的写作提示，与说明文在许多细节上颇为相似，区别只在于写作目的。前者是为了展现事物的形象，后者是为了让人们理解事实。说明文中的描写内容纯属说明性质，需要遵循适用于该文体的写作原则。想象性描写文属于真正的描写文，它与绘画艺术异曲同工，都要求作者具备敏锐的观察力。其文字好比画家手中的线条和色彩，可以描绘事物，二者对视角、效果及艺术家品质的要求均有共通之处。描写文需遵循统一性、连贯性和突出性三大原则，但与说明文相比，描写文更容易把握连贯性和突出性。描写文可以通过多种方式来强化暗示的力量，主要通过集中某些重要描述，通过比喻、对比和其他形象化手法，以及通过使用同义词进行重复，注意动词、形容词和名词的暗示力量，根据词汇的音效，斟酌用词来实现。牢记这些要点，你就有可能通过学习范文（见本章所附内容），更好地掌握描写文的写作方法。但是，这只是相对于写作艺术的理论而言，若要“吃透”这门艺术，恐怕没有比认真观察生活还要更好的途径了。

描写类范文

《奥德赛》译文

1. 奥德修斯登岸

正当他思考斟酌之际，在他的心里和魂里，一股巨浪把他抛向粗皱的岩壁。这时，他将面临皮肤遭受擦剥，骨头被岩石粉碎的结局。灰眼睛女神雅典娜送出启示，注入他的心间。奥德修斯用他的双手拼命抓住岩面，咬牙坚持，大声叫喊，直到巨浪扑过身前。然而，虽说熬过了这次冲击，浪水的回流却把他砸离抓抱的岩块，将他远远地扔向海面。一条章鱼被外力拖出巢穴时，泥砾会糊满它的吸盘——就像这样，岩石黏住奥德修斯的手，扯去他手掌上的表皮；海涛将他掩埋。这时，若不是眼睛灰蓝的雅典娜女神给他送来了脱险的忠告，可怜的奥德修斯可能会葬身海底。他乘着喷砸在海岸边的碎浪，然后沿着海岸游去。他的两眼总是紧盯着滩沿，希望寻见一处斜对海浪的滩面或停船的港湾。然而他继续游去，抵及一处河口，置身于清澈的水流中，感觉它乃最好的登岸地点——没有岩石,倒有挡御风吹的遮掩。奥德修斯感受到了河流的奔涌，他默然祈诵，从内心深处发话——

“听我说，王，无论你是何位神主。我在向你靠近，急需你的帮助，一位奔命的不幸之人，逃出大海的捕杀，波塞冬的咒言。即便对不死的神明，落荒的浪人亦可祈求援助。像我一样，忍受了种种磨难，趋贴你的水流，身临你的膝边。可怜我的不幸，王；容我对你称告，我是个对你祈求的凡男。”

他言罢，河流息止水流，停息了奔涌的浪头，在他面前，理出一片宁静的水域，让他安全进入河口。奥德修斯膝腿弯卷，垂展沉重的双手，心力交瘁；受之于咸水的冲灌，全身皮肉浮肿；从鼻孔、嘴唇里面流出成股海水。他身心疲软，躺在地上，既不能呼气，也无力说话，极度的疲劳使他无法动弹。

2. 欧迈俄斯的家

与此同时，奥德修斯离开港湾，走上崎岖的山路，穿过繁茂的林地，越过山冈，行往雅典娜指明的地点，寻觅高贵的牧猪人的踪迹。仆人中，牧猪人比谁都忠诚，看护着卓越的奥德赛的丰厚家产。

奥德修斯发现他坐在屋前，四周垒着高耸的墙栏，在一块隆起的地面上，围拥着舒坦。宽敞的庭院，地面上干干净净，由牧猪人自己堆建，关着离家的主人的猪群，不为女主人知晓，也不为年迈的莱耳忒斯知道。他用大块的石头垒起围墙，上面铺着带刺的蒺丛，外面竖着柱杆，围作一圈，顶着石面，排得密密匝匝。围墙内，他分出十二个圈栏，一个挨着一个，每个围栏里面有五十头肥猪趴在地上，但没有公猪。由于虔诚的求婚者在他们的宴会上不停地吃，现在肉猪的数目减少了很多——牧猪人被迫源源不断地供应，送去饲养精良的肥猪，猪群中的佳选，还有三百六十头存栏。猪群旁有四条牧狗，如野兽一般，每日躺在猪群的边沿，是猪倌的头儿——牧猪人的驯养帮手。眼下，牧猪人正割下一块牛皮，色调温厚，用来制作合脚的便鞋。与此同时，其他牧猪人已赶着猪群走向不同的方向，一共三人。第四个人已被他遣往城里，赶着一头肥猪，出于被迫，送给骄蛮的求婚人，供他们祭杀饕餮，满足其饱啖的欲念。

突然，啸吼的牧狗瞥见了奥德修斯，狂叫着冲扑上前。奥德修斯谨慎地蹲坐在地，掉落了手中的棍枝。这时，他本会在自己的庄院受到严重的损伤，幸好牧猪人腿脚轻快迅捷，放下手中的牛皮，即时冲出门庭，对着狗群大声呵斥，投出两块石块，把它们轰得四处奔逃，然后对着主人开口说道：“狗群突起奔袭，我的老先生，险些把你撕坏了，引来你对我的责怪……”

卡尔顿山[1]

爱丁堡新城的东面由一座陡峭的山冈守护着，它的海拔并不高，矗立在城区的环抱中。老伦敦路从其一旁经过，与另一侧新修的道路一同将它环绕其间。顺着岩石开凿的阶梯向上攀登，会发现周围尽是林立的纪念性地标。杜格尔德•斯图尔特颇受礼遇，其纪念亭位置绝佳，建筑精美。较低的一个山隅上则是彭斯的缅怀之地。而纳尔逊勋爵，这位名副其实的水手，将自己的名字刻在了卡尔顿山最英勇的峰顶。这座稍晚竖立起的纪念碑，被形象地喻为“望远镜”和“黄油桶”。不仅如此，它也算得上是最差劲的手工制品之一了。但最具特色的还要数那排未完工的石柱，人们叫它“现代废墟”，从四面八方都能一睹其壮观，甚至从海上眺望，都会给人那样一种错觉。这排现代雅典石柱让爱丁堡饱受讥讽。原本是要将它建成一座国家纪念堂，而它目前的状态于这个国家的某些特征而言，的确是一座名副其实的纪念堂。居于山顶中央的是新旧两座天文台——旧天文台临山崖而建，一身古雅的棕褐色，而新天文台则是一座宏伟的古典穹顶建筑。这些纪念建筑物散落在绿色的草坪上，羊群徜徉其中，纵观大局。

若要饱览城市风光，卡尔顿山或许是绝佳之处。从这里你可以一睹身处其中时无法看到的城堡。同样，你也可以欣赏到别样的亚瑟王宝座。在气候温和的夏季，每一天都风和日丽。这样的日子最适合到这里来散散步。微风从海上吹来，带着些许此地特有的清新，透着一丝凉爽，让这些纪念碑，尤其是这些“超凡入圣之人”也心旷神怡。随风飘来一层薄雾，不知不觉中浓妆变淡抹，近处的景物依稀。远处的马瑟尔堡海湾处于上风口，那里雾气甚浓。从阿伯莱迪的沙丘到贝里克丘，再到巴斯岩礁，浓雾又变成了一团薄薄的海雾。

---

①摘自完整版 R. L. 史蒂文森的作品，经发行商 Charles Scribner's Sons（纽约）公司许可重新印刷。

径直往下走，便来到了卡尔顿山的南面，从这里可以鸟瞰皇家中学校园及卡尔顿监狱的塔楼和庭院。新监狱规模很大，而它那城堡样式的建筑却颇显愚蠢。它孤零零地伫立在陡峭的悬崖边，常常被游客们欣喜地叫作“城堡”。从这里可以看到，一边是女囚们像修女那样排成一排正在锻炼，一边是学校里的孩子们正拖着自己的影子在奔跑嬉戏。山谷中矗立着一根巨大的烟囱，一直从谷底升至几乎与视线水平的高度，这是一座比纳尔逊纪念碑更加高耸、轮廓更为鲜明的宏伟建筑。向稍远处望去，那便是荷里路德宫了。可以看到哥特式的宫殿正面和损毁的修道院，身着红装的哨兵来回踱着矫健的步伐，从远处看仿佛一个机械装置。在经过宫殿内岗哨的途中，有一座尖顶小屋极为显眼，这里就是当年杀死里奇奥的凶手逃离的地方。据传玛丽女王曾在这里用白葡萄酒沐浴，以永葆青春。以慕斯恰特石冢到敦彼迪克斯一线为界，远处较高的山坡上散布着女王公园、圣玛格丽特湖及延绵的索尔兹伯里峭壁。由此远眺，循着土丘、石堆与陡坡的方向，便可见前方的亚瑟王宝座峰了，这是一座雄奇陡峻的山峰。再向右前方望去，老城中的屋顶和尖顶层檐叠影，一直伸向远方，堡垒巨大的身影和王冠般的棱堡剪影浮现在西边的天空中——此时大概是下午一点，太阳已上升到纳尔逊纪念碑的旗杆顶端，似乎近在咫尺。而在远处的城堡里，一声巨响过后，一缕硝烟从半月形的炮台内喷薄而出。这是报时的午炮，人们根据它来调整钟表，它的声响甚至传到了遥远的海岸边及彭特兰丘陵的山区农场。若要尽览全景，还可以从这里纵情眺望车水马龙的王子街，而新城和老城之间的坡谷也同样一览无余——火车络绎不绝，北桥从铁路上方横跨而过，由鳞次栉比的桥墩支撑着，旁边则是一片葱翠碧绿的树木和花园。

卡尔顿山的北面，山势并不陡峭，景致也稀松平常。即便如此，仍然能够一览远处美景。卡尔顿山与新城区之间隔着一条沟壑。这便是翠岭——当年烧死巫师及举行骑马比武活动的地方。就在这里，博斯韦尔曾把他的马推下陡直的坡埂，从而吸引了玛丽那双明亮的眼睛。现在坡地上像是镶着马赛克一般铺满了晾晒的被单和毯子，人们拍打地毯的声响不绝于耳。远处，城郊住宅区已延伸到利斯，它濒海而建，水面上帆樯林立，船只停泊在道路边。因奇基斯岛上的白色灯塔在阳光下赫然醒目。从费里到五月岛，福斯湾两岸渐渐开阔。对岸即是法夫郡，一座座雾气缭绕的城镇沿海岸而踞。隆起的山丘阻断了北望的视线，只能看到最远处的东方，天边的薄雾伏卧在开阔的海面上。这里是通往挪威的海路，对于帕特里克·斯本斯爵士与同行的苏格兰贵族而言，这是一条“惨痛之路”。顺着对面拉格丘附近雾气弥漫的方向，可以看到阿伯道尔，他们出海寻找苏格兰王后的起锚地。

“遥遥无期，妇可攸俟？手执扇兮，盼航归涘！”

即使从内陆远眺，大海的样子也会让人想到风暴或海难。那些利斯水手的妻子们，以及来自科肯其的渔妇们，没有手持扇子无精打采地坐着，而是裹着头巾，翘首以盼地聚集在港口。而她们的等待或许是徒劳的，勇敢的苏格兰人再也不会回来，这些船只也是最后一次出海捕鱼。自帕特里克·斯本斯爵士从阿伯道尔启航以来，已经有不计其数的生命沉入北海！远处是奥德哈姆，来自伦敦的渔船在此靠岸，这里还发生过劫掠者把戒指从女士的手指上切下来的事情。离法夫岬几千米远的地方即是险象环生的因奇凯普，现已建成一座灯塔。东面背风的海岸，就是马克尔巴克特哀悼自己儿子的福法尔郡海岸。

这些就是对几个主要地方的大致勾勒。它们因地面的偏斜而倾斜，它们每一处都出类拔萃、与众不同，它们繁复的细节与交错的光影呈现出一幅生机盎然的画面。当你站在山顶，快速移动着脚步极目四望时，一切便盈盈在目，了然于胸。这样的景象富于千变万化，让人目眩神迷。倘若只是全神贯注于一个方向，那又会令你心神不宁。树篱中的一棵树，或是乡间小路上的一辆车，都会让你顾盼不暇。再看这边的城区：住宅区里正在门前玩耍的孩子们，远远望去都变成了“小矮人”，隐约还能看到人潮涌动的大街。一排排烟囱连绵不断地向山下的方向铺展开去，低矮的屋顶仿佛汇成了一片平阔的海洋，海面上巍然矗立着华丽的教堂尖顶。家家户户的窗口与屋顶宛若繁星，你会看到在其中一扇窗边移动的身影，或在其中一个屋顶上攀爬的烟囱清洁工。一阵疾风袭来，炊烟随之消散。报时的钟声响起，远近高低，交相映衬。低飞的鸟儿掠过屋脊，就像海鸟拂过浪涛。此时此刻，你身处这田园般的山坡之上，周围是低头吃草的羊群，纪念碑默默地“注视”着你。

某个晴朗的夜晚故地重游，没有月亮的天空一片黑暗，空气中飘散着点点霜花，疏落的星星点缀着苍穹。面对这番美景，你一定会像看到阿尔卑斯山那白雪皑皑的山峰一样兴奋不已。这一刻，孤身独处似乎才最完美，唯一的“邻居”就是那位耐心的天文学家。他正仰卧在天文台圆顶下，窥探着宇宙的奥秘。然而你的周围还弥漫着从城市传来的嗡嗡声、无数人不合时宜的脚步声、车厢吱吱嘎嘎的震动声，以及有轨机车的铃铛发出的持续而尖锐的叮当声。大约一个小时之前，煤气灯刚刚被打开，点灯人将城市点亮，从厨房到阁楼，每家每户的窗牖都亮了起来，辉映在暮色之中。山坡上的城区在苍茫的暮色中虽略显黯淡，却有四面八方无数的光点映照在马路和高大的建筑物外墙上。桥上的路灯静静地伫立着，而桥下的铁路上，移动的车灯在穿梭往返。灯光照亮了监狱，照亮了高处耸峻的楼群与城堡塔楼，也照亮了低处的翠岭和女王公园。它们层层推进，一直延伸至漆黑的乡间；它们列队“步入”利斯，照进远端的利斯码头。因此，灯光在漆黑的大地上绘制出一幅城市及其近郊的平面图，这就像一个孩子用针戳出一幅布满小孔的画，再将它放在蜡烛前观赏。即便是最晦暗的冬夜也无法掩盖它至高无上的地位，以及这富于创造力的奇幻设计。它始终如一地为彰显自己的美丽，在每一个黄昏照亮自己。仿佛是为了完成这个计划——或者说，仿佛某位挥霍成性的法老即将抵达邻近的海域和乡村——远在通往法夫的中途，因奇基斯岛上建起了灯塔，而朝着远处大海的方向望去，五月岛上也有一座。

当你眺望城堡山时，号令卫戍部队集合的鼓号声开始响起，空气都随之颤动。号声嘹亮，而最后一支高昂的乐曲，如同一颗星，升上天空，又消逝在黑暗里。伴着军乐队的这支“天鹅之歌”，一天的任务便圆满完成了。

——史蒂文森：《爱丁堡笔记》

自塔尔皮亚岩俯瞰罗马

当你面对城市方向时，在康皮多格里奥广场的左侧，位于从卡匹托尔山通往低处平地上的罗马的又长又宽的石阶路顶端，有一条窄巷或通道。我们那群朋友此时走了进去。那条小路有些上坡，延着一座宫殿的墙根伸展，不久便穿过一个门洞，直抵一个铺了路面、有矮墙环绕的小院。

由于某种原因，这里给他们的印象是极端孤独。一侧是高耸的宫殿，在月光照耀下，显示出所有的窗户都是钉死或关闭的。即使那看似荒凉的宫殿中尚有一位住客，也不见他的眼睛俯视小院。小院的其余几面都只有矮墙，现在看来它是刚好建在一个峭壁的边缘上。这群人从崖边望去，看到的是从他们脚下到台伯河对岸的一带山岭之间的一大片拥挤混乱的屋顶。一条长长的雾带在屋顶上空刚刚飘浮到那一带山岭的中间，勉强能透过月光，露出看不清的河道。远远的右方，月亮悬在圣彼得教堂的圆顶上和许多小一些及近一些的圆顶上。

“城市的景色有多么美啊！”希尔达感叹道，“我以前还从来没在这个地方看过罗马呢。”

“这里应当看得到好景致，”雕塑家说道，“因为正是从这里——至少我们只要愿意就可以这样想——许多著名的罗马人对他的家乡城市以及一切其他的人间俗物看了最后一眼。这是塔尔皮亚岩石的一侧。俯身在胸墙上向下看一看嘛，尽管悬崖脚下已经积起了九米的厚土，对一个叛国者来说，还是够他摔死的。”

他们都俯身向下望，看到悬崖垂直地落到底部，或者，更惊险的是，那座宫殿在他们头顶上耸立着。这里已经不再是原先悬崖上的自然草木丛生的前沿了。因为看上去它像是被封在了古老的石头工程之中，只有透过那工程，才能在一处处地方看出那恐怖的和可疑的岩石原貌。在稍稍突出的地方长着青苔，从石缝中钻出了小灌木，但仍不足以使峭壁稍减其险峻。意大利的月光虽然明亮地照到高处，却难以显出哪里是人工雕琢的，哪里是自然形成的，而留下一片几乎雷同的、模棱两可的、难以确知的外观。文物学家和古董商们通常认为这是罗马保持的一大特点。一些依悬崖的底部和侧面而建的其貌不扬的房屋屋顶，几乎直升到崖顶的半腰。但从胸墙的一个角度看，峭壁陡直地落进了一个铺石的院落。

——霍桑：《玉石人像》

西班牙的一处荒凉景象

从埃斯特雷莫什到埃尔瓦什的距离是九千米。我是第二天早上九点动身出发的。行程的第一部分会穿过一个封闭的国家，但是我们很快便出现在野外的荒凉之所。风一直在身后追逐着我们，并发出“悲惨的嚎叫”。我们在路上没有遇见任何人，景象极为荒凉。深灰色的天空竟透不过一丝阳光。在我们前方较远的地方有一处高地，高高地竖着一座塔，那是唯一能打破这片荒地的单调乏味的物体。在见到高塔之后的两个小时，我们到达了它所在山脚下的一处泉水边，山泉涌入一条长长的石槽，泉水是那样的清澈透亮。我们在此歇脚，给牲畜喂水。

下马之后，我没有带向导，独自继续向耸立着高塔的山上走去。山坡并不陡峭，但我仍费了一番功夫。地上随处都是锋利的石块，我的靴子被划破了两三次，还硌伤了脚。这段距离比我想象中的要远得多。当我终于到达这处废墟时——它的确是处废墟——我发现这里应曾是诸多瞭望塔中的一座，或是葡萄牙语中被称为“atalaias”的那种小城堡。它整体呈方形，四周被墙围住，许多地方都已坍塌损毁。这座塔没有门，它的下半部分是由坚硬的石头砌成；其中一侧的石墙上间或留有缝隙，这是为了使人们得以在向上攀爬时落脚。我沿着这条粗陋的楼梯一直爬到上面一个一点五米见方的小房间，它的屋顶已经坍塌。由此俯瞰八方，视野极为开阔。这里显然是为那些戍边之人而建。每当敌人出现，他们便发出警示——许是燃起烽火。那坚毅之士曾在这小小的堡垒之内抵御着众多外来者的入侵。当那些人攻上高塔之时，他一定是完全暴露在那些人的弓箭与步枪的攻击范围内，毫无还击之力。

我正要离开此处，忽然听到在一堵我还未来得及查看的墙后传来奇怪的叫声。我赶紧过去，发现一个衣衫褴褛的可怜人正坐在一块石头上。这是个大约三十几岁的疯子，看上去又聋又哑。他坐在那儿，嘴里嘟嘟囔囔，手里还不停地拔着草，脸上不时地变换出各种可怕的表情。此时再也不需要任何多余的事物来渲染这一场景了，身处这般幽怨凄凉的环境中，怕是连匪徒都不愿在此多做停留。但是在饱经风霜、璀璨的废墟背后，只有这疯子坐在大石之上俯瞰着这片荒原，头顶上铅灰色的天空仿佛阴沉着脸。我相信没有任何一位画家或诗人能创作出这样一幅晦暗悲惨的画面，即便是他们绞尽脑汁，陷入最悲痛的沉思中也无法做到。这也再次证实我所说过的是十分明智的。现实远比小说更加疯狂。

——乔治·博罗：《圣经在西班牙》

伦敦大桥

这是座奇特的桥，巨型且宽阔，看起来如同一处古迹。它的桥背像猪那样弓着，两侧都有着高高的栏杆，每隔一段距离，便有石凉亭散布在河面上，开放的一侧设置有半圆形长凳。尽管桥面很宽，非常宽，却仍然不足以满足民众的需求。有成千上万的人从桥上来回穿行。但最吸引我注意的是一辆双排马车和那些四轮马车，这些车通常被高头大马牵引着，每一排都朝着不同方向努力前行着，并不时地停住脚步。哦，鞭子的噼啪声、喊声，车主的咒骂之声及车轮从构成路面的巨大石块上碾轧而过所发出的声音全部交织在一起！事实上，桥上还有其他的吵闹声将我淹没。但是如果说桥上一片混乱，那么桥下的混乱程度只会比上面的情况严重十倍！迅速退却的潮汐，由于受到老桥桥墩的阻碍，在桥拱下奔涌下落几米，因此在桥拱处的水下形成了许多旋涡。真正令人感到可怕的是水面下降时发出的巨大“咆哮”，以及深渊内传来的轰鸣之声。它们不断地将水面的一切卷进水下，随即又将它们一股脑抛了出来，这恐怖的巨大“子宫”不断地涌出泡沫。沿着大桥缓缓前行，我来到了最高处。我静静地站在这里，身边紧临着一座石亭，石亭内的水果摊位旁坐着一位老妇人，她的脚下生着一盆木炭，而她的手里正捧着一本书津津有味地读着。我所在之处正是主桥拱的正上方，透过栏杆可以看到这样一幅画面：河的左岸帆樯林立，粗大的桅杆紧密地挨着，一眼望不到边际；几处高大的建筑物立于开阔的码头之上；而远远的，可以看到有着白色塔楼的恺撒城堡。右边是另一个桅杆林立的森林，还有一座迷宫般的建筑，随处可见的都是高耸入云，甚至比克莉奥帕特拉七世的方尖碑还高的烟囱。它们吐出巨大的黑色烟雾，偶尔笼罩在一起形成天幕时，仿佛是形成了比巴别城更为华丽的景色。而延伸至我眼前的，是那令人心烦意乱的汹涌河水，水面之下，泰晤士河中间的桥拱壁垒所拦截形成的巨大旋涡虽令人胆寒，却也令我着迷。谁知道呢，或许我早就应该跳进这深渊之中——我曾听过有这类事发生——但当我正沉湎在这一“魔咒”之中时，忽然发生的一件惊人事件却打破了我的思绪。当我正站在桥上凝视着这巨大的游泳池的时候，一条小船忽然从我脚下的拱门穿过。船内有三个人，船夫坐在中间，而一男一女则坐在船尾。我永远也忘不了这突如其来的恐惧感。什么？居然有船——就是这样一条小船——从拱门下穿过，正向那咆哮的海湾划去？是的，是的，穿过那可怕的水道，这条小船，或者说是小艇，正如箭一般地冲向那巨大泳池。巨浪席卷着船首——已无生还的希望了。小船被淹没了，全都消失在那足以绞杀一切的涡流中。不！这条小船却如同羽毛般浮起，逃出了恐怖的威胁，下一刻便摆脱了危险，那船夫——那真正能被称得上是来自“福地”的船夫——举起手中的短桨，挥舞着它炫耀胜利的喜悦。船上的男士在高声欢呼着，而女士——一位属于特定阶层的真正的英格兰女士——则不停舞动着她的披肩。是否有人也看到他们刚刚拯救了自己，抑或是这样的事其实并不罕见，唯有我将其视为壮举。但仿佛没有人注意到他们。至于我自己，我是如此兴奋，我爬上大桥栏杆，以便能更加真切地看清这些勇敢的冒险家。然而，在我还未完成计划之前，忽然觉得身体被人抓住。我转过头，是水果摊位上的老妇人，她抱住了我。

“不，亲爱的，不行——不要这样！”她说，“不要放弃自己，或许下次就会有好运气了！”

——乔治·博罗：《拉文格洛》

秋天的来临

现在来实现一年的愿望。
秋日的小麦，被八月之火染红，
低着越来越沉重的脑袋，忧心着自己的逐渐衰败，
榆树的颜色一天天加深。
至于花园内的黄色谷物，
他们的边缘正在慢慢腐烂。
蜜蜂们则忙着将自己的“商店”填满。
苹果将枝头压得越来越弯，
桃杏硕果将花园墙壁熏成香气一片，
梨子开始成熟，从高高的树上下落，
随着每一阵清新的微风吹过。

——威廉·莫里斯：《人间乐园》

纳特利修道院

我该如何向你描述纳特利修道院呢？我只能告诉你，我同丘特先生都认为这里是世界上最好的地方。这座巨大的废墟仍然保留着屋顶上的美丽雕刻、悬在空中的垂饰，以及各种不同的哥特式圆顶窗，周围爬满了常春藤。许多树木都在墙壁之间发了芽，但唯独缺了柏树。修道院后有座小山，木材丰富。这里有座仅保留有两个小平台遗迹的堡垒，我们想将其建成一座可供居住的高塔。这座小城堡被修道院掩藏了起来，它就藏在山上的密林中。它的每一面都能望到南安普顿海，海上点缀着银

色波光与船只。总之，这里不是纳特利废墟，而是天堂。哦，那身着紫袍的修士！他们竟选择了这样一处美景作为长眠之所！这里的景色如此美丽宁静，却又如此生机勃勃，仿佛他们只是暂时从尘世中脱离，却并未远去。

——霍勒斯·沃波尔：《信件》

炎热的夜

那是六月里一个漆黑的夜晚，空气令人窒息，热带干风从西面吹来，在干燥易燃的树木间肆意呼啸，制造暴雨即将随之而来的假象。不时会有一滴近乎沸水的雨点从天而降，落在尘埃中，声音大得像是青蛙“扑通”一声落水，不过倦怠不堪的我们知道，这一切都是虚张声势。印刷间比办公室稍微凉快些，所以我坐在那儿，听着铅字发出“咔嗒咔嗒”的声音。夜鹰在窗边啼叫，全身几乎赤裸的排字工人不时用手擦去前额的汗滴，还嚷着要水喝。一条不知是什么内容的电文迟迟未到。不过热风已经停歇，最后的铅字也都已经排好。在这令人窒息的高温下，整个地球都似乎停止了转动，它作保密状地不出一声，只等着那条新闻。我昏昏欲睡，思忖这条电文是否是条喜讯，或者那个垂死的人，那些挣扎的人们，是否知道因为他们拖累了报纸的付印，给我们带来了多大的不便。除了高温和担忧之外，并没有其他什么特殊的原因造成眼前的紧张焦虑。然而，时钟的指针不知不觉地指向三点，机器的飞轮转了几下，确认一切都已准备就绪。在我还没下令开印之前，我几乎要大声尖叫起来。

——拉迪亚德·吉卜林：《国王迷》

内部描写

此时，太阳即使没有升起，也越来越接近地平线了。高高地飘在天空上的几朵浮云，攫住了旭日的光芒，把金色的晨曦投向这条街上所有住宅的窗户，也没有将七个尖角顶的房子忘却。这座历经多次日出的旧宅今天看起来十分“欢快”。太阳辐射的反光相当清楚地照出了海波吉巴下楼走进的那个房间的各个角落和室内布置。屋顶很低，一道横梁穿过天花板，上面镶嵌着深色的木头；还有一个大烟囱口，周围贴着彩瓦，不过现在它由一块铁制防火板封着，通向一个现代炉灶的漏斗烟筒。地板上铺着一块地毯，原本织得很漂亮，但近年来磨损褪色得厉害。当初曾是鲜艳的图案，现在已经变得颜色模糊难辨了。屋里的家具中有两张桌子：一张结构错杂，露出蜈蚣似的那么多条腿；另一张做工精致，有四条细长的腿，像是一碰就坏那般，简直难以想象这张古旧的茶几在这几条腿上已经“站”了多少年了。围着房间的一圈摆着六把椅子，它们直挺挺地僵立着，不高明的设计不但让人坐着不舒服，就是看着都令人生厌。只能设想出当年采用这种椅子的社会的丑陋审美观。不过还总算有个例外，那就是一把古色古香的安乐椅，高高的橡木靠背精雕细刻，扶手之间又宽又深。从其整体的宽大来看，制作上没有今天椅子上必有的那些人工的曲线。

——霍桑：《七个尖角顶的宅第》

人物描写

在他们前方，只要越过树篱，便是尘土飞扬的小路，一直延伸至平原。他们身后则是草地与鲜绿色的广阔田野，田里的嫩玉米正沐浴在阳光之下，头顶传来阵阵凉爽，那是风正吹过山毛榉树引得树叶沙沙作响。他们愉悦地嗅到了紫罗兰与野百里香的温柔芬芳。这些香草就生长在小泉边，享受着泉边露水的滋养，耳边传来的汩汩水声也令人心旷神怡。周遭的其他一切都如阳光般寂静，唯有偶尔能听到远处一两声雄鸡啼鸣假借着轻柔的微风悠悠传来，或是偶尔传来令人昏昏欲睡的嗡嗡声，那是野蜂们正在阳光下的三叶草丛中辛勤劳作，间或还会听到附近农场里忙碌的主妇们发出的声响。所有这一切都是如此令人愉悦，到处洋溢着五月天的暖和、欣喜。三个人沉默了很长一段时间，都不想作声，每个人都懒懒地躺在地上，透过摇曳的树叶望着天空。罗宾并未像同伴那般在阵阵困意中沉湎着，他不时打量着周围，最终开口打破了沉默。

“这盛世啊！”他说道，“那真是一只羽翼华美的鸟啊，我向你们起誓。”

其他人看了看，发现有位年轻人正沿着大路慢慢走来。他的衣着如此鲜艳，正如罗宾所说，此人衣着精美修身，紧身衣与长袜的质地均为红色丝绸；他身侧挂着一柄精致的佩剑，压花皮革剑鞘上还饰有金线绣制的精美花纹；他头上戴着一顶猩红色天鹅绒帽，帽子后面有一枝宽大的羽毛垂在一侧的耳后。他有一头金黄色的长发，头发卷曲地披在肩上；手中夹着一枝含苞待放的玫瑰，时而优雅地将其凑到鼻尖轻轻嗅着。

“我以生命起誓！”罗宾笑着说道，“你们可曾见过如此漂亮又忸怩的家伙？”

“确实，对我来说，他的衣着太过于华丽了。”亚瑟·阿·布兰德说道，“但是，尽管如此，他肩宽腰细，而且正如您所看到的，我的好主人，您看他那双臂挂在身上的样子，如纺锤一般摇摇晃晃，僵硬地挂在那里，只在肘部有所弯曲。我敢起誓，那精美服饰之下只有像面包牛奶般不堪一击的四肢，绝没有强硬的关节与健壮的肌肉。”

“我想你是对的，亚瑟兄弟。”小约翰说道，“我也认为那个人不过是个随身只带着玫瑰与奶油的漂亮小伙。”

“呸！”罗宾说道，“我一看到这家伙就觉得恶心！瞧瞧他将那美丽鲜花捏在拇指与食指间的样子，仿佛在说，‘我摘来的那朵玫瑰啊，我并非那般喜爱你，却不妨嗅一会儿你的芳香’。我想你们都错了，我敢断言，如果此时有愤怒的老鼠在他眼前横穿而过，他定会大声哭喊，‘哎呀！’或是‘呜呼呀！’然后马上昏厥过去。我在想此人是谁。”

——霍华德·派尔：《罗宾汉》

人物性格和个性描写

那雕像是用大理石雕刻的一尊青年的全身像，他的右臂靠在一截树干或树桩上，一只手随意地垂在身侧，另一只手握着一根牧笛之类的“林中之神”的乐器。他唯一的袍服由狮皮做成，肩头以狮爪扣住，垂在背上一半处，裸露着四肢和前胸。他如此展示的形体显得雄健庄重，轮廓丰满浑圆，比起古代雕塑家惯于采用的健美形体，血肉更多，而夸张的肌腱更少。面部特征与躯干相应，外形和五官极其爽目，但显得圆润，甚至好色，尤以喉部和下颌为甚。鼻梁挺直，稍向内弯，因此具有一种难以尽述的和蔼可亲的魅力。嘴小而唇丰，似是要率真地微笑，引动别人也会露出笑容。整尊雕像——与其他用大理石这种坚硬材料雕出的人像全然不同——传达出一种友好和钟情的内涵，似是一个随和、开朗、易于快活，而又并非不为怜悯所动的人。这种石像的材料仿佛摸上去暖和，并具有真实的生命，只要长时间注视，就不可能不对它产生一种好感。他与我们最令人愉快的同情心十分接近。

——霍桑：《玉石人像》

在这些场合中的其中一次，曼纳林第一次见到了他牧师阿贝尔·桑普森，他身材高大、面容憔悴、骨瘦如柴、略显笨拙，穿着一身破旧的黑色西装，饰着一方没有被过度清洁的彩色手帕，脖颈瘦削，却显得十分有力。他的随从身着灰色马裤，深蓝色的袜子，脚上的鞋子打有补丁，身上还缀有几颗小铜扣。

……

她梅格·梅里莉丝的出现使曼纳林开始打量起来。她足有一点八三米高，裙子外面套着一件男士外套，手持一根黑刺李木制的短棍。除了那条衬裙之外，她周身的一切都使她看起来更为男性化，不像一位女士。她那深色的卷发从那顶名为“bongrace”的旧式无檐帽下探出来，就如同蛇发女妖头上探出密密麻麻的蛇头一般，这也使她看上去更加坚强，仿佛饱经风霜。在黑发的掩映之下，她的双眸突然转动，那定是有某事发生，或是忽然一阵的心绪不宁。

……

厨房内第一个吸引他的目光的是一位高大健壮的乡下人，他身着马贩常穿的那种厚重大衣。这位养马人就站在马棚之内，正忙着讨论大片的冷餐牛肉，眼光时不时地飘向窗外，看着自己的骏马啃食着草料。他的餐盘旁边摆着一大杯麦芽酒，他时不时地喝几口。

……

普莱德尔先生是位活泼、时髦的绅士，眼中透露着一种专业的精明。大抵来说，他的举止十分专业有礼。但就如同他的三尾假发与黑外套一般，每到周六夜晚便可暂时抛诸脑后，身边围绕着一群欢乐的同伴，在他称为“高地”之所流连忘返……当天的狂欢一直持续到夜里四点钟，最终，一位德高望重的酒友分享了自己历经三代人的体育活动。在他的指点下，嬉闹着的伙伴们开始实践那古老的、如今早已被忘却的旧日狂欢游戏……当曼纳林走进房间的时候，恰好看到这些欢乐的伙伴们在这项活动中正亲密地配合。

……

律师普莱德尔先生，正如我们前面所描述的那样，正坐在一把高高置于餐桌之上的扶手椅内，准备宣誓登基，成为君主。他头上的假发蓬乱地歪在一侧，头上的加冕王冠则是个酒瓶托盘。他在酒精的作用下兴奋地四处抛着媚眼，而环绕在他身旁的宫廷之中则回荡着韵律诗。诗文如下：

国王在哪？他究竟怎么了？

国王淹死了，因为他不会游泳，等等，诸如此类。

……

她是我所见过的最高的女士，头发漆黑，如同午夜，只要那午夜不是灰白色的。她的眉间有一道疤，仿佛在吸引你把手指放在那里轻轻抚摸。

——沃尔特·斯科特爵士：《盖伊·曼纳林》

不久寡妇出现了，她那网纱做的便帽下面，露出一圈歪歪斜斜的假发，懒洋洋地趿着“愁眉苦脸”的软鞋。她的脸憔悴而多肉，中央耸起一个鹦鹉嘴般的鼻子。她有着像教堂的耗子一般胖胖的身材，膨软饱满而颠颠耸耸的乳房，一切都跟这寒酸气十足，而像是暗里蹲着冒险家的饭厅相协调。她闻着室内暖烘烘的臭味，一也点不觉得难受。她的面貌像秋季初霜一样新鲜，眼睛四周布满皱纹，表情可以从舞女那样的满面笑容，突然一变，而像债主那样竖起眉毛、板起脸孔。总之，她整个的人品足以说明公寓的内容，正如公寓可以暗示她的人品。监狱少不了牢头禁卒，你想象中决不能有此无彼。这个小妇人没有血色的肥胖，便是这种生活的结果，好像传染病是医院气息的产物。她的罩裙底下露出毛线编成的衬裙，罩裙又是用旧衣衫改的，棉絮从开裂的布缝中钻出来。这些衣衫就是客室、饭厅和小园的缩影，同时也“泄露”了厨房的内容与房客的素质。她一出场，舞台就完整了。五十岁左右的伏盖太太跟一切经历过忧患的女人一样。她那无精打采的眼睛，假惺惺的神气像一个会假装恼怒，以便“敲竹杠”的媒婆，而且她也存心不择手段地讨便宜。倘若世界上还有什么乔治或毕希葛吕可以出卖，她是决计会出卖他们的。房客们却说她骨子里是个好人。他们听见她同他们一样咳嗽、呻吟，便相信她真穷。

——奥诺雷·德·巴尔扎克：《高老头》

时候不早了，天色渐渐暗了下来。外边的院子里，树影也变换了模样。远处不知什么地方传来牛声哞哞，夹上一个小铃在叮当作响；不时有一辆农家大车晃晃悠悠过去，扬起一片尘土。有些身穿蓝上衣的庄稼汉，肩扛铁锹，拖着沉重的步子走了过去。小股接着小股的苍蝇迎面拥来，在和风里不住地上下起舞。万物好像就因为要平静下来，才稍稍振作了一番——这正是一个先兆，它预示着夜晚来临，万籁俱寂。

白昼这一番不紧不慢的折腾也影响到了露易萨·艾丽丝。她本来一下午都坐在起居室的窗前，安安静静地做着针线活。这时候她把银针仔细地别在做好的针线活上。东西叠得方方正正，跟顶针、丝线、剪子一起放到一只筐里。她这一生，这些妇女用的小搭配从来没有一件放错过地方。东西用久了，常年不离手，已然成了她身上的一部分了。

露易萨拦腰系上一条绿围裙，拿出一顶扁平的草帽，上面还扎着一根绿丝带；接着她端起一个蓝色的小瓦钵走进园子里，去摘点红醋栗烧茶喝。摘完红醋栗，她坐在后门的台阶上，把桔梗去掉，拿围裙小心兜着，过后将其扔进鸡笼。她仔细看了看台阶边上的小草，怕有桔梗落在草上。

露易萨的一举一动从容文静，她烧茶就烧了很久。茶好了一摆出来，那份讲究就像是她在请客，而来客正是她本人。小方桌端端正正地摆在厨房中央，上面铺一块浆过的桌布，四边的镶花图案斑斓夺目。露易萨在茶盘上盖了一块织锦餐巾，盘里摆好了一只盛满茶匙的雕花玻璃杯，一个银制的奶油罐，一个瓷糖盅，一只带茶托的粉色瓷茶杯。露易萨是天天用瓷器的——左邻右舍谁家也不这样。就为这事，大家都在窃窃私议。别人家每天上桌的是常见的陶器，上等瓷器都是成套地摆放在客厅的壁橱里，何况她露易萨·艾丽丝一点也不比别人富裕，不比别人有教养。可她还老是用瓷器。她的晚饭吃的是满满一玻璃碟子的糖渍红醋栗，一盘小蒸糕，一块浅色的发面饼。还有一两片生菜，切得煞是细巧。露易萨非常爱吃生菜，她自己在小小的园子里种了一些，棒极了。她吃得可香了。但是，看她那细嚼慢咽的斯文劲儿，简直很难相信那顿饭菜会被她吃光。

——玛丽·威尔金斯·弗里曼：《新英格兰修女》

这就是塞拉斯·马南到拉维罗十五年来的历史。他成天坐在织布机旁，耳朵里充满了织布机的单调的声音，低着头，眼睛紧瞪着那进展迟缓、色泽不变、略带棕色的布。他的肌肉来回活动得如此一成不变，以致如果停了下来，似乎就像停止了呼吸一样不自然。但是，到了晚上，就是他的狂欢时分。到了晚上，他关起百叶窗，闭紧门户，拿出他的钱来。那堆钱早已多得那只铁罐子也装不下了。他特地做了两只厚厚的皮袋子，这两只袋子放在洞里，一点也不浪费位置，边边角角都可以利用。那些钱从黑皮袋口一倒出来，多么金光闪闪啊！那些钱，银币很少，大多是金币。因为他的活儿主要是织一长段一长段的亚麻布，人家往往搭付一部分金币。虽然他是从银币中挑出一些来做他个人的日常开支，但他总是挑那些零星的先令和六便士的银币。他最喜欢基尼，不过他也不肯拿银币来换掉它——那些克朗和半克朗也是他用自己的劳力挣来的，这些钱他都同样喜爱。他把这些钱一堆一堆地摊开来，双手在钱堆里掏来掏去。接着把钱数一下，又把它们理成相等的一堆堆，一边用五只手指头摩挲着它们的圆边，一边怜爱地想着通过还在织布机上的布匹将要挣到的基尼，仿佛它们是些未出世的小孩——他想着在未来的岁月，在漫长的一生里，在数不尽的织布岁月中，还会慢慢地到来的基尼。难怪他在走过田野、穿过小巷去找活计，并带到家里来做的时候，还在想着他的织布机和钱。因此，他的脚从来不晃到篱边和路旁去找以前熟悉的草药。这些草药，也是属于他生活中早已远逝的过去的东西，犹如一条本来很是宽阔，两岸长满草丛的溪流，现在却变成一条在沙漠间挣扎向前、断断续续、细线似的小沟了。

——乔治·艾略特：《织工马南》

亚瑟，你知道，他天性仁爱，行善良之举就像坏习惯一样简单易行。他们是他的弱点和美德的共同产物，也是他的私心与同情心的共同产物。他不愿意看到痛苦，而是喜欢人们把他作为欢乐的赐予者，以感恩戴德的目光仰望着他。他七岁的时候，有一天把老园丁的一罐肉汤踢翻了。他没有别的动机，只是想踢一脚，却没想到那是老人的一餐晚饭。后来知道了这一可悲的事实时，他便拿出了自己最喜欢的铅笔盒和一把银柄的小刀作为赔偿。他一直还是那个亚瑟，总想用一点实惠使人家忘记他的过失。如果他天性中也有什么狠心的话，那就只可能是对不肯与他和谐相处的人怀恨。

——乔治·艾略特：《亚当·贝德》

……

海蒂戴着她的红披风和暖风帽，手里挎着篮子，转身向特莱德斯登大路旁的栅门走去，但她并不是想多流连片刻，享受那阳光，而是满怀希冀地展望着刚刚开始的新的一年。她几乎不知道太阳在照耀。这几个礼拜以来，如果她在希望什么的话，也是在希望出现一件使她战栗的东西。她只想离开大路，这样就可以慢慢走着。当她沉浸在悲苦的思想中时，旁人也不必顾虑她的脸看上去是什么样子。过了这扇栅门，她就可以走上那又宽又厚的树篱后的田间小径。她那乌黑的大眼睛茫然地望过田野，像是一个孤苦无依、没人爱怜的人，哪像是一个勇敢温存的男人的未来新娘？但是她那双眼睛中没有泪水，泪水已在那疲困的夜晚中流尽了。在第二个栅门的阶梯处，小径叉了开去，她前面有两条路——一条沿着树篱，然后再通上大路；另一条路横过田野，会把她带到离大路更远的史康特兰，那里有低矮隐蔽的牧场，在那里，她什么人也遇不到。她选择了这条路，开始放快步子走着，仿佛她忽然想到了一个值得赶忙去奔逐的目标似的。不久她就到了史康特兰。草地呈斜坡下倾，她离开平地走下坡去。再过去一点，那低地上有一丛树木，她就朝那里走去。不，这不是树丛，而是一个暗黑的、遮掩了的池塘。池塘积满了冬天的雨水，接骨木树丛下面的枝丫都淹没在水下了。她坐在绿草坡上，倚着罩覆在暗黑池潭上的大栎树的弯垂树干上。过去这一个月里，她常在晚上想起这个池塘，现在终于看到它了。她两手抱膝，身子倾向前去，认真地望着它，仿佛在猜想她年青丰满的四肢躺在那样的“床”上是什么感觉。

不，她没有勇气跳进那冰冷的“水床”上去，即使她有勇气，他们可能也会发现她——他们可能会发现她投水自尽的原因。她只有一条路可走——她必须离开这里，到他们找不到她的地方去。

——乔治•艾略特：《亚当•贝德》

斯威夫勒先生曾暗示说他受到了阳光的强烈刺激，如果谁要怀疑他还没有摆脱那种刺激，就上面发生的情况来看，这种怀疑大概不能说没有理由。谁要是听了他的言谈，仍然产生不了那种怀疑，那么不妨看看：他的头发直挺，眼神沉重，面孔苍白——这些也会是有力的证据，使他处于不利的地位。正如他自己所说的那样，他身穿的衣服没有认真整理，穿得七颠八倒，使人强烈地想到他没有脱衣就倒在了床上。他穿着棕色紧身上衣，衣服前面缀满了铜扣，后面的铜扣掉得只剩了一颗；他的脖子上系着方格领巾，色彩很鲜艳；外衣里面是呢子背心；下穿白色的裤子，泥迹斑斑；头戴的礼帽软塌塌的，直不起来；为了掩饰帽檐上的破洞，帽子前后颠倒地戴在他的头上。他的上衣胸前饰着一只口袋，由于口袋装点在上衣外面，可以看到又大又难看的手巾露出非常洁净的一个巾角；衬衫的袖子很脏，被尽量地往下拉，很明显地是他想从袖头外将其往上卷起来。他没有手套可炫耀，但拿着一根黄色手杖，杖头上装饰着手形骨雕。他的小指头上戴的东西也像戒指，手掌里还抓着一只黑球。斯威夫勒先生本人具有这么多优势（他的优势还有浓烈的烟味以及全身的油腻），他很得意地靠在椅子上，两眼盯着天花板，偶尔也拉高嗓门，像是在与琴键作必要的配合，以几小节哀婉的曲调来取悦在场的人。接着他在曲调高唱的中途突然中辍，恢复到先前的沉默状态。

——狄更斯：《老古玩店》

第四部分　记叙文

叙述是对事件的记述，而好的叙述首先是对恰当事件的记述。生活是由各种发生的事件驱动前行的，这些事件有重要的、琐碎的、意义重大的、毫无价值的。要将一天之内所发生的全部事件讲述出来，几乎是不可能的，即便是一个小时之内也无法做到。那么在进行叙述时应选用哪些？放弃哪些？

第十一章　简单叙述

从某种程度上来说，生活是由各种事件构成的。为了对这些事件的本质或原因进行解释，又或是对这些事件所引起的情况进行说明，必须要对这些事件进行阐述。但是将这些事件讲述出来，则需要通过叙述来实现。阐述为解释说明，叙述则是说明事件的经过。以下为一示例。

皮萨罗在试图去南方寻找一个富庶的王国时遇到阻碍，但他却通过一个铤而走险的行为获得了自己一直所缺乏的支持，正是此举令那些对他抱有怀疑态度的人终于相信了他的勇气与决心。他拔出剑，在沙地上由东至西画了一条线。然后身子转向南方，“朋友们，伙伴们！”他说，“在那一边是长途跋涉、饥饿、衣不蔽体、狂风暴雨、遗弃，甚至死亡；而这一边，则是轻松愉快。但那里连着秘鲁和它那无尽的宝藏；而这里，却是贫困的巴拿马。选择吧，每个人都要做出选择，怎样才能成为一名勇敢的卡斯蒂利亚人。至于我，我选择去南方。”说着，他一脚跨过了那条线。

以“皮萨罗”开头的句子是阐述，因为它对整个事件做出了解释。后面的六句话则属于叙述，因为它们依次讲述了实际发生的事件。如果这两个例子不足以说明这两者间的区别，那么请将早报的社论版同比赛、罢工或是选举等活动结束后第二天的新闻专栏进行对比。前者包含了一些评论，这些评论针对怎么样、为什么、原因，以及其他一切可以解释或需要进行解释的问题。后者则是对所发生的事件进行描述。

叙述是对事件的记述，而好的叙述首先是对恰当事件的记述。生活是由各种发生的事件驱动前行的，这些事件有重要的、琐碎的、意义重大的、毫无价值的。要将一天之内所发生的全部事件讲述出来，几乎是不可能的，即便是一个小时之内也无法做到。那么在进行叙述时应选用哪些？放弃哪些？这个问题一直困扰着我们，就如同我们在孩童时期绞尽脑汁试图描述开学第一天的经历，最后却只能无助地东拉西扯一般。当我们克服了诸如此类的基本困难，如今可以略微清晰地讲述一则简单的故事，则是因为我们出于本能，忽略掉了那些我们不愿再提及的事件。然而，即便在长大成人之后，有一些不幸的人仍然无法进行叙述。朱丽叶的护士无法将她的故事条理分明地讲出来，因为她想将朱丽叶的额头受伤一事也讲述出来。道格培里无法将唐·约翰的阴谋讲述出来，因为他不知该如何从自己所看到的一切中选取重点进行讲述。读过《无事生非》第五幕第一场，你便可以了解到波拉契奥如何通过适当的选取与排除，使自己简明而又清晰地对这一阴谋进行了叙述。道格培里与那位护士的表现虽属例外，却又是自然合理的。然而对于一名记者来说，当他站在证人席上或是针对某一主题讲述时，要在压力之下用语言再现当时的场景，则需要他掌握更为理性、复杂的表达来应对自己所面临的困难。他需要日复一日地在日常叙述中不断进行着终身实践，这或许有意无意地使他渐渐避免在语言上出现谬误，但他必须为自己的叙述选用恰当的事件，否则永远无法交出一份完全满意的报告。

假设这位假想中的人物是位“初出茅庐的新闻记者”，他想要“完成”一篇关于一场巷战的短篇报道。他看到了这场巷战的全部过程，那么他应该写些什么？写多少？以下是他最初所做的两次尝试：

今日中午十点钟左右，本市大街上发生一起斗殴事件，性质严重。骚乱之中，有人将砖块投向路边新开业的一家杂货店，砸碎了十几瓶橄榄油。闹事者现已逃逸。有目击者称罪犯是几名外来人口。

今日上午十二点钟左右，一群外来人口在本市大街上发生打架斗殴事件。他们赤手空拳，有的则用砖块进行攻击。混乱中有人将砖块掷向了新开杂货店的橱窗。有目击者称，斗殴中有人受伤，但随即便被同伙带走。当周围的人群听到谩骂与打斗之声纷纷赶来时，闹事者之间的斗争已经平息，并在警方赶来之前纷纷逃往车站。

第一个版本实在差强人意，第二个版本则相当不错。那么究竟有什么差别？仅仅在于，第二个版本中，记者在其亲眼见证的众多事物中做出了巧妙的选择，还更多采用了来自其他旁观者的讲述。他认为“破碎的橄榄油瓶”这一细节并非必要，因此在第二个版本中便不再提起，却加入了受伤、和解，以及闹事者逃跑方向这些相关细节。预先对细节进行选择，并对行为进行清晰的描述，便是叙述的首要法则。

遵守一项规则便可以拥有良好叙述作品的主要优点——即稳定的发展。叙述必须稳定地推动事件的展开，优秀的记叙文几乎总能做到这一点。选取那些能真正对事件发展起到推动作用的素材，这就如同在划船时要将肌肉用在船桨最能有效划水的部分一样。后者是讲如何使船前行，前者则是讲如何使叙述开展。下面有关选择的例子则说明，作者是如何通过细心排除，只留下不可或缺的重要时刻，并因此使这一情节成为出色的示例。这是费纳隆笔下关于一位埃及国王 Baccharis 死亡时的描述。

Je le vis perir; le dard d'un Phenicien perc,a sa poitrine; les renes lui echapperent des mains; il tomba de son char sous les pieds des chevaux. Un soldat lui coupa la tete, et, la prenant par les cheveux, il la montra comme en triomphe a toute l'armee.

我亲眼见证了他的死亡：一名腓尼基人刺向了他的胸口，他试图逃脱，然而从马车上摔了下来。一名士兵砍下了他的头，抓着他的头发拎起了这颗头颅，向军队所有人展示他的胜利。

没有离题，没有过多的情节，没有冗长的段落，只有语言上的气势、克制与快速发展的情节——这些都是良好叙述所具有的特点。这是法国修辞学家阿尔巴拉特给法国作家的建议，同样也适用于英文写作者们。

但是通常叙述者为了将所发生的事讲述得更为清晰、真实，必须要做得更多。他们所要达到的目的也不仅仅局限于此。叙述者要做到的不仅仅是精确，更要使人信服。如果他是一位记者，他必须使报道读起来更为真实；如果他是一名小说家，他必须使自己的故事读起来就如同真实发生过一样。哪怕他仅仅是一位正在与他人进行日常通信的写信人，他也希望为自己所叙述的经历营造一种真实的气氛。这一点对于记者与小说作家尤为重要，每个人都有要说的事，因此必须尽可能地选出最突出的事件，并且在叙述上做到明确而清晰。他们还必须要做出决定，对怎样的事件才能使读者感觉更加真实可信做出选择，尤其是对于那些目标读者而言。因此这两点不分伯仲，要同时得到满足，因为赢得比赛的“落地踢（踢足球的一种方式）”其实对叙述中的行为进一步展开并无意义，但是它却能使读者感受到叙述的真实性。但是那场橄榄球赛中还发生了其他事件，这些事件并非是主要行为的一部分，不会对球赛造成影响，对最终结果也毫无意义。然而它们与这一天发生的主要事件有着千丝万缕且密不可分的联系，这些事件在众多的记忆中占有一席之地。如果舍弃这些事件，就相当于你在为读者精心构建动人画面的过程中，去掉了读者最为熟悉的特征。例如，田野上有一只狗在四处徘徊，它被成千上万的汽笛声扰得心神不安；大看台上悠悠地飘过一只气球；天色渐入黄昏，看台上燃起无数根火柴，星星点点的黄色火焰与深色的看台形成鲜明对比。如果你想让自己的故事读起来真实可信，那么就要把这些细节都包含在内。在生活中，这些偶然情况经常会伴随着主要行为一起发生，但其中有一些则是在叙述过程中必须要伴随着主要行为的，不可舍弃。如果我们前文中所提到过的那位假想中的“初出茅庐的记者”又对“街头斗殴事件”写了第三篇报道，那么这一次他很可能会将“橄榄油瓶被破坏”这一细节重新纳入进来。这并非出于此事的重要性，而是因为这可以给他的故事增添一点朴实的现实主义。

举例说明，下面是《晨间号角》中对火灾进行描述的大纲——

1. 史密斯区发生火灾。
2. 发现火情。
3. 危及发动机。
4. 火势迅速蔓延。
5. 展示橱窗因高温而发生爆炸。*
6. 各消防公司开始出动。
7. 人群聚集。*
8. 软管发生爆裂。*
9. 消防人员与学生之间发生冲突。*
10. 屋顶坍塌。
11. 墙面发生晃动。

12. 人群被安排向后撤退，远离火情。*

13. 火势得到控制。

14. 扒手趁着混乱出现在人群中。

当然，结尾带有星号的条目并非属于火灾主要行为的一部分，但他们的存在却使得叙述更为真实生动，因此不可或缺。事实上，对于这样的大型火灾，主流报社通常会派出两名记者去“记录”这场灾难。一位记者负责讲述真实的故事，以最简单、最真实的手法对事件的全部事实进行叙述；另一位记者则提供不同侧重点的叙述，这种叙述用来满足那些希望在新闻专栏中看到符合自己想象的、刺激眼球的画面的读者，他们并不关心损失所造成的具体数额，或是消防检查所需的具体时间。

因此在这些试图传达真实印象的全部叙述形式中，与实际生活同时发生的一些背景细节必须要包含在内。事实上，在某些特定类型的新闻工作中，这些背景甚至要比他们所伴随的行为还要重要。当然，这类新闻工作通常是言过其实的，然而通过这样的夸大却可以极好地诠释各种不同方案，以达到作者的目的。你可以在当天的报刊中选择一篇自己喜欢的示例，任意一篇刊登在都市报刊中的对一某事件的全面报道都可以。本节后面提供了一个典型示例——丹尼尔·笛福所作的《维尔小姐显灵记》，另一篇更为典型，同时也较为难得的范例也被收录在之后的几页中。笛福还著有《鲁滨孙漂流记》，这本小说因其中奇异冒险情节的强烈真实感而一直畅销，经久不衰。《维尔小姐显灵记》也具有这样的真实性。毫无疑问，整个故事自始至终都是虚构出来的，然而支撑情节发展的背景、煞费苦心地将所有可能的细节都包含在内、叙事上的非正式化处理、所有的一切都源于钟表的那一声报时，这些细节使得一切看起来都是那么的可信与真实。

目前为止，我们对叙述的写作仅讨论了与某些特殊问题相关的部分，但此处仅是在对事件进行讲述时所产生的问题，而并非是由解释事件而产生的。但应记住获得良好表达的法则——“统一性”“连贯性”及“突出性”原则——在此处同样适用。叙述者必须牢记叙述的目的，否则便无法选取适当的事件，记住这一点才能实现作品的“统一性”。作者必须严格按照时间顺序展开叙述，或者，即便作者背离时间顺序，他也要做到其所讲述的事件可以被读者充分理解，并保持文章前后的“连贯性”。他必须对自己叙述的内容进行合理安排、详略得当，因此给予各事件充分的空间，并对“突出性”位置进行合理安排是非常重要的。至于如何使作品获得良好的“统一性”“连贯性”及“突出性”，将在下一节中进行更为明确的讲解，下一节将对叙述中的一个专业类别“故事”进行讨论。

众人欢呼

为纽约喝彩；芝加哥被嘲讽

安息吧——那令人嗤之以鼻的痛苦时光，撕裂的边网，

被拦截在外的观众们疯狂冲进球场之内。

这是棒球史上最伟大的一天，巨人队竟会输掉比赛——这是昨天发生在球场上真实的一幕。赛后观众们在走出球场时都在互相询问着以往是否有过这样的先例——在本赛季一百五十四场比赛结束之后，两队可能会出现平局，并列冠军。观众们都认为没有人会做出这样的决定，无论是谁做出这样的决策，他都会受到谴责。

现在时间是两点半，场内有不到三万名狂野兴奋的观众正焦急地等待着比赛的开始。如果波罗球场的面积再增加一倍，那么观众人数也会再增加一倍。如果不是管理人员及时关闭了大门，那么恐怕会有四万名观众涌进球场。按照以往的惯例，球场大门通常会在一点半准时开启放人，开放一个半小时之后便关门。场内准备开始进行比赛，但并非所有观众都能走入大门之内。这根本不可能。看看周围，你就会发现，他们都在铁丝网上攀爬、栖身、紧抓不放、努力地保持着平衡，将自己挂在围网之上摇摇欲坠。

哦，瞧瞧这些人

成千上万的人群聚集在这里，高架桥上黑压压的满是人群。人们站在看台的屋顶上，甚至连高架铁路上第三轨道的通行都受到了严重影响。有个人甚至爬到巨大的起重机之上俯瞰着下面的比赛场地。他们层层围在比赛场地周围，从三米一直围到十米远。比赛开始前三个小时，场内约有一万名观众，到开赛前一个半小时的时候，场内已经满满围坐着三万名观众，他们正耐心等待着为比赛呐喊助威。

赛场之外则一片混乱。还有将近一万五千名暴力分子正愤怒地捶击着大门，他们都被严禁进入赛场。他们也清楚这一点，却并不能阻止他们继续捶打敲击着大门。他们很多人都有票，但没什么意义。对于这样的比赛日来说，比赛会在三点钟准时开始，因此两点半左右到场是最佳时机。实际上他们应该在中午时分到场！所以这些暴徒们被拦截在场外之后，只能失望地看着波罗球场被拥挤的人群层层包围。有人在波罗球场与曼哈顿球场相连的围墙处发现了一块松动的木板。顷刻之间，人群之中便伸出五十只手一起撕扯木板。而在另一个地方，有六块木板被拧掉。人群不断向前拥挤，几乎发生踩踏事件。警察方队随即冲了过去，但在他们试图拦住缺口之前，已经有几百人从缝隙中穿过。他们成功地跑进场内，以近乎无畏的勇气穿过带刺的铁丝网，丝毫不在意身上的衣服是否会被划破。许多人都有朋友还被拦在外面，但是绝不能出去帮他们。如果出去了，就再也进不来了。

一个肥胖男人怀里抱着婴儿走到右边的露天看台，可能多年之后，那个孩子也能成为马蒂那样的伟大投手。男人疯狂地欢呼起来，一只手抱着孩子，另一只手在人群之中疯狂地挥舞着。漂亮女孩们欢呼雀跃着，长相朴实的则喊着加油，还有一个女孩戴着一顶足有佛瑞德·坦尼的棒球手套三倍那么大的帽子。周围所有人都在欢呼。

高架桥上有将近一百人都爬到了空火车的车顶上。那里是观看比赛的绝佳位置，因此周围的人都向他们投去了艳羡的目光。但突然之间，火车开始移动，而且速度越来越快；于是车顶上的那些人在人们巨大的笑声中被火车拉走了，渐渐消失在人们的视线中。

揭开床单

现在有几个从小联盟来的球员出现在了俱乐部的场地上，他们开始在刚刚揭开的内场里投掷棒球。揭开什么？昨天夜里铺在球场之上的一张巨大的帆布床单。昨天夜里，他们就睡在这张大床单上，以便在赛前能得到更好的休息。

微笑着的拉里·道尔作为常规球员第一个出场，他本来是巨人队的常规二垒手，但就在一个月之前，他的腿受伤了。他的出现赢得了许多欢呼。大家都很清楚，拉里若是想上场比赛，只能作为击球手。每个人都知道这一点。这是基本常识。

随后从俱乐部里走出的是一个略显忧郁的身影。有人说他是失去了锦旗的那个人？好吧，不管怎么说，此人正是佛瑞德·默克尔。大家都知道，就在几周前的比赛上，如果他能在比赛末尾布里德维尔击出中外野安打时踩上二垒，就不会与芝加哥小熊队产生像现在这样大的争议，而其队获得的锦旗就可以插在场地中央的旗杆之上随风摇曳了。而我们则不用重新回到赛场，再一次全力以赴去争取比赛的胜利了。默克尔在一片寂静中穿过场地，开始投球。很显然，他比任何人的状态都要糟糕，并没有谁去狠心嘲笑他，但是同样——

没人为默克尔欢呼

接下来出现的是威尔茨，惠勒港左撇子（是指他用左手投球），和他走在一起的是与他同属一家俱乐部的队友埃姆斯。他们的出现也赢得了喝彩。截至目前，除了落寞的默克尔之外，每个人的出现都伴随着掌声和欢呼。但随着小熊队中场手阿蒂·霍夫曼的出现，周围的气氛开始发生变化。他来自芝加哥，因此他的外号是“诅咒、泥沼、丹尼斯”。随即场上传来了针对霍夫曼先生的讽刺、嘘声和嘲笑，还有人高喊着：“喂，你这个强盗！”

对霍夫曼先生的“亲切问候”被发生的新变故所中断。几千人忽然从禁锢之中被解放出来，并被获准跑到场地绳索后的站台处。这看起来就像是每次在耶鲁球场，蓝色联队在取得胜利之后进行庆祝时所跳的“蛇舞”一般。刚刚草地还是绿色的，现在转眼就变成黑色了。

如果你亲自到了比赛现场，你会发现，当裁判准备开赛的那一刻，整个场地就像是被施了魔法一般瞬间变得干净整洁。每个人都开始变得活泼好动，一个球迷对另一个人说道：“孩子，你将来可以给你的孙子讲讲今天的这场比赛，告诉他小熊队或是……”仿佛是对结果感到害怕，他揉了揉下巴不再作声了。

有报道称，场外的暴徒们正在冲击大门，试图冲进场内来。大看台的后面甚至可以听到沉闷的撞击声，但观众们对这种攻击行为毫不在意。警察们还是控制住了这群暴徒，因此并未发生任何恶性事件。没什么大不了的，不是么？什么？一万五千人被困在外面看不到比赛，你居然说“这没什么大不了的？”你不如到场外去亲身体会一下，如何？

对钱斯的问候

“强盗！”“强盗！”“懦夫！”场内观众整齐划一地大喊着。随着法兰克·钱斯从俱乐部休息室走出来，叫喊声便从露天看台的右侧一排开始传出来，随后整场观众都开始高呼。他拖着弯曲的双腿漫不经心地走向场边，看起来对一切都毫不在意。随着他的出现，人们不断报以咆哮、唾弃、嘘声、讥讽之声，而他却愉快地笑笑，就好像是从这座城市手中获取了自由。紧随其后的是“三指布朗”，他是曾经与我们交过手的明星投手，只不过他的时代已经结束了。他也遭受了无端指责，不过他也同样不甚在意。

对外来者的关注

纽约人正有条不紊地进行着击球练习，每个人轮流击打。随后小熊队也进场开始热身。场边传来了更多的怒吼、更多的嘶嘶声、更多的嘘声，观众们激烈地咆哮、尖叫着：“你们这群强盗！土匪！”试想，如果你是小熊队的一员，你也应当去最近的地下避风室碰碰运气。但是小熊队的球员们快乐地进行着热身练习，就好像身后的看台空无一人。而嘲笑声依然在继续。看台上的某个人从小熊队的一根球棒上抓到了一个擦棒球。成百人朝他喊着：“留下来！留下来！别还给他！如果你把它留下，就是墨菲（芝加哥棒球巨头）也会为你流泪的。”

随后，小熊队球员休息，巨人队开始练习。他们的速度快如闪电。内野手并没有将球丢出去。他们看起来只是示意了一下，但动作实在是太快了。球从他们的手中“喷射”出去。人们为德夫林、布里德维尔、赫尔佐格及坦尼的速度与准确性爆发出一阵又一阵的欢呼之声。他们该如何击败对手？这是每个人都关心的问题，但谁都看不出所以然。不过不久之后，他们便明白了。

另一边，小熊队球员们的准备很充分，因此他们的心情十分愉快。钱斯真切感受到有一万人在讥笑他是何种感受，因为这是他第一次踏入这块场地。片刻之后，他错失了一个地滚球。场上一片欢乐的海洋！“补锅匠”也丢球了。真是巨大的喜悦！

与此同时，投手正在热身——小熊队的是“左撇子”投手普菲斯特，而巨人队则是独一无二的马蒂。热身准备的时间并不长，随后三点十五分，真正的麻烦来了。比赛开始了。

钱斯被激怒

在安全击球后，钱斯措手不及地抓住了马修森扔过来的“闪电球”，随即观众中再次传来一阵欢乐的讥笑。你可能会以为，这三万名观众来此是为了欣赏精准的表演。但如果换成世界上任何一个人，可能都不会令人觉得如此有趣。钱斯！他给观众们带来的欢乐远不止这些。钱斯不太高兴了。他向上帝保证，他已经安全上垒。他去向裁判克莱姆求情。他把帽子扔在了地上，还狠狠地踩了一脚。小熊队的其他球员也围过来说情。

阿蒂·霍夫曼是首席发言人。他的口才好得足以使自己的队长感动落泪，但克莱姆裁判冷酷无情，丝毫没有被阿蒂的口才打动，却让他离开场地。阿蒂只得退了回去，走之前，他将手套扔在了场地之上。然后，他又返回来拣手套，中途停下来对赫尔佐格与西摩交代了些什么，有传言说他是在质疑克莱姆裁判的专业能力。

接下来是第三局。为造物主唱着欢乐赞美诗的鸟儿们安静了下来，乌云蔽日，大自然蒙上了一层面纱。欢乐的笑声渐渐消失，唯一可以听到的声音来自高亢响亮的芝加哥方言，他们正在咒骂马蒂的曲线球。那声音在我们大多数人听来就如同是土块落入棺材里发出的声响。这场比赛结束之后，小熊队还有四场比赛。此时的茫茫人海安静地好似一小群人在周日的早上围拢在乡村里的教堂门口，默默地等待着牧师前来开门。

但之后还有一些娱乐。比如你可以一直嘲笑着那些外乡人，克林离大看台的距离最近，因此他便成为了众矢之的。一旦他有任何犯规行为，看台上便有人朝他扔瓶子，还有人扔了一顶帽子，但更多的则是突然爆发的嘶嘶声。

“运动精神，运动精神……”人们不断告诫着这距离看台最近的“罪犯”。

“别理他们，”其中一个恶人对他说，“想想如果这是在芝加哥，钱斯特会怎样做？”

“你就是个废物，约翰尼·克林！”有名狂热分子冲他喊道，但有其他人打断了他，“希望我们队里也能有这样一对恩爱的‘小夫妻’啊。”

“来吧，小伙子们，开始反击！”当巨人队进入第七局时，一名坐在前排的球迷高声呼喊着。的确该做些什么了，我们又得了一分。微笑的拉里·道尔也抓住了机会成为击球手，但时间太紧了，他只能打出高飞球。因此，跑垒成为了唯一的出路。

尾声

阴霾再次笼罩在球场之上。人们开始争吵。他们只喜欢有争议的决定，但今天没有这样的决定，因此他们中的一些人只得靠打架来发泄。右外野看台上即将发生争斗，但是有个肥胖的警察爬上去将这苗头及时地镇压了下去。与此同时，没有人能击中“三指布朗”。在三次尝试之后，最后的希望也破灭了。如今的冠军——小熊队，正欢乐地在场地上飞奔。那令人伤心的第三局决定了这一结局。

——《纽约太阳报》

维尔小姐显灵记

丹尼尔•笛福

关于维尔小姐显灵的真实记录，

她在死后第二日会见巴格雷夫太太。

坎特伯雷，1705年9月8日

前言

这种关系是真实存在的，在这种情况下，任何理性之人都会相信。该事件是由肯特郡梅德斯通的一位绅士所提供的，他是当地一位治安官，聪明且颇有智慧。他将相关材料交给了他住在伦敦的一位朋友，因此得以有了如下文字。所有的谈话内容都已被证实为真实有效，见证人是一位神志清醒且通情达理的女士，这位女士同时也是这位治安官的一名亲属。这位女士住在坎特伯雷一栋由几户人家共同居住的房子内，房子的产权登记在巴格雷夫太太名下。绅士治安官认为自己的这位亲眷具有敏锐的洞察力，因此不会被任何谬论所蒙蔽。这位女士十分肯定地告诉他整个事件及全部的相关陈述都是真实可信的，而用她自己的话说，她所讲述的一切都尽可能地与巴格雷夫太太所表述的一致，而她确信巴格雷夫太太毫无理由去编造并散布这样一个故事，更不要说去设计任何细节或伪造谎言。这样一位诚实善良的女士，她的一生都过得十分虔诚。我们将此事发表出来的初衷在于希望能引起大家的思索，让大家考虑是否真的有“来世”存在，是否真的存在公平的上帝根据我们每个人今生的所作所为来判定我们的“来生”，因此使我们对活在世上所经历的既往生活进行反思。我们的生命短暂而又充满了未知，如果我们即便对神明不敬，也侥幸逃脱惩罚，得到心地正直之人才配获得的嘉奖，有幸得以窥探“永生”，那么我们应在那个时刻来临之际，立即向上帝做出忏悔，停止作恶，一心向善，并在之后努力过着令上帝为之欣喜的生活。

该事件在任何情况下都实属罕见，而且如此真实可信。我从未读到或是听说过这样的事。它完全可以经受住最为巧妙、严谨的质询，巴格雷夫太太亲眼见证了维尔小姐死后又重新现身这一事实。她是我的密友，以我们这十五六年的相处，我可以为她的名誉作担保。我可以证实，她从青年时代起，直到我们所熟识的那段期间都保持着良好的品性。不过，她还是因为此事而被某些人污蔑中伤，那些人是维尔小姐兄长的朋友们。他们认为维尔小姐的显灵不过是种光学映像，因此竭尽所能地诋毁巴格雷夫太太的名誉，嘲笑她因这件事的发生而感到的惶恐不安。但事实就摆在那里，而且巴格雷夫太太天性乐观，尽管她有位十分恶毒，且品行令人不齿的丈夫，但我从未在她的脸上见过任何忧郁之色，也从未听过她伤春悲秋，抑或是喃喃自语。不，即便我亲眼见到她丈夫对她施暴，她也从未抱怨，还有其他几位声誉良好的人也曾亲眼见证了她的隐忍坚强。

如今，你已经知道维尔小姐终身未婚，过世的时候年仅三十岁。几年来她一直被过去所困扰着，人们认为这也是她最终离世的原因。她后来突然变得言辞无礼。她一直依赖着唯一的兄长生活，并为其位于多佛的房子管理家务。她心地善良。她的兄长看上去十分冷静节制，但如今他疯狂地尽一切所能来抹去或平息这件事。维尔小姐同巴格雷夫太太自小便相识。那时维尔小姐的处境很艰难，她父亲从未尽过一天责任，只是任自己的儿女受尽苦难。在那段日子里，巴格雷夫太太的父亲也同样的冷酷无情，尽管她对吃穿都不太感兴趣，但维尔小姐却十分渴望得到这些。因此，巴格雷夫太太总是会尽自己所能接济自己的朋友，这一点令维尔小姐非常开心。因此，她总是会念叨：“巴格雷夫太太，你不仅是我最好的朋友，也是我在这世上唯一的朋友，无论今后发生什么事都不会影响到我们的友谊。”她们经常在一起互相感慨对方的不幸命运，一起朗读迪林科特的《死亡》和其他好书。因此，如同两个基督伙伴一般，她们互相抚慰着对方的伤痛。

后来，维尔先生的朋友为他在多佛海关找了个住处，这或多或少地使维尔小姐渐渐同巴格雷夫太太疏远了。尽管二人从未发生过口角，但二人之间的关系已经淡漠到互不关心的程度了。巴格雷夫太太有两年半的时间都未再见到维尔小姐。巴格雷夫太太约有一年的时间未到多佛，而最近这半年来，她大约有两个月的时间都住在坎特伯雷的家中。

去年的9月8日，即1705年，就在这所房子内，那是午前时分，当时巴格雷夫太太正独自坐着，反复思考她这不幸的一生，并说服自己尽管条件艰苦，但仍然应当辞去普罗维登斯的职位。“而且，”她说道，“到现在为止，我已经获得了支持，我要心平气和，不再犹豫。我所有的苦难都会在最适当的时间结束，这一点足以使我心满意足。”随后她便拿起针线活，就在刚刚完工的时候，她听到了敲门声。她去开门，见到了她的老朋友维尔小姐，维尔小姐还保持着旧习惯——骑马而来。那一刻时钟刚好敲响正午十二点。

“夫人，”巴格雷夫太太说道，“看到你太惊讶了，这么久没见，都快成陌生人了。”但仍对她说自己很高兴能见到她，并且主动对她行礼，维尔小姐接受了。但就在两个人的双唇快要碰到之时，维尔小姐却举手捂住了自己的眼睛，说：“我不太舒服，”于是便只得作罢。她告诉巴格雷夫太太说自己要去旅行，走之前一定要先来见她一面。“可是，”巴格雷夫太太说，“你怎么是独自旅行？这太令我吃惊了，因为我知道你与你兄长的关系那样好。”“哦，”维尔小姐答道，“我走的时候给哥哥留了字条，因为我非常希望能在旅行之前见你一面。”于是巴格雷夫太太带着她来到了一楼的另一个房间内，维尔小姐坐在一张扶手椅上，就在她刚才敲门时，巴格雷夫太太才从那张椅子上起身离开。随后维尔小姐说：“我亲爱的朋友，我来此是为了重新稳固我们的旧日友谊，是我先违背了这一切，我恳求你的原谅。如果你肯原谅我，那你就是世间最好的女人。”“哦，”巴格雷夫太太答道，“不要这样说，我从没那样想过，所以当然会原谅你。”“那你是怎样看待我的呢？”维尔小姐问。巴格雷夫太太则回答道：“我想你同这世间的众人一样，好日子蒙住了你的眼，使你迷失了自己和我们的友谊。”之后维尔小姐同巴格雷夫太太回忆起她们的旧日岁月——她们在身处逆境时互相交谈安慰；他们读过的那些书，她们从迪林科特那本《死亡》中所寻求到的慰藉，她说那是同类书中最好的一本。她还提到了夏洛克博士及其两本译成英文的荷兰书籍，以及其他几本，这些书都关于“死亡”这一主题。“但迪林科特，”她说，“在这类主题中只有他对死亡有着最清晰的概念，并且了解死后未来的状态。”随后她问巴格雷夫太太手头是否有迪林科特的书。她答道：“有。”维尔小姐说：“快去取来。”于是巴格雷夫太太上楼将书取了下来。维尔小姐说：“亲爱的巴格雷夫太太，如果我们信仰的双眼也能如同肉体的双眼这般睁开，我们便可以看到身边有无数的天使在守护着我们。天堂并非是我们所想象的那样，它恰如迪林科特所言。因此，在你的苦痛之中寻求安慰吧，相信万能的上帝正在关怀着你，你的苦痛恰恰是上帝赐予你的恩惠。当这些苦痛、折磨完成自己的使命，它们自然会从你的身边消失。相信我，我亲爱的朋友，记住我对你说的话，未来的幸福，哪怕是短短一分钟所带给你的无限回报，便足以抹去你如今所受的全部痛苦。因为我再也无法相信了，”（说着她热切地用手拍了拍膝盖，她讲话时总是不时地穿插着这个动作）“上帝会施以苦痛，令你在生活中备受折磨，但要相信这些苦痛终将离开你，以及你身边的人，这时间不会太久。”她这般悲悯神圣的举止，令巴格雷夫太太深深感动，多次流泪。

随后维尔小姐说到了霍内克博士所著的《苦行者》一书，书的最后描述了早期基督徒的生活。她建议我们模仿书中人的生活模式，他们之间的谈话与如今的我们不同。“如今，”她说，“人们口中所言皆是空洞自负之语，与早期的基督徒们截然不同。他们的言语旨在教导世人，帮助彼此建立信念，因此他们不像我们这般，我们也不同他们一样。但是，”她说，“我们却可以从行动上仿效。他们之间有着深厚的友谊，但如今的世道又要到哪里去找？”巴格雷夫太太说：“如今想找到真正的朋友是如此困难。”维尔小姐说：“诺里斯先生著有一段精美诗篇，名为《完美的友谊》，我十分欣赏。你可曾读过那本书？”维尔小姐问道。“没有，”巴格雷夫太太回答说，“但我自己有几句想要写下来。”“是吗？”维尔小姐问，“那快写来。”巴格雷夫太太在楼上写好后想要递给维尔小姐，可她拒绝了，她说低头会再次引发头痛，便求巴格雷夫太太读给她听，于是巴格雷夫太太照做了。想到她们那令人称赞的友谊，维尔小姐忽然说道：“亲爱的巴格雷夫太太，我永远爱你。”维尔小姐用手遮住自己的双眼，问道，“巴格雷夫太太，你是否觉得我比以前更加憔悴？”“不，”巴格雷夫太太说，“你在我眼中就如同从前我认识的那个你一样。”

维尔小姐所说的这些言辞细腻的话语，远不是巴格雷夫太太能够假装出来的。事实上她还说了更多内容（整个谈话时间长达一个小时零四十五分钟之久，因此很难被完整地记住，但巴格雷夫太太还是记住了绝大部分）。维尔小姐托巴格雷夫太太给自己的兄长写一封信，告诉他，称自己会保留下他曾赠予自己的戒指等。自己的橱柜里还有一袋金子，其中的两大块留给自己的侄子沃森。

这样的交代令巴格雷夫太太忽然有了一种异样的感觉，因此她坐到了自己膝边的一张椅子上，才不至于倒在地上，她很怕自己会受不住而昏倒（而扶手椅，至少可以挡住她，以免她朝两边栽倒）。她试图岔开话题，因此几次握住维尔小姐的衣袖，称赞那衣料。维尔小姐告诉她那是精纺丝，她的那件衣服是新做的。尽管如此，维尔小姐仍回到先前的话题，并告诉巴格雷夫太太不要拒绝她，她希望巴格雷夫太太能在恰当的时机将她们之间的对话告知自己的兄长。“亲爱的维尔小姐，”巴格雷夫太太说，“这或许听上去很无礼，但我真的不知该如何照办。对于一位年轻的绅士来讲，我们之间的对话太令人心痛了。”“好吧，”维尔小姐说，“这一点的确无法否认。”“为何不……”巴格雷夫太太说道，“我认为，由你亲口告诉他，不是会更好些吗？”“不，”维尔小姐答道，“尽管现在看来这个请求很无礼，但之后你自然就会明白了。”于是巴格雷夫太太决定满足她的要求，起身去拿笔和墨水，但维尔小姐却说：

“过一会儿吧，等我走了之后你再动笔，但你一定要答应我做到。”她在临走之前仍不忘重新嘱托这件事，而巴格雷夫太太也应允了。

随后，维尔小姐又问起巴格雷夫太太的女儿，巴格雷夫太太说她不在家。“但如果你想见见她，”巴格雷夫太太说，“我差人去叫她回来。”“去吧。”维尔小姐答道。于是巴格雷夫太太起身去找邻居帮忙叫女儿回来。当她回来的时候，却看到维尔小姐面朝着周六的牲畜市场的方向（那天正好是交易日）站在街上。维尔小姐正准备一见到巴格雷夫太太回来便动身离开。巴格雷夫太太问她怎么忽然匆忙地要离开。她说自己要走了，但旅行可能要周一才出发。她对巴格雷夫太太说，无论她将去向何方，她都希望她们能在侄子沃森家再见一面。随后维尔小姐便转身告辞离开了，并渐渐走出了巴格雷夫太太的视线，直到在一个拐角处消失不见了。此时恰好是下午的一点四十五分。

维尔小姐于九月七日的正午十二点过世，直到死前的四个小时都没有任何征兆，她甚至还去领了圣餐。周日，即维尔小姐拜访后的第二天，巴格雷夫太太患上了重感冒，嗓子也痛得厉害，所以她没能出门。但是周一早上，她便差人到沃森上尉家去看维尔小姐是否在那。他们对于巴格雷夫太太的询问一头雾水，并给她捎来口信称维尔小姐并不在那，也从未说过要来。听到消息，巴格雷夫太太认为一定是女仆记错了名字，或是找错了地方。尽管她还病着，也从未见过那家人，但她仍然戴上兜帽，亲自前往沃森上尉家中去看维尔小姐是否在那。他们对她的来访感到很惊讶，因为维尔小姐并没来过城里，他们十分确信这一点。如果她来了，那她早就应该到了。巴格雷夫太太说：“我很肯定，就是这个周六，我们一起相处了将近两个小时。”他们说那根本不可能，如果她进城了，那一定会来这里。就在他们争执的时候，沃森上尉进了门，并带来了维尔小姐的死讯，人们正在为她制作铭牌。这突如其来的变故令巴格雷夫太太大为震惊，她立刻跑去核实，却发现这一切都是真的。随后她把整个事件的来龙去脉讲给了沃森上尉一家，包括维尔小姐穿着什么样的长袍，上面有着怎样的条纹，以及维尔小姐亲口对她说那是精纺面料。听到这里，沃森太太大声哭了起来。“你的确是见到她了，除了维尔小姐和我之外，再没有人知道那长袍是精纺面料制成的。”沃森太太承认巴格雷夫太太所描述的那件长袍的确存在。“因为，”她说，“那是我亲手帮她做的。”于是这位沃森太太将这件事在城里传了开来，并亲自证实巴格雷夫太太的确见到了维尔小姐的幽灵。沃森上尉也带着两位绅士到巴格雷夫太太家中，听她亲口讲述此事。随着这件事的流传，各样的绅士与上流人士，各种开明人士及怀疑论者都蜂拥到她家里，最后这种讲述变成了一种义务，因此巴格雷夫太太被迫逃离了这里。他们对事件的真实性感到满意，并且可以明显判断出巴格雷夫太太并非患有抑郁症，因为她总是看上去轻松欢快、神态愉悦。她从上流社会那里获得了青睐与尊重，而那些人则将此视为一种恩惠，以此来换取巴格雷夫太太口中的“神秘故事”。我之前应该已经告诉过你维尔小姐曾对巴格雷夫太太说，自己的妹妹与妹夫恰好要从伦敦来看她。巴格雷夫太太说：“你怎么把事情安排得这样奇怪？”“这也是没有办法的事。”维尔小姐答道。她的妹妹与妹夫的确来看望她了，恰好就在维尔小姐断气的时候，他们踏进了多佛城。巴格雷夫太太问维尔小姐想不想喝茶。维尔小姐说：“都无所谓，但是我敢肯定那个疯子（指巴格雷夫太太的丈夫）一定把你的那些小家什都砸光了吧。”“但是，”巴格雷夫太太答道，“即便如此，我还是能给咱们沏杯茶的。”但维尔小姐谢绝了，她说：“没关系，别麻烦了。”这件事便作罢了。

我陪着巴格雷夫太太待了几个小时，她回忆起维尔小姐还说过一些其他的话。其中最要紧的内容便是，维尔小姐告诉她，布雷顿老先生每年都给她十英镑，这是个秘密，直到维尔小姐自己亲口讲出来，巴格雷夫太太才知道这件事。巴格雷夫太太的故事始终保持原样，这一点令那些怀疑事件真相的人及不愿相信此事的人都感到很困惑。在维尔小姐出现的那段时间内，巴格雷夫太太邻院的仆人也听到她在与人讲话。在与维尔小姐分开之后，她也曾去找自己的邻居，说自己的一个老朋友来了，并将整个激动人心的谈话过程都讲了出来。迪林科特的那本《死亡》，也因为此事的发生而不可思议地脱销了。值得注意的是，尽管这段经历使巴格雷夫太太陷入各种麻烦，让她一直疲惫不堪，但她并未从中捞取任何好处，即便是她的女儿也从未在任何人那里接受过任何好处，因此她们并不愿重复这个故事。

但维尔先生则尽自己的一切可能想阻止这件事的对外流传。他声称要亲自去见巴格雷夫太太。但事实是，自从他妹妹过世之后，他便一直待在沃森上尉家里，从未试图接近巴格雷夫太太。但他的朋友们却到处宣称巴格雷夫太太是个大骗子，她只是为了贪图布雷顿先生每年给维尔小姐的那十英镑。但据我所知，这到处大放厥词之人本身就是个声名狼藉的骗子，终日混迹于那些声名显赫的人群之中。相对来讲，维尔先生则比较绅士，他没有直接明说巴格雷夫太太是骗子，却说巴格雷夫太太是被自己行为恶劣的丈夫逼疯了，她只不过想表现自己，因此很容易就能将其驳倒。维尔先生说他曾在妹妹死前问她是否有未了的心愿，她说没有。如今维尔小姐“显灵”后所交代的事其实微不足道，也无关什么正义，这一切只不过是为了向巴格雷夫太太证明自己的灵魂真实存在着，并为巴格雷夫太太的所见所闻提供一些能令世人满意的证据罢了，希望以此在人们理性与宽容的范围内保护她的名誉。而后，维尔先生则再次宣称他找到了那袋金子，但并不是在橱柜里发现的，而是在一个梳妆盒里。这看起来似乎不大可能，因为沃森太太认为维尔小姐一直仔细保管着自己橱柜的钥匙，她不相信任何人。如果是这样的话，她不可能会将金子放在其他地方。维尔小姐总是将手盖在眼睛上，问巴格雷夫太太自己与从前相比是否面露异样，仿佛是故意提醒巴格雷夫太太记住其样貌，并且对于自己请她帮忙写信，交代兄长处理戒指与金子一事安慰巴格雷夫太太不要多想，这看起来多像是一个人在做临终嘱托啊！而对于巴格雷夫太太来说，她在自己面前现身这一事实，便足以表达维尔小姐对自己的情感，以及对自己的惦念。她不会对此感到丝毫恐惧，一切都在维尔小姐的安排计划之内，尤其是她在白天出现，避开了贴面礼，只在巴格雷夫太太独处时才现身。还有她离开时的方式，她离开时刻意避开了再次行贴面礼的机会。

我不明白为何维尔先生坚持将此事视为一种“光学映像”（以至于不遗余力地否定它的存在），因为大多数人都将维尔小姐的“显灵”视为一种美好精神的传达，她的话语是那样的庄严神圣。她现身的目的是为了安慰在痛苦中挣扎的巴格雷夫太太，为自己曾背弃友谊的行为求得原谅，并以虔诚的话语对巴格雷夫太太进行鼓励。所以，即便是巴格雷夫太太在周五夜里到周六上午这段时间内密谋策划了这一切（假设她事先便早已得知维尔小姐的死讯），将一切安排得井然有序，并装作毫不在意的样子，那么我敢说她一定远比那些头脑冷静的中立者更加机智、幸运，也更邪恶。我曾多次询问巴格雷夫太太，问她能否肯定自己真的摸到了维尔小姐的长袍。她总是谦逊地回答：“只要我的神志尚保持清醒，我就确信这一点。”我问她，当维尔小姐的手轻轻拍在膝上时，是否听到了什么声音。她说她不记得是否发出声音了，并且说道：“在我们谈话时，她看起来就如同我一样是真实存在的。”她说：“如果不是真实地看到她，或许我也会很快动摇，怀疑此刻正在与我说话的你也是幻影。因此我并没有丝毫恐惧，我不过是接待了一位朋友，随后她便离开了，仅此而已。”她说：“我不在意人们是否相信，我对此毫无兴趣。很长一段时间以来，这件事带给我的只有无尽的烦恼，我很清楚这一点。如果不是偶然为众人所知的话，我绝不会将此事公之于众。”但是如今，她终于决定要利用这件事，并尽可能地做到置身事外，而她也的确这样做了。她说有位绅士赶了四十多千米的路来听她说这个故事，还有一次，她给满满一屋子的人讲述这段经历。其中还有几位绅士曾经听过巴格雷夫太太亲口讲述这个故事，但又再次跑来听。

这件事对我造成了很大影响，我所说的一切是最接近事实真相的，我对此感到十分满意。我们之所以要对已经发生的事实产生争议，是因为我们对那些无法给出特定或是明确概念的事物很难加以解释，这一点在我看来很奇怪。但仅仅凭借巴格雷夫太太的权威与真诚，这件事便是毋庸置疑的。

第十二章 故事

故事是一种叙述，叙述过程中，各个事件之间所存在的因果关系十分明显。生活中所发生的各个事件之间有时也会存在着因果关系，但这种因果关系并非普遍存在。而在故事中，这种因果关系不但要存在，而且必须要显而易见。例如，一位记者写下一篇采访，采访稿以普通的方式记述了一位外国人在海上航行的经历。由此产生的新闻文章并不具有情节，也就是说，其中各个事件之间并没有明显的因果关系，因此它仅仅是一篇简单的描述性文章而已。但当一位杂志作家偶然之间读到这篇采访，看到采访中提到这位外国人在其旅行过程中有幸结识了一位有趣的美国女孩。于是他将人物的名字做了改变，假设这位外国人此行的目的是为了赢得这位女士的青睐而向她求婚，作家为此设置了一个适当的高潮，并刻意地为这些既定事件之间设定了因果关系。简单来讲，这个过程便是情节的诞生。故事的情节不过是将各个事件串联在一起的纽带，而有情节的叙述便可称为故事。当然，就如同前面所提到的这一假设案例一般，故事并不需要以实际发生的事实作为基础，这一点有时很有优势。事实上，生活中偶尔也会遇到具有明显因果关系的事情，因此我们只需将其写下，就能得到一篇所谓的“真实故事”。但更为常见的是，事件的发生与各个事件之间的关系都是想象的产物，整个过程都是人为创造出来的，并非实际存在，于是便有了小说。事实上，讲故事的人可以从真实的生活或想象中汲取任何自己所需的部分，但前提是故事必须要有情节。

然而，创作情节是“讲故事”这一过程中最不重要的部分。最好的情节大多数都出自于很久之前的创作，在现代条件下，套用旧情节往往会远比绞尽脑汁，试图创作新情节的效果要好得多。创作者的精力在遇到困难的问题时会严重消耗，尤其是对于新手来说，如何在既定情节的基础上，将其变成一个有趣且令人信服的故事，实际动手操作并非易事。

它需要作者具有想象力、生活常识及词汇。它还要求作者能够深度掌握修辞学三大原则，并将之灵活运用，对于那些对三大原则，尚处于学习阶段的故事讲述者而言，他们可能很难获得最有价值的建议，因此我们先来介绍“统一性”“连贯性”与“突出性”这三大原则。

统一性

在一则故事的创作过程中，做到“切合主题”是比较容易的，但如果作者在落笔之初便肯定相关情节中不会包含“另一个故事”，则进一步确保了故事的“统一性”。写作初学者普遍存在着一种误解，认为情节越多，作者处理起来越容易。这是大错特错的。作者在既定的创作空间内能完整地讲述一则故事已实属不易，两则故事则更是难以应对。一则不太成功的故事可能有着如下情节：有位美国人在巴黎的一间咖啡馆内与一位法国人发生口角，继而受到挑衅，引发打斗，并将对方杀死。尽管懊悔不已，但他仍试图努力逃脱警方的追捕。他逃到一位朋友的别墅中，为了不被发现，他躲藏进一间偶然发现的密室中。当他认为危险已经过去，准备从密室中出来时，却发现自己居然被锁在了隔音嵌板的后面。幸运的是，一件意外的事的发生使他成功脱困。如果能将以上情节分开，那么这两个情节都更加容易获得成功，因为每个情节都有了足够的空间得以展开，而作者则应尽力避免出现将两种思路混杂在一段中，使读者感到混乱的情况出现。

然而情节的“统一性”在创作故事的过程中还具有更为特殊的意义。它不仅仅依赖于“切合主题”，更依赖于对该主题的正确处理。一个故事往往并不具有十分明确的长度。只要你愿意，你既可以将故事长度向前追溯至主人公出生之前，也可以将结局收尾在英雄安息之后。而与之相反的是，故事通常也可以被大大缩短，尽管并非是无限缩短。我们可能会受到启发，写下一则关于一位意大利贵族对朋友进行复仇的故事。那么故事从哪里开始？又该从哪里结束？我们可以将威尼斯早期历史中的一段世仇作为故事的开端，并以受害者的尸骨最终被其曾孙所发现作为故事的结束。在描写嫌犯的逃跑过程中还可以引入几个欧洲主要国家作为场景。但正如我们在《一桶白葡萄酒》中所见到的，作者艾伦·坡以复仇开篇，以一个圆满的结局结尾。他将故事不仅仅局限在了一座城市之中，而且将其限制在了一个特定的地点之中。这也许是个相对极端的例子。这种无论时间或是地点都很完美的“统一”并不容易做到，也并非总是切实可行的。然而，在任何情况下，只要故事创作者在开始创作之前便尽可能地将故事场景及事件发生的时间加以限定，那么其作品成功的机会便会大大增加。有时也可以通过在主要情节发生前后的一段时间内将故事中的全部场景进行简要介绍来达到同样的效果。叙事者，即故事的“绝对主宰者”，往往能早在其构思之初便为可能很久之后才会用到的情节创造出所需的情景与时间。只要故事依然可行，那么每一步简化都会增加故事的“统一性”，也使故事更加趋向成功。“Ah ! Passons au déluge.”拉辛在创作某则故事的过程中曾说到这句话，直译过来便是——“不要等到洪水泛滥前才开始！”

一桶白葡萄酒[①]

埃德加·艾伦·坡

福吐纳托对我百般迫害，我都尽量忍在心头。可是一旦他胆敢侮辱我，我就发誓要报仇了。您早就摸透我的脾气秉性，总不会认为我只是说说而已，只是吓唬人的。总有一天我要报仇雪恨，这个主意坚定不移。既然这样，我就没想到会出危险。我不仅要给他吃苦头，还要绝了后患。报仇的人自己得到报应，这笔仇就没了清。复仇的人不让冤家知道是谁害他，这笔仇也没了清。

不消说，我的一言一语、一举一动都没引起福吐纳托的怀疑。我照常对他笑脸相迎，其实是想要了他的命才开心。

福吐纳托这个人虽在某些方面令人尊重，甚至令人敬畏，但他有个弱点——他自夸是品酒老手。意大利人中没几个具有真正行家的气质。

①本文经由纽约出版商 G. P. Putnam's Sons 公司许可摘录，转载自《坡》一书。

他们的热诚，多半都用来随机应变、见风使舵，好让英国和奥地利的大财主上当。谈到古画和珠宝方面，福吐纳托跟他的同胞一样，夸夸其谈。不过谈到陈酒方面，他倒是真正识货。在这一点上我跟他大致相同——对意大利葡萄酒，我也算内行，只要办得到的话，就会大量买进。

在热闹的狂欢节里，有一天傍晚，正当暮色苍茫时，我碰到了福吐纳托。他亲热地招呼我，因为他肚子里灌饱了酒。这家伙扮成小丑，身穿杂色条纹紧身衣，头戴圆尖帽，上面系着铃铛。我看见他真是高兴极了，不由得想握着他的手久久不放。

我对他说："老兄啊，幸会，幸会。你今天的气色真是好到极点。我弄到了一大桶所谓的'白葡萄酒（西班牙蒙蒂利亚生产的一种甜酒）'，可我不放心。"

"怎样弄到的？"他说，"白葡萄酒？一大桶？不见得吧！在狂欢节期间，哪弄得到？"

"我不放心，"我答道，"我真笨透了，居然没跟你商量，就照白葡萄酒的价钱全付清了。我找不到你，可又生怕错过了这笔买卖。"

"白葡萄酒！"

"我不放心。"

"白葡萄酒！"

"我一定得放下这条心！"

"白葡萄酒！"

"瞧你有事，我正想去找卢克雷西呢。只有他才能品酒，他会告诉我——"

"可有些傻瓜硬说他的眼力跟你不相上下呢。"

"快，咱们走吧。"

"上哪儿去？"

"上你的地窖去。"

"老兄，这不行，我不愿见你心好就麻烦你啊，我看得出来你有事。卢克雷西——"

"我没事，去吧。"

“老兄，这不行。有事没事倒没什么，就是冷得够呛，我怕你受不了。地窖里很潮湿。四壁都是硝石。”

“咱们还是走吧，冷算不了什么。白葡萄酒！你可上当啦。说到卢克雷西，他连雪梨酒跟白葡萄酒都分不清。”

说着福吐纳托就架住我的胳膊。我戴上黑绸面具，把短披风紧紧裹住身子，就由他催着我上公馆去了。

家里听差的一个也不见了，都趁机溜出去过节了。我对他们说过我要到第二天早晨才回家，还跟他们讲明，不准出门。我心里有数，这么一吩咐，包管我刚转身，这些人马上就都跑光了。

我从烛台上拿了两个火把，一个给福吐纳托，领他穿过几个房间，走进拱廊，通往地窖，再走下长长的一座回旋楼梯。我请他一路跟着，多加小心。我们终于到了楼梯脚下，一块儿站在蒙特里梭府墓窖的湿地上。

我朋友的脚步摇摇晃晃，跨一步，帽上的铃铛就丁零当啷作响。

“那桶酒呢？”他说。

“在前面，”我说，“你可得留神墙上雪白的蛛网在发光。”

他朝我回过身来，两只醉意朦胧的眼睛水汪汪地盯着我。

“硝？”他终于问道。

“硝，”我答道，“你害上那种咳嗽有多久了？”

“呃咳！呃咳！——呃咳！呃咳！呃咳！——呃咳！呃咳！呃咳！——呃咳！呃咳！呃咳！——呃咳！呃咳！呃咳！”

我那可怜的朋友老半天答不上来。

“没什么。”最后他说道。

“喏，”我依然答道，“咱们回去吧，你的身体要紧。你有钱有势，人人敬慕，又得人心。你像我从前一样幸福，你要有个三长两短，那真是非同小可。我倒无所谓，咱们回去吧。害你生病，我可担待不起。再说，还有卢克雷西——”

“别说了，”他说，“咳嗽可不算什么，咳不死的。我不会咳死。”

“对——对，”我答道，“说真的，我可不是存心吓唬你——可总得好好预防才是。喝一口美道克酒，去去潮气吧。”

说着我就从泥地上的一长溜酒瓶里，拿起一瓶酒，砸下了瓶颈。

“喝吧。”我把酒递给他。

他瞟了我一眼，就将酒瓶举到唇边。他停下手，亲热地向我点点头，帽上的铃铛丁零当啷作响。

“我为周围那些长眠地下的人干杯。”他说。

“我为你的万寿无疆干杯。”

他又挽着我的胳膊，我们继续往前走。

“这些地窖可真大。”他说。

“蒙特里梭家是大家族，子子孙孙多。”我答。

“我忘了你们府上的家徽啦。”

“偌大一只人脚，金的，衬着一片天蓝色的背景。人脚把蟒蛇踩烂了，蛇牙嵌在了脚跟里。”

“那么家训呢？”

“凡伤我者，必遭惩罚。”

“妙啊！”他说。

喝了酒，他的眼睛亮闪闪的，帽上的铃铛又丁零当啷响了。我喝了美道克酒，心里更加胡思乱想了。我们走过尸骨和大小酒桶堆成的一长条夹弄，进了墓窖的最深处。我又站住脚，这回竟放胆抓住福吐纳托的上臂。

“硝！”我说，“瞧，越来越多了，像青苔挂在拱顶上。咱们在河床下面啦。水珠滴在尸骨里呢。快走，咱们趁早回去吧。你咳嗽——”

“没什么，”他说，“咱们往下走吧。不过先让我再喝口美道克酒。”

我打开一壶葛拉维酒，递给他。他一口气喝光了，眼睛里顿时杀气腾腾，呵呵直笑，然后把酒瓶往上一扔。那个手势，我可不明白是什么意思。

我吃惊地看着他。他又做了那个手势——一个稀奇古怪的手势。

“你不懂？”他说。

“我不懂。”我答。

“那你就不是同道。”

“怎么说？”

“你不是泥瓦工。”

“是的，是的，”我说，“是的，是的。”

“你？不见得吧！你是？”

“我是。”我答。

“暗号呢，”他说，“暗号呢？”

“就是这个。”我边说，边从短披风的褶裥下拿出把泥刀。

“你开玩笑呐，”他倒退几步，喊着说。“咱们还是往前去看白葡萄酒吧。”

“好吧。”我说，一边把泥刀重新放在披风下面，一边伸过胳膊让他扶着。他沉沉地靠在我的胳膊上。我们继续向前走，再往下走，到了一个幽深的墓穴里。这里空气浑浊，手里的火把顿时不见火光，只剩火焰了。

在墓穴的尽头，又出现了更狭窄的墓穴。四壁成排堆着尸骨，一直高高地堆到拱顶，就跟巴黎那些大墓窖一样。里面这个墓穴有三面墙，仍然这样堆着。还有一面的尸骨都被推倒了，乱七八糟地堆在地上，积成了相当大的一个尸骨墩。在搬开尸骨的那堵墙间，只见里面还有一个墓穴，或者壁龛，深约 1.22 米，宽达 0.91 米，高约 2.13 米左右。看上去当初建造了它并没打算作什么特别的用处，不过是墓窖顶下两根大柱间的空隙罢了，它的后面却靠着一堵坚固的花岗石垣墙。

福吐纳托举起昏暗的火把，尽力朝壁龛深处仔细探看。可他是白费劲，火光微弱，看不见底。

“往前走，”我说，“白葡萄酒就在这里头。卢克雷西——”

“他是个‘充内行’。”福吐纳托一面摇摇晃晃地往前走，一面插嘴道，我紧跟在他后面走进去。一眨眼工夫，他就走到壁龛的尽头了，一见被岩石挡住了道，就一筹莫展地发着愣。隔了片刻，我已经把他锁在花岗石墙上了。墙上装着两个铁环，横向相距六十厘米左右。一个环上挂着根短铁链，另一个挂着把大锁。只消一刹那工夫，我就把他拦腰拴上链子了。他惊慌失措，根本忘了反抗。我拔掉钥匙，退出壁龛。

“伸出手去摸摸墙，”我说，“保你能摸到硝。这里真是湿得很。

让我再一次恳求你回去吧。不回去？那我得离开你啦。可我还得先尽份心，照顾你一下。”

“白葡萄酒！”福吐纳托惊魂未定，不由得失声喊道。

“不错，”我答，“白葡萄酒。”

说着我就在前文提过的尸骨堆间忙着。我把尸骨扔开，不久就掏出些砌墙用的石块和灰泥。我便用这些材料，再靠那把泥刀，一个劲地在壁龛入口处砌起一堵墙。

但我连头一层石块也没砌成，就知道福吐纳托的醉意八成醒了。最先是听到壁龛深处传出幽幽的一声哼叫。这不像醉鬼的叫声。随即一阵沉默，久久未了。我砌了第二层，再砌第三层，再砌第四层。接着就听到拼命摇晃铁链的声音。这声音一直响了好几分钟，我索性歇下手中的活，在骨堆上坐下，为的是听得更加称心如意。等“当啷当啷”的声音终于哑寂，我才重新拿起泥刀，不停手地砌上第五层、第六层、第七层。这时石块已砌得差不多齐胸了。我又歇下手，将火把举到石墙上，一线微弱的火光就照在里面的那个人影上。

猛然间，那个上了锁链的人影从嗓子眼里发出一连串尖利响亮的喊声，仿佛想拼命吓退我。刹那间，我拿不定主意，簌簌直抖。但不久我就拔出长剑，手执长剑在壁龛里摸索起来。转念一想，我又放下了心。我的手搁在墓窖那坚固的建筑上就安心了。我再走到墙跟前，那人大声嚷嚷，我也对他哇哇乱叫。他叫一声，我应一声，叫得比他响，比他亮。这么一来，对方叫嚷的声音就哑了。

这时已经深更半夜了，我也快干完了。第八层、第九层、第十层早砌上了。最后一层，也就是第十一层，也快砌完了，只差嵌进最后一块石块，再抹上灰泥就行了。我拼了命地托起这块沉甸甸的石块，把石块的一角放在它需被放置的位置。谁知这时壁龛里传来一阵低沉的笑声，吓得我的头发根根直立。接着传来凄厉的一声叫喊，我好容易才认出那是福吐纳托的声音。只听得他说——

“哈！哈！哈！——嘻！嘻！嘻！——这倒真是个天大的笑话——绝妙的玩笑。回头到了公馆，就好笑个痛快啦——嘻！嘻！嘻！——边喝酒边笑——嘻！嘻！嘻！”

“白葡萄酒！”我说。

“嘻！嘻！嘻！——嘻！嘻！嘻！——对，白葡萄酒。可还来得及吗？福吐纳托夫人他们不是在公馆里等咱们吗？咱们走吧！”

“对，”我说，“咱们走吧！”

“看在老天爷的分上走吧，蒙特里梭！”

“对，”我说，“看在老天爷的分上。”

谁知我说了这句话之后，怎么听都听不到一声回答。我的心里渐渐沉不住气了，便出声喊道：

“福吐纳托！”

没人搭腔。我再唤一遍。

“福吐纳托！”

还是没人搭腔。我将火把塞进还没砌上的墙孔，扔了进去。谁知只传来丁零当啷的响声。我不由得觉得恶心起来，这是由于墓窖里那份湿气的缘故。我赶紧完工。把最后一块石头塞好，抹上灰泥；再紧靠着这堵新墙，重新堆好尸骨。五十年来一直没人动过它们。愿死者安息吧！

连贯性

对于故事创作者而言，“连贯性”与“统一性”同样重要。事实上，一则故事能否清晰且合乎逻辑地展开情节尤为重要。要使情节中的每一步都能保持“连贯性”并非如看上去的那般容易。在简单的叙述中，创作者可以按照规律的时间顺序进行描述，并确保故事的情节能够有序发展。但是一则故事应当时刻保持着趣味性，因此有时适当地直奔主题也是明智的选择。故事从令人兴奋的中间部分开始，这就使之前相对来讲稍显平淡的场景也能变得有趣起来。一则故事是由众多因果关系组成的，这些因果关系在故事中必须要加以解释，但前提是不能干扰整个故事的脉络走向。必须对故事中所涉及的人物，每个人的背景多多少少加以介绍。而从某种程度上来说，事件的起源也应有所说明。很显然，仅仅将故事“从头讲到尾”并不足以将故事表述完整。

如果我们将一则典型故事划分为几块组成部分，可能会使问题看上去更为简单。在一则故事中必然有：①先行行为，其中包括读者所需的相关信息；通过这些信息，读者可以掌握事件发生的地点、人物身份，及引发情节的一些背景知识；②情节的发展；③高潮；④结论。

现在我们可以直奔主题地开始我们的故事，正如丁尼生的组诗——《国王叙事诗》中每一首诗的开头，并不需要什么特殊的艺术处理，只是为了确保读者能了解每一片段的时间顺序关系，这一点很有必要。这涉及一些写作技巧，而在掌握这些技巧之前，作者应尽量避免以这样的方式讲述故事。

同样地，理论上来讲，在不打断叙述流畅性的基础上对各片段之间的因果关系进行解释并非难事，但这同样也需要技巧。疑问句仅仅是用于在各个事件之间进行切换的生动有趣且颇为有效的方式。故事中的不同片段就如同是棒球运动中的“垒”，你必须尽可能迅速地从一个“垒”跑到下一个。

当作者开始考虑先行行为时，便引发了叙事连贯性中最为棘手的问题。如果在故事最开始并没有给出任何背景介绍，那么这些说明便只能被安排到后文，而这很可能会对故事的发展形成阻碍。史蒂文森在其所作的《一则浪漫的闲话》中引用了斯科特的一段话，以极小的篇幅阐述了这一点：

“‘我记得这曲调，尽管我并不清楚究竟是什么原因使我现在对这段曲子有如此强烈的回忆。’他从口袋里掏出竖笛，吹了个简单的旋律。显然这一曲调唤醒了记忆中的一位少女，*那少女站在半山腰的一处细泉之后，这眼泉水曾一度被作为城堡的用水来源。少女在水中漂洗着那细麻布。*她立即唱了起来——

‘它们是否通往前方，’她说，
‘它们可是通往迪伊的岔路？
或是我愿欣然前往一看的
沃罗奇山顶那美丽的森林？’

“天啊！”伯特伦说，“这便是民谣。”

此处关于少女的介绍应当在文中更早的地方出现，这段浪漫插曲的描述才能更顺利地展开。我以斜体字标注的部分本不必出现在此处，因为它破坏了行文结构。这种情况下的补救办法是将所有的解释说明部分都去掉，并让先行行为真正地出现在叙事前的开始部分。这两种方法也同样适用于更大范围的故事描述。

要学习如何处理故事中的类似部分只有一个方法——就是将观察与实践相结合。多看看好故事的开头是如何处理的，观察每一个故事开头所采用的写作手法。在每一个示例中，你都会观察到这一点，作者会将他的解释说明放在第一行、第一段或是第一页上。你会发现，每个故事对于解释说明都有着自己的独特方式，但所有的解释方式都有个共同之处——作者都尽力将必要的解释说明处理得自然而又有趣。一位作者可能会采用一段有趣的描述，并将所需说明的事实包含在这段描述中。另一位作者可能会通过一段叙事，即“开场序幕”，来作为故事的开始。还有其他作者会为故事做出合理安排，通过寥寥几行文字，使读者掌握他们需要了解到的关于人物及事件前情等一切信息。很显然，尽管作者必须提供必要的解释说明，但无须将这道“前菜”处理得枯燥无味，以免读者失去兴趣。众所周知，小说《盖伊·曼纳林》在第一章里便引出了先行行为，却很少有人认真体会过这些文字。如何开始一段故事需要一定的技巧与智慧，而这些是需要不断磨炼才能掌握的，只有对情节的发展进行仔细考量，才能决定将哪些事实安排在序言部分。但最后的建议可能比较有价值，因为它适用于一些并不十分明显的材料，例如地点、时间、角色，以及环境等，这些很自然地会在故事中得到解释说明。生活中，当一件意料中的事件发生时，我们总是会说：“我已经告诉过你了。”我们会通过回顾各种不同的事件来对我们的断言预知加以肯定，而我们也会从中发现各种迹象来对此进行支持。这些事件便是“先行行为”。当反面人物在故事情节发展到高潮时被打败，那么在“他看到刀出鞘”的那一刻开始便会被读者记住，因为这证明他是个懦夫。

莫德雷德幼年时通过锁孔偷听的一事会被记住，因为他最后背叛了自己的国王。这类“预言事件”使一些人期望着能得到加以佐证的事实，因此，每当作者在故事开头引入其他后文可能会用到的事实时，便保证了叙述上的一致性。

每一个好故事都可以作为好的范例，因为他们在处理“先行行为”上都极为恰当妥帖，否则便无法成为一则成功的故事了。但或许最好的例证出现在那些处理起来难度较大的故事中。奥诺雷·德·巴尔扎克的《大望楼》便可作为一个显著的例子。这是一则关于“嫉妒”的故事，故事讲的是一个人让自己的爱人亲眼见到她的情人被施以惩罚。其中对惩罚进行描述的文字达到了六页之长。惩罚的情节与《一桶白葡萄酒》的情节极为相似。然而，整个故事不会仅仅只有这一部分情节这么简单。我们必然会问，那情人是谁？他是如何爱上德·梅雷伯爵夫人的？他陷入那可怕的困境之中后又怎样了？巴尔扎克在补充这部分信息时所用的技巧简直令人叹为观止。首先他采用了三页暗示性描述，通过一座废弃的城堡营造出一种神秘的气氛。接着迎来了一位好奇的律师，他向主人公讲述了悲剧之后城堡内所发生的一系列事件，他的故事很有趣，因为这进一步渲染了大望楼的神秘诡谲。接下来出场的是客栈女主人，正是她曾经收留了那位情人。她的讲述恰好填补了悲剧发生之前的爱情故事、情人的身份、夫妻之间的处境。总而言之，她的描述为我们提供了所需的一切“先行行为”。如今一切都已准备就绪，就等着故事缓缓地展开。我们可以顺利地追随着故事的发展，因为我们已经掌握了所需知道的一切背景线索。我们可以在那可怕的高潮来临之前止步，因为我们早已知晓即将面对的是什么。这则故事的结构比例很不寻常。通常情况下，故事本身与解释说明部分的比例约为十比一。但是《大望楼》却展示了创作中存在的各种特殊难题，并对它们逐步展开加以说明。在这些特定的实例中，作者通过夸张的写作手法，使一切都更加明确而清晰，这便是追求故事的“连贯性”时所应遵循的方法。

大望楼[①]

奥诺雷·德·巴尔扎克

离旺多姆城一百步开外的卢瓦尔河河畔，有一座古旧的褐色尖顶房子孤零零地立在那里。不同于其他小城市的郊外，它的周围没有散发着难闻气味的制革场或二流客店。这座宅子前面有座面向河流的花园，园内小径的两旁是修剪得很矮的黄杨，如今枝杈横生，参差不齐。几株植根于卢瓦尔河的柳树像树篱一样长得很快，已把房子遮去一半。野草杂花将河岸的斜坡装点得五色缤纷。十年来无人照管的果树已不挂果，蘖生的条蔓形成矮林。贴墙种的一行行果树有如一条条绿廊。以往铺沙的小路如今长满马齿苋，事实上，小路连影子也没有了。历代旺多姆公爵的古城堡，只剩下一片颓垣断壁高高悬于山巅，这是唯一可以俯视这座围有篱笆宅院的高地。站在上面，人们不禁想到，在某个时代，某位乡绅在这块弹丸之地种植玫瑰花、郁金香，热心园艺，贪吃水果，其乐无穷。在一个凉棚下，或不如说在一个破架子下，还放着一张未被岁月完全侵蚀的桌子。看到这座名存实亡的花园时，人们猜得出外省的宁静生活有哪些消极的快乐，正如读一个大批发商的墓志铭时，我们猜测得出他是如何度过一生的。花园的一面墙上有个日晷，上面刻着布尔乔亚式的基督教铭文：ULTIMAM COGITA！（莫让年华付水流！）这所房子的屋顶损毁得很厉害，百叶窗始终紧闭，阳台上搭满燕子窝，门户常年不开。高高的野草用绿线条勾出台阶的缝隙，加固门窗的铁饰已经生锈。日月轮转，冬雪夏雨，使木头洞眼累累，木板翘曲，油漆剥落。

打破这片沉闷的寂静的，只有鸟、猫、榉貂、老鼠和小耗子。它们自由自在地奔来跑去，互相打斗吞食。一只“无形的手”似乎把每一处都写上了“神秘”二字。倘若你受好奇心驱使，从街边去看这所

①摘自 G. P. Putnam's Sons 公司（纽约与伦敦）出版的 G. B. 艾夫斯所著《法国短篇名著巴尔扎克卷》一书。经出版社授权摘录。

房子，你将看到一扇上方为圆形的大门，门上有许多当地的孩子们打的洞眼。后来我听说这扇门已封闭了十年。从这些不规则的洞眼里望去，可以看到花园和院子。两处的情景倒很一致，同样杂乱无章。铺地砖的四周野草丛生。墙上布满巨大的裂缝，发黑的屋脊上有成千上万条卷须状的藤蔓盘绕。台阶的梯级支离破碎，钟绳腐烂，檐槽断裂。人们会想，“哪一场天火曾烧过此地？哪一个法庭曾下令在这所住宅上撒盐？这家人辱骂过上帝，还是背叛过法兰西？”但只有一些爬行动物在里面穿行，它们不会回答你的问题。这座无人居住的空房子是个谁也猜不透的巨大的谜。

它过去是个小采邑，现称大望楼。我在旺多姆城逗留期间，德斯普兰把我留在那里，给一位有钱的女病人治疗。观赏这所古怪的宅子成了我最大的乐趣之一。这儿不是比废墟强吗？废墟总和一些真实得不容置疑的回忆连在一起，但这所被一只“复仇的手”慢慢拆毁，但依然不倒的房子包藏着一个秘密，一个不为人知的思想，或至少透露出一个荒诞不经的愿望。晚上，我不止一次来到这所宅院的绿篱旁，这些护院的绿篱如今早已无人整修。不顾皮肤被划伤，我走进了这座无主的花园——这座既非公产，又非私产的宅院。我在那儿待了整整几个小时，凝望着眼前的零乱景象。我不愿向某个饶舌的旺多姆人提任何问题，即使能打听到想必是与这个奇怪景象有关的故事。我仿佛迷失在这里。我时而构思着极为轻松的浪漫故事，时而又陷入令我销魂的伤感之中。

倘若我知道这个宅子被废弃的缘由，或许该缘由不登大雅之堂，令我陶醉的，我以前从未体验过的诗意便会消散。对于我，这个隐蔽的所在呈现着因不幸而变得暗淡无光的种种图景：时而像是没有修道士的隐修院，时而犹如没有死者和墓碑的宁静墓地；今天是麻风病人的家，明日又成为“命运女神”的神殿。它是我进行沉思，感悟生命点滴的所在。我常常在那儿哭，从未在那儿笑过。不止一次，当我听到头上有一只匆忙的野鸽扇动翅膀呼啸而过时，不由得一阵心惊肉跳。花园里地皮很湿。你得提防在荒郊野外任意爬行和蹦跳的蜥蜴、蝰蛇和青蛙。你尤其不能怕冷，因为不一会儿工夫，你就会感到肩膀上披了一件冰冷的大衣，如同那位有封地的骑士把手放在唐璜的脖子上一样。有一天晚上，我被吓得直打哆嗦。我正给一出描写巨大的悲伤所为何来的戏收场的时候，一个生锈的旧风标被风吹得打转，它刺耳的声音就像这所房子发出的“呻吟”。我回到客店，脑子里转着阴郁的念头。用完晚餐后，女店主神秘地走进我的房间，对我说：

“先生，勒尼奥先生来了。”

“勒尼奥先生是谁？”

“怎么，先生不认识勒尼奥先生？啊！这就怪了。”她念叨着离开了房间。

突然，一个身着黑衣，手拿帽子的瘦长男子出现在我眼前。他像一头准备扑向对手的公羊，冲着我露出一个塌脑门和一个小尖脑袋。他那龌龊苍白的面孔如同一杯脏水般污浊。你可能会觉得他看上去更像是某位大臣的门房。他穿一件旧外套，褶痕处经纬毕露。但是衬衣的衣襟上别着一颗钻石，耳朵上戴着金耳环。

“先生，请问贵姓？”我对他说。

他往椅子上一坐，面对炉火，把帽子放在桌上，搓着手回答：

“天真冷啊！先生，我是勒尼奥先生。”

我欠了欠身，心想：

“找上门了。”

“我是旺多姆的公证人。”他又说道。

“非常高兴，先生，”我大声说，“不过我目前还不打算立遗嘱，原因自不必说了。”

“稍等一下，”他边说边举起一只手，仿佛叫我别出声。“对不起，先生，对不起！我听说你有时去大望楼的花园散步。”

“是的，先生。”

“稍等一下！”他边说边重复刚才那个手势，“这个行为已构成不折不扣的犯罪。先生，我以已故德•梅雷伯爵夫人的名义，并作为她的遗嘱执行人，前来请求你停止参观活动。稍等一下！我不是蛮不讲理的人，不想借此事对你横加指责。况且，你很可能不知道，我是在什么情况下才不得不听任旺多姆最富丽的府邸破败坍塌的。不过，先生，你看来受过教育，你应该知道法律禁止公民侵入有围墙的宅院，违者要受重罚。篱笆就相当于墙。但是这所房子目前的状况可以使你的好奇心得到原谅。我很希望能让你在这所房子里随意走来走去，但是我负责执行立嘱人的遗愿。所以，先生，我荣幸地请求你不要再走进花园。我本人，先生，自遗嘱公布之日起，没进过这所房子。刚才我已荣幸地告诉你，它属于德·梅雷伯爵夫人的遗产。我们只察看门窗，以便确定应缴多少税金，并由我每年从已故伯爵夫人专门拨出的基金中交付。啊！亲爱的先生，她的遗嘱在旺多姆引起了不小的轰动哩！”

说到此处，他停下来擤鼻涕。这个神气十足的人！我没打断他的唠叨，因为我完全理解德·梅雷伯爵夫人的遗产问题是他一生中最重大的事件，他的全部声誉、荣耀和兴旺发达皆系于此。我不得不向我那些美丽的遐想以及那些浪漫的情节告别了，因此我不拒绝从官方渠道打听真相的乐趣。

“可能有所失礼，先生，”我向他问道，“但我想向您打听这件事的缘由是什么？”

听到这话，他的脸上闪过一个表情，流露出提起自己心爱的话题时感到的全部快乐。他自鸣得意地翻起衬衣领子，掏出鼻烟壶，打开盖子，请我吸鼻烟。我拒绝了，他抓了一大撮。他很开心，一个没有癖好的人不知道可以从生活中得到多少乐处。癖好恰恰是介乎激情和偏执狂之间的。此刻，我理解了斯特恩的那句妙语的全部含义，对托比大叔由特利姆扶着跨上战马的快乐有了一个完整的概念。

“先生，”勒尼奥先生对我说，“我原是巴黎公证人罗甘先生手下的首席帮办。它是个极好的事务所，你或许听说过？没有？倒霉的破产可是让它名气很响。1816年开支上涨，我没有足够的财产在巴黎营业，便来这里盘下了我前任的事务所。我在旺多姆有亲戚，其中有个十分有钱的姨妈，她把女儿嫁给了我。先生，”他略微停顿一下又说，“得到掌玺大臣阁下恩准之后的三个月，一天晚上，我正要上床时（当时我尚未结婚），德·梅雷伯爵夫人召我去梅雷城堡。她的贴身女仆，如今在这个客店里帮佣的一个好姑娘，坐着伯爵夫人的四轮马车在门口等我。啊！稍等一下！必须告诉你，先生，我来此地之前的两个月，梅雷伯爵先生去了巴黎，后来就死在那里。他放浪形骸，淫乐无度，死得很惨。你明白吗？他动身那天，伯爵夫人就离开了大望楼，搬走了家具。有的人甚至说她烧掉了家具、挂毯，总之是全部摆在住宅里的家什杂物。该住宅现由上述先生所租赁——呦！我说什么哪？对不起，我还以为在口授一份租约呢——她把这些东西烧了，”他接着说，“就在梅雷。先生，你去过梅雷吗？没有吧？”他替我回答道，“啊！那是个很美的地方！将近三个月以来，”他微微摇了摇头，继续说，“伯爵先生和夫人的日子过得很古怪。他们不再会客，夫人住在底层，先生住在二楼。伯爵夫人单独一个人时，只在教堂露面。后来在她自己的家中，在她的城堡里，她拒绝接见来拜访她的男女朋友。她离开大望楼去梅雷的时候，模样已经大变。这位亲爱的夫人——我说‘亲爱的’是因为这颗钻石便是她送给我的，而我仅仅见过她一面！这位好心的太太病得很厉害，想必对自己的身体已不抱希望，因为她至死也不愿请医生看病。所以，我们这儿的许多太太都认为她的神志不大健全。先生，当我得知德·梅雷伯爵夫人需要我的帮助时，我的好奇心大大地受到了刺激。对这件事感兴趣的不止我一个。尽管天时已晚，我去梅雷的消息当晚全城都知道了。一路上，她的贴身女仆对我提的问题回答得含含糊糊。不过，她告诉我梅雷的本堂神甫白天已为她的女主人行了圣事，看来她活不过这一夜了。

“我十一点钟到达城堡，上了大楼梯。穿过一间间又高又黑，湿冷得要命的屋子，来到伯爵夫人躺着的大卧室里。根据关于这位太太的传闻——先生，倘若把有关她的流言蜚语统统讲给你听，我就要说个没完了——我想象她是个妖艳的女人。我好不容易才在她躺着的大床上发现她。这你想不到吧？这间奇大无比的旧朝代的卧室，镶着细木护壁板，上面的积尘多得让人一看就想打喷嚏。给这间卧室照明的，只有一盏旧式的阿尔岗油灯。哎！可惜你没去过梅雷！呃，先生，床是老式的，华盖很高，挂着花枝图案的印花布幔帐。靠床之处有一张小床头柜，我看见上面放着一本《耶稣基督赞》。附带说一句，我为我妻子买下了那本书和那盏灯。屋里还有一张给女主人的心腹坐的大安乐椅和两把椅子。屋内并没有生火。家具只有这些。如果把屋子里的东西写在一张清单上的话，都用不了十行。

“啊！亲爱的先生，倘若你和我一样看到了这间挂着褐色壁毯的大房间，你会以为自己置身于一个真正的小说场景中。这里寒气袭人，不仅如此，还十分凄凉。”他补充道，举起胳膊做了个戏剧性的手势，然后停了片刻。“我来到床边，使劲张望，终于借着照在枕头上的灯光看到了德·梅雷伯爵夫人。她的脸色蜡黄，脸庞只有两只握紧的巴掌那样大小。伯爵夫人戴一顶花边睡帽，里面露出如银丝般的秀发。她坐了起来，看样子在很费劲地支撑着身体。她那双大大的黑眼睛，一定是因为发烧才变得无精打采，它们在眉棱骨下几乎一动不动——这儿，”他说着，一边指指自己的眉弓——“她的额角汗津津的，瘦骨嶙峋的手像一层柔软的皮包着一把骨头，血管和肌理清晰可见。她原来一定长得很美，可是此刻，我一见到她，就有种不可名状的感情向我袭来。据那些埋葬她的人讲，从来不曾有过一个人瘦到她那个地步还不死的。总之，她看上去令人毛骨悚然。这名女子被疾病折磨得如此形容枯槁，已经成了一个幽灵。她和我讲话时，我觉得她的淡紫色嘴唇纹丝不动。尽管我对这类场面司空见惯，因为我的职业的关系，常到垂死者的床头，为他们的遗愿出具证明。但我承认，我所见过的痛哭流涕的家属及临终的景象和大城堡中这位孤独安静的女子相比简直算不了什么。

“我听不到一点声响，看不见她盖的被单随着呼吸一起一伏。我一动不动，惊愕地望着她。我现在还觉得当时的情景历历在目。终于，她的大眼睛动了动，想举起右手来，又落在了床上，口里像吐气一样说出下面这几个字，因为她的声音已不能被称为声音了：‘我等得你好心焦。’——鲜艳的血色涌上她的两颊。她讲话是很吃力的——‘夫人。’我对她说。她示意我别作声。这时上了年纪的女管家立起身，凑着我的耳朵说：‘别讲话，伯爵夫人不能忍受一点声音，和她讲话会使她兴奋的。’我坐下来。过了片刻，德·梅雷伯爵夫人鼓足全身力气，挪动右胳臂，极为吃力地伸到长枕下。她停下来歇了一小会儿，接着使出最后的气力抽回手，拿出一份封好的文件。这时，她已经大汗淋漓了。‘我把我的遗嘱委托给你，’她说，‘啊！主啊！啊！’她说完这些，抓起床上的一个十字架，迅速将其放到唇边后便死了。她那呆滞的眼神，我现在想起来还直打哆嗦。她一定非常痛苦！她最后的眼光里闪着快乐，这种感情一直留在她死去的眼睛里。

“我带走了遗嘱。遗嘱拆封后，我得知德·梅雷伯爵夫人指定我做她的遗嘱执行人。除去几项特定遗赠外，她把全部财产遗赠给了旺多姆的医院。对于大望楼，她做了如下安排：她嘱托我，自她去世之日起整整五十年内，让这所房子一直保持她去世时的状况；不允许任何人进入房间，禁止做任何修缮；她甚至拨出一笔年金作为看房人的工钱，倘若需要看房人的话，以此来保证全面执行她的意愿。限期届满时，倘若立嘱人的愿望已经实现，房子应属于我的继承人，但公证人是不能接受遗赠的。倘若立嘱人的愿望未得以实现，大望楼将归任何一位有权人获得，但他必须具备遗嘱所附的追加遗嘱中指明的条件，此追加遗嘱应于上述五十年期满时开启。没有人对遗嘱的有效性提出异议，因此——”

这位瘦削高挑的勒尼奥先生没有把话说完，得意扬扬地看了我一眼，我恭维了他几句，使他好不欢喜。

“先生，”我最后说，“你的话给我的印象太深刻了，我仿佛看到了这个奄奄一息的女人。她的脸比被单还苍白，发亮的眼睛令我害怕，今天夜里我会梦见她的。不过你想必对这个古怪遗嘱的各项条文作过种种推测。”

“先生，”他谨慎得令人发笑地对我说，“我决不敢评论馈赠我一颗钻石的人的行为。”

我很快打开了旺多姆这位谨小慎微的公证人的话匣子，他告诉我那些老谋深算的男女所作的评论，其中夹杂着长篇大论的题外话，他们的判决在旺多姆就是法律。但这些评论如此矛盾，如此冗长，我听着险些睡着了，尽管我对这个真实的故事很感兴趣。他想必习惯于自言自语，并有主顾和同乡当听众，但他低沉的声调和单调的语气抑制了我的好奇心。

“哈哈！先生，有许多人，”他在楼梯上对我说，“想再活四十五年以上，但是，稍等一下！”他神色狡狯地把右手食指放在鼻孔上，仿佛想说：“请注意这句话！”——“要活到那个时候，那个时候，”他说，“现在就不该有六十岁。”

我关上门，勒尼奥先生觉得十分幽默的最后这句俏皮话让我从麻木状态中摆脱出来。我朝扶手椅上一坐，两脚搁在壁炉的柴架上。我沉溺在以勒尼奥先生的法律资料为基础建造起来的“拉德克利夫式”的小说情景里。这时，一双女人的灵巧的手推开了我的房门。女店主来了。她是个有着红色脸庞的胖胖的快活女人，她性情极好，但没按自己的特长选择职业——她是个本应诞生在特尼埃的画笔下的佛兰芒人。

“怎样，先生？”她对我说，“勒尼奥先生大概翻来覆去地把他的大望楼的故事讲给你听了吧？”

“是的，勒珀太太。”

“他对你说什么了？”

我三言两语把德·梅雷伯爵夫人的那个听了令人发冷的神秘故事向她复述了一遍。我每讲一句，勒珀太太都伸长脖子，用客店老板的敏锐眼光看我一眼。这种敏锐恰恰介乎宪兵的本能、间谍的诡谲和生意人的狡猾之间。

“亲爱的勒珀太太！”临了我又补了两句，“你好像知道更多的事，嗯？不然你为什么上楼到我屋里来？”

“啊！我发誓！和我姓勒珀一样千真万确——”

“别起誓，你的眼里藏着秘密。你认识德·梅雷先生。他是个什么样的人？”

“天哪！德·梅雷先生，你知道，他是个一眼望不到顶的美男子，个子真高！他是庇卡底的一位可敬的贵族，用我们这儿的话说，他是个‘一点就通’的人。他什么都付现款，为的是和谁也不发生争执。你知道，他性格活泼。我们这儿的太太们都觉得他很讨人喜欢。”

“就因为他性格活泼？”我问勒珀太太。

“也许是吧。”她说，“你想，先生，正如大家说的，要娶德·梅雷伯爵夫人得有很多钱才行，这倒不是贬低别人，但她是旺多姆地区最漂亮、最富有的女人。她大约有二万法郎的岁入。当时全城人都参加了她的婚礼。新娘子娇小可爱，德·梅雷伯爵夫人真是个小巧玲珑的女人。啊！当年他们是多好的一对啊！”

“他们夫妻生活幸福吗？”

“嗯，嗯！幸福，也不幸福——这也是推测。因为你想，我们又不和他们一起过日子。德·梅雷伯爵夫人心地好，很和气，她丈夫的火暴脾气也许有时叫她很不好受。可是尽管德·梅雷先生有点傲气，我们还是喜欢他。你瞧！他这个样子是因为他有地位！一个贵族，你知道！”

“可是必定发生了什么事故，德·梅雷先生和夫人才会骤然分手吧？”

“先生，我没有说发生过事故。我什么都不知道。”

“好，现在我肯定你什么都知道。”

“好吧！先生，我把一切都告诉你。我看见勒尼奥先生上楼到你屋里来，心想他讲大望楼的事，就会和你谈到德·梅雷伯爵夫人。我就生出念头，想向先生请教，因为我看先生是个能出主意的人，而且不会出卖像我这样的可怜女人。我从来没对谁做过坏事，可是我在良心上感到不安。至今我没敢向本地人吐露自己的心事，他们全是整天嚼舌根的‘长舌妇’。说到底，先生，我的客店里还没有哪位旅客住得像你这样长，我可以把那个一万五千法郎的故事讲给你听。”

“亲爱的勒珀太太！”我截住她滔滔不绝的话，跟她说道：“假如你的秘密会连累我，无论如何我也不愿担这个责任。”

“你什么也别怕，”她打断我说，“你往下听就好了。”

这份急切使我相信，我的好勒珀太太不只想向我一个人透露这个她所谓“只应该由我掌握的秘密”，于是我听下去。

“先生，”她说，“皇帝把西班牙战俘或别的人送到这儿来的时候，政府出钱，要我安顿一个获得假释，被遣送到旺多姆来的西班牙青年。尽管他是做过保证才获得假释的，但他每天都会去专区政府报到。这是西班牙一位地位最高的贵族！没人比他再高了！他的名字里有“os”和“dia”，好像是巴戈·德·费雷迪亚（Bagos de Férédia）。我的登记簿上有他的名字，假如你愿意，你可以查看。有人说西班牙人个个长得丑，但他可算得上是个英俊的西班牙青年。他的身高只有一米六五至一米六七，但体态匀称。他的手不大，保养得那个好啊，你看了就知道！他单单修饰手的刷子就和女人用来梳妆打扮的刷子一样多。他的头发又黑又浓密，两眼闪烁着光芒，脸色有点红里带黑，但我还是喜欢。他穿的细布衬衣我从来没见别人穿过，尽管在我这儿下榻的有王妃，还有贝尔特朗将军、阿布朗泰斯公爵和公爵夫人、德卡兹先生和西班牙国王。他吃得不多，但他的举止那么彬彬有礼，那么和蔼可亲，我也就不好怪他了。哦！我很喜欢他，尽管他一天说不了三句话，根本无法和他谈天。要是别人和他讲话，他也不回答。听别人告诉我，他们都有这种怪癖。他像教士一样读日课经，按时去望弥撒，参加一切宗教仪式。他站在哪儿呢？后来我们发现，他离德·梅雷伯爵夫人的偏祭台只有两步远。他第一次去教堂就站在那里，所以没人想到他有什么用心。何况他总是埋着头看祈祷书，这个可怜的年轻人！先生，晚上他在山上，在古堡的废墟里散步。这是他那可怜人唯一的消遣。他在那儿怀念自己的国家。听人说，西班牙全是山！

“他从被软禁之初起就在外面耽搁得很晚，看到他半夜十二点才回来，我很担心，但后来我们看惯了他的古怪行为。他拿了门钥匙，我们也不再给他等门了。他住的是我们在营房街的那座房子。当时，有个马夫告诉我们，一天晚上，他去给马洗澡时，好像看见那位西班牙“大贵人”像条鱼似的远远地在河里游泳。西班牙人回来时，我叫他小心河里的水草，但他好像不高兴有人瞧见他在河里。终于，先生，有一天，确切点说是一天早上，我们没在他的房里找着他，他没有回来。我东翻西寻，在他桌子的抽屉里发现了一张字条和五十枚西班牙金币，他们称之为“葡萄牙大洋”，大约值五千法郎。在一个用蜡封住的小匣里还有值一万法郎的钻石。字条上说，万一他不回来，他把这笔钱和这些钻石留给我们，条件是请教堂做几台弥撒，为他逃跑成功和灵魂的得救而感谢上帝。当时我的丈夫还活着，他跑去寻找他。下面的事就奇了：我丈夫带回来了西班牙人的衣服，那是他在河边类似吊脚楼的木桩间的一块大石头底下找到的。那个地方在城堡那边，大致正对着大望楼。

“我丈夫是一大清早去的那儿，谁也没瞧见他。他读完信后把衣服烧了。我们依照费雷迪亚伯爵的愿望，申报他已逃跑。专区区长派出全部宪兵追捕他，但是，呸！没追上。勒珀以为那个西班牙人淹死了。我呢，先生，我不这么想，我更相信他和德·梅雷伯爵夫人的事有点瓜葛，因为罗萨莉告诉我，她的女主人有个乌木镶银的十字架，她对它爱不释手，后来做了随葬品。而费雷迪亚先生起初住在这儿的时候，就有这么一个，后来却不见了。现在，先生，拿着西班牙人的一万五千法郎，我是不是真的不该受到良心上的责备？这笔钱是不是真的属于我？”

“当然了，但是你没有试着问问罗萨莉吗？”我对她说。

“怎么没问啊！先生。可是我有什么办法！那姑娘简直像堵墙。有些事她是知道的，可是没法把她的话套出来。”

勒珀太太又和我聊了一会儿，然后撇下我走了。我生出种种模糊而阴郁的念头、浪漫的好奇心，以及宗教式的恐惧——这种恐惧颇像深更半夜走进一座黑魆魆的教堂，在高高的窗拱下瞥见一道幽远的微光突然向我们袭来时的那种深邃的情感。我眼前掠过一张模糊不清的面孔，耳边响起女人的衣裙或教士长袍的窸窣声……我打了个寒噤。大望楼和它高高的野草、被封上的窗子、生锈的铁饰、紧闭的门户、无人居住的套房，突然神奇地出现在我眼前。我试图走进这所神秘的住宅，寻找这个庄严的故事，找出涉及三条人命的惨剧的症结所在。在我眼中，罗萨莉成了旺多姆最值得关切的人。尽管她身强体健，圆圆的脸上容光焕发。但是我打量她的时候，发现了她藏着心事的种种迹象。她要么怀有内疚，要么心存希冀。她和怀着过分的热心祈祷的虔婆，或总是听到自己孩子的最后一声叫喊的杀婴女子一样，态度中显露出秘密。不过她的举止姿态天真而粗鲁，憨笑中不带一丝犯罪的神情。只要看到她壮实的上身紧紧绷在一件白色和紫色条纹的连衫裙里，上面披一块红蓝格的大围巾，你就会认为她是无辜的。

“不，”我想，“不打听出大望楼的全部故事，我就不离开旺多姆。为了达到目的，我将和罗萨莉交朋友，倘若非这样做不可的话。”

“罗萨莉！”一天晚上我对她说。

“什么事，先生？”

“你还没结婚吗？”

她的身子微微一颤。

“哎！我要是心血来潮，想自找倒霉，男人倒有很多！”她笑道。

她的内心在一阵骚动后迅速平静下来。因为一切女人，上至贵妇，下至客店女佣，都有她们特有的镇静。

“你长得挺水灵，挺诱人的，情人一定不少！可是，告诉我，罗萨莉，你离开德·梅雷伯爵夫人后为什么当了客店女佣？她没给你留下一份年金吗？”

“留了啊！可是，先生，我做的差事是全旺多姆最好的。”

这是被法官和诉讼代理人称作“敷衍推诿”的那类回答。我觉得罗萨莉在这个传奇般的故事中的地位，如同棋盘中央的那个格子，她处于利害和真相的中心。我觉得她和这个故事结下了不解之缘。这个姑娘身上“写着”一部小说的最后一章，对她进行一般的引诱已不行了。所以，从这时起，罗萨莉变成了我最喜欢的人。我在对这个姑娘反复进行研究之后，发现她和我们寄托主要心思的一切女子一样，身上有许多优点。她爱干净，注意仪表。她长得美，这是不用说的。无论她处于人生的哪一个阶段，她都能满足我们对于魅力女人的想象。勒尼奥先生来访以后过了半个月，一天晚上，说确切一点是一天早上，因为当时天色还很早，我对罗萨莉说：

“把你知道的关于德·梅雷伯爵夫人的事全讲给我听吧！”

“哦！”她惊恐地回答，“别问我这件事，荷拉斯先生！”

她那张美丽的脸覆上一层阴云，红润活泼的面色变得苍白，两眼失去了水汪汪的天真无邪的光彩。

“好吧！”她又道，“既然你想知道，我就讲给你听，可是你得严守秘密！”

“当然啦，当然，我的好姑娘。我将如小偷一般谨守你的全部秘密，这是最可靠的保证。”

“假如这对你来说不过是寻常小事，”她对我说，“我需要你以人格担保。”

于是，她整理了一下头巾，摆好姿势，准备讲故事——讲故事时自然需要一种使人信任和安心的态度。最好的叙述要在某个时辰进行，比如我们正在进餐的时候，站着或饿着肚子是讲不好的。不过，倘若要把罗萨莉啰唆的叙述忠实地复述出来，那么整整一部书也嫌不够。好在她毫无条理地讲给我听的那件事，发生在勒尼奥先生和勒珀太太唠叨的事情之间，恰如一个算术比例式的中项处于它的两个外项之间，所以我只用三言两语就可把那件事讲清楚。我就简单说明吧。

德·梅雷伯爵夫人在大望楼的卧室位于一楼，卧室墙内开了一个大约三十厘米进深的小房间作藏衣室。在我要给你们讲的那件事发生的三个月前，德·梅雷伯爵夫人身体非常不适，她丈夫便让她一个人睡在卧室里，自己在二楼的一间房里过夜。出于偶然——那是无法预料的——这天晚上，他从俱乐部回家的时间比平时晚了两个小时。他常去俱乐部读报，和当地居民谈政治。他的妻子以为他已经回来，上了床，睡着了。但是入侵法国那件事引起了十分热烈的讨论，台球也打得很激烈，他输了四十法郎，这在旺多姆是笔大数目。这里人人都攒钱，民风受着简朴的约束。这种简朴值得赞许，它或许是真正幸福的源泉，但巴黎人却对这种幸福嗤之以鼻。

一段时间以来，德·梅雷先生只问问罗萨莉，妻子是否已经睡下。听到这个姑娘总是肯定的回答，他立即回自己的房间，习惯与信任使他产生了轻信。这天他在回家路上，忽然心血来潮，想到德·梅雷伯爵夫人房里把自己不如意的事跟她讲讲，或许是想得到安慰。晚餐时，他发现德·梅雷伯爵夫人打扮得很漂亮，便认为妻子的身体已经恢复健康，而且变得更美了。这个发现晚了一点，似乎丈夫们总是对一切后知后觉。此刻罗萨莉正忙着在厨房里看厨娘和车夫玩一盘胜负难分的纸牌游戏。

德·梅雷先生没有叫她，而是用他事先放在楼梯第一级上的手提灯照亮着，朝妻子的卧室走去。他那容易辨识的脚步声在走廊的拱顶下回荡。正当他转动妻子卧室的钥匙的时候，他似乎听到我给你们讲过的那个小间的门关上的声音。当他进屋时，德·梅雷伯爵夫人独自一人站在壁炉前。丈夫天真地暗想是罗萨莉待在小间里，可是疑虑像钟声似的在他的耳边当当作响。他望望妻子，发现她的眼里闪着某种无可名状的暧昧和野性的光芒。

“你回来得真晚。”她说。

他觉得她平日里那么清脆、优雅的嗓音有点变了。他什么也没回答，因为这时罗萨莉进来了，这对他不啻是晴天霹雳。他在房里踱来踱去，双臂交叉在胸前，在两扇窗户之间做着匀速运动。

“你听到了什么伤心事？还是哪儿不舒服？”他的妻子让罗萨莉帮她脱衣服，一边怯生生地问他。

他保持缄默。

“你可以下去了，”德·梅雷伯爵夫人对贴身女仆说，“我自己来夹卷发纸。”

单单看她丈夫的神色，她就猜到要发生什么不幸的事了，她想单独和他在一起。罗萨莉走后，或者说他们以为她走后，其实她在走廊里待了片刻。德·梅雷先生走过来，坐到妻子面前，冷冷地对她说道：“夫人，你的小间里是不是有人？”

她镇静地看了看丈夫，简单地回答：“没有，先生。”

这声“没有。”刺痛了德·梅雷先生的心，他不相信，但是他觉得妻子从未显得像此刻这么纯洁，这么虔诚。他起身去开小间的门。德·梅雷伯爵夫人抓住他的手，将他拦住，神色忧郁地望着他，声音异常激动地对他说：“你要知道，假若你谁也没发现，我俩之间的一切就都完了！”

妻子态度中表露出来的不同寻常的威严又赢得了他的无上尊重，促使他做出了一个决定。这类决定只缺一个更广阔的舞台使其流芳千古。

“不，”他说，“约瑟芬，我不去。无论发生何种情况，我们都将永远地分开。听着，我了解你纯洁的心灵，知道你过着严守教规的生活。

你不愿犯下大罪，毁掉你的一生。”

听到这话，德·梅雷伯爵夫人惊恐地看了丈夫一眼。

“拿着，这是你的十字架，在天主面前对我起誓那里面没有人，我就相信你，我决不打开那扇门。”

德·梅雷伯爵夫人拿起十字架说：“我起誓。”

“大声点，”丈夫道，“再重复一遍：我在天主面前起誓，这个小房间里没有人。”

她毫不慌乱地重复了这句话。

“很好。”德·梅雷先生冷冷地说。沉默片刻之后，他查看着那个雕刻得极为精巧的镶银乌木十字架道：“我从不知道你有这样一件漂亮的东西。”

“我在迪维维埃的铺子里发现的。去年那批战俘路过旺多姆的时候，他从一个西班牙修士手里买来的。”

“哦！”德·梅雷先生把十字架挂回钉子上时说。然后他便打铃叫人，罗萨莉马上赶来了。德·梅雷先生急急地迎着她走去，把她带到朝花园开的那扇窗子的窗洞前，低声对她说：“我知道高朗弗洛想娶你，只因为穷，你们才成不了家。你对他说过，假如他当不成泥瓦匠师傅，你就不嫁给他。好，你现在去找他，叫他带上抹子和工具到这儿来，注意别把他的家人吵醒。他将有一份超出你预期的财产。现在就去吧，但千万别嚼舌头，不然的话——”

他皱起了眉头。罗萨莉刚要走，他又把她叫了回来。

“喏，拿着我的万能钥匙。”他说。

“让！”德·梅雷先生在走廊里用雷鸣般的声音喊道。

让既是他的车夫，又是他的心腹。他放下纸牌跑了过来。

“你们都去睡觉吧，你们所有人。”德·梅雷先生一边示意他走到近前，一边对他说道。随后又补了两句：“等他们都睡着了。睡着了，你听清楚了吗？你下楼来向我报告。”

德·梅雷先生吩咐下人时，眼睛一直盯着妻子。他平静地回到壁炉前，来到她的身边，和她讲起打台球的经过和俱乐部里的讨论。罗萨莉回来时，发现德·梅雷先生和夫人十分亲切地聊着天。近来，先生叫人给一楼做接待室用的几间房装上天花板。旺多姆石灰奇缺，从外地运来价钱贵了不少，因此先生买了很多，因为他总能找到许多买主买他剩余的石灰。这个情况使他灵机一动，想出一计，并付诸实行。

“先生，高朗弗洛来了。”罗萨莉低声说。

“叫他进来！”庇卡底的贵族高声回答。

一见泥瓦匠高朗弗洛，德·梅雷伯爵夫人的脸色有点发白了。

“高朗弗洛，”德·梅雷先生道，“去库房拿些砖来，要拿够了，足够把这小间的门堵上，用我剩下的石灰把墙抹了。”然后他把罗萨莉和高朗弗洛拉到身边说：“听着，高朗弗洛，今夜你睡在这儿，但是明天早上，你将带着一张出国护照到我指定的一个城市去，我给你六千法郎作盘缠。你在那个城市要待十年，如果你不喜欢那儿，可以到另一个城市居住，只要在同一个国家就行。你从巴黎走，在那儿等我。我要在那儿签个合同。等你履行了合同的条款回来后，我再给你六千法郎。作为回报，你必须绝口不提今夜你将在这儿做的事。至于你，罗萨莉，我将给你一万法郎，等你结婚那天才付给你，条件是你要嫁给高朗弗洛。但是，你们要结婚，就得保守秘密，不然就没有陪嫁。”

“罗萨莉，”德·梅雷伯爵夫人说，“来给我梳头。”

德·梅雷先生安然地来回踱着方步，一面监视着小间的门、泥瓦匠和他妻子，但未露出那种侮辱人的怀疑。高朗弗洛不能不弄出响声来。德·梅雷伯爵夫人趁高朗弗洛正在卸砖，德·梅雷先生踱到房间另一头的时候对罗萨莉道：

“给你一千法郎年金，亲爱的孩子，假如你能叫高朗弗洛在下面留道缝——去给他帮帮忙呀。”她冷静地高声对罗萨莉说。

德·梅雷先生和夫人在高朗弗洛堵门的过程中始终保持沉默。在德·梅雷先生方面，沉默是出于心计，他不愿给妻子提供讲双关语的借口；在德·梅雷伯爵夫人方面，沉默是出于谨慎或骄傲。墙砌到一半高的时候，狡猾的泥瓦匠利用德·梅雷先生背过身去的时机，用镐敲碎了门上两块玻璃中的一块。这个行动使德·梅雷伯爵夫人明白罗萨莉已和高朗弗洛通了气。这时三个人看见一张男人的黧黑的脸，黑头发，以及灼灼的目光。不等她丈夫转过身来，可怜的女人向那个人点点头，这个动作对于他意味着“别失去希望”！

到了四点钟，天蒙蒙亮，那时已经是九月份，墙砌好了。高朗弗洛被让监视起来，德·梅雷先生睡在妻子的屋里。次日早上起床时，他漫不经心地说：“啊！见鬼！我得去市政厅取护照。”

他戴上帽子，朝门口走了三步，又回转身，拿走了十字架。他的妻子高兴得直打战。

“他要去迪维维埃的铺子。”她心想。

等他一出门，德·梅雷伯爵夫人便打铃叫罗萨莉，然后声音吓人地叫道：“拿镐来！拿镐来！干吧！我昨天看见高朗弗洛是怎么做的，我们来得及打个洞，再把洞堵上。”

一转眼工夫，罗萨莉给德·梅雷伯爵夫人取来一柄小斧子。夫人拿出无法想象的劲头拆起墙来。她已经崩掉了几块砖头，当她挥起斧子准备更猛地往下砍的时候，她看见德·梅雷先生就站在她身后。她晕过去了。

“把夫人抬到床上。”德·梅雷先生冷冷地说。

他预料到自己不在时会发生什么事，从而给他妻子设下了陷阱。他只不过给市长写了封信，并打发人去找迪维维埃。珠宝商到来时，混乱的屋子刚刚被收拾整齐。

“迪维维埃，”德·梅雷先生问他，“你有没有向路过此地的西班牙人买过十字架？”

“没有，先生。”

“很好，谢谢你。”他一边说，一边向德·梅雷伯爵夫人投去一个猛虎般的目光。“让，”他转身向心腹仆人补充道，“你在德·梅雷伯爵夫人房里伺候我用餐，她病了，在她恢复健康以前，我不会离开她。”

残忍的德·梅雷先生在德·梅雷伯爵夫人身边待了二十天。起初，当封住的小间里有些响动，德·梅雷伯爵夫人想为了那个奄奄一息、不知名姓的人恳求他时，他不许她说一个字，并回答她道：“你曾把手放在十字架上发过誓，说那里面并没有人。”

突出性

到目前为止，有关故事创作的指导主要以情节为主，适用于在动笔之前便已应在脑中完成的情节设置。故事中恰当的强调同样取决于对情节的处理，此处不仅仅是指对故事的初步规划，更是指在故事的实际创作中必须遵照的原则，即在有限篇幅内尽可能展示所有精华部分。

如上所述，一则故事的重点取决于其整体结构比例及对素材的安排。这就如同绘画中对颜色的处理，画家通过为主色调安排最大的空间及最突出显著的位置来达到所期望的效果。

在一则故事中，作者想要获得更为有效的结构比例，必须首先对“先行行为”进行谨慎处理。这部分叙述虽然不是故事的全部，作者却必须将其隐藏在故事的开始部分，这一点尤为重要。但如果作者想要对故事进行恰当的强调，则不仅仅要对开头部分进行处理，使其符合“连贯性”的要求，还必须对语句加以提炼，直至其比例在整个叙事过程中仅占一小部分。否则这部分会过于吸引读者的注意力，而造成的结果是，故事刚刚开始发展，读者的兴趣便已经发生动摇。或者从另一个角度来看，作者可能会在开头介绍的部分花费过多的精力与时间，然后出于误解或是已经倦怠的原因，对故事的发展与高潮部分过度精炼。那么为了保持故事的“连贯性”，作者应将“先行行为”设置在故事的开头，并且出于对“突出性”的考虑，使其尽可能的简洁明了。《大望楼》不是强调比例的恰当示例。它并非不强调比例，却出于特殊考虑，而将故事的介绍部分恰当地占据了不同寻常的篇幅。本章中其他几则故事的叙述中则更为清晰地展现出通常情况下，故事中的各个部分应占有怎样的比重。

但强调并没有完成。在一则故事中，各个事件之间的因果关系都应最终指向同一个结果，并使该结果既能合乎逻辑，又引人注目。而这一结果便是故事中的高潮部分。高潮部分应当是故事中最为浓墨重彩的时刻。要做到这一点，高潮不仅仅应是最重要的时刻，还必须被放置在整个故事中最为显要的位置——这里自然是指故事的结尾处，但高潮部分很少会出现在故事的最后。高潮部分包含了一些虽合乎逻辑，但出乎意料的事件，一些意外发现的有趣情况，一些角色在生活中发生的具有决定性意义的事件，以及在这些事件过后，作者要在读者打算放弃这个故事之前为人物的命运做出最后的安排。所以，高潮很少出现在故事的末尾。巴尔扎克在其故事合理展开之前便巧妙地插入了后续行为，以此保证了高潮部分的合理结束。但在这方面，《大望楼》也属例外，本章中的其他几个故事则更适合作为经典示例。例如，读者可以对《那个人是》中的高潮部分进行定位，并留意故事的后续发展。

故事的高潮应尽可能地接近末尾。如果不这样做，读者很可能会在故事最精彩的部分出现之后便对过度的叙述产生厌倦。当读者清楚地知道自己在期待什么的时候，他差不多已经准备好要放弃了。或者，故事中有许多高潮部分，而其中最为强烈的部分却并没有被放在最后，读者便会对这种“反高潮”产生厌恶，也就是故事中某一时刻所具有的意义无法与其所占位置的重要性相匹配。因此作者应尽可能地将故事的主要高潮情节设置在临近结尾处。

最后，如同处理故事中的其他部分一般，在作者处理高潮部分时也应尽可能地不断改进。现代短篇小说尤其注重在各种叙述上进行精心地组织安排，这些对细微之处的不断修改使作者的写作水平有了显著提升。如果对《马尔肯》进行研究便会发现，其高潮与结论部分都混杂在最后几句话中。“你最好去找警察，”他说，“我杀了你的主人。”它所具有的含义并不仅仅体现在为故事最精彩的部分选择恰当位置。可以观察到，故事中的全部重点都被仔细地保留在这一高潮部分。由第一句便开始创造那期待中的引人注目的结论，并且不会在达到这一目的之前便释放出全部力量。在《一桶白葡萄酒》中也是如此。故事的第一句话：“福吐纳托对我百般迫害，我都尽量忍在心头。可是一旦他胆敢侮辱我，我就发誓要报仇了。”由此读者便会对文字中所暗示的高潮部分产生期待。

将所有强调部分转化为高潮不过是使故事情节更为突出强烈的一种方式。这种方式十分有效，因为现代短篇小说之所以往往会取得成功，不仅仅依赖于一连串事件的发生，而且每一事件都较上一个事件更为精彩有效。如里普·万·温克尔的作品中所呈现出来的那样。现代短篇小说的成功更要依赖于单一印象，这种印象则来自于故事的整体效果。对于实践来讲，传统故事是最适合初学者进行创作尝试的，里普·万·温克尔的作品便可作为典型示例。然而，当作者已经能掌握叙述中的“统一性”“连贯性”及“突出性”这三大原则，他便可以试着创作一篇“印象派”故事。因为作者在处理这类故事时必须努力对三大原则进行练习，这有助于作者写作水平的不断提高并日趋完美。

那个人是

拉迪亚德·吉卜林

简单地说，一直到他把衬衫塞好之前，这个俄罗斯人都很讨人喜欢。作为一位东方人，他很有魅力。只有当他坚持认为自己是东方化的西方人，而非西式的东方人时，他才会变得极端种族化、敏感、难以相处。主人永远不知晓他会在何时展露出自己的哪一种本性。

德科维奇是俄国人——是俄国人中的俄国人。他效忠于沙皇陛下，是某个哥萨克军团中的军官。为了养活自己，他还是一家俄国报纸的通讯员，但每次都会用不同的名字发表文章。他是位年轻英俊的东方人，喜欢在未知的领域徜徉探索，没有人知道他来印度之前究竟身在何处。至少活着的人都不确定他是否曾到过巴尔克、巴达克山、契特拉、俾路支、尼泊尔，或是其他什么地方。印度政府以一种不同以往的友善态度下令善待他，尽可能地向他展示他想见到的一切。因此，他得以操着一口并不流利的英语和差劲的法语四处探寻，从一个城市到另一个城市，直到他在白沙瓦城偶然遇见女王殿下的白骑兵。他们驻扎在被当地人称为开伯尔通道的一处狭窄的山口。很显然，他是一名军官，身上还佩戴着一枚俄国式样的包漆小十字架。他能言善辩，曾被迫放弃了一次任务（尽管无关荣誉），因为黑蒂龙人一直以个人和集体的名义努力热情地向他灌酒，那是加了蜂蜜的热威士忌、大杯白兰地，以及混合了不同香料的各种酒。那些黑蒂龙人是地地道道的爱尔兰人，因此如果有外来者完全不受他们所扰，那么这位外来者一定十分优秀。

在选择葡萄酒这件事上，白骑兵们往往有如如临大敌一般谨慎认真。他们倾其所有，将酒都摆到德科维奇面前任其挑选，其中还包括几瓶绝佳的白兰地。德科维奇尽情享受着这一切，甚至比在黑蒂龙时还要尽兴。

但他仍然心系欧洲，为其担忧。白骑兵们口中不断喊着——“我亲爱的朋友”“战友的荣耀”及“分不开的兄弟”。在他们谈到辉煌的未来时，他吐露出自己是多么热切盼望着英俄两国能够联起手来，心心相连，就连国土也能接壤，携手共同实现“文明的亚洲”这一伟大使命。但很难尽如人意，因为亚洲人并不愿按照西方的方式开化。亚洲人既固执，又老旧迂腐。你无法令一位有着诸多情人的女士做出改变，而亚洲人仍然恋恋不舍地沉浸在备受追捧的旧梦中。它永远不会接受教化，也学不会用表决的方式取代武力。

其实这些事情人尽皆知，但德科维奇十分擅长语出惊人的表达，这使他看起来是那样的与众不同。他偶尔也会主动提及自己所属的哥萨克团，不过次数少得可怜，很显然这些人正在某个偏僻的地方自力更生。他曾在中亚吃了几年苦，因此在那几年中比其他人经历过更多的自卫战。但他一直小心谨慎，从不出卖自己的优势，而且十分用心、不遗余力地在各个场合赞颂着女王殿下的白骑兵的一切——他们的形象、训练及他们的良好组织。而事实上，这支军团也的确令人钦佩。当已故的约翰·德根爵士的遗孀德根夫人抵达他们的驻地时，每个单身汉都跑来求婚。在短暂的混乱之后，她将大家的情绪安抚了下来，解释称他们都很出色，但是自己无法嫁给所有人，其中也包括上校和几名已婚的少校在内，她不会从这些人中做出选择。因此她嫁给了步枪团的一个小个子男人——出于天然的敌意——白骑兵们都在左臂缠上黑纱，以示不满，却仍出于妥协而不得不全体参加婚礼。他们站在教堂侧廊，脸上都露出一种难以言说的、仿佛受到极大侮辱的表情。她将他们所有人都抛弃了——上至大尉巴西特·霍尔默，下至利特尔·米尔德里德——他才刚刚晋升中尉，如果嫁给他每年可以得到四千英镑及一个头衔。

唯一对白骑兵们颇有微词的是生活在边境线上的几千名有着犹太

血统的帕坦人。他们只在官方场合会见过骑兵团一次，而且时间不超过二十分钟。但即便是这样短短的会晤还出现了伤亡，使他们对骑兵团产生了深深的偏见。他们甚至称白骑兵为“恶魔之子”，称他们是在体面的社会中早已绝迹的野蛮人后代。然而这种厌恶并没有影响到他们对金钱的渴望。骑兵团拥有卡宾枪，而且是漂亮的马蒂尼-亨利卡宾枪，这种枪能在一千码之外将子弹穿透敌人的营帐，而且比长步枪更为轻巧。因此在边境线上它们一直被人所觊觎，需求催生买卖，因此人们冒着生命的危险将这些枪支倒卖，并按重量换取银币——约合七磅半卢比，如果按卢比等值换算的话，约合十六英镑零几先令。那些蛇行的贼每到夜间便会在哨兵们的眼皮底下将枪偷走，枪会从臂架上忽然神秘地消失。在炎热的天气里，只要打开门窗，这些枪便会如烟雾般“凭空消失”。最开始，边境周围的人们只是为了家族恩怨想搞到枪，但随后便是以备不时之需。在北印度，尤其是在漫长寒冷的冬夜里，这种偷盗行为更为猖獗。每到这个季节，在群山之间的杀戮交易最为频繁，交易价格也久居不下。军团的守卫开始加倍，随后又增加至三倍。骑兵们其实并不在意武器的丢失——政府自然会提供新配给——但是他们对于无法再安稳入睡一事深恶痛绝。整个骑兵团都很恼火，于是一天夜里，他们将这一段时间以来的愤怒都发泄到一名跛着脚、试图逃跑的贼身上。此事之后的一段时间内，夜盗情况都再未发生，守卫数量也相应减少了。于是军团将注意力转移到马球运动上去，并取得了出人意料的好成绩。他们以2：1的成绩击败了强大的对手鲁希卡轻骑兵团，尽管后者在这短暂的对战中派出了四匹小马，还有一位当地官员奋勇冲锋，却依然败北。

随后他们为庆祝胜利而举行了一次宴会。鲁希卡骑兵团的人过来参加，德科维奇也身着整套哥萨克官员制服出席了宴会，甚至还穿了晨衣。席间他被引荐给鲁希卡骑兵团，为表敬意，他一直努力地睁大双眼，不敢有半分马虎。鲁希卡骑兵团的人比白骑兵们要年轻，他们随身带着裁缝，这是作为旁遮普边防军队所特有的权利，还带来了全部非正规马匹。就如同服役中所遇到的每件事都要学习，但与许多事所不同的是，它永远不会被忘记，它会一直留在你的记忆里，直到你停止呼吸。

此刻，白骑兵们那有着巨大梁顶的餐厅便会成为永远让人记忆犹新的场景。长桌之上随意堆满了剩餐盘——而在很久之前的一场战役过后，就在这同一张长桌之上还曾安放过五位阵亡军官的尸体——一进大门便能看到早已破旧肮脏的军旗，银烛台间摆放着一簇簇的冬日玫瑰，已故杰出军官的肖像正朝下望着自己的后辈们，肖像画中间则夹杂着黑鹿、蓝牛羚、捻角山羊的兽头。这其中最值得骄傲的是那两只正咧着大嘴的雪豹，那是巴西特·霍尔默花费了四个月的假期才得来的战利品。他本可以回英国，可他却冒着生命危险经历了暗礁、雪崩及镜面一般的草坡等艰难险阻前往西藏。

仆人们身着洁白无瑕的穆斯林长袍，头上的一大团围巾一直缠到眉头才停下来，他们就等在自己主人的身后。白骑兵们的制服颜色为猩红色与金色，而鲁希卡轻骑兵们则身着奶白色和银色制服。德科维奇的暗绿色制服算是这鲜艳画板上唯一的暗点，不过他那玛瑙般的大眼睛却弥补了这一点。他与鲁希卡马球队的队长热情地称兄道弟，而那队长则一直在心中盘算着像德科维奇这样一个细长瘦高的哥萨克人该开出怎样的价码，但这不适合在公开场合谈论。

谈话的声音越来越大，如同是古老的习俗一般。乐队只在上菜的间隙进行演奏，直到晚宴结束，所有人都用餐完毕，上校站起身敬第一杯酒，说道：“维斯先生，女王殿下。”已经滑到桌子底下的利特尔·米尔德里德接了一句：“女王殿下，天佑女王！”随后便是马刺声叮当作响，好像这个大块头正试图站起来向女王敬酒。而最后支付账单的时候一团乱。这样的一团混乱中永远不会缺少各种誓言，而无论是身处陆地或是海洋，这些誓言都会令倾听者哽咽难言。德科维奇起身喊着“兄弟荣光”，但他其实并不理解这句话的含义。只有军官才理解这句祝酒词的含义，大多数人主要是被氛围所感染。其实都一样，就如同敌人在中枪之时也会高喊。仪式之后，大家沉默了片刻，随即一名在鲁希卡队效力的当地军官走了进来。他当然不会吃这些乱七八糟的残羹冷炙，因而带来了甜点。他大约一点八米高，头上缠着蓝色与银色相间的包头巾，脚上踩着一双黑色的大靴子。当他为表忠诚，特意将剑柄朝前，让白骑兵上校触摸时，大家都起身欢呼。随即他便坐到中间的一张空椅子上，嘴里喊着“Rung ho! Hira Singh!”（大意为“冲啊！希拉·辛格！”）“我是不是踢到你的膝盖了，老伙计？”“指挥官阁下，是什么使你在最后十分钟表现得那样糟糕？”“好样的，指挥官阁下！”随后上校说道：“为了指挥官阁下希拉·辛格的健康干杯！”

在喊声平静下来之后，希拉·辛格站起身来回复。他是王室出身，是国王之子，因此知道该如何应对这样的场面。他以自己的母语答道：“尊敬的上校阁下及骑兵团的军官们，感谢你们给我的这些荣誉，我会铭记于心。我们从远方赶来与你们进行比赛，但很遗憾，我们被打败了。”（“那不是你们的错，指挥官阁下。如果换做在你们的场地上进行，你知道结果是会不一样的。你们的马被铁路伤了脚，不必自责。”）“因此如果条件允许，或许我们会再来。”（“赞成！赞成，赞成，就应该这样！好极了！安静！”）“那我们就再打败你们一次！”（“很希望再见到你们。”）“直到把我们的小马的马腿都磨平为止。这才是体育。”他的一只手抚上剑柄，瞟了一眼德科维奇，便又懒洋洋地躺回椅子上。“但上帝的意愿如果并非是马球赛，而是其他什么运动，那么我向你们保证，上校阁下及在座的诸位军官们，我们会肩并肩地齐心作战，哪怕他们”——说着眼神再次飘向德科维奇——“哪怕他们五十匹马对阵我们一匹马。”然后他低声喊了句“冲啊”！声音如同步枪枪托砸在石板上那样坚定而干脆。他在欢呼声中重新坐下。

德科维奇则一直专心地“应对着”白兰地——前面提到的那可怕的上等白兰地，以至于他并没理解，而翻译也并没有把指挥官的意思完整地表述给他。很显然，希拉·辛格的演说是在夜间进行的，他们本来可以一直闹到黎明时分的，但突如其来的一声枪响令人猝不及防。值得注意的是，德科维奇“突然回过神”并做了个美国式的动作——一个手势，这让鲁希卡队的队长忽然一阵好奇，他想知道哥萨克军官们是如何在一片混乱之中武装自己的。随即又听到外面发生了一阵扭打，并传来痛苦的尖叫声。

“又有卡宾枪被偷了！”副官一边说着，一边平静地坐回到自己的椅子上。“是警卫人数减少的缘故。哨兵最好宰了他。”

走廊上传来武装人员的脚步声，听起来仿佛在拖动什么东西。

“他们怎么不先把他关起来，明天早上再说？”上校不耐烦地问着。“中士，去看看他们把那人怎么样了。”

中士从这一片狼藉之中出去了，跑进外面的黑暗里，回来时身后带着两名警察和一位下士，他们看上去都很困惑。

“抓到了一个正在偷卡宾枪的人，先生，”下士报告称，“他好像是爬过去的，先生，就是从有哨兵看守的主干道过去的。是一个哨兵这样报告的，先生——”

三个人架着这个身着如同破包裹一般的破布的跛脚男人。他们还从未见过如此穷困潦倒的阿富汗人。他没戴头巾，赤着脚，身上沾满泥土，在经历了一阵粗暴对待后只剩下半口气。希拉·辛格听到此人发出痛苦的声音。德科维奇又倒了一杯白兰地。

“哨兵怎么说？”上校问道。

“说他讲英语，先生。”下士答道。

“所以你们把他打个半死，而不是直接交给中士！如果他能说圣灵降临节的所有语言，你们是不是就没有理由——”

“破包裹”再次发出呻吟，还小声咕哝着什么。利特尔·米尔德里德起身走过去仔细检查。忽然，他好像被击中一般猛地向后一跳。

“先生，或许把他送走更好。”他对上校说，因为他是名有着诸多特权的中尉。他说话时双臂环抱着那“破包裹”，并把他放在椅子上。可能有必要解释一下，身高一点九米的米尔德里德和此人比起来居然十分渺小。下士看到有军官接手了这名俘虏，而上校的脸色变得越来越难看，于是他迅速地带着自己的手下退下了。偷卡宾枪的贼被留在了一团混乱的餐厅里，他把头埋在桌上痛哭，痛苦、绝望地流着泪，如同幼儿哭泣一般令人无从安慰。

希拉·辛格跳起来，以他那拖长的母语说道，“上校阁下，这人并非是阿富汗人，因为他们‘啊啊’地哭。他也不是印度人，因为他们是‘哦哦’地哭。他哭的声音更像是白人，因为只有他们是‘嗷嗷’地哭泣。”

“你究竟从哪知道这些的，希拉·辛格？”鲁希卡队的队长问道。

“你们听啊！”希拉·辛格说，他指着那团皱巴巴的身影，那抽泣声仿佛永远不会停止。

“他说，‘上帝啊！’”利特尔·米尔德里德说道，“我听见他这么说了。”

上校和餐厅里的人们看着这个人，陷入沉默。听见男人哭是件很可怕的事。女人可以从上颚、嘴唇或是其他地方发出呜咽之声，而男人只会从胸腔膈膜发出哭喊，仿佛要将其撕碎一般。

“可怜的家伙！”上校一边说着，一边咳得很厉害。“我们应当送他去医院。他不该这样被对待。”

如今副官尤其珍爱自己的步枪。它们像是他的子女一般围在他身边——而男人站在最前面的位置。他哼了一声：“我能理解阿富汗人偷东西，因为他们一直那样做，但我无法理解他的哭泣。这使情况更糟糕了。”

德科维奇一定是受到了白兰地的严重影响，因为他就那样躺在椅子上，眼睛盯着天花板。天花板上什么都没有，只有一片阴影，如同一口巨大的黑棺。由于餐厅的特殊建筑结构，因此每当蜡烛被点亮时，总会投下阴影。这并没有对白骑兵们的分析造成任何影响。事实上，他们为此感到很自豪。

“他是不是要哭一整晚，”上校说，“还是我们要在这陪着利特尔·米尔德里德的客人坐上一整晚，等到他感觉好些为止？”

坐在椅子上的男人抬起头，看着餐厅里的这一切。

“哦，上帝啊！”椅子上的男人说道，这句话令在座的所有人都站了起来。随后鲁希卡队的队长做了一件值得获得维多利亚十字勋章的举动——他的英勇战胜了他那强烈的好奇心。他给了自己人一个眼神，就如同女主人在恰当的时机带走所有女宾一般，他在经过上校的椅子前略作停顿，并说道：“这不适宜我们插手，希望您能理解，先生。”说着，他带着自己的人去了走廊和花园。希拉·辛格走在最后，他走时看了德科维奇一眼。但德科维奇早已沉浸在自己那白兰地的“天堂”里。他的嘴唇翕动着，却没发出一点声音，他正在研究着天花板上的棺材。

“白色——他周身都穿着白色，”副官巴西特·霍尔默说道，“他一定是个可恶的叛徒！我想知道他从哪来？”

上校用胳膊轻轻地摇了摇那人，问道：“你是谁？”

没有回答。男人盯着混乱的餐厅，对着上校的脸笑了笑。只有在听到骑兵上马、军号响起时才更像个男人的利特尔·米尔德里德，用一种能帮助人重拾信心的口吻重复了一遍上校的问题。那男人只是笑笑。远远坐在桌子另一端的德科维奇轻轻地从椅子滑到了地板上。在如今这个并不完美的世界里，没有人能将五至八杯轻骑兵们的香槟及他们的白兰地混在一起喝下后，仍然能记得自己在哪里挖过坑，并且降落在那里。乐队开始演奏白骑兵们的曲子，那曲子自他们创立之初便存在，歌颂着他们的事迹。他们宁愿被解散，也不愿放弃那曲调。这是他们的一部分。那人在椅子上直起身子，用手指在桌子上敲着节奏。

“我不懂我们为什么要如此热情地对待一个疯子。”上校说道，“叫个警卫来，把这人关进牢房，等到天亮后再继续调查。不过，先给他倒一杯酒。”

利特尔·米尔德里德倒了一大杯白兰地，递给那人。他喝下酒，音乐声忽然变大，他随即坐得更加笔直。然后，他伸出长长的、如爪子一般的手翻过一个盘子的背面，轻轻地摩挲着。盘子的底部有一处弹簧形状的神秘连接，这个连接可以转换变形为一个七座烛台。左右两边各有三个弹簧，中间有一个，形成一个车轮形状的烛台。他发现了弹簧，按了一下，无力地笑了笑。他起身离开凳子，去检查墙上的一幅画，然后转向另一幅，屋子里的人们看着他，沉默不语。他走到壁炉前，摇了摇头，看起来很苦恼。一块盘子吸引了他的注意力，盘子上印有一名全副武装的轻骑兵图样。他指着它，又指了指壁炉，眼睛里满是疑问。

“这是什么——啊，是什么？”利特尔·米尔德里德问道。然后，他用母亲对孩子说话那样的口吻回答道：“这是马——是的，是一匹马。”

有个低沉且毫无激情的声音缓缓地答道：“是，我看见了，但是这匹马在哪？”

当男人们都退后，以便陌生人继续他的漫游时，仿佛能听到满屋人心跳的声音。没有必要去叫警卫了。

他再次开口，缓缓地说：“我们的马在哪？”

白骑兵团只有一匹马，它的肖像就挂在餐厅的门外。那是匹花斑鼓马，是军团乐队的灵魂，它从七岁开始在军团服役直至三十岁，最后因为上了年纪而被射杀了。屋里的一半人一起上去把那东西摘下来，塞到男人的手里。他将其放置在壁炉上方，发出“咔嗒”一声，仿佛是被男人那颤抖的手扔在了那里。然后男人又摇摇晃晃地走到桌子的尽头，重重地落在了利特尔·米尔德里德的椅子上。乐队开始演奏华尔兹“岁月之河”，从花园传来的笑声飘进了这烟草味缭绕的餐厅内。但没有人，即便是最年轻的人，都没有去留意华尔兹。在此之后，屋内的人都以如下的方式进行交谈：“自从 1867 年以来，鼓马的肖像就没再被挂在壁炉之上。”“他是怎么知道的？”“米尔德里德，再去跟他说说话。”“上校，你打算怎么做？”“哦，住口，让那个可怜的人歇会儿吧！”“这怎么可能！那人是个疯子。”

利特尔·米尔德里德站在上校身旁轻声耳语。“诸位请回到座位上，好吗，先生们？”他说道，于是屋里的人们都坐回椅子上。

只有挨着利特尔·米尔德里德的德科维奇的椅子是空着的，利特尔·米尔德里德自己则坐在原先希拉·辛格的位置上。惊讶的军官们在一片死寂中重新斟满了酒。上校再次站起身，但是手抖个不停，酒都洒到了桌上。他直直地盯着坐在利特尔·米尔德里德椅子上的那个人，嗓音嘶哑地说道：“维斯先生，女王。”短暂的停顿之后，那个男人忽地站了起来，没有丝毫犹豫地说道：“女王，天佑女王！”他饮尽了杯中酒后，竟一把捏断了酒杯手柄。

很久很久之前，当印度女王还只是一位年轻的女士时，这片土地上还没有任何不洁的典范，用破酒杯为女王祝酒也没有任何不妥。但如今这种习俗已经消失了，因为如今已经没有什么好打破的了，只有政府的辞令一次又一次地不断发生改变，而那也早已被打破了。

“解决了，”上校倒吸了口气说，“他不是中士。那他到底是谁？”

整个餐厅内都回荡着这个词，连珠炮似的问题足以吓倒任何人。难怪这衣衫褴褛、浑身肮脏的侵略者只能微笑着摇头。德科维奇从桌下站起身来，脸色平静、笑容优雅，像从健康的睡眠中被人踩到而醒了过来。他起来时恰好站在那人身边，那人竟尖叫着匍匐到德科维奇脚边。这是幅可怕的画面，祝酒的骄傲与荣光来得如此迅速，仿佛将所有迷失的智慧都聚集在一起。

德科维奇并没有扶起他，但利特尔·米尔德里德却立刻起身，把那人拉了起来。为女王祝酒后便趴在哥萨克中尉的脚边，这实在不该是一位绅士的所为。行事匆忙间，可怜人的上衣被拉到了腰部，他身上遍布黑色的旧伤疤。这世上只有一种武器能造成这种平行伤口，那既不是手杖，也肯定不是猫。德科维奇见到伤疤后瞬间瞳孔放大，脸上变了颜色。他咕哝了一句话，好像是俄语的“这是什么”，那人立刻逢迎地用俄语答道：“四。”

“那是什么？”众人同声问道。

“是他的编号。是数字四，你们晓得。”德科维奇嗓音低沉地说着。

“那么女王的官员该拿这训练有素的人怎么办？”上校说着，随即桌子周围发出一阵不悦的咆哮声。

“我怎么说呢？”和善的德科维奇友好地笑了笑，“他是——你是怎么得到的？——逃跑——从那边——跑过来的。”

他朝夜里的黑暗处点了点头。

“去和他说说话，如果他肯回答你，就接着说，语气温和些。”利特尔·米尔德里德将那个男人安置在椅子上说道。众人都觉得德科维奇此时的表现很不得体，他轻轻地呷了一口白兰地，因此说话时嘴里含混不清。他嘟嘟囔囔地对那个人说着俄语，那个人虚弱地回答着，说话声中仍带着明显的恐惧。但德科维奇似乎并不在意这点，其他人也就保持缄默了。他们沉重地喘着气，努力向交谈着的二人中间探着身子。白骑兵们再次感到手足无措，他们甚至萌生了去圣彼得堡学俄语的念头。

“他不记得具体是几年之前，”德科维奇面朝众人说道，“但他说是很久之前，发生了一次战争。我想应该是发生了什么意外。他说自己曾是这经历了战火洗礼的荣誉军团中的一员。”

“名册！名册！霍尔默，去拿名册来！”利特尔·米尔德里德说道。于是副官光着头朝中队办公室跑去，军团的名册就存放在那里。他赶回来的时候恰好听到德科维奇总结道：“因此我只能说曾经发生过一次意外事件，如果他在当时向我方上校道歉的话，便可以补救挽回，但他却为此感觉受到了侮辱。”

他又嘟哝了一句，令上校感到很恼火。屋子里的众人也根本没心情去考虑当时的那位俄国上校是否真的受到了侮辱。

“他记不清了，但我想是发生了一次事故，所以他没能在双方交换囚犯时回来，他被送到了其他地方——是不是？——是其他国家。所以，他说他才会来这里。但是他不清楚自己究竟是怎么回来的。哈？他曾到过切潘尼”——那个男人听到了这个词，颤抖着点了点头——“还有日甘斯克和伊尔库茨克。我不清楚他是怎么逃出来的。他自己也说，他在丛林里躲了很多年，但具体待了多少年他也记不清了——很多事他都记不清了。那是个意外事件，一切都是因为他未能向我方上校道歉引起的。哎！”

白骑兵们并没有对德科维奇遗憾的感慨做出任何回应，他们此时正积极地表现出一种热烈的欣喜及其他的欢快情感，他们已经难以掩饰自己的好客之情。霍尔默将破损的黄色名册在桌子上展开，众人便立即围拢过去。

“稳住！56-55-54，”霍尔默念道，“在这，‘中尉奥斯汀·利玛森——失踪。’就在前往塞瓦斯托波尔之前。真是奇耻大辱！只因为冒犯了他们的一个上校，便被悄悄地送走了。他人生的整整三十年都被毁了。”

“但他从未道歉。据说那不过是——初次见面。”众人异口同声说道。

“可怜的家伙！我想他以后再也没有机会了。他究竟是怎么回来的？”上校说道。

椅子上那脏兮兮的“一摊”无法给出答案。

“你知道你是谁么？”

他无力地笑了笑。

“你知不知道你是白骑兵团的奥斯汀·利玛森中尉？”

他忽然以一种略显惊讶的口吻猛地答道："是呀，我是利玛森，当然是。"他眼中的光芒又熄了，重新瘫在那里，胆怯地盯着德科维奇的一举一动。从西伯利亚逃跑的经历可能会让他在脑海中修正几个基本事实，但却无法让他形成连续的思考。而眼前的这个人就如同归巢的鸽子一般，无法解释他是如何找到通往过去记忆的路的。他对于自己所经历的和所见过的一切都毫无记忆。在他按下烛台底下的弹簧时，在他寻找鼓马的照片时，甚至就连回应着对女王的祝酒词时，他都会出于本能，对德科维奇表现得卑躬屈膝。其余一切都是空白，他那可怕的俄语喉舌也只能揭开一小部分"谜底"。他将头垂到胸前，咯咯地笑着，身体不时蜷缩着。

德科维奇在白兰地"恶魔"的怂恿下，忽然决定在这个非常不合时宜的时刻发表讲话。他站起身，身子微微摇晃着，手紧紧地抓住桌子边缘，双眼如同蛋白石一般闪闪发光。

他说："兄弟荣光——真诚好客的朋友们。那是次意外，是一次可悲的——最可悲的意外。"说到这里，他冲着众人笑笑。"但你们不会在意这件小——小事，芝麻大点的事，不是么？沙皇！呸！我拍拍我的手——我就用手指着他。我相信他？才不！但斯拉夫人什么都没做，这点我相信。七十——多少？——七千万无辜的人又怎样——根本不值一提。拿破仑只不过是个插曲而已。"他将一只手猛拍向桌子。"如你们所说，老伙计们，我们根本不值一提——应该离开这里。我们所该做的，的的确确应该去做的，老伙计们，就是离开这里！"他专横地摆摆手，指向那个男人。"你们见到他了。见到他并非就是好事。他仅仅是一个很小——哦，如此小的——一个意外，根本没人会记得。他自己也不记得。所以你们还是不是——那勇敢的友邦兄弟——当然是。但你们再也不会回来。你们的归宿都将和他一样，甚至——"他指向天花板上那块巨大的棺材状阴影，喃喃地说，"七千万人——就这么离开了，老伙计们。"然后便睡了过去。

"亲爱的，一语中的。"利特尔·米尔德里德说，"发怒又有什么意义呢？咱们让这个可怜的家伙舒服地歇会儿吧。"

但这仅仅是次突发事件，奥斯汀·利玛森中尉随即又忽然从白骑兵们的“关爱之手”中逃开了。中尉在回来的三天之后又再次离开。就在“送葬曲”响起的时候，中队里的流浪汉告诉补给站，称他看到桌子的中间没有空隙，军团里的一名官员辞去了他的新职务。

儒雅灵活，总是和蔼可亲的德科维奇也在一天夜里乘火车离开了。利特尔·米尔德里德和另外一个人来给他送行，因为他是骑兵团的客人，即便他动手打了上校，骑兵团也决不允许自己在待客之道上有任何松懈。

“再会，德科维奇，旅途愉快。”利特尔·米尔德里德说。

“再会，我真诚的朋友。”德科维奇说道。

“是啊！我们都认为你这是要回家了？”

“是啊，但是我还会再来的。我的朋友，那条路开放了么？”他指着北极星照耀着的开伯尔山口问道。

“啊！我忘记告诉你了。当然开放了。很希望能再见到你，老伙计，欢迎你随时过来。这里有你想要的一切——方头雪茄、冰块，再给你铺好床，怎么样？好了，再见，德科维奇。”

“嗯。”当火车的尾灯逐渐变小时，另一个人说：“还——未——完——全——开——通。”

利特尔·米尔德里德什么也没说，他看着天上的北极星，嘴里哼着小曲，那是近来在白骑兵团很受欢迎的一出滑稽剧里的一段。歌词是：

“我对蓝胡子先生很抱歉，
抱歉令他受熬煎。
但可怕的狂欢会重现，
就等他回来的那一天。”

叙事中的人物与背景

到现在为止，我们的讨论还停留在“故事情节”这一种要素上。如果将故事中的“情节”部分去掉，那么余下的便是另外两个要素：表演情节行为的角色，行为发生的背景与场景。这两者都值得特别关注，因为它们分别引出了诸多特殊问题。

如何为故事创造出一个好的角色，这个问题是无法从修辞论述中找到答案的。你必须到生活中去学习，充分发挥你的想象力。有了角色又该如何将他们合理安排在故事中，这个问题可以找到答案，不但有答案，而且这答案简单易行。让你的角色“行动起来”，让他们之间进行交谈，尽可能地少作解释。“通过他们的果实，你便可以认出他们来。”这句话既适用于小说中的角色，也适用于身边的真实人物。在生活中，我们依据人们的语言与行为来对其进行判断，而读者也会通过对话及行为来了解角色，这远比详细讨论的方式要有效得多。当然，彻底抛开阐述来刻画一个复杂的人物并非总是可行，即便是在塑造小说人物的性格时也是如此。但史蒂文森的《马尔肯》却获得了成功，而大部分优秀的短篇小说作家也与他有着异曲同工之妙。作品所采用的表达方法应由环境来支配，但是“越具体，越有效”却可以作为通用原则。在下面的故事中，斯蒂文森为了将马尔肯的良心拟人化，以引出一段戏剧性的对白而费尽心思，否则就必须对人物的某些特性加以解释说明。

故事的最后一个元素是背景。从修辞学上讲，背景是为故事叙述服务的一种描述，它包含了故事中所有必须交代清楚的真实地点及时间。背景在整个故事叙述中只占次要地位，却非常重要。因为只有通过充分的描述，小说中的各项行为才能拥有明确真实的背景。如果故事叙述中需要对时间、地点进行确切描述，那么小说中的描述便应当是一种说明解释。如果作者需要表达的是一种“气氛”，那么描述便应当意味深长、引人遐想。《维尔小姐显灵记》中包含了许多用描述来进行说明解释的例子，《马尔肯》则富含一些语言表达方面的绝佳示例，可用来说明如何用描述来烘托气氛。而无论是哪一个案例，要使其背景描述妥帖得当都必须要遵守“描述法则”，这一点将在本书中的其他部分进行讨论。然而，背景在整个故事叙述中的从属地位决定了它还必须遵守另一条法则。因此即便是在高度叙述的描写中，背景也必须有所限定。背景必须达到应有的简洁，而不能对叙述形成妨碍。因此，暗示性描述通常更有助于达到故事讲述者的目的。斯科特的《十字军英雄记》中著名的骑士形象的描绘便是说明性描述的杰作，但这部小说的读者是否会更青睐一段简短却稍显模糊的解释性描述，便不得而知了。

总结

如同其他形式的创作一样，故事创作是想法加上冷静而有条理的思考，及适当的表达。这里所说的想法来自于对人性的同情及对人类行为动机富于想象力的理解。叙述中冷静而有条理的思考涉及情节安排的各种问题，这些问题我们已经在“统一性”“连贯性”与“突出性”的相关论述下有所讨论，这些都关系着故事的和谐发展。充分的表达需要情节、人物与背景，因此需要以合适的方式进行构思设计，并以恰当的语言表述出来。其结果未必一定是个好故事，因为作品的绝对出色取决于作家所能控制的材料。即便作品不具有文学价值，但只要作者能正确地表达，那么这次创作尝试便是极其珍贵的。事实的确如此，因为尽管故事的构建同样需要在阐述之前进行深思熟虑，但作家应该将思考的精力更多地花费在如何使故事更有趣，及选用更为恰当的材料上。如同斯蒂文森在下面这篇故事中所采用的手法，作者应考虑以下情况：是两个人之间的关系，还是一个人同其所在环境之间的关系，这种关系要有趣，且充满潜在行为。作者首先想到一个情节，情节越简单越好，然后采用恰当的方式进行展开，并注意仔细地保持“统一性”。也要对“先行行为”进行安排。作者还要制造一个高潮部分，以此对角色处境进行完整揭露，并将读者对故事中的所有期待全部指向这一高潮部分。作者应首先做到以上几点，然后再动笔写出自己的故事。你当然无法同斯蒂文森相提并论，也可能无法创作出一篇佳作，但是你能借此体会到脑力劳动在高级创作形式中的价值。

马尔肯

罗伯特·路易斯·史蒂文森

“不错，”店主说，“我们赚钱的手段是多种多样的，顾客中有些人愚昧无知，遇到这种人，我就凭自己丰富的知识赚他们的钱。而有些顾客嘛，是些不诚实的人。”讲到这里，他把蜡烛高高举起，让强光照着客人，然后接着说：“在这种情况下，我就凭自己的德行来获得利润。”

马尔肯刚从白昼中光亮的大街上走进店里来，眼睛还没能适应店里在黑暗中掺和着烛光的环境。对于店主的尖声讲话和燃烧着的火焰，他痛苦地眨眨眼，然后将目光投向一旁。

店主轻声地笑着说：“你在圣诞节来找我，你知道，今天是我独自一人待在家里，关上了百叶窗，这表示我今天不做生意。你得付出些代价来补偿我损失的时间，本来我是要用这些时间清理账目的。此外，今天我还留意了你有一个十分显眼的动作。我是个非常谨慎的人，从来不问愚蠢的问题。但是，当一个顾客不正视我的眼睛时，他就得为此付出点代价。”店主又轻声笑着，换成平日里做生意的腔调，语气中仍带着讽刺：“你能像往常一样讲清楚你是怎样得到这件东西的吗？又是从你叔父的那只柜子里？他可是一位了不起的收藏家呀，先生。”

这位个头矮小，脸色苍白，长着一副溜肩膀的店主几乎是踮起脚后跟站着的，目光从他那架在鼻梁上的金丝眼镜镜框上方射出，停留在马尔肯的脸上，满是疑惑地点着头。马尔肯的眼神中流露出分外的怜悯和一些恐惧。

“这一次，”马尔肯说，“你就错了，我不是来销货的，而是来买东西的。我没有什么稀奇玩意要脱手。我叔父的那个柜子嘛，已空荡荡的只剩下空壳子了。就算那柜子还原封未动，我炒股赚了钱，也应当给它添补些什么才对。今天我来是给一位女士买圣诞礼物的。”接下来的话，因他事先已准备好了，说得较流利，“我确实很抱歉，为这么一点小事来打扰你。但是，昨天我把这事给忘了，我必须在今天晚餐时把我的小小礼物送给她。你很清楚，有钱人的婚姻大事可不能马马虎虎。”

当店主用疑惑的神态掂量着他的这些话时，马尔肯停了下来。店里那些放在古怪的家具堆中的时钟发出来的嘀嗒声夹杂着附近大街上微弱的马车声，填补了这短暂的寂静。

“那好，”店主说，“就算是这样吧！毕竟你也是老顾客了。果真如你所说的那样是为了你的婚姻大事，我可要成人之美！这是一件非常适合女士的好东西！”他继续说着，“这个手镜是正宗的15世纪的产品，我也是从一位收藏家手里得到的。为了保护顾客的利益，我不透露他的姓名。同你一样，亲爱的先生，他也是一位著名收藏家的侄儿，还是其叔父的唯一继承人。”

店主一边滔滔不绝地讲着，嗓音干涩而又尖厉，一边躬身去取东西。与此同时，一阵激动闪过马尔肯的全身，他的手和脚都兴奋起来，一股突然升起的激情涌到脸上。好在这激情来得快也去得快，没留下任何痕迹。只有那只去接过镜子的手有一些颤抖。

“一面镜子！”马尔肯嗓音沙哑地说着。他停顿了一下，然后更加着重地重复一遍：“一面镜子？作为圣诞礼物？当然不行喽！”

“为什么不行？为什么镜子不行呢？”店主叫起来。

马尔肯用一种模糊含混的神情看着店主说道：“你问我为什么不行？照照这儿吧！照照镜子，看看你自己吧！你喜欢瞧它吗？不会！我也不喜欢，谁都不愿瞧它。”

马尔肯这么突然地反对他和这面镜子，把这个小个子店主吓得往后一退。但当他看到并没有什么对自己更为不利的东西时，便又感到有趣地笑了，说：“先生，你那位未来的夫人，一定相当难讨得她的欢心吧！”

“我向你购买一件圣诞礼物，”马尔肯说，“你却给我这面镜子，而这该死的镜子让人想起自己的年龄、罪恶和愚蠢来。你是不是故意的？你脑子里究竟是不是有某种想法？告诉我吧！这样对你来说会好受一些。来，把你自己的想法告诉我吧。现在我妄自猜测一下，你私底下准是位做慈善的人！”

店主仔细打量着马尔肯。很奇怪，看上去马尔肯不像在笑，他的脸上似乎闪烁着一种渴望的火花，而没一点儿欢笑的意味。

“你所说的话用意何在呀？”店主问。

“你没有一点儿慈悲心？你呀，没有对宗教的虔诚，没有什么道德上的顾忌，没有你爱的人，也没有被人爱！你只有要钱的手和装钱的保险箱。这就是你的一切？我的天哪！朋友，难道你就是这样的人吗？”

“我来告诉你，”店主开口说，语调有些尖厉，接着又爆发出一阵咯咯的笑声，“我看得出，你这桩婚事确实是出自真正的爱情，你一直在为你的爱人祝福吧？”

“啊！”马尔肯带着奇怪的好奇心叫了起来，“告诉我，你恋爱过吗？”

店主也叫起来：“我！我是否恋爱过？我在过去和现在都没有时间去做这些无聊的事。你到底要不要这面镜子呀？”

“急什么！”马尔肯答道，“站在这儿聊天不是很惬意的吗？生命是如此短暂，如此没有安全感，我是不会放过任何行乐的机会的——哪怕是像眼前这样小小的快乐，我们也应牢牢抓住不放。就像一个处在悬崖边缘的人一样，抓住他所能抓得到的，哪怕是一点点的东西不放。人生的每一秒钟都是一座‘危崖’，如果我们想象这‘危崖’足够高，譬如有一千六百米高吧！如果从其上摔下去，足以把人摔得粉碎。所以我们最好愉快地聊天吧，相互谈谈自己。为什么我们老是要戴着一副面具呢？让我们相互信任吧！说不定我们还真能成为朋友哩！”

“我只有一句话跟你说，要么掏钱购买，要么请你离开。”

“对，对，”马尔肯说，“玩笑开够了，做生意吧！给我看看别的东西。”

店主又弯下腰，把镜子放回货架，他那稀稀拉拉的几撮亚麻色头发耷拉下来，遮住了眼睛。马尔肯稍稍靠近一点儿，一只手插在大衣口袋里，他深深地吸足了气，以控制住自己。与此同时，许多不同的表情一齐显现在他脸上——恐惧、惊慌、决断、迷惘和厌恶，他的上唇带着野性地翘起，露出了牙齿。

“这个也许合适。”店主说着，然后他开始直起身来。这时马尔肯从后面纵身一跳，扑向他的“猎物”。只见寒光闪处，一把串肉插那么长的匕首应声而落。店主像只母鸡一样挣扎着，他的太阳穴碰在货架上，然后颓然倒地。

此时时间的移动，一些表现为细微的声音，其中有的庄重而缓慢，好像正在变得年迈而苍老，另一些则轻浮而急躁。这复杂的嘀嗒声的“合唱”，告诉人们时间正在一秒一秒地流逝。这时传来少年跑过人行道的粗重的脚步声，这声音掩盖了店里这些轻微的声响，唤醒了马尔肯的意识，促使他醒悟到自己的现实处境。他充满恐惧地四下张望。蜡烛仍旧立在柜台上，火焰随着过堂风肃穆地摇晃。这轻巧的晃动，使得整个房间像海洋一样起伏着，充满着无声的忙乱。高高的影子闪动着，浓重的黑晕随着呼吸的节奏一会儿张大，一会儿缩小，雕像和瓷人的脸庞如手中的影子一样变幻着、波动着。内室的门半开着，一道长长的日光投入屋里，划破阴影的包围，有如一只伸向室内的手指。

马尔肯的目光离开这些令人毛骨悚然的骚动，移到店主的尸体上。尸体驼着背，而又四肢伸开地躺着，个子细小得令人难以置信，且比活着的时候显得更为出奇地难看。他衣衫破旧，姿势丑陋，躺在那里活像一堆锯木屑。马尔肯还曾害怕看到它哩。瞧，它实在是一文不值！然而就在他盯着它看时，那堆破烂的衣衫和那滩鲜血开始冒出滔滔不绝的话来。是的，他就该躺在那儿，再也没有力量来运用他那狡诈的随机应变的本领。它就该躺在那儿，直到它被发现。发现！啊，然后呢？人命关天啦！这死尸一旦被发现，必将引起一片哗然，然后迅速传遍全英格兰，追捕凶手之声将在全世界四处回响。唉！不论是死了还是活着，这家伙总是我的敌人。“时间，就是他命归西天的时候。”他思考着，“时间”一词突然浮现在他的脑海里。所谓时间嘛，既然这件事已经干完，对于被杀者来说，时间已经结束了，而对凶手来说，时间就变得紧迫和重要起来。

在他思考着这些事情的时候，午后三点的钟声响起了，钟声一声接着一声，带着各种不同的节奏和音响。一声深沉如教堂顶楼的钟声，一声高亢如同华尔兹舞曲的序曲。

这寂静的小屋中，竟然突然出现了如此纷繁的声响，使他惊愕万分。他开始兴奋起来，拿着蜡烛走来走去，移动着的阴影包围着他，偶尔瞥见镜中映出的自己的形体，又使他大吃一惊。在那些本地出产和来自威尼斯或阿姆斯特丹的豪华镜子中，他一次又一次地看见了自己的脸。这些镜子就如一群监视他的特工，他的眼睛与自己的眼神相遇，并审视着自己；他的每一次跨步，即使是轻轻地落下，仍然打破了四周的寂静。当他不停地往口袋里塞东西的时候，良心和理智反复地谴责着他，谴责他自己因事先谋划不当造成的成百上千个过错。是的，他应当找个更清静的时间，应当准备一套不在现场的借口，应当不使用短刀。他应当更审慎一些，只把店主绑起来，用东西塞住他的嘴巴，而不是杀死他。他应当干脆更大胆一点，连那仆人也一起杀掉。或许，所有这些事情都该用另外的方式去做。痛切地懊悔，疲倦，想改变已经无法改变的事实，无济于事地重新计划一切，再度安排那不可逆转的过去……各种各样的想法不断地折磨着他。与此同时，在马尔肯所有这些胡思乱想的背后，无法控制的恐惧，有如一只在空荡荡的阁楼中匆匆逃窜的老鼠，在他的脑子里到处倒腾，将他脑海深处隐秘而安定的一角也搅得稀乱。警官的大手将重重地落在他的肩上，他的神经将会如一条上了钩的鱼一样猛烈地扭动。他看见法庭的被告席、监狱、绞架和黑色的棺材列着纵队在他眼前飞驰而过。

对街上那些人的恐惧盘踞在他的脑海中，就像一支军队围攻他一样。他想，关于这场杀戮的传闻一定已经传入他们耳中，勾起了他们的好奇心。他猜想，此时街坊邻居们正竖起耳朵，一丝不动地坐着——那些独居生活的人，今天本该暗自在回忆往事中度过圣诞节，现在却被吓得从那令人心痛的回忆中惊醒过来；正在举行的欢乐的家庭晚会上，围桌而坐的人们突然转入沉默，母亲惊呆了，忘记放下了她抬起的手指。所有的人，包括各种身份、各种年龄、各种性格的人们，都在他们自己的家里窥探着、倾听着、编织着送他命归黄泉的绞索。有时他甚至感到无法做到轻轻地移动脚步。那细长的波希米亚高脚杯叮当作响，声音大得像铃铛。时钟的嘀嗒声也大得使他万分惊恐，他恨不得把那些时钟全停了。而后他的恐惧又飞速地转变了，屋内这异常的寂静让他感到孕育着的危险。他担心这寂静会使来往的过路人感到不对劲，会令他们停下来。不，他还是应该大模大样地走动，在店里大声喧哗，神气活现地装作一个大忙人，装作心平气和地在自己的屋里忙活的样子。

但他此时毕竟被各种各样的恐惧折磨着、虐待着，以致虽然他思维的一部分仍然保持着警惕与清醒，但是另一部分已经游移于疯狂的边缘。特别是有种幻觉占据了他的头脑，使他相信邻居们正脸色苍白地贴在窗边倾听动静，人行道上的路人已经产生一种可怕的臆测。不过，他们最多不过是猜疑而已，能透过砖墙和关闭着的窗户的只有声音，他们不会知道里面的真相。然而这屋里是否只有他独自一人呢？他知道，的确只有他独自一人在这儿。他亲眼看见那仆人出去找她的情人去了，她穿着她那可怜的最好的衣服去享受这一天去了，每一条丝带和她脸上的微笑都表明了这一点。然而，他确确实实听到了楼上有轻微的脚步声。他真切地感觉到屋里有什么东西在动，难以解释。唉！确实，他的想象跟随着这走动的东西走遍了这栋房子的每个房间，每个角落。现在这东西变得没有了面孔，光有一对能窥视的眼睛；一会儿这东西成了他自己的影子；一会儿他又看见了那死去的店主仍然充满着狡诈与仇恨。

有几次，他用了极大的努力，想瞥一眼他一直不敢正视的开着的门。这房子本来就很高，天窗又小又脏，加上当时浓雾弥漫，天色格外阴暗，透到一楼来的光线已极度微弱，只在店门口朦胧地显出些光亮来。可是，就在那一线模糊的光亮当中，不是正悬挂着一个晃动着的影子吗？

突然，在外面的街上，一位高高兴兴而来的绅士用棒子敲起店门来，他嘴里还不断大声地喊着店主的名字，开着店主的玩笑。马尔肯吓呆了，紧盯着地上的死人。不！他还静静地躺在那儿；他已远离而去，听不见这敲击声和喊声了；他已沉入寂静之海的底层；他的名字，也许以前即使在暴风雨的咆哮声中也能引起他的注意的名字，现在已变成了空洞的音响。于是，那兴致勃勃的绅士停止了敲门，离去了。

这绅士的到来，强烈地暗示马尔肯必须赶快干完余下的事情，离开这是非之地，混入伦敦街上的人群中，在夜晚时赶回他那安全和貌似清白的避难所——他自己的床上去。已经来过一位客人了，随时都可能再来一个，而且可能会更固执地纠缠不休。杀了人，若不趁机“捞一把”，那将是天大的失策。马尔肯现在关心的是钱和取钱所需的钥匙。

他回过头来瞥了一眼开着的门。那影子还在那里徘徊，哆嗦着。他走近尸体，内心对他并不感到那么厌恶，但身子却在打战。尸体已毫无人味，就像装着谷糠的一套衣服。他四肢摊开，躯体弯曲着躺在地板上。这东西仍然使他反感。虽然看起来他是如此的肮脏和微不足道，但他害怕。当用手碰到他时，感觉会有所不同。马尔肯抓起他的双肩，将他翻个脸朝天。

这家伙显得出奇的轻飘和软绵，四肢像断了似的。姿势极端古怪，脸上毫无表情，只是像蜡一样苍白；一边的太阳穴周围尽是血污，令人心惊肉跳。对马尔肯来说，这是一种令他十分不愉快的情景。这使他立即回想到在某个渔村的一个晴朗的日子。那一天，云淡风轻，街上行人拥挤，喇叭声声，鼓声阵阵，一位民谣歌手的歌声带着浓重的鼻音飘荡着。一个男孩在高过他头顶的人群中走来走去，既好奇又害怕，直到他来到人群聚集的广场上。这时他看见一个大棚和一个设计得格调阴郁，又过于色彩斑斓的大画屏，上面贴了许多图画：有布洛瑞格和他的学徒，曼宁一家和惨遭杀害的客人，在瑟特尔的死亡威胁下的韦尔等二十多个著名的罪案图形。这一切像一场梦一样清晰地印在他的脑海里。他再度成了那个小男孩，他再度带着当年那样的实实在在的憎恶感看着那些邪恶的画面，他好像仍然被那咚咚的鼓声所震惊。那天的音乐中的一个小节也回到了他的记忆中。就在此时，他第一次感到一阵眩晕和一阵恶心，关节突然变得软弱无力。他必须赶快控制和克服这些反应。

他断定正视自己的这种思绪比逃避它们更为稳妥，他更加坚定地盯着死人的脸，用心去认识自己罪行的性质与分量。就在一会儿以前，那张脸还变换着各种表情，那张苍白的嘴还在说话，那身体还充满着运用自如的活力。而现在，由于他的行为，那条活生生的生命已被断送，就像钟表匠将一个手指伸进钟表里，使它的摆动突然停止一样。他如此白费功夫地推理着，内心怀着无比强烈的自责。那颗曾经在描绘邪恶的图画面前颤抖过的心，对眼前现实的罪恶却无动于衷。除了对那些栉风沐雨尽力耕种，将大地建成乐园的人们，对那些现已死去的人们还有着一丝同情以外，至于忏悔，没有，一丝也没有。

想到这里，他毅然摆脱这些思绪，找到钥匙，径直向开着的店门走去。外面已开始猛烈地下起雨来，雨点打在屋顶上，噼噼啪啪地响，这响声驱赶了寂静。就像在滴着水的溶洞里一样，房间里不断回响着雨声，这响声和着钟表的嘀嗒声萦绕在他耳际。在马尔肯靠近房门的时候，他似乎听见一个脚步声接应着他小心翼翼的脚步声向楼上退去，那影子还在门槛上模模糊糊地晃动着。他毅然使出全身的力气把门拉开。

笼罩着浓雾的微弱日光昏暗地照着空荡荡的地板和楼梯，照着立在梯台上的擎着戟、戴着明亮盔甲的假人，照着黑色的木雕和挂在黄色装饰墙板上的镶着框架的图画。雨点敲打屋顶的响声充满了整栋房屋，它是如此巨大，在马尔肯的耳中，它被区分成许许多多不同的声音：有脚步声和叹息声，远处军队行进的步伐声，数钱的叮当声，偷偷地把门打开的嘎吱声……所有这些声音好像都与雨点打在圆屋顶上的噼啪声和水在管子里的哗哗流动声混在一起。这屋里不光是他单独一人的感觉越来越强烈，使他达到疯狂的边缘。到处都使他感到有人出没，被人包围。他听见他们在楼上走动，听见店里的死人站了起来。当他费尽力气开始登上楼梯的时候，感到有脚步在前面悄悄地躲开，在后面偷偷地跟随。他想，要是自己是个聋子，他的灵魂该有多么安静！而后他又空前入神地谛听，他庆幸自己拥有这不停息的听觉。它坚守着前哨，做他生命的忠实哨兵。他的脑袋不停地来回转动，眼睛鼓得好像要从眼眶里蹦出来似的向房内的每个方向搜索，他仿佛看见在房内的每个方向都有难以名状的什么东西的尾影一闪而逝。从一楼到二楼的二十四级台阶，就像是二十四次痛苦的挣扎。

二楼的门都微微开着，三扇门就像三个伏击点，那感觉就像大炮筒对着他一般，震撼着他的神经。他觉得自己再也不能躲避别人监视的眼睛。他渴望回到房间，让墙壁包围着，藏匿在床上的铺盖中。除了上帝，谁也看不见他。想到这儿，他回想起其他凶杀案犯的故事，以及他们遇到天国复仇者时的恐怖。他有点惊疑起来。不会的，至少对他来说是不会这样的。他害怕因果报应的自然法则，害怕这种法则将毫不留情地、十分灵验地使他留下定罪的罪证。他怀着奴性的、迷信的恐惧，更加害怕起来。他害怕人的经验的连续性中断，自然法则的有意反常。他玩的是一个纯技巧的游戏，完全是从原因推出结果。然而一旦自然打破其行事顺序的模式，就像一个下棋输了的暴君突然掀翻棋盘一样，那又怎么办呢？拿破仑就曾遇到（作家们都这么说）类似的情况，当时冬天改变了它来到的时间。这样的情况也许会降临到马尔肯头上，本来是密实不透的墙壁也许会变得透明，暴露他的所作所为，让他就像一只被关在玻璃罩里的蜜蜂一样。他脚底下稳固的地板也许会像流沙般下陷，将他困在当中。啊！也有比这更具可能性的意外事故可能彻底毁掉他。例如，整幢房子也许会倒塌，将他埋在那死尸边；或者隔壁的房屋会突然起火，消防人员从四面八方冲过来将他包围。他害怕这些。在某种意义上，也许这些就是上帝伸出来制止罪恶的“巨手”。然而，关于上帝本人，他是放心的，他的所作所为无疑是不寻常的，但他的理由也是不寻常的！这些上帝都知道。只有在上帝那儿而不是在人世间，他才感到一定能找到公正。

当他安全地进入客厅，随即关上门，他才松了一口气。房里相当凌乱，没有铺地毯，地板上四处扔着包装盒，家具也不协调。在几块大的穿衣镜中，他从不同的角度看到了自己，像个舞台上的演员。有许多画面墙而立，有些装了框架，有些没有装。房里还有一个精致的雷里顿式餐桌，一个镶木细工的柜子，和一张很大的挂着缀锦帐幔的旧床。窗户是落地式的，万幸的是百叶窗的下部是关着的。这使他躲过了邻居的视线。马尔肯把一个包装盒拖到柜子前，开始寻找钥匙。由于钥匙太多，寻找起来很花时间，而且令人厌烦。因为可能到头来柜子里什么也没有，时间却在飞快地流逝。但这紧闭的房间使他镇静。他用眼睛的余光看着门，甚至时不时地直接向它瞧一眼，心情就像一个被敌人围困着的将军看到自己的防卫工程十分坚固那般高兴。确实，他心里很平静，街上的雨声听起来很自然、很适意。这时街对面传来了赞美诗的钢琴乐曲和孩子们跟着唱的歌声。这旋律是多么的庄严肃穆！多么的令人舒畅啊！那童音是多么的清新甜脆啊！马尔肯一边找钥匙，一边面带微笑地聆听着，脑子里涌现出许多与歌声相应的意境和画面——走向教堂的孩子们；正在演奏的高大的风琴；孩子们在野外玩耍，他们有的在溪边洗澡，有的在长着刺莓果的野地里游戏，还有的在风轻云淡的天空里放风筝。随着这赞美诗的节奏，他回到了教堂，回到了夏季礼拜天那庄严的气氛中，想起牧师那温文尔雅的声音（这时他会心地微笑了），想起詹姆斯一世墓穴里的油画，想起刻在走廊里“十诫”的模糊字迹。

他就这样坐着，沉思着，以致思想走了神。突然，他被吓得一弹。他站了起来，浑身一阵冷，一阵热，血“刷”地一下在全身躁动起来。他像木鸡似的站在那里发抖。一阵脚步声正缓慢而又坚定地上楼来。一只手抓住了门把，只听得“咔嚓”一声，门开了。

马尔肯被恐惧镇住，他预料不到会发生什么事。是那死人在走来，还是主持公道的司法官，或是一个无意中的目击者踉踉跄跄上楼来要将他送上绞架？一张面孔从门缝中探进来，将房间的四周打量一番，然后看着他，朝他点点头，微笑着，十分友善似的同他打招呼，然后又关上门出去了。马尔肯的恐惧顿时失去了控制，他嘶哑着嗓子大叫了一声。听见这叫声，来者又折了回来。

“你在叫我吗？”他高兴地问道。一边说一边走进房间，关上门。

马尔肯站在那里，全神贯注地盯着他。或许是眼前升起了一层薄雾吧，来者的轮廓有如店里摇晃的烛光中的神像一样，好像在变换，在晃动。时而他觉得自己认识他，时而又觉得他有点像自己。但不管什么时候，他的内心总相信这家伙非人亦非鬼，像是一团恐惧的化身。

然而当这家伙站在那里，带着微笑望着马尔肯的时候，却显出一种奇怪的平静。他开口说道：“你在找钱？对吗？”那口气和平日讲客套时的语气没什么两样。

马尔肯没有回答。

对方接着又说：“我警告你，那女仆已比她平日早一些离开了她的情人，很快就要回来了。如果你被发现在这所房子里，其后果就用不着我来说了。”

“你认识我？”马尔肯惊叫起来。

来者微笑着说：“你一直是我喜欢的人，我一直在观察你，并寻找机会帮助你。”

“你是什么人？是鬼吗？”

“我是什么人，对我想要给你提供的帮助不会有什么影响。”来者答道。

“会的，有关系的。要你来帮我？不，绝不！不要你来帮助我，你根本就不认识我。谢天谢地！你根本就不认识我。”马尔肯叫起来。

“我了解你，连你的内心我都了解。”来者回答。他的口气很严肃，更确切地说是口气很坚定。

“了解我！”马尔肯叫道，“有谁能做得到？我的一生无非是对自己的一种歪曲与诽谤。我活到现在一直在掩饰自己的本来面目。所有的人都是这样，所有的人都用一层包装包裹着他们，令他们窒息。他们实际上都比表面看起来要好，要知道人人都被生活所拖累，被压抑，就像被强盗抓住的用斗篷包着、捆着的人一样。如果他们都能做自己的主人——如果你能看见他们的真实面目，就会发现他们通通都变成了截然不同的人——他们会发出英雄和圣徒的光辉来。我的情况比大多数人更糟，我把自己包装、掩饰得更严、更密，我自我辩护的理由只有上帝和我自己知道。但是，如果有时间的话，我会表白我自己的。”

“向我表白吗？”来者问道。

“第一个就向你表白。”马尔肯回答说，“我猜你是个聪明人。我一看见你，就认为你能了解我的内心。然而你仍会提出要从我的行为来判断我这个人。请想想我的所作所为吧！我一直生活在一个‘巨人’的领地里。我从娘肚里一出世，这些‘巨人’——社会环境这个‘巨人’就紧紧握住了我的手腕。而你却要用我的行为来判断我！你难道就不能看看我的内心世界？你难道不明白我是痛恨罪恶的吗？你难道看不见我的内心里明明白白地书写着‘良知’二字吗？尽管我的良知经常被人无视，却从没有被任何刻意的诡辩所玷污。你难道在我身上看不到一点儿人类所共有的人性吗？看不出我是个不情愿的谋杀者吗？”

“所有这些你都非常生动地表现出来了，但我并不看重这些。这种行为与人性一致的观点超越了我所关心的范围。我一点也不关心你是被什么东西强制着才没有走上正道的。但是，光阴似箭，那仆人虽因在街上注视来来往往的行人和看广告牌上的画而耽搁了一些时间，但她离这里可是越来越近了。记住，这可就像是一台绞架正从圣诞节的街上向你走来一样啊！要不要我这个知道一切的人来帮你一把呢？要不要我告诉你在哪儿可找到钱呢？”来者回答他，并问道。

“你要多少钱作为报偿？”马尔肯问来者。

“我把这作为圣诞礼物送给你吧！”来者答道。

马尔肯忍不住发出难堪的胜利的微笑，说：“不，我不要你手上的任何东西。就算我口渴得快要断气了，你拿个水壶来喂水给我，我也会有勇气拒绝你的。你说的这些确实很诱人，也许有人会轻信你，但我决不干任何罪恶勾当。”

“我并不反对一个人临终前的悔悟。”来者说。

“那是因为你不相信这种悔悟会有多少效果。”马尔肯叫道。

“我可没有那样说，”来者答道，“我是从另一个侧面来看这件事的。生命一旦结束，我对他的兴致也就没有了。这个店主生前是替我服务的，他要么打着宗教的幌子成天板着一副面孔，要么把杂草种到麦田里害人，这跟你的所作所为一样，是顺从了欲望的驱使。既然他是如此靠近彻底解脱的境地，他就只能为我提供一项服务了，那就是悔悟，就是带着微笑死去。这样才能增加我的那些胆子更小的、尚且活着的追随者们的信心和希望。我并不是个苛刻的主人，试试依从我吧！接受我的帮助。就如到目前为止你的所作所为那样，在生活中高兴做什么就做什么吧！你可以更加充分地、随心所欲地去做，不要缩手缩脚。为了让你更加心安理得，告诉你，当夜幕降临、窗帘拉下之时，你就会发现自己更容易调和你与‘良知’之间的纷争，屈从于上帝而获得安宁。我刚从一个临终者那儿来，那房里满是诚挚的哀悼者，聆听着将死者的临终之言。当我看着死者的脸时，我发现在那张曾是冷酷无情的脸上挂着希望的微笑。”

“你是不是也把我看成那样的人呢？”马尔肯问道，“你是不是认为我只会犯罪、犯罪，不断地犯罪，到了最后一刻就逃进天堂，除此之外，我就再没有更高尚的愿望了呢？想到这些，我的心很不平静。这就是你所经历体验的人类吗？还是因为你看见我双手沾满鲜血，才认为我是这么卑鄙的？难道这杀人的罪行真是如此亵渎神圣，以致一无是处吗？”

来者回答说：“杀人对我来说并没有什么特别之处。所有的罪恶都是凶杀，正如生活就是战争一样。在我看来，人类就像木筏上一群饿得面黄肌瘦的水手一样，他们从饥饿者手中抢夺面包屑，互相残杀，以求生存。我从犯罪进行的时刻跟踪每一个罪行，发现它们的最终结局都是死亡。在我眼里，一个漂亮姑娘阻止她母亲去接受舞会邀请的行为，其罪过并不亚于谋财害命。我说过我跟踪罪恶吧！同样，我也跟踪善行，二者之间没什么太大差别，它们都是‘死神’用来割取生命的‘镰刀’。我所赖以生存的邪恶并不存在于行为之中，而是存在于人格之中。我爱坏人，而不是爱坏的行为。如果我们能够随着岁月的急流，锲而不舍地关注这些坏行为的结局，也许会发现它们比那极少的善行的结局更令人欣慰。我提议你逃跑，并不是因为你杀了这个店主，而是因为你是马尔肯。”

“我会向你敞开我的心扉。”马尔肯回答，“你看到的这次犯罪将是我的最后一次。在我这次犯罪的过程中，我学到了很多东西。它本身就是一堂课，重要的一堂课。我一直是在极度不情愿的情况下被驱使去干我不愿干的事。我是个被贫困驱使着、鞭挞着的奴隶。本来只要有坚定的美德，就不会被这种诱惑所动，但我不是这样，我有享乐的渴望。然而今天，从我的行为中，我既获得了忠告，又获得了钱财，获得了成为自我的力量和新的决心。我在所有的事情上都变成了这世上的一个自由表演者，我开始发现自己全变了，我这双手成了善的执行者，而这颗心则获得了平和安宁。往事涌上了我的心头——在安息夜那教堂的风琴声中我所梦见的，当我读着那些好书而被感动得潸然泪下时所料及的，孩提时妈妈和我所读到的……统统回到了我心头。我的生命展现在这些往事里。我误入歧途已好些年了，然而，现在我又一次看见了我的目标。”

“我想，你会拿这些钱去炒股票，对吗？”来者说道，“如果我没弄错的话，你在那儿已经损失好几千了。”

“啊，但这一次我可以稳操胜券。”马尔肯说。

“这次你又会失败。”来者平静地回答道。

“啊，那我会留下一半！”马尔肯叫道。

“那一半你也会丢掉。”

汗开始从马尔肯的眉头沁出。他惊叫道：“说什么我又会失败，说什么我会再度贫困，难道我心灵上的恶念会自始至终超越我心灵上的善念吗？恶与善在我的心头激烈竞争着，将我向两条不同的道路上牵引。对于善恶我并不偏爱哪一个，两个我都喜爱。我向往伟大事业的功勋，我能自我克制，我能为道义献身，尽管我犯下了这杀人罪，但怜悯之心对我来说并不陌生。我同情穷人，有谁比我更了解这些人的痛苦呢？我同情他们，帮助他们。我珍惜爱，我爱忠诚的笑。人世间虽没有真，没有善，但我打心底里爱这些。难道我的恶行就使我的生命连同我心灵中的美德全都变得毫无意义、毫无结果，就好像是我心中的一堆破烂一样吗？不会的，善也会让人付诸行动的。”

此时，那来者举起他的手指说道：“你已在这人世度过三十六个春秋，经历了命运的多次变化，我看到你在不断堕落。十五年前，你对偷窃会感到震惊，三年前，对于‘凶手’这一名称你会感到恐惧畏缩。而现在还有什么罪恶、什么残忍、什么卑劣的行径会使你胆寒退缩呢？再过五年，我将在现实中看到你的堕落。你的面前已经铺满了不断堕落的路，唯有死亡才能制止你的堕落，别无他途。”

“确实如此。”马尔肯嘶哑地说，“在一定程度上，我已被邪恶征服了。但人人都是如此。就生活的实践而言，就是圣人也已变得不如过去美好，沾上了世俗的色彩。”

“我向你提一个简单的问题。”来者说，“通过你的答案，我就能看出你的道德观。你对很多事情已变得马马虎虎，行为不检了。你这样做也许并没有什么不对，何况世上的人个个都是这样。但是，尽管如此，你有没有在一件难一点的事情上，哪怕是件鸡毛蒜皮的小事上，对自己的所作所为感到满意呢？抑或你对什么事都听之任之？”

“任何一件事吗？”马尔肯重复着对方的话道。他痛苦地思索着，并绝望地回答，“没有！所有的事我都没做好，都失败了。”

“那么，就心安理得吧！因为你永远也不会改变的。你在舞台上扮演的角色的台词已经不可更改地写好了。”

马尔肯很长时间都无言地站着。

来者首先打破沉默说：“既然如此，我告诉你钱在哪儿好吗？”

“还告诉我如何为善吗？”马尔肯大叫道。

“你不是曾经尝试过向善吗？”来者答道，“两三年前我不是曾看见你站在宗教大会的讲台上吗？在唱赞美诗的歌声中，你的歌喉不是最洪亮的吗？”

“确实是这样。”马尔肯说道，“我已经清楚了我应该去做的事。我从心底感谢你给我上的这些课，我的眼睛豁然明亮了，终于看清了我是个什么样的人。”

就在这时，门铃“尖叫”起来，响彻整个房子。这响声似乎是来者与别人事先安排好的一个信号，他一直都在等着它出现。他马上改变了态度。

“是那个女仆！”他喊道，“她回来了。我早已警告过你。现在在你面前有一条更艰难的路要走。你去对她说她的主人病了。你一定要让她进来，要面带权威，更要严肃——不要面带微笑，不要做作，我保证你定会成功！一旦她走进来，关上门，然后你就用你干掉那个店主的那种迅雷不及掩耳的手法来除掉这个‘最后的危险’。接着，你就会有好几个小时，如有必要，甚至能用整夜的时间将屋里的财宝洗劫一空，最后安全离开。这貌似危险，但实为‘天赐良机’啊！起来！”他喊道，“起来吧，朋友，你的生命正处在十字路口，赶快行动吧！”

马尔肯镇定地凝视着来者，说道：“要是我已被判定犯下罪行，也仍然有一扇通往解脱的大门向我敞开着——那就是我可以停止我的所作所为。如果我的生命真的已经无可救药，那我可以把它结束。诚如你所说，我虽然听命于各种各样微小诱惑的招引，但我仍然能够将自己置身于各种诱惑之外。我已被人指责对善良毫无爱意，也许真的是这样。就让它去吧！可我仍然怀有对恶的憎恨，你会苦恼而又失望地看到，正是凭着这种憎恨，我可以获得力量和勇气。”

来者的表情开始发生奇妙而可喜的变化，变得开朗而柔和，并透着一种谨慎的得意。即使在他表情开朗时，或者逐渐黯淡，直至完全消失时，都透着这种得意。但是马尔肯没有停下来观察和理解他这些表情的变化。他打开门，慢慢地、慢慢地走下楼去，一边自顾自地思索着。一桩桩往事清楚地浮现在他眼前，如噩梦般丑恶而沉重，如噪音般杂乱无章——真是一败涂地。生活，如他这样回忆起的生活，对他而言已不再有魅力，但他已看见远处有个安静的港湾可容他栖身。他在过道上停了一下，向店里看了一眼，蜡烛还在尸体旁燃着，周围静得可怕。当他站定，凝视着这些时，关于店主的种种回想顿时涌进他的脑海中。这时，门铃再次不耐烦地、急促地响起来。

他站在门槛上，面对着女仆，脸上挂着某种类似微笑的表情。

“你最好去报警，”他对她说道，“我杀死了你的主人。”

附　录

一、段落中的过渡词语

我们在此列出了一些典型的连接词和短词，帮助作者顺利进行段落中的语句过渡。这个过渡词列表当然算不上完整，但已包含了足够学生使用的核心连接词。

连接词通常有以下用法：

（一）暗示一系列的事情。

First, secondly, thirdly, etc.; again, further, finally.

（二）暗示简单的补充内容。

And, also, moreover, again, further, finally, then, after, next, when, another, too, any more, 以及由 when, while 等引导的时间从句。

（三）暗示对比情况。

Yet, still, however, but, rather, on the other hand, on the contrary, nevertheless, notwithstanding, in spite of, in contrast to this, 以及由 although 引导的让步状语从句。

（四）表示引用前面句子中的名词、名词性从句等。

人称代词和指示代词，this，that 等；in this way，thus，so，such 等。

（五）表示有赖于前句所述思想的目的。

To this end, for this purpose, with this in view, keeping this in mind.

（六）表示结果。

Therefore, hence, then, it follows that, consequently, accordingly, if this be true, under these circumstances, under these conditions.

（七）作为比较。

Equally important, more effective, quite as necessary, not so obvious.

（八）延续（或增强）思想。

Truly, really, surely, in truth, in fact, very likely, certainly, perhaps, of course, to be sure, naturally, obviously, it is certain, undoubtedly, assuredly, probably.

（九）表示详细罗列。

At least, at any rate, anyhow, for example, for instance, indeed, specifically, in particular, in especial, 以及几乎所有与前句存在关联的副词，如 unhappily，unfortunately，happily，fortunately 等。

（十）表示地点的变化。

Here, there, yonder, beyond, near by, opposite, adjacent to, round about, on the other side, underneath, above, in either place, westward 等。

（十一）表示时间的变化。

At length, next, soon, whereupon, immediately, whereat, after a short time, not long after, at last, finally, meanwhile.

注意：要始终牢记两种有助于句子过渡的结构。身穿同一种制服的两个人，很容易被人识别出来，人们会认为他们彼此间存在关联（可能来自同一个部队），所以采用相同结构的句子也会被人默认为它们彼此相关。采用并列结构的句子最适合用来介绍一系列细节。佩戴同一个兄弟会徽章的人之间必然存在关联，同理，重复使用同一个词的句子也同样彼此相关，这通常也是一种有效的过渡方式。

二、句子结构练习

（一）句子统一性练习

1. 用于分析的句子

（1）将以下句子打散，变成基本的陈述成分。每个陈述成分应能够独立成句。

（2）指出以下从句的并列关系或从属关系。判断该句所示的关系能否最准确地表达句子的思想。

（3）尽量以能够表示相同关系的其他连接词和连词取代以下句子

中的对应词语。

（4）以能够改变从句关系的其他连接词或连词来取代以下句子中的对应词语，并注意语意的变化。

① The ocean is rough, for the billows roar.

因为巨浪翻腾咆哮，海洋一片凶险。

② It was so cold that my ears were frosted.

天气太冷了，我的耳朵都结霜了。

③ Our fathers suffered that our lives might run smooth.

先辈经历的苦难换来了我们安宁的生活。

④ Another day appeared, but it brought me no peace.

又一天来临了，但我的生活依旧不平静。

⑤ You cannot have tried earnestly, or you would have succeeded.

你没有真正努力过，不然你已经成功了。

⑥ The sky seems clear, yet no stars are visible.

天空看似明朗，却不见一颗星星闪耀。

⑦ The more a man has the more he wants.

人拥有的越多，奢求的就越多。

⑧ We waited until the tide came in.

我们一直等到了涨潮的时候。

⑨ Though I arrived late at the theater, I managed to get a seat.

虽然我来晚了，还是在戏院找到了一个座位。

⑩ The muscles must be exercised in order that they may grow hard and firm.

要想肌肉结实，就必须健身。

⑪ I have few clothes to wear, nor can I buy food to eat.

我衣不蔽体，食不果腹。

⑫ I don't want to go; moreover, I won't go.

我不想走，我也不会走。

⑬ He does not approve of the measure; however, he will not oppose it.

他并不赞同这个举措，但也没有表示反对。

⑭ He kept his seat at the rowing-bench as long as he was able.

他久久地坐在船凳上，没有挪步。

⑮ Do your employer's work as if it were you own.

要像对待自己的事业一样做好老板分配的工作。

⑯ Do as I say, else you can't go.

照我说的去做，不然就别想走。

⑰ Look well to your conduct; for actions speak louder than words.

要谨言慎行，因为行动胜于语言。

⑱ The sea is so rough that no boat can live upon it.

海面波涛汹涌，根本没有一艘船可以在其上安然无恙地航行。

⑲ You will be in the first honor division, provided you do not fail in this examination.

只要你这次考试通过了，就可以拿到第一名。

⑳ Think twice before you speak.

三思过后再开口。

㉑ Though I admire his courage, I have little confidence in his integrity.

我欣赏他的勇气，但并不太确定他是否诚实。

㉒ This suit doesn't become me; besides, it's too small.

这身衣服不适合我，而且它也太小了。

㉓ In as much as ye have done it unto one of the least of these my brethren, ye have done it unto me.

因为你们成就了我们最小的一个兄弟，所以你们也成就了我。

㉔ Gas is formed when the two substances are mixed together; hence effervescence takes place.

这两种物质混合在一起就会产生气体，所以才会冒泡。

㉕ Do right in youth, or you will be sorry in old age.

少壮不努力，老大徒伤悲。

㉖ Words should be so arranged that they will convey the intended meaning.

这样组织语言才能恰如其分地表达你的想法。

㉗ Burns, although he was poor all his life, was for the most part content with his lot.

仅管伯恩斯一生都很穷，但他大体上满意自己的人生。

㉘ The wind died down, and the sails flapped feebly.

风浪平息了下来，船帆开始“有气无力”地拍打着桅杆。

㉙ The noise pursues me wheresoe'er I go.

无论我走到哪，这种响声都如影随形地跟着我。

㉚ Electrical engines were substituted for the steam locomotives in order that the smoke-nuisance might be abated.

电动机取代蒸汽机，以减少烟雾危害。

㉛ A good child always does as it is told.

听话的孩子才是好孩子。

㉜ I like him because he always speaks as he thinks.

我喜欢他，因为他总是直言不讳。

㉝ Her voice was so low that I had difficulty in hearing her.

她声音太小了，我听不清她在说什么。

㉞ Take heed lest you fall.

小心别摔倒。

㉟ You have more modesty than is absolutely necessary.

你实在是谦虚过头了。

㊱ Henson was disappointed because he lost the pole-vault, as he had been confident of winning it.

亨森心情沮丧，因为他输掉了原本信心十足的撑竿跳比赛。

㊲ Railroads are useless unless the public is willing to patronize them.

如果得不到大众的支持，铁路就没有用处了。

㊳ Since his administration of the office was not wholly satisfactory, he retried.

因为公众对他这一届政府并不完全满意，他就辞职了。

㊴ That you may be the better able to understand this point, we have added a diagram to our explanation.

为了让你更好地理解这一点，我们在说明的内容中添加了一个图表。

㊵ He that is comely when old and decrepit, surely was very beautiful when he was young.

他老的时候都这么清秀，可见年轻时一定非常英俊。

㊶ Clouds gathered over the hills; gloom was spread over the valleys.

乌云聚在山峰之上，山谷被罩上了一层阴霾。

㊷ A wise son will hear his father's reproof; but a scorner will not hear reproof.

孝子会听从父亲的训诫，逆子只会当它是耳边风。

㊸ The rain was violent enough to have frightened the most valiant, but Robert would not turn back.

这场雨来势汹汹，就算是最大胆的人也会生怯，但罗伯特还是头也不回地走了。

㊹ As Sir Roger is landlord to the whole congregation, he keeps them in very good order.

罗杰爵士作为整个集会的主人，很好地维持了现场的秩序。

㊺ If we are miserable, it is very consoling to think that there is a place of quiet.

如果我们陷入惨境，想到世上还有个安宁的地方所在，心里就会很安慰。

㊻ Whither thou goest, I will go; and where thou lodgest, I will lodge.

你去哪里，我就跟到哪里；你在哪里落脚，我就在哪里扎根。

㊼ As the barren country furnished hardly any water, they nearly perished with thirst.

因为这个贫瘠的乡村几乎没有供水，他们都快渴死了。

㊽ As far as the interests of freedom are concerned, you stand in the capacity of the representatives of the human race.

就自由的问题而言，你的立场代表着全人类的利益。

㊾ This is a fine thing to smart for one's duty; even in the pangs of it there is contentment.

因自己的职责而受罚不是件坏事，甘愿做则甘愿受。

㊿ A is equal to B; B is equal to C; therefore, A is equal to C.

A 等于 B，B 等于 C，所以 A 等于 C。

51 If you have tears, prepare to shed them now.

如果你想哭，现在就哭出来吧。

52 Although we seldom follow advice, we are all willing enough to ask for it.

我们很少遵从他人的建议，却总想让他人提供建议。

53 A thaw had set in on the previous evening; the ice was, consequently, unfit to skate on.

冰雪在前晚开始融化了，所以这些冰面已经不适合溜冰了。

54 Either he was telling the truth; or else he is a consummate actor.

如果他说的不是实话，那他就是一个完美的演员。

55 A man knows just as much as he taught himself—no more.

人只有自己吃过亏才能长教训。

56 I should not even have attempted the task but that I was assured of success.

如果不是确信自己会成功，我根本不会去尝试这个任务。

57 This is no easy task; it is at least a week's job.

这可不是个简单的任务，它至少是一周的工作量。

58 There is no cutting of the Gordian knots of life; each must be smilingly unraveled.

你并不能"一刀切"地解决生活中的所有难题，而必须心平气和地解决每个问题。

59 His debts are more than he is able to pay.

他已经债务缠身，无力偿还了。

60 We wonder at the aeroplane as our ancestors did at the steamboat.

我们对飞机的惊叹，与我们的祖先对待汽船的态度如出一辙。

61 He may be a docile citizen; he will never be a man.

他也许是个顺民，但永远不会是个男子汉。

⑥② As science makes progress in any subject-matter, poetry recedes from it.

在各个领域的科学都取得了发展之时，诗歌艺术却出现了衰退。

⑥③ Statesmen are often famous as writers; Disraeli wrote novels, and John Hay was a poet.

政治家通常也有作家的美名，比如迪斯雷利就会写小说，海约翰还是个诗人。

⑥④ You would have acted wrongly if you had refused help to the friend from whom you obtained help when you needed it.

对于曾经在你最需要的时候向你伸出援手的朋友，如果你拒绝向他提供帮助，就太不讲义气了。

⑥⑤ Prosperity is not always good for a man; Burns suffered from being lionized in Edinburgh.

成功对于一个男人而言并不总是件好事，伯恩斯在爱丁堡时就曾经被自己的声名所累。

⑥⑥ I have seldom answered any scurrilous lampoon when it was in my power to have exposed my enemies; and, being naturally vindictive, have suffered in silence.

在我有权揭发敌人的时候，我一向很少回应对方粗鄙无礼的讽刺，而是一般都会默默地怀恨在心。

⑥⑦ Wherever they marched, the route was marked with blood.

无论他们选择了哪条道路前行，都不免要付出“血的代价”。

⑥⑧ Pope was not content to satisfy; he desired to excel; and therefore always endeavored to do his best.

蒲柏并非自满之人，他追求卓越，所以总是尽自己所能做到最好。

⑥⑨ Superstition is wonderfully persistent; even to this day many people will not sit down to a table laied for thirteen persons.

迷信是一种根深蒂固的观念，直到今天，仍有许多人不肯在有十三座的桌子入座。

⑦⓪ America is still foremost in the conquest of the air; the Wright brothers have made the first successful aeroplane.

美国依旧稳坐航空领域的头把交椅；赖特兄弟成功制造了世界上的第一架飞机。

⑪ During the great plague in London the people perished so fast that the survivors were often unable to give suitable burial.

在那场大瘟疫中，伦敦人口的死亡速度太快了，导致幸存者都来不及收尸，让死亡者体面入葬。

⑫ I was impatient to see it come upon the table; but when it came, I could scarce eat a mouthful; my tears choked me.

我迫不及待地等着这道菜上桌，但它端上来之后，我已经双目含泪，几乎顾不上吃一口。

⑬ The height of spires cannot be taken by trigonometry; they measure absurdly short, but how tall they are to the admiring eye!

这些尖顶的高度无法用三角法来测量，三角法的测量范围太短了。但它们真是令人觉得很高！

⑭ While he was speaking, I perceived that the audience, who had at first strongly opposed him, were gradually coming around to his opinions.

在他演讲的时候，我发现原先还强烈反对他的观众，逐渐接受了他的观点。

⑮ Anderson moved around uneasily; he readjusted the furniture; he poked the fire with his cane; he lowered the window shades and then raised them again; finally he sat down.

安德森心神不宁地四处走动；他重新调整了家具，用手杖拨了一下火，将百叶窗拉低后又拉高，最后才终于坐了下来。

⑯ The soul demands unity of purpose, not the dismemberment of man; it seeks to roll up all his strength and sweetness, all his passion and wisdom, into one.

这颗灵魂需要的是统一的意志，而不是一个支离破碎的人；它将他所有的力量和可爱，所有的热情和智慧都整合为一体。

⑰ After we had stopped for a few minutes at the house where my uncle was born, we young people visited other places in the vicinity, while my father transacted the business which had called him to town.

在叔叔出生的房子落脚几分钟之后，我们这些年轻人就去逛附近的其他地方了，而我父亲则留下来处理事务，这正是他此番进城的目的。

⑱ When it is said that men in manhood so often throw their Greek and Latin aside, and that this very fact shows the uselessness of their early studies, it is much more true to say that it shows how completely the literature of Greece and Rome would be forgotten, if our system of education did not keep up the knowledge of it.

与其说人们成年时就会抛弃希腊语和拉丁文——这个事实表明这些早期教育毫无用处，不如说这一点证明了如果我们的教育制度不跟上步伐，人们迟早会彻底忘记希腊和罗马文学。

⑲ I am the more at ease in Sir Roger's family, because it consists of sober, staid persons; for as the knight is the best master in the world, he seldom changes his servants; and as he is beloved by all about him, his servants never care for leaving him; by this means his domestics are all in years, and grown old with their master.

我在罗杰爵士家里更为舒适自在，因为这里不乏冷静沉稳之人；又因为这位骑士是世界上最好的主人，他很少更换仆人，亦受到周围所有人的爱戴，仆人也从来没打算离开他；他的家仆长年累月侍奉他，追随主人进入了暮年。

⑳ If it shall be concluded that the meaner sort of people must give themselves up to a brutish stupidity in the things of their nearest concernment, which I see no reason for, this excuses not those of a freer fortune and education, if they neglect their understandings, and take no care to employ them as they ought, and set them right in the knowledge of those things for which principally they were given them.

如果说较为卑劣的那群人肯定是在最重要的事情上纵容了自己犯傻，我认为这一点也说不通。其实原因并不在于更自由的财富和教育，而是他们是否忽略了自己的认知，不重视恰如其分地运用这些资源，没有在必要的情况下妥当地运用这些知识。

⑧1 The ships were in extreme peril; for the river was low, and the only navigable channel ran very near to the left bank, where the headquarters of the enemy had been fixed; and where the batteries were most numerous, Leake performed his duty with a skill and spirit worthy his noble profession, exposed his frigate to cover the merchantmen, and used his guns with great effect.

这些船只破损极其严重。由于河道水位很低，唯一可以通航的水道又非常靠近左岸，而那里正是敌军总部的所在，会遭到最多的军事打击。利克以出色的技能和精神履职，他以护卫舰和枪炮有效地掩护商船过境。

⑧2 Seeing that truth consistent in the right ordering of names in our affirmations, a man that seeketh exact truth had need to remember what every name he useth stands for, and to place it accordingly, or else he will find himself entangled in words, as a bird in lime-twigs,—the more he struggles, the more belimed, —and, therefore, in geometry, which is the only science that it hath pleased God hitherto to bestow on mankind, men begin at settling the significations of their words; which settling of significations they call definitions, and place them in the beginning of their reckoning.

鉴于我们确认的真理始终有排序先后之分，一个寻求确切真理的人需要记住他所使用的每个代称是什么，并将其放在相应的位置，否则他就会发现自己被文字所缚，就好像一只深陷罗网的鸟——越挣扎就越无法动弹。因此，人们开始利用几何学这种迄今为止唯一令上帝满意的学科破解语言的意义，这意味着他们要破解自己称之为“定义”的含义，并将其放置在自己的处理清单前列。

⑧3 But much latelier, in the private academies of Italy, whither I was favored to resort, perceiving that some trifles which I had in memory, composed at under twenty or thereabout—for the manner is, that every one must give some proof of his wit and reading there—met with acceptance above what was looked for; and other things which I had shifted, in scarcity of books and conveniences, to patch up among them, were received with written encomiums which the Italian is not forward to bestow on men of this side the Alps, I began thus far to assent both to them and divers of my friends here at home; and not less to an inward prompting, which now grew daily upon me, that by labor and intent study, which I take to be my portion in life, joined to the strong propensity of nature, I might perhaps leave something so written, to aftertimes, as they should not willingly let it die.

但更久之后，我在自己常去的意大利私立学院中，想到了我经历过的一些琐事，它们是我二十岁左右形成的记忆——这里的每个人都必须能够证明自己的智慧，并在此阅读——我在那里得到了超越自己所需的待遇；我还想到了自己在缺乏书籍和便利的时候所做的其他事情。为了填补这种空虚，我写了一些阿尔卑斯山这一侧的意大利人并不常见的赞辞，并开始赞同他们及我的故乡的各种朋友的看法。这好比是一种内在的自我激励日益在我的内心潜滋暗长。我将努力而用心地学习，并将此作为自己生活的一部分。我产生了一种强烈的亲近自然之感，我可能会把自己写下的这些东西留下来，将其传给后世。后人应好生保存，以免它走向湮灭。

2. 用于综合的句子

观察以下几组语句，判断这些语句之间的关系。将每组语句整合成一个完整的句子，尽量少用复合句形式。

① The time is short. Prepare for action. Much remains to be done.

时间紧张。准备行动。还有很多事情要做。

② A man is constrained to say no. He does not hate himself. There is something wanting in the man.

男人不敢说不。他并不讨厌自己。这个男人心里还是有欲望的。

③ Benjamin Franklin once paid too dearly for a penny whistle. He went through life an altered man.

本杰明·富兰克林曾经为一只便士哨付出了极大的代价。此后他的一生像完全变了一个人一样。

④ Every climate has its peculiar diseases. Every walk of life has its peculiar temptations.

每种气候都有它特殊的“怪癖”。每个行业都有特定的诱惑。

⑤ He has used many people ill. Assuredly he has used nobody so ill as himself.

他用错了许多人。他最糟糕的用人决策就是他本身。

⑥ Their names were not found in the registers of heralds. Their names were recorded in the Book of Life. They felt assured of this.

他们的姓名并没有出现在传令官的登记簿上。他们的姓名记录在生死簿上。他们感觉很确信这一点。

⑦ He treats himself to a luxury. He must do it in the face of a dozen who cannot.

他对待自己极尽奢华。他必须当着许多人的面这样显摆。

⑧ William Jones complains. He is the "victim of prejudice created in the community by the unlawful acts of others." He is the chauffeur convicted of manslaughter in the first degree by a New York jury. More disinterested observes look upon the verdict as the first significant warning. Reckless drivers have received this warning.

威廉·琼斯抱怨道，他是“因他人的非法行为而在社区造成的偏见的受害者”，他是受到纽约陪审团的一级过失杀人指控的司机。更公正的观察者则将此判决视为首个重要警告。鲁莽的司机已经收到这一警告。

⑨ The woolen coat covers the day laborer. It may appear coarse. It is the produce of the joint labor of a great multitude of workmen.

这名临时工穿着一件羊毛衣，乍一看似乎很粗糙。它可是许多工人集体劳动的结晶呢。

⑩ A common smith is accustomed to handle a hammer. He has never been used to make nails. Upon some particular occasion he is obliged to attempt it. He will scarce be able to make above two or three hundred in a day, and those, too, very bad ones, I am assured of this.

一名普通的铁匠习惯于同铁锤打交道。他从来不习惯制作钉子。他在一些偶然的情况下曾试着制作钉子。他一天也做不出两三百枚钉子，并且这些钉子质量堪忧，我很确定这一点。

⑪ A smith has been accustomed to make nails. His sole or principal business has not been that of a nailer. This smith can seldom with his utmost diligence make more that eight hundred or a thousand nails in a day.

一名铁匠习惯于制作钉子。他的主要业务并不是制作钉子。这名铁匠就算是使尽浑身力气，一天也很难制作超过八百或一千枚钉子。

⑫ I have seen several boys under twenty years of age. They had never exercised any other trade than that of making nails. They could make, each of them, upwards of two thousand three hundred nails in a day. They exerted themselves.

我看到过一些不足二十岁的男孩。他们没有接触过除了制作钉子之外的行业。他们每个人一天顶多可以制作两三百枚钉子。他们已经用尽全力了。

⑬ I must not venture on any general account of the interpretation of the Constitution. I must not attempt to set forth the rules of construction laid down by judges and commentators. This is a vast matter and a matter for law books.

我不能在任何关于宪法解释的一般性说明上冒险。我不能试图阐明法官和评论员制定的规则。这是一件大事，它是事关法律典籍的问题。

⑭ The judiciary is the only interpreter of the Constitution. It is an error to suppose this. A large field is left open to the other authorities of the government. Their views need not coincide. A dispute between those authorities may be incapable of being settled by any legal proceeding. This dispute may turn upon the meaning of the Constitution.

司法部是宪法的唯一解释者。这种假设是错误的。政府其他机构对一个大型领域也有解释权。他们的观点不一定重合。这些机构之间的争议可能无法通过任何法律程序解决。这种争端可能会随宪法的意义而定。

⑮ You have everything to fear from the success of the enemy. You have every means of preventing that success. It is next to impossible for victory not to crown your exertions.

你有一切害怕敌人获得成功的理由。你有办法阻止对方成功。如果你不努力，就不可能获胜。

⑯ You begin stealing a little. You will go on from little to much. You will soon become a regular thief. Then you will be hanged. Or you will be sent over seas. Transportation is no joke. Give me leave to tell you this.

你开始只偷了一点，然后逐渐积少成多。你很快就会成为一名惯偷。然后你会被绞死，或者会被发落到海外。这种长途运输可不是开玩笑的。请允许我告诉你这个事实。

⑰ He failed to blow his horn. He had struck the boy. Afterwards he deliberately increased his speed. Later he fled to Texas. He was finally arrested there.

他没能吹响他的号角。他打了那个男孩，之后他故意加快速度；后来他逃到了德克萨斯州。他最终在那里被捕了。

⑱ This idea has too much prevailed among a certain type of automobile drivers. Their rights on the street are superior to those of everybody else. They sound their raucous horns. It is the duty of everybody else to get out of the way. Some one fails to get out of the way. He consequently gets hurt. It is his own fault.

这种想法在某些汽车司机中非常流行。他们认为自己在街道上的权利优于其他人。他们按响刺耳的喇叭，其他人就得为他们让道。有人没有及时让道，因此受伤了，这是那些人自己的过错。

⑲ The Yale team debated this year with Princeton. Another Yale team debated with Harvard. Another Harvard team debated with another Princeton team. They all debated on the same subject. The subject was, Resolved, That the interstate corporations should take out Federal charters. The negative teams were all on their home grounds. The negative teams all won. Apparently the home grounds or the negative side helped those teams to win.

耶鲁大学队今年与普林斯顿大学队进行了辩论，另一支耶鲁大学队与哈佛大学队进行辩论，还有一支哈佛大学队与另一支普林斯顿队进行辩论。他们都在讨论同一个主题。这个主题是“已解决了：州际公司应该取消联邦宪章”。反方辩队占据了主场。所有反方辩队都赢了。他们的胜利显然与主场优势和反方辩题有关。

3. 用于修改的句子

下列句子缺乏统一性。首先指出每个句子出现问题的直接原因，然后修改句子。

① Milton was thrice married in his life, the latter part of which was spent in blindness.

米尔顿一生中结过三次婚，他的后半生是在失明中度过的。

② I also noticed the grass, which was brown, but it will soon be green again.

我也注意到了棕色的草，不过它很快就会变绿了。

③ The house is painted brown, and was built early last summer.

房子被漆成了棕色，它早在去年夏天就竣工了。

④ The tiger is a beautiful animal, and has been known to live many years in captivity.

这只老虎是一种美丽的动物，众所周知，它已经被囚禁多年了。

⑤ He was brought up under the old Blue Laws, and he shows this in all his habits and opinions.

他是在旧的“蓝法（美国殖民地时期清教徒社团颁行的蓝色法规）”环境下长大的，他所有的习惯和观点都表明了这一点。

⑥ I worked faithfully for my employer, who one morning surprised me by raising my salary.

我忠实地为雇主工作，一天早上，他意外地给我加薪了。

⑦ The first speaker was the Senator from Missouri, and after he had finished his remarks, the chairman arose.

第一位发言人是来自密苏里州的参议员，在他发言结束后，主席站起身来。

⑧ He tried to frighten the mouse from under the bureau, but that was impossible, and then he tipped it over, and the creature ran out, but it did not escape for Fido sprang upon it and bit off its neck.

他试图吓唬躲在衣柜下的老鼠，但这种方法行不通；然后他把它翻倒过来，这只动物就跑了出来。但是它还是没有躲过菲多，菲多逮住了它，咬断了它的脖子。

⑨ The first friend that my Liquid Food found was one I make the acquaintance of when I was trying to obtain the law for forfeited life insurance policies, as every sixth person lost his in the past year.

我的“流食疗法”的第一个知音，是我在试图了解与被罚没的人寿保险单相关的法律时认识的。在过去一年中，每六个人中就有一人丢失了这个保险单。

⑩ I have had many letters given me by surgeons that have found my Liquid Food a great assistant, and among them one from Dr. Brown Sequard of Paris, with whom I spend a pleasant half hour, and three months later he brought out his elixir of life, which proved of no value.

外科医生给我写了很多信，让我发现我的“流食疗法”是一个好帮手。其中之一是来自巴黎的布朗·色夸医生，我和他度过了愉快的半小时。三个月后，他研制了自己的长寿灵药，但这种药并没有什么价值。

⑪ The parade was headed by the band playing all the college songs, which the students took up, and every now and then a long cheer would rend the air for this class or that.

游行队伍中为首的是由学生们参与的乐队，它演奏着所有大学的歌曲，并且不时地发出漫长的欢呼，为各个班级创造了气氛。

⑫ Here and there are half-burn matches and cigarettes, and since there are no receptacles to place these in, the students also invariably spit on the floor.

到处都是只燃烧了一半的火柴和香烟，由于没有容器，学生们也总是随地吐痰。

⑬ I propose to do enough each day in order to keep right along and hear what is being explained in classes for me as much as for the next fellow; and in this way acquire enough knowledge of metallurgy so when I go out into business I will feel I have obtained something from Yale in several ways for my conscientious efforts.

我建议每天做足够的练习以保持正确率，并听取课堂上的内容以争取下一次的奖学金。我通过这种方式掌握了足够的冶金知识，所以当我开始创业时，我会觉得自己已经尽心尽力地通过多种方式从耶鲁吸收了能量。

⑭ My greatest ambition next to getting a practical education is to meet and become acquainted with the best men in my class, so as to do as much as I can towards upholding and furthering the honor and reputation of Yale.

除了接受实践教育，我最大的抱负就是结识班上最优秀的人，并尽我所能坚持和进一步提升耶鲁的荣誉和声誉。

⑮ The whole immense line wriggled past doing the famous snake dance, which at first sight presented a scene of confusion, but which really was in the most perfect order, except in the Freshman ranks, where they were not only strangers to each other, but were ill at ease on account of the wonderful tales that they had heard.

一整条巨大的线路就像在跳"蛇舞"一样蜿蜒而行，乍看之下呈现出一片混乱的景象。但除了大一新生之外，这个队伍的秩序确实完美。在那里，他们不仅是彼此的陌生人，而且会因为自己听到的精彩故事而感到局促不安。

⑯ The Restoration did not bring enough money to the Lord Castlewood to restore this ruined part of his house; where were the morning parlours, above them the long music gallery, and before which stretched the garden-terrace, where, however, the flowers grew again which the boots of the Roundheads had trodden in their assault, and which was restored without much cost, and only a little care, by both ladies who succeeded the second viscount in the government of the mansion.

复辟并没有给卡斯尔伍德勋爵带来足够的钱财来修复他的房子；他的晨间会客厅、上面长长的音乐廊，还有前面的花园露台都被损坏了。在圆头靴子踏过的地方，花儿依旧在生长，但没有花太多费用和精力，这个房子就被两位夫人修复如初了，她们继承了这幢豪宅的子爵头衔。

⑰ She was a wonderful swimmer, among other things, and, one early morning, when she was a girl, she did really swim, they say, across the Shannon and back, to win a bet for her brother Lord Levellier, the colonel of cavalry, who left an arm in Egypt and changed his way of life to become a wizard, as the common people about his neighborhood supposed, because he foretold the weather and had cures for aches and pains without a doctor's diploma.

她是一名出色的游泳运动员。据他们说，当她还是一个女孩时，她在某个早晨穿过香农回来时真的会游泳，为的是为她的兄弟列文利尔勋爵，即陆军上校赢得赌注。后者曾在埃及丢了一只手臂，这改变了他的生活轨迹，让他变成了一名巫师。正如他邻居中的普通人所猜测的那样，他能够预测天气，虽无医生的文凭，也能治好伤痛。

⑱ My General Hospital as well as my Infant Hospital did good work in cleansing the diseases from the system, and it was done by our Liquid Food, which is the only raw food extract known free from insoluble matter and , condensed manyfold, will keep in all climates, as our large foreign business show, and age, if kept from exposure to heat or sun, does not injure it, and a raw food is three times as nutritious as a cooked one provided that it can be digested, and when ours fails, it will sustain the system many weeks when used as enema.

我的综合医院和婴儿医院在净化系统疾病方面做得很好，这一点离不开我们的“流食疗法”。流食是唯一不含不溶物的生食提取物，并且浓缩多倍，正如我们的大型海外商业展示成果显示，它在所有气候条件下都会保持不变，只要不接触高温或阳光，就不会老化；并且生食的营养要比熟食丰富三倍，只要摄取的是可以消化的生食就行。在我们的机能衰退时，可以把它当作灌肠剂来使用，它可以维持系统数周的运行。

（二）连贯性练习

下列句子缺乏连贯性。首先指出每个句子违反连贯性原则的直接原因，然后修改句子。

① When the candy came, it was done up in a neat little box, and we ate it.

糖果拿来的时候，它是装在一个整洁的小盒子里的，我们已经把它吃掉了。

② He nearly caught a hundred fish.

他几乎抓到了一百条鱼。

③ Walking up the main aisle of Evergreen Cemetery, two large white tombstones are seen.

走上常青公墓的主要通道，可以看到两个大型白色墓碑。

④ I had to attend that wedding, as he is a relative of mine.

我不得不参加那场婚礼，因为他是我亲戚。

⑤ I will not say that the course has done me no good, which it has.

我不会说这门课对我没有好处。

⑥ The final vowel is only elided before another vowel.

最后一个元音只在另一个元音之前要省略。

⑦ While playing ball one Sunday, the Presbyterian minister solemnly reproved us.

在星期天打球的时候，长老会牧师严厉地责备了我们。

⑧ I learned what a poor student I was in later life.

我在后来的生活中意识到自己是一个多么可怜的学生。

⑨ We ate a great deal at the Pantheon Café.

我们在万神庙咖啡厅吃了很多东西。

⑩ Being one of the strongest Prep. Schools in the state, it was natural for us to be a little over-confident.

身在本州最强的预备学校之一中，我们这些学生当然有点过度自信了。

⑪ She only lives for her family.

她只为自己的家人而活。

⑫ The Rector spoke to the young man who had been intoxicated most earnestly.

校长跟那个极度兴奋的年轻人说话。

⑬ Turning into Chapel Street, an automobile threw him down.

拐进教堂街，他就下车了。

⑭ When I last saw him I thought him happy, and that he had no cause for complaint.

当我上次见到他时，我觉得他很开心，而且他也没有理由抱怨。

⑮ My stepfather was very harsh, and threatened to kill me nearly every day.

我的继父非常苛刻，几乎每天都威胁要杀了我。

⑯ They also wear guards to protect their shins that are made of leather.

他们还穿着用皮革制成的防护装置来保护小腿。

⑰ All men are not happy, and all women are not content.

所有男人都不开心，所有女人都不满足。

⑱ You had better tell him, if he is doing wrong, to reform at once.

如果他做错了，你最好告诉他，让他改正。

⑲ One woman, meeting another, said to her that her children were playing in her yard among her flowers, and that they were nearly ruined, and she had better look after them.

一个女人遇到了另一个女人，并对她说，她的孩子们正在她的院子里的花丛中玩耍，花儿几乎被毁了，她最好管管自己的孩子。

⑳ He gave a learned dissertation on the recent earthquake at Harvard College.

他在哈佛大学针对最近的地震发表了一次学术演讲。

㉑ We could not hear distinctly what the lecturer said, coming so suddenly into the crowded room.

因为突然进入了拥挤的房间，我们无法听清讲师说的话。

㉒ Knowing this to be safe, and also that it is the best plan, I have no hesitation in going to work.

知道它很安全，而且那是最好的方案之后，我毫不犹豫地去做了。

㉓ The development of locomotion from ancient times to modern times has been most wonderful.

古代到现代的运动发展最为精彩。

㉔ Our times do not suffer from comparison with the times of Queen Elizabeth, though these are called the good old times.

虽然伊丽莎白女王的时代被称为"美好时代"，但它仍然比不上我们这个时代。

㉕ One of the professors is lecturing on the Battle of Waterloo in College Street Hall.

其中一位教授正在学院街大厅讲授滑铁卢战役。

㉖ Just as the spectators were leaving the cockpit, the police burst into the room, saying that they were all under arrest.

就在观众离开坐舱时，警察冲进了房间，说他们都被捕了。

㉗ And he spake unto his sons, saying, "Saddle me the ass"; and they saddled him.

他对自己儿子们说："快背我，"他们就把他背起来了。

㉘ Nineveh was so completely destroyed that we cannot point out the place where it stood at the present day.

尼尼微被彻底摧毁了，所以我们无法指出它现在所处的位置。

㉙ He is a man of no education, and who is proud of the fact.

他是一个没有受过教育的人，他却为此感到自豪。

㉚ Since we knew that he was always late, no surprise was expressed at his tardiness.

因为我们知道他总是迟到，所以对他迟到的行为已见怪不怪了。

㉛ He would not reply until he had closed the door, and locking it.

在他关门并上锁之前，他不会回复的。

㉜ I shall inform him what I want to do, when he comes.

等他来的时候，我会告诉他我想做什么。

㉝ Coming up the harbor in a naphtha launch, the monument on East Rock soon appeared.

坐着石脑油发动的汽艇驶向港口时，东岩上的纪念碑很快就出现了。

㉞ They came to demand an apology, as they said, for the great injury that had been done them.

正如他们所说，他们要求道歉，因为他们遭受了巨大的伤害。

㉟ This spring serves to carry the electric current from the battery through the armature, and then the current passes through the magnets.

这个弹簧可以让电池通过电枢传输电流，之后电流就会通过磁铁。

㊱ Two things are necessary to a successful athlete: endurance, to enable him to stand the strain, and pluck carries him through to the end.

一个成功的运动员离不开两个要素：一是耐力，这可以让他承受压力，另一个是让他坚持到底的勇气。

㊲ Just as he was bidding me his last adieu, his nose fell a-bleeding, which ran in my mind a pretty while after.

就在他向我示意他最后的告别时，他的鼻子掉了下来，那血淋淋的样子深深地烙在了我的脑海中。

㊳ A medal, presented by the French government, was to-day sent to Jack Binns at Luna Park, Coney Island, where he is employed, by the French ambassador at Washington.

法国政府颁发的一枚奖牌于今日在康尼岛月神公园授予杰克·宾斯，他在那里被任命为法国驻华盛顿大使。

㊴ The Senator only replied to the reporter, when he asked him the cause of his apparent unpopularity, that he owed it to his refusal to support the income tax bill, which gave great displeasure to the poorer classes.

当记者问这名参议员为何他那么不受欢迎时，后者回答称这可能与他拒绝支持所得税法案有关，这事（所得税法案/他拒绝支持该法案？）引发了穷困阶层极大的不满。

㊵ Old Heidelberg in serving these four famous imported Beers is giving its patrons the choicest products of the German breweries, being drawn under the pressure of pure carbonic acid gas, makes them at once a healthful and nourishing beverage and are highly recommended by the leading physicians of America and Europe.

老海德堡为这四家著名的进口啤酒商提供服务，为其顾客提供德国啤酒厂的精选产品。这些酒在纯碳酸气体的压力之下变成了健康营养的饮料，得到了欧美医生的强烈推荐。

（三）突出性练习

判断下列句子为什么缺乏突出性，然后修改句子。

① Diana of the *Ephesians* is great.

《以弗所书》中的黛安娜非常了不起。

② The accepted time is now.

现在正是公认的时间。

③ He led a life of sin and carelessness.

他过着罪恶且放浪不羁的生活。

④ Let him go to the dogs, if he will not hear the counsel which you give him.

如果他不听你的忠告，就让他自取灭亡吧。

⑤ I am sure I do not think he can be trusted, to any great extent.

我很确信自己并不认为他是个值得信任的人。

⑥ A scoundrel, nothing more or less he was.

他就是个恶棍。

⑦ Though Billy was clever, and at times even brilliant, yet he was far from standing at the head of his class, with all his gifts.

虽然比利很机灵，有时候甚至很聪明，但他的天赋在班上根本算不上突出。

⑧ True worth consists in character, and not in wealth, as many people seems to think.

正如许多人所认为的那样，真正的价值在于品格，而不在于财富。

⑨ At this time of danger, he showed indecision, to say the least.

在这个危急时刻，至少可以说他表现出了犹豫不决的一面。

⑩ Dishonesty is a crime I have never been charged with, whatever other faults I may be guilty of.

我可能有其他过错，但从来没有人指控我不诚实。

⑪ We should measure success by quality, not by the amount of it.

我们应该根据质量而不是数量来衡量成就。

⑫ Success is always greeted by applause; but silence attends defeat.

成功总会得到掌声，但失败的待遇就只有沉默。

⑬ There are to be better accommodations for spectators when the new stadium is built, I hear.

我听说新体育场建成时，观众应该会得到更好的待遇。

⑭ I have some reason to believe that it was not the truth that he was telling.

我有理由相信他说的不是真相。

⑮ It was an endless, tiresome, dreary, unprofitable task.

这是一项无休无止、令人生厌、沉闷乏味，而且无利可图的任务。

⑯ Dryden often surpasses expectation, and Pope never gives us less than we expect. Dryden is read with frequent astonishment, and Pope gives us perpetual delight.

德莱顿的作品经常超出预期，蒲柏也从来没有辜负我们的期望。德莱顿的诗频频创造惊喜，蒲柏的作品给我们带来了永恒的喜悦。

⑰ He was the greatest of our warriors, from the point of view of planning a campaign, not from that of personal courage.

从策划战争而非个人勇气的角度来看，他是我们最伟大的战士。

⑱ I was wandering aimlessly down the street, when I saw a most pitiful spectacle, the other day.

那天当我看到一幕十分凄惨的景象时，我正漫无目的地在街上闲逛。

⑲ Rambles among the beauties of nature please the eye, soothe the soul, and refresh the body.

在大自然的美景中漫步，既赏心悦目，又能放松身心。

⑳ His health was not good, so he refused to exert himself.

他的健康状况不佳，所以他拒绝给自己施加压力。

㉑ I have formed the habit of going without lunch, although it took me some weeks to get accustomed to it, as it was such a change.

我已经养成了不吃午饭的习惯。虽然我花了好几个星期才习惯它，因为这毕竟是一个明显的变化。

㉒ In such a people, the haughtiness of domination fortifies the spirit of freedom, renders it invincible, and combines with it.

在这样一个民族中，统治阶级的傲慢只会强化自由的精神，令其立于不败之地，并与之相结合。

㉓ I hope, sir, that England is a nation which still loves her freedom, and formerly adored it.

先生，我希望英格兰仍然是一个热爱自由的国家，它以前很崇尚自由精神。

㉔ It was snowing severely, and the company did not come, and the ice cream all melted.

雪下得非常大，同伴没有来，冰淇淋全都融化了。

㉕ It is not reasonable to suppose that he would call the men liars, as he was always of a mild disposition.

他一直是个性格温和的人，所以他会把别人称为骗子不合理。

㉖ It was raining, and I went down town, so I took an umbrella, and did not get wet.

下雨了，我要去市区。我拿了一把伞，所以没有被淋湿。

㉗ Lastly, I impeach the common enemy and oppressor of all, in the name of human nature, in the name of every age, in the name of both sexes, in the name of every rank.

最后，我以人性的名义，以男女老少的名义，以各行各业的名义，指责所有人的共同敌人和压迫者。

（四）松散句和圆周句

以下哪些句子属于松散句，哪些是圆周句？这些松散句一定不具有"突出性"吗？请尽量将松散句改写成圆周句，将圆周句改写为松散句，并注意其突出内容的变化。

① On parting with the old angler I inquired after his place of abode, and happening to be in the neighborhood of the village a few evening afterwards, I had the curiosity to seek him out.

与这位老钓翁分别之后，我打听了他的住处，并在随后的几个晚上恰好走到他家附近。我就是很想找找他家在哪。

② I found him living in a small cottage, containing only one room, but a perfect curiosity in its method and arrangement.

我发现他住在一个小屋里，屋里就只有一间房，但它的构造和布局倒是很奇妙。

③ It was on the skirts of the village, on a green bank, a little back from the road, with a small garden in front, stocked with kitchen herbs and adorned with a few flowers.

在村庄周围，绿色的河岸上，小路后面，以及屋前的小花园中种满了调味用的药草，其中点缀着一些花朵。

④ A hammock was swung from the ceiling, which, in the daytime, was lashed up so as to take but little room.

天花板上悬挂着一张吊床，白天时就用绳子束起来，以免占据空间。

⑤ On a shelf was arranged his library, containing a work on angling, much worn, a *Bible* covered with canvas, an odd volume or two of voyages, a nautical almanac, and a book of songs.

他在一个架子上放置自己的藏书，其中有一本已经十分破旧，是有关钓鱼的书；还有一本用帆布包裹着的《圣经》，一两册关于航海的书，一本航海鉴，还有一本乐集。

⑥ Of all the deeds of darkness yet compassed in the Netherlands, this was the worst.

在所有包围着荷兰的黑暗契约中，这个契约是最糟糕的。

⑦ When it is remembered, also, that the burghers were insufficiently armed, that many of their defenders turned against them, that many thousands fled in the first moments of the encounter—and when the effect of a sudden and awful panic is considered, the discrepancy between the number of killed on the two sides will not seem so astonishing.

据人们回忆，市民的武装力量不足，本该保家卫国的士兵却将枪口对准他们。数以千计的人在刚交战时就逃之夭夭。考虑到这场突如其来的恐慌造成的影响，双方的遇难人数出现巨大差距就不那么令人震惊了。

⑧ If so much had been done by Holland and Zealand, how much more might be hoped when all the provinces were united?

如果荷兰和西兰岛就能取得这么多成就，那所有省份团结起来是不是可以完成更多伟业？

⑨ By thus preserving a firm and united front, sinking all minor differences, they would, moreover, inspire their friends and foreign princes with confidence.

通过保持坚定的统一战线，撇开所有细微的分歧，他们就会更有信心地鼓励自己的朋友和外国王子。

⑩ While thus exciting to union and firmness, he also took great pains to instill the necessity of wariness.

虽然团结和坚定的局面是如此令人兴奋，他还是煞费苦心，小心谨慎地行事。

⑪ There stood the young conqueror of Lepanto, his brain full of schemes, his heart full of hope, on the threshold of the Netherlands, at the entrance to what he believed the most brilliant chapter of his life—schemes, hopes and visions doomed speedily to fade before the cold reality with which he was to be confronted.

这位年轻的勒班陀征服者胸中有韬略，心中有希望。他站在荷兰的国门面前，站在自己深信的此生最辉煌的“篇章”的入口——韬略、希望和前景注定会在他即将面对的冷冰冰的现实面前迅速退散。

⑫ As Charles the Fifth, on his journey to Italy to assume the iron crown, had caused his hair to be clipped close, as a remedy for the headaches with which, at that momentous epoch, he was tormented, bringing thereby close shaven polls into extreme fashion, so a mass of hair pushed back from the temples, in the style to which the name of John of Austria was appropriated, became the prevailing mode.

在查尔斯五世前往意大利继承铁王冠的旅途中，他的头发被剃短了，好减轻他在备受折磨的重要时期遗留下的头痛问题。他也因此将胡子刮成了一个极为时尚的造型，将大量头发推向鬓角之后，理成了奥地利唐·胡安的那种一度极为流行的发型。

⑬ Changed to the very core, yet hardly conscious of the change, drifting indeed steadily towards a wider knowledge and a firmer freedom, but still a mere medley of Puritan morality and social revolt, of traditional loyalty and political skepticism, of bigotry and free inquiry, of science and Popish plots, the England of the Restoration was reflected in its King.

从根本上发生了变化，却很难察觉到这种变化；稳步转向了更广泛的知识和更坚定的自由，但仍然只是清教徒式的道德和社会反抗。传统的忠诚和政治怀疑主义，偏执和自由探索，科学和天主教阴谋相混合。英王身上就体现着英格兰复辟时期的风气。

⑭ The Convention of 1787 were well advised in making their draft (of the constitution) short, because it was essential that the people should understand it, because fresh differences of opinions would have emerged the further they had gone into details, and because the more one specifies, the more one has to specify and to attempt the impossible task of providing beforehand for all contingencies.

他们在起草（宪法）时很好地借鉴了 1787 年的“公约”，以便让宪法简短且容易理解。因为涉及细则内容时就会出现新的分歧，因为规定的内容越多，需要详细说明的内容就越多，也就越需要事先拟好针对所有意外事件的规定。

⑮ He grasped with extraordinary force and clearness the cardinal idea that the creation of a national government implies the grant of all such subsidiary power as are requisite to the effectuation of its main powers and purposes, but he developed and applied this idea with so much prudence and sobriety, never treading on purely political ground, never indulging the temptation to theorize, but content to follow out as a lawyer the consequences of legal principles, that the Constitution seemed not so much to rise under his hands to its full stature, as to be gradually unveiled by him till it stood in the harmonious perfection of the form which its framers had designed.

他用非凡的力量清晰地掌握了这个基本观点——建立一个国家政府，意味着给予所有附属机构实现其主要权力和用途的必要条件。但是他谨慎和清醒地发展并应用了这个理念，不执拗于纯粹的政治立场，从不沉溺于建立理论或学说，而是以律师的立场来践行法律原则。宪法似乎并不是在他的操纵之下将功能发挥到极致，而是通过他而逐渐展开，令其臻于其框架设计者所推崇的完美状态。

⑯ To be honest, to be kind—to earn a little and to spend a little less, to make upon the whole a family happier for his presence, to renounce when that shall be necessary and not to be embittered, to keep a few friends, but these without capitulation—above all, on the same grim conditions, to keep friends with himself—here is a task for all that a man has of fortitude and delicacy.

诚实、善良——少赚一点、少花一点，让整个家庭因自己的存在而变得更快乐；在必要时放弃，而不为此愤懑；结交一些朋友，而不妥协自己的立场（总之，在某些严酷的条件下，仍与朋友保持往来）——这是一个坚毅而世故的男人必须承担的任务。

三、词语运用练习

针对拼写、措辞不当等常见错误，可以查阅埃德温·坎贝尔·伍利的《英语写作手册》。

（1）纠正以下句子中的错误：

He always finishes whatsoever he begins.

他做事一向有始有终。

You are now embarked on this vale of tears called college life.

你现在踏上了这个叫做大学生活的“泪之谷”。

I guess the metallurgical course isn't such a cinch as most everybody seem to think.

我猜冶金课程并不像大多数人认为的那么简单。

My home town is the finest little burg in God's country.

我的家乡是“上帝的国度”中最好的小镇。

（2）应阅读“描写文”一章中的精选例文，并抄写出具有描述功能的词。

（3）如果觉得晦涩的段落写起来有难度，那就重写以下段落，注意准确用词。

The place where I go in the summer is rather pretty. It is pretty near the water, and the mountains back of it are high and very fine. They are covered with trees, which come down rather near to the shore, and give the place a kind of uncultivated

Appearance. There are a good many kinds of fish in the lake, and there is considerable good hunting in the woods during the season. Near the house where I go there are hardly any people, so when I want company I go across the lake in my motor–boat to the hotel, where there are a lot of fellows I know. There is a good deal going on most of time at the hotel, and we have fun in many ways.

The best time to see the lake from our house is late in the afternoon. You can see the sun on the water just at that time, and the sky above the mountains is bright and pretty, especially if there are some clouds. Everything is kind of quiet then, and on the whole that time of the day is the best to enjoy the view in.

我夏天去的地方景色非常宜人。它很靠近水边，背后是高大秀美的山脉。这些山绿树成林，山脉靠近湖岸，呈现出了一种尚未开垦的原始风情。湖中有很多种鱼类，在这个季节，树林里有很多野兽可供狩猎。我去的那所房子附近几乎没有人，所以当我希望有人结伴时，就得乘坐机动船穿过湖泊到达酒店，那里有很多我认识的人。这家酒店经常推出很多优惠活动，我们在这里可以找到许多乐趣。

从我们家望湖的最佳时间是接近傍晚的时候。那时你可以看到水面上的太阳，山上的天空晴朗而美好，有云的时候更是景色迷人。那时候一切都很安静，总的来说，这是一天中欣赏美景的最佳时间。

（4）列举一个优秀的段落，并对其进行改写，插入恰如其分的准确词语。可以对罗伯特·路易斯·史蒂文森在《大卫·贝尔福》第二十一章中的以下段落进行修改。

The ship lay an anchor, near the pier of Leith, so that people had to come to it in small boats. This was easy, because the day was calm, though cool and cloudy. I could not see the vessel at first until I saw her masts which were above the fog. When I came on the boat, I found that she was a large ship, and full of things for the Continental trade. The captain, although apparently very busy, was quite friendly to me.

这艘船在利斯码头附近抛锚，所以人们只有乘坐小船才能靠近它。这很容易，因为天气很平静，只是有点凉爽多云。一开始我并没有看到这艘船，直到看见它那穿透薄雾的桅杆。我登船的时候才发现它是一艘大船，满载大陆贸易的货物。船长虽然看起来十分忙碌，但对我的态度很是友善。

（5）作为准确用词的练习，尝试对某个熟悉的物体进行详细的描述，但这些物体应该从属于一种人们不太熟悉的艺术学科，例如描述一个建筑的正面，一条街道上的人行道。

（6）使用其他同义词，只要不过于机械刻板，都是一种不错的写作练习。在写作时，应学会通过词典来查找同义词。

（7）仔细阅读以下摘录段落，学习它在用词方面的高超技巧。

LINCOLN'S LETTER TO HORACE GREELEY

August 22, 1862

I have just read yours of the 19th instant, addressed to myself through the "New York Tribune."

If there be in it any statements or assumptions of fact which I know to be erroneous, I do not now and here controvert them.

If there be in it any inferences which I may believe to be falsely drawn, I do not now and here argue against them.

If there be perceptible in it an impatient and dictatorial tone, I waive it, in deference to an old friend whose heart I have always supposed to be right.

As to the policy I "seem to be pursuing," as you say, I have not meant to leave any one in doubt. I would save the Union. I would save it in the shortest way under the Constitution.

The sooner the national authority can be restored, the nearer the Union will be, —the Union as it was.

If there be those who would not save the Union unless they could at the same time save slavery, I do not agree with them.

If there be those who would not save the Union unless they could at the same time destroy slavery, I do not agree with them.

My paramount object in this struggle is to save the Union, and not either to save or to destroy slavery.

If I could save the Union without freeing any slave, I would do it; if I could save it by freeing all the slaves, I would do it; and if I could save it by freeing some and leaving others alone, I would also do that.

What I do about slavery and the colored race, I do because I believe it helps to save the Union; and what I forbear, I forbear because I do not believe it would help to save the Union.

I shall do less whenever I shall believe that what I am doing hurts the cause;

and I shall do more whenever I shall believe doing more will help the cause.

I shall try to correct errors where shown to be errors, and I shall adopt new views as fast as they shall appear to be true views.

I have here stated my purpose according to my views of official duty, and I intend no modification of my oft-expressed personal wish that all men everywhere could be free.

Yours,

A. Lincoln

林肯致贺拉斯·格利里的信

1862年8月22日

我已看过你的第十九封来信，并通过《纽约论坛报》表达了自己的观点。

如果其中存在任何我认为是错误的事实陈述或假设，我现在并不打算在此进行反驳。

如果其中存在任何我可能认为存在谬误的推论，我也不打算在此进行反驳。

如果其中存在不耐烦和专断的语气，我就在此摒弃这种做法，以便尊重我一向认为是正直之人的老朋友。

关于我"似乎正在追求的"政策，正如你所言，我并不打算让任何人置疑这一点。我要拯救联邦，我要在遵守宪法的基础上，通过最短的途径去拯救它。

国家权力恢复得越快，联邦就越接近于原来的联邦。

如果有人认为除非能同时保全奴隶制，否则他们便不愿去拯救联邦，我不会赞同。

如果有人认为除非能同时摧毁奴隶制，否则他们便不愿去拯救联邦，那我也同样不会赞同。

我在这场斗争中的最高目标是拯救联邦，既不保全奴隶制，也不摧毁奴隶制。

如果我能拯救联邦而不需要解放任何一个奴隶，我愿意这样做；如果为了拯救联邦需要解放所有的奴隶，我愿意这样做；如果为了拯救联邦需要解放一部分奴隶而保留另一部分，我也愿意这样做。

我在奴隶制和黑人问题上所做的努力是因为我相信那将有助于拯救联邦；我之所以克制，不做某些事情，是因为我认为那将无助于拯救联邦。

每当我认为自己的所作所为对这个事业有害时，我就尽量少做；每当我认为自己的所作所为对这个事业有益时，我就尽量多做。

一旦发现错误，我就努力改正；一旦发现某些新观点是正确的，我就立即采纳。

在此，我只是根据对自己所担任职务的理解来陈述个人想法，对于我经常提到的，“天下所有人都应该获得自由”的这个愿望，我始终没有动摇立场。

亚伯拉罕·林肯

四、范例概要

重申一下，下文主要阐述对美国海军新增装备进行进一步投入并非最可取的举措。

（一）引言

1. 近些年来，我们国家的政策就是海军扩张。
   （1）国会的海军拨款正在持续地增长。
   （2）我们的海军部队已经从默默无闻上升到世界排名第二的位置。
2. 我们面临的问题在于，我们是否还要继续这一政策。
   （1）我们是否应该替换破损的船只，并训练高效的船员，这不是一个问题。
   ①无论否定和肯定都需要。
   （2）这个问题是，我们是否要增加新战列舰的数量？
3. 该问题的答案决定于以下考虑：

（1）一支规模更大的海军真的能保障我们的安全吗？

（2）一支更强的海军可以鼓励和平，或成为诱发战争的刺激因素吗？

（3）对更大规模海军的资金投入，如果花在其他方面是否更好？

4. 我们认为增加海军的装备是不可取的。

（二）狭义的概述

1. 一支规模更庞大的海军毫无意义，因为

（1）在不久的将来，并不会有战争威胁，因为

①邻邦关系和睦，因为

A. 我们舰艇的航程显示出这一点。

②其他国家也有自己国内的问题，因为

A. 日本和俄罗斯面临财政赤字的问题。

a. 日本官员曾表示，他们的国家已经贫穷得没办法参与战事。

B. 德国和英国互相觊觎对方的军事力量而无暇顾及我们，因为

a. 从英国和德国惶惶然新建的项目就可以看出这一点。

b. 德国新成立的海军主要针对内陆水域作战，因为这些新军舰的燃煤负载量太小。

（2）就算会发生战争，我们目前的海军实力也能应对，因为

①目前我们的海军实力能够匹敌除英格兰以外的任何国家。

②与外国作战时，我们是以全部海军力量应对他国的部分海军，因为

A. 他国必须在国内保存部分军舰实力，因为

a. 他们会觊觎本国国土周围的邻国。

③任何偷袭我们海军的其他海军都是远洋出征，远离自己的补给基地。

④我们拥有强大的沿海抵御防线，因为

A. 我们所有的大规模海港都是易守难攻的。

B. 陆地炮台对军舰船只拥有天然优势。

2. 一支强大的海军可能会诱发战争，因为

（1）强者意识容易滋生侵略心态。

①德国和日本就是很好的例证。

（2）更容易引发其他国家的嫉恨。

①英德两国之间的“爱恨情仇”就是充分的证明。

3. 我们可以把钱花在更有用的地方，因为

（1）就算从军事角度出发，把这笔钱花在其他地方，因为

①需要在沿海抵御上投入更多财力，因为

A. 沿海防御可以让城市“固若金汤”，因为

a. 从目前来看，一些坚固的沿海防御线就是这样的。

②需要在军队人力和海军上投入更多，因为

A. 人比军舰更重要。

a. 西班牙战争就是很好的说明。

B. 我们的沿海防御线目前缺乏人手，因为

a. 从近期发布的声明可以发现，部分沿海防御线的人力配备不足其分配指标的四分之一。

③目前战列舰是一项糟糕的财政投入，因为

A. 战列舰在首航以前，可能已经被淘汰了。

B. 汽艇或潜水艇的发明随时都可能让战列艇变得分文不值，因为

a. 莱特兄弟声称他们已经可以从飞机上向战列舰扔下炸弹。

（2）这笔钱要用于维护和平，因为

①巴拿马运河需要大规模修缮。

②西部灌溉工程需要投入大笔资金。

A. 数百万英亩的肥沃土地现在都是荒废状态。

③大型慈善企业也需要资金投入，因为

A. 需要解救南部地区贫穷的白人。

B. 穷人的孩子必须要成为受益者。

（3）有些钱必须留在纳税人的兜里，因为

①不然海军经费可能会变成一个无法负担的重担，因为

A. 它将让纳税人陷入无休止的支出中，因为

a. 更容易进入和欧洲国家无休止的竞争之中，因为他们不会乐意看到我们的军事实力超过他们。

（三）结论

既然一个更强大的海军并非完全能够保障国家安全，既然它可能会诱发战争，既然所需投入的经费花在其他方面可能会更有利，那么，对于任何增加对海军装备投入的提议我们都持保留态度，因为这并非最可取的举措。

五、描写文练习

描写熟悉的场景和人物，是最好的练习方法。例如，邮局、晨读（或昏昏欲睡的午后诵读）、火车站、下雨天的有轨电车、一栋新的建筑、课堂等，这些都是再熟悉不过的场景了。

这些都能够进行改写。一个街角，这个场景描写起来很容易，但是要把场景描写得活灵活现却非易事。在描写练习中，练习人物描写是一个很有用的方法。可以先对某一类较典型的人物进行描写，如邮递员、乐队指挥、售票员等。然后，针对这一人物类型中某一个特定的个体进行描述。这样一来，可以和其他写作练习内容予以区分，避免混淆。还有一个行之有效的练习方法，那就是对某一熟悉的人物进行全篇幅的细致描写，然后在完整的人物描写结束后，删减掉其他内容，只保留最突出的人物特点描写部分，再加以观察。

描述文写作学习所涉及的题材较为简单，可通过两三个段落，对场景、人物外貌进行刻画描写。在一篇优秀的新闻描写中，内容大多简明扼要，旨在探询事情真相，而不赘述。在对人物外形轮廓的勾画中，作

者只需要体现人物的鲜明特点，并对轮廓细节进行详尽描写即可。

在描写练习中，建议练习的话题有：一次露营的夜景、帆船无风无法航行的经历、我最喜欢的歌曲、从家乡小镇看到的两处风景、坐火车旅行、移民、我可以认出的声音、有趣的人及如何第一眼就认出对方是外国人。

在所有颇负盛名的小说中，几乎随处可见优秀的描写，写作学习者可以摘录出名篇中最喜欢的段落，或者从某些指定段落中摘选出描写短语和词汇。在英国诗人华兹华斯、丁尼生和阿诺德的诗歌中，比比皆是广为传颂的精彩描写。

六、记叙文写作练习建议

记叙文写作需要针对以下四个不同类型予以展开：

其一是简单记叙，即从不太重要或不太突出的事件中挑选出影响较为明显的故事片段予以描述。“我遇到的最有趣的事情”“生活中最激动人心的时刻”“我的一天”这些话题都可以进行简单的记叙练习。

其二是多加练习事实记叙，即要通过记叙，让一个看似荒谬、不太可能发生的事情读起来像是真人真事，或让一个寻常故事读起来妙趣横生。针对一则假新闻进行写作练习是一个不错的选择。

其三是根据选定的情节进行故事创作。这样的故事情节有一定的拓展空间，可以启发大量情节及角色的构思。下文会提供一些有用的实例。可以在推荐阅读的范文清单中，加入一些有效的写作练习场景，如在下文中提到的《赦免者的故事》。因为这些场景能够很快融入现代语境之中，就像是一颗已通过实验检测的种子，能够获得不错的反响。

范例：

1. Two men steal a treasure. Each desires to have all of it. One poisons the other, and is himself murdered.

两个人合伙盗取了一件宝藏，他们每个人都想要独霸这份财富。其中一个人毒死了另一个人，而又有另一个人谋杀了他。

2. A desperate man, being suspected of a crime, asserts his guilt. A friend,

deeply indebted to him, takes the blame upon his shoulders. The real criminal confesses and save both.

一个犯罪嫌疑人在绝望中供认自己有罪。他的一位朋友因欠下了他很大一笔债务，替他承担了过错。最后真正的犯罪分子得以招供，而两个人都得以获救。

3. Two men are anxious to lead their class at graduation. One is brilliant but unsteady, the other, persevering but slow. The friends of the second man endeavor to assure his success by encouraging the dissipations of the first.

两个人都想要以班级第一名的成绩毕业，他们非常焦虑。其中一个学生很聪明，但情绪不稳，另一个的性格保守温吞。后者的朋友们想要怂恿前者挥霍玩乐，以帮助后者拿到第一名。

4. A senior at college asks two girls in succession to be his guests at the college promenade. Both refuse, and both reconsider at the last minute. He introduces each to the other as a chaperone.

一名大四的学生接连邀请了两位女生做自己的毕业舞会的嘉宾，但是这两位女生都拒绝了他，却在最后一分钟时又纷纷改变了主意。他介绍这两位女生互相认识，并作为彼此的舞伴。

5. The "black sheep" of a family comes back after one of his periodical disappearances to find his identity denied by every one directly concerned.

某个“败家子”时常行踪不明。在他某次“失踪”后，回到家里发现自己所有的直系亲属都不认他了。

6. A man suddenly acquires the power of seeing through solids.

一名男子突然拥有了能透视固体物质的能力。

7. X has a double who is publicly disgraced in Y just as X is running for mayor of Z.

X 请了一名替身演员，他在 Y 地当众辞退了这位替身，因为他正在竞选 Z 地的市长。

8. A man suddenly discovers that instead of having to pay for what he gets, he receives what he asks for together with the price of the article.

某名男子突然发现，自己非但不用支付任何费用，而且在自己拿到稿费时还能获得自己想要的。

9. Scene of a story to be laid within the light of a street lantern; the time, when the lamp is near going out; and the catastrophe to be simultaneous with the last flickering gleam.

故事的场景设定在街边路灯下。当油灯的灯光将灭时，灾难将在最后一丝闪烁的光亮中降临。

10. Richard Steele despised dueling, and persuaded a close friend to t refuse a challenge. The friend was unable to endure the stigma of cowardice laid upon him by his refusal, and challenged Steele to fight him. Thus Steele, through his hatred of dueling, was forced to fight a duel with a dear friend.

理查德·斯蒂尔很不喜欢决斗，因此他劝告某位好朋友不要接受某场决斗挑战。但是这位朋友认为拒绝挑战是胆小者的行为，他没办法忍受这一耻辱，因此向斯蒂尔发起决斗挑战。尽管斯蒂尔非常讨厌决斗，也还是被迫与自己的好友决斗了。

11. A company of person drink a certain drug, which would prove a poison or the contrary, according to their real character. No one dares to refuse to drink, for that would be a confession of both cowardice and guilty conscience; yet each one fears a fatal result.

有一群人正在喝一种药物，它根据每个人真实身份的不同，会变成毒药或无毒液体。没有人敢拒绝喝下它，因为一旦拒绝就坐实了自己有罪且是个懦夫，可是大家又害怕喝下的是致命的毒药。

12. A Suicide Club, whose mode of suicide is the game of the "Tiger and the Hunter." Members draw lots to decide who shall be the tiger and who the hunter. A silver bell is hung around the tiger's neck, and the hunter is given a loaded revolver. Both enter a large darkened room, and the spectators take refuge in the corners. The hunt begins. The hunter's eyes are bound. He is allowed six shots, guided by the sound of the bell. If he fails to hit the tiger, the roles are reversed, and the hunter becomes the tiger. This continues until blood flows.

在一个自杀俱乐部里，他们的自杀模式是一个名叫“老虎和猎人”的游戏。会员们通过抽签决定自己是扮演“老虎”还是“猎人”的角色。扮演“老虎”角色的人要在脖子上系上银铃；扮演“猎人”的人则会配备一把已上膛的左轮手枪。双方进入一个宽阔黑暗的房间里，旁观者待在房间角落里。捕猎游戏开始。“猎人”的眼睛需要被蒙起来，只能通过听银铃声开枪，他一共只有射出六发子弹的机会。如果没能射中“老虎”，双方需要互换角色，“猎人”成为“老虎”。继续游戏，直至有人中枪见血为止。

13. A man and his wife, both out of work, hunt for it despairingly day after day, while their children suffer. Finally, on the same day, both find work and each hurries home to tell the good news. They arrive at home together, only to find that the Gerry Society agents have taken the children away.

一个男人和他的妻子双双失业，他们的孩子们忍受着病痛的折磨，而他们也在日复一日绝望地找着工作。终于，当他俩都找到工作，急匆匆赶回家报喜时，却发现孩子们已经被纽约防虐待儿童协会带走了。

14. A foreign-appearing stranger thrusts into a man's hand a little package, telling him to guard it closely, and to never open it. The foreigner disappears. The man obeys for a time, and then his curiosity gets the best of him, and he opens it to find a small charm or key, to which is attached a small parchment, evidently in Arabic of a similar tongue. He goes to various rug and fruit merchants, but is each time treated more coldly, while no one will tell him what the thing is. Suddenly he realize that he is being dogged, writes the history of the thing and is found dead, with the MS. Before him, every exit locked from within, and the key missing.

一个外国长相的陌生人把一个小盒子塞进一名男子手中，叮嘱他一定要守护好这个盒子，千万不能打开看。说完这番话，外国人就消失了。这名男子听了他的嘱咐，坚持了一段时间后，实在忍不住好奇心，打开了盒子。他发现盒子里放着一片羊皮纸，上面写着一段类似阿拉伯语的咒文或密语。他拿着它去找了很多卖毛毯或水果的阿拉伯商人，但每次都被人冷眼相对，没有一个人告诉他羊皮纸上写的是什么东西。突然间，他发现自己被人尾随跟踪了，于是写下了关于这个小物件来龙去脉的故事。人们发现他的时候，他已经死了，但还拿着这份故事手稿。可是故事手稿中的每条线索都断了，羊皮纸上的那段密文也不翼而飞。

15. A young surgeon is in love with a girl, who dies suddenly. He objects to a post-mortem, but as the coroner insists, determines to perform it himself. He makes an incision over the heart, and as he raises the flesh from it, the heart begins to beat, and respiration resumes. He replaces the flesh, and the action stops, to resume when he again lifts the flesh. Every time he replaces the flesh heart action ceases. What is he to do?

一名年轻的外科医生爱上了一位女孩，但女孩突然猝死。医生拒绝对她进行解剖。验尸官一再要求后，医生决定亲自对她进行解剖。他在女孩的心脏上切开了一刀，当把心脏上的肉抬起来时，女孩的心脏又开始跳动了，她重新开始呼吸。他放回这块肉，心脏的跳动又停止了；当他再次抬起这块肉时，心脏又恢复了跳动。每一次他放回这块肉，女孩的心脏都会停止跳动。他该怎么做呢?

16. A young author, pretending to need help in one of his stories, which involves a proposal, himself proposes under cover of getting help on his story.

一位年轻的作家假装自己正在创作的一个故事需要帮助，故事中涉及了一个求婚的情节，而他自己也假借这次在创作上寻求帮助的机会真的提出了求婚。

17. Two men, stopping at a village hotel, are writing a melodrama together. A servant overhears them discuss the murder of the heroine's sister (or some character) and informs the village police. The constable gathers a strong posse and arrests them. They are brought before the local justice of the peace, who is soon glad to acquit them.

两个人在某个村庄旅馆短暂停留，他俩正在合作写一出音乐戏剧。旅馆的仆人偷听到他们正在讨论剧中女主角的妹妹或其他角色的谋杀案，于是通知了村里的警察。警察们组成了一队有力的武装前来逮捕他们。

他俩被带到法官面前进行审判时，法官很快就宣告他俩无罪了。

18. A wealthy man hates the idea of being dogged by private detectives, but feels the need of personal protection. He makes arrangements with a Detective Agency whereby he will be always guarded, but the guards will be constantly changed so that he will not know who his guard is, and will not feel that anyone is dogging him. As a result, one of his guards takes advantage of the fact that the man does not know him, and robs him.

一位有钱人很反感那些跟随自己的私人保镖，但是又觉得个人安全很重要。因此他让侦探机构来随时保护自己的安全，因为侦探机构的保镖们总是定期更换。所以他并不怎么认识自己的保镖，也就不觉得自己一直被人尾随了。可就因为这样，他的某一个保镖利用这一点打劫了他。

19. Hyman Chainovitz of 73 Delancy Street(New York) read in the papers yesterday that his divorced wife, Mrs. Sarah Kolman, had found a young man in Newark who, she thinks, is their son, who was kidnaped in Russia sixteen years ago. He went over to investigate. He had not known before that his former wife was in this country or that their child had been kidnaped, having left Russia soon after he and his wife separated. (Later reports have established the identity of the boy as their son.)

住在纽约德兰西街七十三号的海曼·夏诺维兹在报纸上读到一篇报道，他的前妻萨拉·科尔曼女士在美国俄亥俄州纽瓦克发现了十六年前在俄罗斯被人绑架了的他俩的儿子。他赶去调查。在此之前，他对于前妻在这个国家生活，及两人的孩子遭人绑架一事一无所知。当年他和前妻分开后，前妻便带着孩子离开了俄罗斯。（根据后续报道，这位年轻人的确是两人的儿子。）

其四是根据作者选定的情节内容展开故事。这些情节可能是作者创造的情景，也可能是作者听人口头讲述过的故事。记叙文练习选用的故事情节要规避那些耳熟能详的故事，应尽可能利用故事环境，在写作中打造故事的核心内容。

七、标点符号

标点用于帮助读者一目了然句子中单词、词组和从句之间的关系。一个没有标点符号的句子，因句子的复杂程度不同，或多或少都会给读者带来一些麻烦。而标点符号使用不当的句子则会混淆，甚至误导读者，你可以在本章末尾看到一些反面范例。标点符号用来使句子中不同部分的意思更加清楚，它们通常要根据句子的语法结构加以使用。在较低年级的时候，常学到的标点符号使用原则虽然简单，但并不严谨，且颇为含糊。这一原则中，逗号通常用在句子中代表较短的停顿，分号用作较长的停顿，而冒号用于更长的停顿。其实这一原则对标点符号的界定非常含糊不清，也缺乏准确性，不应该被大家采用。标点符号的使用需要基于句子各部分的语法关联性，这是一个逻辑准则。

一般广为接受的标点符号使用原则如下。权威的专家有时候可能会简化一些原则，但是，为了保证“连贯性”，刚开始学习写作的作者还是应当严格遵守以下原则。

（一）大写字母

首字母大写需要用在如下几个方面：

1. 英文中每个句子开头的第一个单词的首字母需要大写，其中直接引用句和句子中的疑问句开头的第一个单词的首字母也需要大写。如：He asked, "What is the trouble?" The question is, What is the matter?（他问：“有什么麻烦吗？”问题是，出了什么事情？）

2. 表示 *Bible*（《圣经》）、Deity（神）的名字及所有代指神的名字都需要首字母大写。如：In His name（以上帝之名）。

3. 人名、地名、河流、海洋、船只、建筑名称等单词的首字母要大写，如：Webster（韦伯斯特）、New York（纽约）、the Hudson（哈德孙河）、the Atlantic（大西洋）、Titanic（泰坦尼克号）、Flatiron Building（古德翰大厦）。

4. 专有形容词需要首字母大写，如：French（法国人）、German（德国人）、American（美国人）、New Yorker（纽约州人）、Southerner（南方人）、Republican（共和党人）。其修饰的名词不特别要求首字母大写，但是当这些名词为复数名词时，不用大写，如：French people（法国人民）、English language（英语）、Baptist churches（浸礼会教堂）、Southern states（南部诸州）、Republican party（共和党）。

5. 历史时期和重要事件等单词的首字母要大写，如：the Renaissance（文艺复兴时期）、the Thirty Years' War（三十年战争——1618 至 1648 年间，以欧洲为主战场的国际性战争）、the Battle of Lake Erie（伊利湖战役）。当这些单词用以泛指而非特指某一特定历史时期时，常见的是没有首字母大写的单词，如：renaissance（文艺复兴）和 middle ages（中世纪），但是一些没有经验的作者可能会常常将其写成首字母大写。

6. 人名前的职称或头衔需要首字母大写，如：General Booth（布斯将军）、Dr. Blank（布兰克博士），但是单独用 the general、the doctor 的时候是不用首字母大写的。而且当这些职称特定指某一个人时，需要首字母大写，如：the President（总统）、the Czar（沙皇）、州长（the Governor）〔但是要注意，如：an emperor of Germany（一位德国皇帝）、a king among his fellows（受人拥戴的王者）不需要首字母大写〕。

7. 日期、月份需要首字母大写，但是季节不用首字母大写，如：The temperature last Monday broke all records for August, and for the summer.（上周一的天气打破了八月和整个夏天的记录。）

8. 特殊节日中的单词 "day" 需要首字母大写，如：New Year's Day（新年）, Commencement Day（毕业典礼）。

9. 书籍、文章等标题（名词、形容词和动词）的首字母大写。

10. 学院的班级、课堂、系、学科的名字需要首字母大写，如：Freshman（大一）、Mechanical Drawing（机械制图）、Metallurgy（冶金学）、English Composition（英文写作）。

（二）逗号

逗号通常用来隔开句子中语法独立的从属部分，其中包括单词、短语或从句。

逗号经常用在以下几个方面：

1. 用逗号连接两个非限制性从句。在限制性从句中是否使用逗号常让人感到困惑，但是我们可以用以下例子进行阐述：

He sent for the man, who was a Junior.

是他叫这个人来的，这个人是一名大三学生。

He sent for the man who had started the riot.

他叫这个制造暴乱的人过来。

在第一个句子中，关系从句通过逗号进行连接，因为后者几乎可以看成一个新增的或解释性的表达，其拥有独立的语法结构，逗号前后的两个句子都拥有完整的语义。这样的从句就被称为非限制性从句，而且必须要使用逗号分隔开。而第二个例句中的关系从句更多依赖主语从句，全句只有到关系从句结尾，语意才是完整的，因此这个从句被称为“限制性从句”。这类关系从句通常和句子的其他部分紧密联系，而无法用逗号分隔开。另外一个例子可能会更清晰地看到两者的差别：

The incident, which few noticed, impressed me deeply.

这一事件虽未获得关注，却在我脑海中留下了深刻印象。（非限制性从句，因此要用逗号。）

The incident which decided the battle was the failure of N—to support the left flank.（限制性从句，不用逗号。）

决定战争走向的事件是 N 的失败——它为了支持左翼势力。

2. 用逗号分隔两个插入语。

This, you know, is a common error.

你知道的，这是一个普遍性的错误。

3. 用逗号分隔并列语。

This climate, the worst in New England, is very trying.

这天气让人难以忍受，而在新英格兰地区最糟糕。

4. 用逗号分隔对立或并列的词语或词组。

Give me liberty, or give me death! Liberty and Union, now and forever, one and inseparable.

要么给我自由，要么让我死！自由和团结，从现在到永远，合成一体，永不分离。

5. 在呼格（直接称呼）时用逗号分隔开单词，有时候这个逗号很关键，如从以下例子中即可见差别：

Gentlemen, do not spit on the floor.

先生们，请不要随地吐痰。

Gentlemen do not spit on the floor.

先生们是不会随地吐痰的。

6. 在引用句前使用逗号，防止句子过长。

He said, "I am here."

他说，“我在这。”

7. 通过逗号，暗指句子中省略了某一个单词或某些单词。

Careful punctuation is valuable to both reader and writer; overpuncutation, to neither.

谨慎使用标点对于读者与作者来说都很重要；但过度使用标点则对读者与作者来说都毫无意义。

8. 没有连接词的连续单词、短语和从句通过逗号分隔。当最后两个句子成分中间出现了连接词，依旧保留逗号。

Men, women, children, all were there.

男人、女人和小孩，全部都在这儿。

Men, women, and children, all were there.

男人、女人和小孩都在这里。

9. 根据作者的个人判断，逗号也可用于分隔紧连着的、没有逗号存在的并列分句中。

（三）分号

1. 一般来说，分号主要用来分隔句子中较长篇幅的部分，而逗号用来区隔较少的部分，如：

When in Rome, I do as a Roman does; when in New York, I do as I please.

入国问禁，入乡随俗。

分号通常用来隔开并列从句，而逗号常用来分隔句子中的主从部分，在上文的逗号部分也有所提及。逗号可以区分两个紧密关联的并列从句，这些并列从句中没有出现任何逗号符号，如：

I have been in the business for fifty years now, and I have seen some lazy people in my time.

我已经在这个行业里工作了五十年，在此期间，我见过许多懒惰的人。

但是，在长句子中，并列从句中包含逗号符号，则必须要用分号进行分隔，如：

A solution of smelling salts in water, with an infinitesimal proportion of some other saline matters, contains all the elementary bodies which enter into the composition of protoplasm; but, as I hardly need say, a hogshead of that fluid would not keep a hungry man from starving, nor would it save any animal whatever from a like fate.

嗅盐溶于水后形成的溶液，含有极微量的盐水物质，具备细胞质组成的所有原粒体；但是，我几乎无须去说，这并不能让处于饥饿状态的人免于饿死，也不能拯救任何陷入相似命运的动物。

在复杂句中，面对篇幅较长、有祈使语气、包含逗号分隔的短语的从属句，很少使用分号对其进行分隔，如：

Thus the animal can only raise the complex substance of dead protoplasm to the higher power, as one may say, of living protoplasm; which the plant can raise the less complex substances—carbonic acid, water, and nitrogenous salts—to the same stage of living protoplasm, if not to the same level.

因此动物只能提高死亡细胞质的复合物质形态的能量，这就是有些人所提出的——提取活细胞质的能量；然而植物在同等环境下，其细胞质的物质形态则要简单一些，其中包括碳酸、水和含氮盐。动物和植物的物质结构复杂程度不在同一水平。

2. 分号也可与从属从句一起使用，从而和具有同等关联性的从句加以区分，如：

Yale demands that every man on the team shall do his best; that every man not on the team shall support the team in every way; and that there be no adverse criticism of the coaching.

耶鲁大学要求每个团队的成员都要竭尽全力做到最好，每个不属于团队成员的人都应该用尽一切办法支持团队，而且不会出现任何关于培训的负面评论。

3. 当并列从句长度相当，且没有通过连接词进行联结时；或者当这两个并列从句需要彼此分隔，则需要使用分号，如：

A singular inward laboratory, which I possess, will dissolve a certain portion of the modified protoplasm; the solution so formed will pass into my veins; and the subtle influences to which it will then be subjected will convert the dead protoplasm into living protoplasm.

我的身体是一个很好的内部实验室，它能够在一定程度上溶解改良后的细胞质，将其分解后重新输送至血管。其产生的微弱影响在于将死亡的细胞质转化为鲜活的细胞质。

4. 分号也可以用在“as”之前，表示引出某一个例子。

（四）冒号

冒号通常用于：

1. 用来介绍某一系列前文中提到的特定内容。

2. 用来引入某一个较长的引语。

He said in part: "It gives me great pleasure, etc."

他说：“它带给我很多快乐，等等。”

3. 当引用句单独成一个段落时，冒号通常会和破折号一同使用。

He spoke as follows: —"Gentlemen, etc."

他说了如下的话——“先生们……”

4. 在书信开头的称呼语，通常会使用冒号。

Blank and Blank Co., Dear Sirs:

布兰克和布兰克公司，亲爱的先生们：

（五）破折号

1. 破折号表示句子结构、思维突然的打断或转折。

I hate here; she's a mean, horrid thing—but don't you dare tell her I said so.

我讨厌这儿，她真是一个刻薄又可怕的坏家伙——但是你敢告诉她我这样说他试试。

2. 破折号有时候通过分隔补语、同位语或括号中的插入语来达到强调语意的效果。但是一定要注意这种用法不可过多使用，通常在这种情况下，我们会使用逗号。

He wrote fool, but he should have written—Liar.

他写下“笨蛋”，但他本应该写下的是——“骗子”。

The old observatory—a quaint brown building on the edge of the steep—and the new Observatory—a classical edifice with a dome—occupy the central portion of the summit.

旧天文台——一栋峭壁边建起的别致的褐色老建筑，而新天文台——典型的穹顶式建筑——位于山顶的最中心。

（六）句号

句号用于：

1. 表示一个陈述句的结束。

2. 出现在缩写词后面。

Conn.（康涅狄格州），Mr. C. A. Jones（C. A. 琼斯先生）。

（七）感叹号

感叹号用于：

1. 表达强烈情绪。

Can it be true!

这是真的！

2. 表达疑惑。

It can't be true!

这不可能是真的！

3. 感叹词后出现。

Alas! Oh!

天啊！哦！

（八）问号

问号用于：

1. 每一个直接疑问句后。

Is he here?

他在这儿吗？

Can he go?

他可以离开吗？

Why not?

为什么不？

2. 以问题结尾的陈述句后。

The question is, "Can he go?"

这个问题是，“他可以离开吗？”

3. 置于括号中，表示疑问。

Shakespeare was born on April 23（？）, 1564.

莎士比亚出生于1564年4月23日（？）

（九）撇号

撇号用于：

1. 名词所有格形式，但是必须遵循单复数原则，如：The boy's room; the boys' coat room。以“s”结尾的名字，其所有格形式有时候会加“s”，有时候不加，如：Burners' Poems或Burns's Poems，但是从来不会用Burn's Poems。当名词的复数中没有“s”时，需要在撇号后面加上“s”，如：The men's side; the children's hour。

2. 表示省略了某一个单词，如：doesn't, can't。撇号必须放在被省略的单词所属的位置，如：'tis和it's，这两个都是“it is”的省略形式。需要谨慎区分“it's”和所有格形式的“its”。所有格形式的代名词从来都不会出现撇号。

3. 构成字母、数字或符号的复数形式，如：

All the n's were upside down , and the 3's were turned around to look like e's.

所有的字母 n 都是开口朝下的，而数字 3 左右反转过来长得很像字母 e。

（十）引号

1. 引号用于代表一个直接引语的开始和结束。当以感叹号或问号作为结束时，引号中的标点符号都属于引号的一部分。

He asked, "Is it eight o'clock?" but, did he say, "It is eight o'clock" ?

他问：“现在八点了吗？”但是，他说了“现在八点了”吗？

2. 当引号中的内容超过了一个段落时，需要在新的段落开头重新使用引号，但是只需在最末尾结束的部分使用一个引号。

3. 引语中继续引用，需要使用单引号，如：“……‘……’……”。如果内引号内容中还有引用，则再次使用双引号。

（十一）破折号和省略号

省略号（……）和破折号（——）通常用来引出某些刻意忽略的、非重要的内容。

（十二）单词拆分

在一句话需要换行时，末尾单词的拆分应遵守下列规则：

1. 在尽可能的情况下，按照元音对单词进行拆分，如：propo-sition，不可拆成 prop-osition。

2. 尽可能避免拆分单独的两个字母。避免段落末最后一个单词出现在两行中，这样会让段落最后一行的单词不完整。

3. 现在分词中将“ing”部分放在一起，如：go-ing, eat-ing ; but begin-ning, set-ting, twin-kling。

（十三）标点符号练习

1. 下文是一封古英语剧作家拉尔夫·罗斯特·多斯特的爱情书信，因标点符号的错误使用导致语义传递有误。请对它进行重新断句，让这封信读起来像一封情书。此部分内容并非完整书信，部分拼写已修改为现代英语。

Sweet mistress, whereas I love you nothing at all,
Regarding your substance and riches chief of all,
For your personage, beauty, demeanor and wit,
I commend me unto you never a whit.
Sorry to hear report of your good welfare,
For, as I hear say, such your conditions are,
That ye be worthy favor of no living man,
To be abhorred of every honest man.
To be taken for a woman inclined to vice.
Nothing at all to Virtue giving her due price.

甜美的情人，我爱您，可我的爱却无关其他，
尽管您的物质与财富超乎常人，
可我却因您的品性、美貌、举止与智慧而折腰，
我向您承诺我将永不背弃。
听说了您福利丰厚的消息，我感到遗憾，
因为，正如我所说，您的条件，
无法为您获得来自血肉之躯的倾慕，
甚至会被每一位正直之人厌弃。
您会被看作是沾染恶习的妇人。
而美德是付出任何代价也无法换取的。

2. 请对此句进行断句：

That that is that that is not is not.

那就是事实并非如此。

八、参考书目

随着不同章节内容的展开，以下精选书单可以提供有益的辅佐。

（一）说明文部分

Baldwin, C. S. , *A College Manual of Rhetoric*.

Pearson, H. G. , *The Principles of Composition*.

（二）段落部分

Scott and Denney, *Paragraphy Writing*.（书中对于段落、结构有详尽讨论和丰富的范例。）

Baldwin, C. S. , *The Expository Paragraphy and Sentence*.（书中对于段落部分有简洁的方法介绍。）

Genung, J. F. , *The Practical Elements of Rhetoric*.

（三）句子部分

Hill, A. S. , *The Principles of Rhetorics*.

Carpenter, G. R. , *Exercises in Rhetoric and English Composition*.（高级课程）

Webster, W. F. , *English: Composition and Literature*.

Kellogg, B. , *A Textbook on Rhetoric*.

Woolley, E. C. , *Handbook of Composition*.

（四）议论文部分

Baker and Huntington, *Principles of Argumentation*.（对议论文部分有非常全面彻底的论述。）

Brooking and Ringwalt, *Briefs for Debate*.（出版时可以算是一本非常经典的书籍，但是现在书中谈论的话题和参考内容有部分过时。）

Ringwalt, R. C. , *Briefs on Public Questions*.

Buck, G. , *A Course in Argumentative Writing*.

（五）描写部分

Baldwin, C. S., *Specimens of Prose Description.*

Gardiner, Kittredge, and Arnold, *Manual of Composition and Rhetoric*.

（六）记叙文部分

针对记叙文写作的参考书籍：

Baldwin, C. S., *A College Manual of Rhetoric*.

Buck and Morris, *A Course in Narrative Writing*.

Garniner, Kittredge, and Arnold, *A manual of Composition and Rhetoric*.

Albalat, Antoine, *L'Aart d'Ecrire*.

可能会用于本书其他精选范文的故事类合集参考读物：

Jessup and Canby, *The Book of the Short Story*.

Nettleton, G. H., *Specimens of the Short Story*.

Matthews, Brander, *The Short Story*.

（七）标点符号部分

Wooley, E. C., *Handbook of Composition*.

Notes for the Guidance of Authors. The Macmillan Co.

Baldwin, C. S., *A Summary of Punctuation*.

Scott and Denny, *Elementary English Composition*.